KB144183

신재난관리체계를 새로운 시점에서 분석한

재난관리론

김 태 환

백산출판사

{머리말}

경제의 성장과 사회구조의 다양화에 따라 과거에 비해 현저하게 달라진 현대사회는 지구 온난화현상 등의 기상이변과 사회구조의 복잡화에 의하여 사회는 인간의 부주의, 무관심, 실수, 그리고 각종 시설물의 사후관리의 부재 등으로 새로운 유형의 재난이 발생하고 있다.

새로운 양상을 보이고 있는 현재의 재난은 피해규모와 범위가 확대됨에 따라 많은 문제점을 보이고 있다. 이에 따라 이러한 재난을 관리하기 위하여 현재는 국가적으로나 조직적으로 크고 작은 각종 재난으로 인하여 그동안 경시되어 온 재난관리 분야에 새로운 관심이 증대되고 있으며, 재난관리 연구의 필요성이 더욱 절실하다.

재난관리란 국민의 생명, 신체 및 재산을 각종 재해로부터 예방하고 보호하기 위한 일련의 구제행위이다. 즉 재난이 발생하기 전에 재난에 관련하여 사전에 대비 및 예방을 하고, 재난 발생 후에는 그로 인한 물적인 피해와 인적인 피해를 최소화하며, 재난 발생 전의 상태로 복구하기 위한 모든 측면을 포함하는 총체적인 용어로 재난의 발생 전·후로 원인 예방과 피해를 관리하는 것을 말한다.

1장에서는 재난관리에 관한 개념과 기초이론을 설명하였고, 2, 3장에서는 우리나라의 재난관리체계와 해외 재난관리체계를 소개하였다. 그리고 4장에서는 재난관리를 재난관리 과정을 중심으로 재난예방, 재난대비, 재난대응, 재난복구에 관한 이론들을 소개하고 있다. 또한 5장에서는 재난관리에 대한 사례연구를 통하여 각 재난에 대한 문제점과 대책에 관하여 제시하였다. 마지막으로 6장과 7장에는 앞으로 발생할 수 있는 미래재난환경과 앞으로 발생 가능한 재난을 통제하기 위한 신재난관리체계에 대하여 다루고 있다.

본 교재는 현재의 새로운 재난과 그 재난을 관리하기 위한 신재난관리체계에 대하여 연구되었지만 아직까지도 부족한 점이 너무나 많기에 앞으로도 지속적인 연구와 검토로 보완해 나갈 것임을 약속드린다.

마지막으로, 본 교재가 재난관리 학문을 연구하는 연구자들과 실무에 종사하는 관련자들에게 조금이나마 도움이 되길 바라면서 이 글을 맺는다.

김 태 환

CONTENTS

제 3 장　해외 재난관리체계

제 4 장　단계별 재난관리

제5장 재난관리 사례연구

제6장 미래의 재난환경과 신재난관리체계

제 7 장　신재난관리체계

TABLE CONTENTS

Figure CONTENTS

제 **1** 장

재난관리의 이해

제1절 재난의 개념 및 용어

1 재난의 개념

재난 또는 재해(disaster)란 통상 그 피해가 어느 정도의 규모에 달하였을 경우를 가리킨다. 사전적인 의미로는 '이상적인 자연현상 또는 인위적인 사고가 원인이 되어 발생하는 사회적·경제적 피해'라고 정의하고 있으며, 이는 재난관련법규 및 재난관련 기관에 의하여 재난의 개념에 대하여 정해져 왔다.

재난(災難, disaster)이라는 용어는 원래는 별의 불길한 모습을 상징하는 라틴어에서 유래한 것으로 '하늘로부터 비롯된 인간의 통제가 불가능한 해로운 영향'으로 풀이한다.

또한 재난 또는 재해의 어원을 분석해 보면 dis는 불일치의 뜻이며, aster는 라틴어로 astrum 또는 star라는 의미이므로, 재해는 별의 배열이 맞지 않아 생기는 재앙이라는 뜻이다. 어원 분석에서 하늘로부터의 통제가 불가능한 해로운 영향을 의미하는 재난은 태풍, 홍수, 지진과 같은 대규모의 천재인 자연재해를 지칭하는 것이고, 현대사회에 들어와 대규모의 인적 재난의 결과가 자연재해를 능가함에 따라 'disaster'는 자연재해와 인적 재난을 포괄하는 개념으로 받아들여지게 되었다.[1]

재난의 개념은 학자와 나라에 따라 다양하게 정의하고 있다. 이는 오늘까지 재난에 대한 개념이 완전하게 정립되어 있지 않기 때문이다. 그러한 이유로 재난의 개념이 시대와 사회환경에 따라 유동적으로 인식되고 있는 상대적인 개념이며, 사회 여건에 따라 작은 사고조차도 재난으로 받아들이고 있는 경우가 있기 때문이다. 이처럼 재난의 개념에는 각 법규 및 기관별로 약간의 차이는 있으나 대부분 같은 의미를 갖고 있다.

「자연재해대책법」 제2조(정의)에서는 재난을 다음과 같이 규정하고 있다.

재난이라 함은 국민의 생명·신체 및 재산과 국가에 피해를 주거나 줄 수 있는 것으로 「재난 및 안전관리기본법」 제3조 제1호의 규정에 의한 재난[태풍·홍수·호우(豪雨)·폭풍·해일(海溢)·폭설·가뭄·지진·황사(黃砂)·적조 그 밖의 이에 준하는 자연현상으로 인하여 발생하는 재해와 화재·붕괴·폭발·교통사고·화생방사고·환경오염사고 그 밖의 이와 유사한 사고로 대통령령이 정하는 규모 이상의 피해 그리고 에너지·통신·교통·금융·의료·수도 등 국가기반체계의 마비와 전염병 확산 등으로 인한 피해]으로 인하여 발생하는 피해를 말한다.

---

1) 류충, 2001.

현대사회 이전에는 태풍, 홍수, 지진과 같은 천재지변을 재난으로 인식하였으나, 최근에는 물질문명의 발전과 함께 인적 요인에 의한 대형 사고와 함께 현재 세계적으로 많이 발생하고 있는 테러 및 전쟁으로 인한 재난까지도 포함하는 개념으로 정립되고 있다.

재난의 신개념

재난 = 자연재해개념(「자연재해대책법」 제2조) + 인적 재난개념(「재난관리법」 제2조)
　　　 + 사회적 재난(국가기반체계 마비 등)

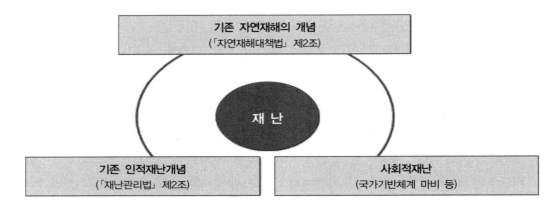

[그림 1-1] 재난의 신개념

2 재난의 용어

재해라 함은 「재난 및 안전관리기본법」 제3조 제1호의 규정에 의한 재난(태풍·홍수·호우(豪雨)·폭풍·해일(海溢)·폭설·가뭄·지진·황사(黃砂)·적조 그 밖의 이에 준하는 자연현상으로 인하여 발생하는 재해와 화재·붕괴·폭발·교통사고·화생방사고·환경오염사고 그 밖의 이와 유사한 사고로 대통령령이 정하는 규모 이상의 피해 그리고 에너지·통신·교통·금융·의료·수도 등 국가기반체계의 마비와 전염병 확산 등으로 인한 피해)으로 인하여 발생하는 피해를 말한다.

－ 자연재해라 함은 제1호의 규정에 의한 재해 중 태풍·홍수·호우·강풍·풍랑·해일·조수·대설·가뭄·지진(지진해일을 포함한다)·황사 그 밖의 이에 준하는

자연현상으로 인하여 발생하는 재해를 말한다.

- 풍수해라 함은 태풍·홍수·호우·강풍·풍랑·해일·조수·대설 그 밖의 이에 준하는 자연현상으로 인하여 발생하는 재해를 말한다.

- 기상재난은 우리나라에서 장마철 또는 가을철에 태풍과 함께 발생하는 집중호우, 겨울철과 봄철에 많이 발생하는 폭풍과 폭설, 여름철에 대기의 불안정으로 인해 발생하는 천둥과 번개를 동반하는 적란운에 의한 호우, 우박, 낙뢰 또는 해저에서 발생한 지진과 더불어 나타나는 해일 등을 꼽을 수 있다. 대략적으로 호우와 태풍은 주로 7~8월에 많이 발생하며, 폭풍은 연중 발생하나 겨울철에 더 많이 발생한다. 폭설은 당연히 겨울에 발생하며, 그중 1월에 비교적 많이 발생한다. 우박은 대부분 5~6월에 나타나며, 낙뢰는 7~8월에 많이 나타난다. 해일은 다른 재해보다 비교적 그 발생 사례가 적으며, 발생원인은 대부분 기상 요인보다는 지각운동에 기인하는 것이 많은 까닭에 연중 고르게 발생하고 있으며, 지각운동이 활발한 일본과 인접한 동해안에서 주로 발생한다.

- 인위재난은 화재·붕괴·폭발·교통사고·화생방사고·환경오염사고 그 밖의 이와 유사한 사고로 대통령령이 정하는 규모 이상의 피해를 말한다.
  화재는 「소방기본법」에서 정한 소방대상물이 화재로 인명과 재산에 피해가 발생한 경우를 말한다.

- 붕괴는 각종 시설물(건축물, 교량, 육교 등)이 시공하자(瑕疵), 노후, 관리소홀, 지반약화 등으로 붕괴되어 인명과 재산피해가 발생한 사고를 말한다.

- 폭발사고의 정의는 「도시가스사업법」과 「에너지이용합리화법」에서 정한 가스 및 에너지가 누출되어 폭발에 의해 인명과 재산피해가 발생한 사고를 말한다. 단, 가스에 의한 화재, CO중독, 산소결핍 등으로 인한 사고는 기타재난으로 분류한다.

- 도로교통사고의 정의는 「도로교통법」제2조에 규정하는 도로에서 자동차가 교통으로 인하여 인명과 재산피해가 발생한 사고를 말한다.

- 환경오염사고란 「환경정책기본법」에서 규정하는 환경이 오염되어 피해를 입은 사고를 말한다. 여기에서 말하는 환경오염이라 함은 산업활동 기타 사람의 활동에 따라 발생하는 대기오염, 수질오염, 토양오염, 해양오염, 방사능오염, 소음, 진동, 악취 등이 사람의 건강이나 환경에 피해를 주는 상태를 말한다.

- 사회적 재난이란 에너지·통신·교통·금융·의료·수도 등 국가 기반체계의 마비와 전염병 확산 등으로 인한 피해를 말한다.

- 해외재난이란 대한민국 영역 밖에서 대한민국 국민의 신체·생명 및 재산에 피해를 주거나 줄 수 있는 재난으로 정부 차원의 대처가 필요한 재난을 말한다.

제2절 재난의 유형 및 분류방법

재난의 분류도 재난의 정의와 같이 나라와 학자에 따라 다양하게 분류된다. 재난의 유형은 재난 발생의 원인, 발생 장소, 재난의 대상, 재난의 직접·간접적 영향, 재난 발생 과정의 진행 속도 등의 기준에 의해 분류할 수 있다.

재난의 원인에 의한 분류는 자연재난과 인적 재난으로 구분하고, 발생장소에 의한 분류는 육상재난, 해상재난, 광역재난, 국지재난 등으로, 피해 속도에 의한 분류는 만성재난과 급성재난으로 분류한다. 그리고 재난의 피해 규모에 따른 분류는 개인적인 재난과 사회적인 재난으로 분류할 수 있다.

1 재난의 유형

1) 자연재난

자연재해라 함은 제1호의 규정에 의한 재해 중 태풍·홍수·호우·강풍·풍랑·해일·조수·대설·가뭄·지진(지진해일을 포함한다)·황사 그 밖의 이에 준하는 자연현상으로 인하여 발생하는 재해를 말한다.

「자연재해대책법」은 '재해'를 「재난 및 안전관리기본법」에 의한 재난으로 정의하였다. 「재난 및 안전관리기본법」(제3조 제1호)에서 정의한 재난은 '태풍·홍수·호우(豪雨)·폭풍·해일(海溢)·폭설·가뭄·지진·황사(黃砂)·적조 그 밖의 이에 준하는 자연현상으로 인하여 발생한 피해, 화재·붕괴·폭발·교통사고·화생방사고·환경오염사고 그 밖의 이와 유사한 사고로 일정 규모 이상의 피해, 에너지·통신·교통·금융·의료·수도 등 국가기반체계의 마비와 전염병 확산 등으로 인한 피해' 등이다.

보통 자연재해의 대표 유형은 풍수해, 지진, 설해, 가뭄 등으로 나타난다. 이 중 풍수해는 태풍·홍수·호우·강풍·풍랑·해일·조수·대설 그 밖의 이에 준하는 자연현상으로 인하여 발생하는 재해를 말한다.

우리나라에서 발생하는 기상재난은 장마철 또는 가을철에 태풍과 함께 발생하는 집중호우, 겨울과 봄철에 많이 발생하는 폭풍과 폭설, 여름철에 대기의 불안정으로 인해 발생하는 천둥과 번개를 동반하는 호우, 우박, 낙뢰 또는 해저에서 발생한 지진에 의한 해일 등을 꼽을 수 있다.

대략적으로 호우와 태풍은 주로 7~8월에 많이 발생하며, 폭풍은 연중 발생하나 겨울철에 더 많이 발생한다. 폭설은 당연히 겨울에 발생하며, 그중 1월에 비교적 많이 발생한다. 우박은 대부분 5~6월에 나타나며, 낙뢰는 7~8월에 많이 나타난다. 해일은 다른 재난보다 비교적 그 발생 사례는 적으며, 대부분의 발생원인은 기상 요인보다는 지각운동에 기인하는 것이 많은 까닭에 연중 고르게 발생하고 있다. 지각운동이 활발한 일본과 인접한 동해안에서 주로 발생한다.

① 태풍

열대성 저기압 중에서 중심 최대풍속이 초속 17m 이상의 폭풍우를 동반하는 것을 태풍이라 한다. 지구상에서 연간 발생하는 열대성저기압은 평균 80개 정도이며 이를 발생 해역별로 서로 다르게 부른다. 즉 북태평양 남서해상에서 발생하는 것을 태풍(Typhoon, 30개), 북대서양, 카리브해, 멕시코만 그리고 동부태평양에서 발생하는 것을 허리케인 (Hurricane, 23개), 인도양과 호주 부근 남태평양 해역에서 발생하는 것을 사이크론 (Cyclone, 27개)이라 부른다. 다만, 호주 부근 남태평양 해역에서 발생하는 것을 지역주민들은 윌리윌리(Willy-Willy, 7개)라고 부르기도 한다.

태풍의 발생은 공기의 소용돌이가 있어야 하므로 남위 5°와 북위 5° 사이의 적도 부근에서는 발생하지 않는다. 해수면 온도는 보통 26℃ 이상이어야 하고, 공기가 따뜻하고 공기 중에 수증기가 많고 공기가 매우 불안정해야 한다. 따라서 우리나라와 극동지방에 영향을 주는 태풍은 북위 5°~20°, 동경 110°~180° 해역에서 연중 발생하나 주로 7~10월에 많이 발생한다.

태풍의 구조는 강한 폭풍우의 범위는 태풍 중심에서 200~500㎞ 정도이며 중심으로 갈수록 기압은 하강하고 풍속은 증가하나 중심 부근에는 바람과 구름이 없는 지역인 '태풍의 눈'이 존재한다. 또한 태풍 내의 구름 높이는 12~20㎞ 정도이며 태풍의 눈에 가까울수록 키가 큰 구름들이 존재한다.

태풍의 구분은 세계기상기구(World Meteorological Organization, WMO)는 최대풍속에 따라 4계급으로 분류하며 열대성폭풍(TS)부터 태풍의 이름을 붙인다. 우리나라와 일본은 열대성 이상을 태풍이라고 부른다.

태풍의 크기는 초속 15m 이상의 풍속이 미치는 영역에 따라 분류하며, 참고적으로 태풍의 강도는 중심기압보다는 중심 최대 풍속을 기준으로 분류한다.

태풍의 위력은 태풍이 접근하면 폭풍과 호우로 인하여 수목이 꺾이고 건물이 무너지고 전신전화의 두절과 정전이 발생하며, 하천의 범람, 항구 내의 소형 선박들을 육상으로 밀어 올리는 등 막대한 힘을 가지고 있다. 태풍과 1945년 일본 나가사키에 떨어진 원자탄과 그 위력을 비교해 보면 태풍이 원자탄보다 만 배나 더 큰 에너지를 가지고 있음을 알 수 있다.

태풍의 진로나 이동속도를 정확히 예상하는 것은 매우 어려운 문제이다. 현재의 진도된 기상학과 컴퓨터를 이용한 태풍진로 예보는 크게 향상되었으나, 24시간 예보의 평균 오차범위는 190km 내외로 아직까지 완전한 수준에는 미치지 못하고 있다. 우리나라의 태풍예보는 선진국과 같이 예보모델에 의한 수치예보 자료와 통계에 의한 예보방법 등을 사용하고 있으나, 한반도에 접근하는 태풍은 진로변화가 심한 북위 25°~30° 부근의 전향점을 거쳐 북상하기 때문에 태풍진로와 장시간 예보는 더욱 어렵다.

② 지진

지진이란 암석의 힘을 받아 힘이 암석 내에 축적되어, 축적된 힘이 암석의 탄성한계를 넘게 되면 암석이 급격하게 변형되면서 축적된 에너지가 파동의 형태로 사방으로 전달되는 현상이다.

지진은 지구 내부의 어딘가에서 급격한 지각변동이 생겨 그 충격으로 생긴 파동, 즉 지진파가 지표면까지 전해져 지반을 진동시키는 것이다.

학술적으로는 '지진이란 탄성에너지원으로부터 지진파가 전파되면서 일으키는 지구의 진동'이라고 정의할 수 있다. 땅의 흔들림이 느껴진 곳이면 그 장소에 지진이 일어났다고 인식하고 있으나 이것은 '지진'보다는 '지진동'이라는 표현이 더 적합하다.

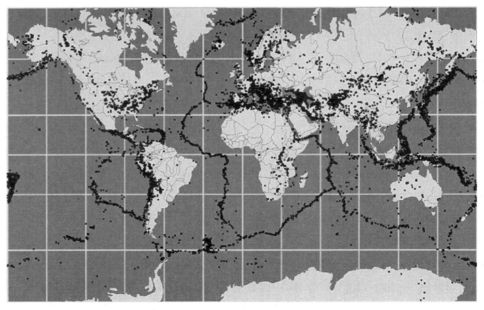

[그림 1-2] 세계지진의 분포도

출처: www. naver.com

지진은 넓은 지역에서 거의 동시에 느껴진다. 이때 각 지역의 흔들림의 정도, 즉 진도를 조사해 보면 어느 좁은 먼 곳에서는 흔들림을 느끼지 못한다. 이것으로부터 흔들림이 가장 큰 장소 부근의 지하에서 어떤 급격한 변동이 발생하여 그것에 의한 진동이 파동으로 사방에 전해져 각지를 흔드는 것이라 할 수 있다. 이것은 마치 종을 쳤을 때 사방으로 울려 퍼지는 음파와 같은 성질을 갖고 있다. 지구 내부의 에너지가 지표로 나와, 땅이 갈라지며 흔들리는 현상으로 이러한 지진이 일어나는 원리는 탄성반발(elastic rebound)이다. 소시지의 양 끝을 잡고 살짝 구부리면, 탄력을 갖고 있어서 잘 휘어진다. 그러나 계속 구부리면 결국 부러지고 휘어졌던 부분은 처음처럼 꼿꼿한 상태로 돌아간다. 지층도 힘을 받으면 휘어지며 모습이 바뀐다. 그러다 버틸 수 없을 만큼의 힘이 축적되면 지층이 끊어져 단층이 되고, 원래의 모습으로 돌아가려는 반발력에 의해 지진이 발생한다.

③ 설해

설해란 농작물, 교통기관, 가옥 따위가 많은 눈이나 눈사태 따위로 입는 재해의 총칭으로 많은 눈이 장기간 쌓여 발생하는 폭설, 적설해, 눈사태 등으로 분류할 수 있다.

우리나라의 영동지방은 태백산맥에 의한 다습한 공기와 동해로부터의 북동기류에 의해 설해를 많이 입고 있으며, 이는 대륙성 고기압이 확장 추세에 있는 1~2월에 주로 발생한다.

우리나라의 대설은 겨울철 시베리아 대륙에서 확장하는 찬 대륙성 고기압의 세력이 호남지방과 동해상으로 확장할 때 상대적으로 서해상에는 저기압골이 발달하게 된다. 이때 서해상에 있는 저기압으로부터 남서기류에 의하여 따뜻하고 다습한 공기가 계속 다량 유입됨에 따라 전국적으로 많은 눈이 오게 된다. 특히 영동지방은 태백산맥을 넘는 습윤 공기와 동해에 위치한 찬 북동기류가 만나 대설의 원인이 된다.

설해의 종류는 첫째, 폭설·적설해(積雪害)로 단시간 내에 많은 눈이 내림으로써 발생하는 재해로 다량의 적설에 의한 하중과 적설의 이동에 의한 압력 및 충격에 의해 임목이 휘거나 수간 절단, 뿌리가 뽑혀 도복되는 피해로, 관설해(冠雪害)와 설압해(雪壓害)가 있다. 둘째, 눈사태는 경사면에 쌓여 있는 눈이 중력에 의해 경사면을 따라 굴러내리는 재해이며 이러한 현상들이 복합적으로 나타나기도 한다.

단시간 내에 내린 많은 눈은 주로 육상 및 항공 교통기관이 교통 장해를 받으며, 중력에 의해 구조물이 파괴되거나 수목의 가지가 찢어지는 등의 피해가 생긴다.

대체로 육상교통은 적설이 30cm 이상이면 자동차의 소통이 마비되는데 도시에서는 5~10cm의 적설에도 교통체증이 일어난다. 종래에는 장기간의 적설로 농업이 많은 피해를 입었으나 산업의 공업화에 따라 공업도 피해도가 점차 높아지고 있어 제설장비의 개발과 눈을 인공적으로 녹이는 방법들이 검토하고 있다.

기계적인 피해는 우발적 기상재해로 이를 예지하여 대책을 강구하기는 어려우나, 생리적 피해는 다설지대에서 항상 일어나므로 적지판정, 무육 등으로 대응할 수 있다.

관설해의 경우, 침엽수 인공일제림은 활엽수림에 비해 피해가 크고, 소경목은 휨 피해가 많으며 흉고직경 15cm 이상의 임목은 수간절단 피해가 많다. 수간절단 피해가 일어나는 부위는 수관하부가 가장 많고 초두부, 지제부 순으로 발생 빈도가 낮다.

대규모적인 눈사태가 일어날 때에는 맹렬한 눈사태 폭풍이 따라 일어나는 경우가 있다. 눈사태 폭풍은 처음에는 눈사태의 바로 뒤쪽에서 일어나지만, 곧 눈사태의 본체(本體)를 앞질러서 폭풍처럼 돌진한다. 이 눈사태 폭풍의 풍속은 60m/s 이상으로 추정된다. 눈사태로 인한 등산자의 조난을 막을 절대적인 대책은 없으며 많은 양의 새로운 적설이 있을 때는 등산을 피해야만 한다. 산에서 야영할 때는 산간의 얕은 골짜기의 본줄기에서 되도록이면 먼 장소를 선택한다. 눈사태가 일어나기 쉬운 비탈면을 오를 때에는 새로 내려 쌓인 눈의 안정상태를 확인하고, 눈이 굳어 있는 이른 아침에 행동하는 것이 좋다. 눈사태 피해는 적설지대의 산기슭에 많은데, 가장 큰 피해는 1962년 1월 페루의 우아스카란봉(6,768m)의 빙하가 골짜기로 떨어져 9개 마을이 파괴되고 4,000명 이상의 주민 및 수천 마리의 가축이 압사한 것이다. 눈사태의 일반적 방지대책으로는 튼튼한 철책이나 목책 또는 벽 등의 방지 설비를 하는 외에, 나무 없는 산의 표면을 계단 모양으로 깎아서 적설의 이동을 막는 등의 방법을 취하고 있다. 눈사태지대 가옥 주위의 거목은 눈사태를 방지하기 위해서 잘라 버리지 않는 것이 도움이 된다.

④ 황사

중국이나 몽골 등 아시아 대륙의 중심부에 있는 사막과 황토 지대의 작은 모래나 황토 또는 먼지가 하늘에 떠다니다가 상층 바람을 타고 멀리까지 날아가 떨어지는 현상을 말하며 마그네슘·규소·알루미늄·철·칼륨·칼슘 같은 산화물이 포함되어 있다.

황사는 중앙아시아의 사막과 황토 지대의 모래, 황토, 먼지가 바람을 타고 멀리까지 날아가는 현상을 말하며, 중금속과 산화물 등을 포함하여 호흡기 질환의 원인이 될 수 있다.

황사는 황사정보, 황사주의보, 황사경보로 구분된다. 황사정보 시에는 노약자, 어린이, 호흡기 질환자의 실외활동을 자제하고, 일반인의 과격한 실외운동 자제를 권고한다. 황사주의보 시에는 노약자, 어린이, 호흡기 질환자의 실외활동을 금지하고, 외출 시 긴소매 의복을 착용하며, 개인 청결을 유지해야 한다. 황사경보 시에는 노약자, 어린이, 호흡기 질환자는 외출을 금지하고 유치원과 초등학교의 실외활동 금지 및 수업단축, 휴업 등의 학생 보호조치를 강구하며, 일반인은 실외활동 금지 및 외출을 자제해야 한다. 실외 운동경기 중지 및 연기를 권고하며, 외출 시 보호안경, 마스크, 긴소매 의복을 착용하고, 귀가 후에는 개인 청결을 유지하고, 양계·축산 농가에서는 축사 내 가축 보호조치, 야적 농산물과 사료 비닐 씌우기, 전자정밀기계에 대한 황사입자 유입의 차폐 조치를 해야 한다.

황사 발생 시 대처법으로는 가능한 한 외출을 삼가고 외출 시에는 보호안경, 마스크, 긴소매 의복을 착용하며 귀가 후에는 손, 발 등을 깨끗이 씻고 양치질을 한다. 황사가 들어오지 못하도록 창문을 닫고 공기정화기와 가습기를 사용하여 실내공기를 쾌적하게 유지하고, 2차 오염을 방지하기 위하여 식품가공·조리 시 손을 철저히 씻는다. 유치원생과 초등학생들의 실외활동을 금지하고 수업단축 또는 휴업해야 하며, 제조업체 등 사업장에서는 불량률 증가, 기계 고장 등을 방지하기 위한 작업일정 조정·상품포장·청결상태 유지에 유의한다. 노지에 방치·야적된 사료용 건초, 볏짚 등을 비닐이나 천막으로 덮고 비닐하우스, 온실 등 시설물의 출입문과 환기창을 닫는다. 운동장이나 방목장에 있는 가축은 축사 안으로 신속히 대피시켜 황사에 노출되지 않도록 해야 한다.

황사 발생 시 예방방법은 텔레비전, 인터넷, 라디오를 통해 기상 정보를 확인하여, 황사가 실내로 들어오지 못하도록 창문을 닫는다. 황사는 알레르기성 결막염, 비염, 기관지 천식 등을 유발하므로 노약자, 어린이는 가능한 한 외출을 삼가고, 어쩔 수 없이 외출할 때에는 긴소매 옷을 입고 마스크, 보호용 안경 등을 착용한다. 귀가하면 손발을 깨끗이 씻고, 채소나 과일은 더욱 깨끗이 씻으며, 가습기 등으로 집안의 습도를 일정하게 조절한다.

황사가 지나간 후에는 실내공기를 환기시키고, 황사에 노출되어 오염된 물품은 충분히 세척한 후 사용한다. 실내·외를 청소하여 먼지를 제거하고, 건강 상태를 확인하여 감기·안질환자 등은 쉬게 하고, 황사 후 발생할 수 있는 전염병에 대한 예방접종을 실시하거나 식당 등에 대한 소독을 실시한다. 황사에 노출된 가축의 몸에 묻은 황사를 털어낸 후 소독하고, 황사가 끝난 후 2주일 정도 질병의 발생유무를 관찰한다. 구제역 등의 증세가 나타나는 가축을 발견하면 즉시 신고한다.

⑤ 수해

수해란 강한 비나 다량의 강우로 인해 발생하는 자연재난의 총칭이며, 여러 종류와 모양이 있지만 대체로 일강우량 80mm 이상일 때 발생하기 시작하여 200mm 이상이 되면 그 규모가 커진다.

형태에 따라 홍수해, 침수해, 관수, 토석류, 산사태 피해 등이 있다. 피해가 발생하면

피해임목의 회수가 곤란하므로 산림 피해 가운데 가장 심한 피해이다.

수해의 종류 중 홍수·관수 등은 평야 지대의 강 유역에서 많이 발생하고 하천의 물이 제방을 넘거나 제방이 붕괴되어 일어나며 막대한 물질적 손해를 입힌다.

침수해는 농지나 시가지가 침수되거나 해일이 덮치는 경우를 말하며, 배수의 미비로 일어나는 경우가 많다.

산사태·토석류에 의한 피해는 강한 비가 원인이 되어 산의 암석이나 토양의 일부가 돌발적으로 붕괴되는 현상이다. 산악지대 골짜기에서 많이 발생하며, 가옥이 부서지는 등의 사고로 인명 손실이 따른다. 토석류란 다량의 강수로 인해 산의 흙이 포화되어 암석과 함께 섞여 급격하게 사면으로 흘러내리는 현상이다. 산사태는 토석류보다 더욱 규모가 커서 산의 사면 일부가 무너지는 것이다. 토질에 따라서는 하층의 지층이 물의 포화로 인해 상층 언덕 또는 산이 그대로 실려 이동하는 경우도 생긴다.

최근 도심부에서 발생하는 수해 원인으로는 도시 팽창으로 경사면에 택지를 조성하는 경우가 많아졌으므로 도시 주변에서도 축대가 무너져 인명 피해가 발생하기도 한다. 특히 도시에서는 노면 포장의 완비와 하수도가 정비되어 빗물이 땅속으로 흡수되는 비율이 크게 줄었기 때문에, 짧은 시간의 폭우로도 중·소형 강물은 갑자기 불어나 강가에 있는 건물들이 자주 침수된다. 도시에서는 강우량 20㎜/h 정도이면 축대가 무너질 위험이 생긴다.

우리나라는 '가뭄과 홍수의 나라'다. 우리 역사에서 가뭄과 홍수로 인한 재해는 다반사였으며, 매년 수천억 원에 이르는 홍수 피해를 겪어 왔다. 1990년대 후반에는 그 피해액이 과거에 비해 급격히 증가했는데, 1조7백억 원의 피해를 냈던 태풍 '올가'(1999)와 그 몇 배의 피해를 입은 태풍 '루사'(2002)가 대표적인 예이다.

이처럼 사상 유래 없는 피해를 당한 이유는 엄청난 폭우와 국토 중앙을 관통한 태풍의 진행 경로가 주원인이기도 하지만, 허술한 치수(治水)대책도 큰 몫을 차지했다. 여기에 난개발로 인해 급격히 늘어난 불투수(不透水)지면과 방치된 절개지, 상습 침수지역의 방치 등도 피해를 증폭시키는 데 기여했다. 뿐만 아니라 지구온난화로 인한 기상이변도 더욱 강한 태풍을 한반도에 불러왔다.

우리나라는 수해로 인한 피해 중 주로 태풍에 의한 피해가 많이 발생하며, 최근 발생한 주요 태풍을 살펴보면 2002년 태풍 루사, 2003년 태풍 매미, 2004년 태풍 매기, 2006년 태풍 애위니아 등이 있으며 지구 온난화 등의 환경적인 영향으로 인하여 태풍의 규모가 점점 대규모화되면서 그로 인한 피해는 더욱 확대될 전망이다.

태풍은 열대 지방에서 발생하여 더운 바다를 에너지원으로 점점 강해지는 특성이 있다. 그런데 우리의 바다는 지난 십 년간 계속 더워지고 있는 현상을 보이고 있다. 이것은 향후 한반도에 더욱 강한 태풍이 오랜 기간 나타날 수 있음을 말해주는 것이다. 이처럼 태풍은 점차 강해지고 국토는 약해졌음에도 불구하고 우리의 치수대책은 허술하기 짝이 없다.

홍수가 지나간 곳은 산과 하천, 마을과 논밭 등 어느 한 곳 가릴 것 없이 모두 초토화되었다. 땅 위에 존재하는 모든 것은 쓰레기로 변했으며, 공장폐수에다 광산폐수까지 뒤범벅이 되어 커다란 재앙이 이어질 지경에 와 있다. 여기에 각종 전염병이 피해 주민들의 생명까지 위협하고 있는 실정이다.

⑥ 풍수해

풍해나 수해 등은 단순재해이나 풍수해는 폭풍우에 의하여 발생하는 복합재해로서 단순재해와 달리 거의 동시에 성질이 다른 파괴력이 합세되어 격심한 재해가 된다. 풍수해는 태풍(颱風)이나 발달한 저기압에 의하여 일어나는데, 특히 태풍에 의한 풍수해는 태풍재해라고도 한다. 태풍은 그 통과경로를 중심으로 많은 강우량과 30m/s 이상의 강풍을 광범위하게 가져오며, 더욱이 중심부에는 심한 기압강하까지 가져온다.

⑦ 엘리뇨

'엘리뇨'라는 단어는 스페인어로 남자아이 또는 아기 예수를 의미하는데, 이는 크리스마스를 전후하여 나타나기 때문에 붙여졌다.

남아메리카 페루 및 에콰도르의 서부 열대 해상에서 수온이 평년보다 높아지는 현상으로 남미 연안은 평상시 페루 연안에서 부는 남동무역풍에 의해 표층해류가 호주 연안으로 이동하므로 심층으로부터 찬 해수가 용승하는 세계적인 용승 지역으로 연중 수온

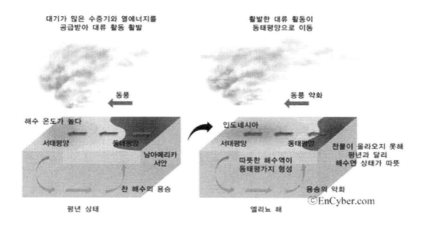

[그림 1-3] 엘리뇨 현상

* 출처: http://100.naver.com/100.nhn?docid=111449

이 낮아 좋은 어장을 형성하고 있다. 그런데 알 수 없는 원인에 의해 무역풍이 약해질 때가 있는데, 이로 인해 용승이 줄어들며 페루 연안에서 엘니뇨가 발생한다.

엘니뇨의 영향으로 페루 연안은 태평양 적도 부근의 따뜻한 해수가 밀려와 표층 수온이 평년보다 0.5℃ 상승하는데, 심할 때는 7~10℃ 정도 높아진다. 높아진 수온에 의해 영양염류와 용존 산소의 감소로 어획량이 줄어 어장이 황폐화되고, 상승기류가 일어나 중남미 지역에 폭우나 홍수의 기상이변이 일어난다. 이는 태평양 반대쪽인 호주 일대에 가뭄을 가져와 태평양 양쪽 모두에 이상 기상을 초래하고 농업과 수산업 전반에 큰 피해를 입히는 원인이 된다.

⑧ 라니냐

라니냐는 에스파냐어로 '여자아이'라는 뜻이다. 엘니뇨의 반대현상이 동일한 지역에서 일어나는 것으로 동태평양의 해수면 온도가 5개월 이상 평년보다 0.5도 이상 낮아지는 경우를 말한다. 이 현상이 발생하면 원래 찬 동태평양의 바닷물은 더욱 차가워져 서진하게 된다. 세계 각 지역에 장마, 가뭄, 추위 등 각기 다른 영향을 끼친다. 그러나 발생 과정, 활동주기 등에 대해 뚜렷하게 밝혀진 것은 없다.

우리나라에서 발생하는 기상재난은 장마철 또는 가을철에 태풍과 함께 발생하는 집중호우, 겨울과 봄철에 많이 발생하는 폭풍과 폭설, 여름철에 대기의 불안정으로 인해 발생하는 천둥과 번개를 동반하는 적란운에 의한 호우, 우박, 낙뢰 또는 해저에서 발생한 지진과 더불어 나타나는 해일 등을 꼽을 수 있다.

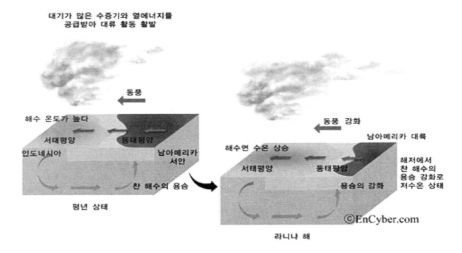

[그림 1-4] 라니냐 현상

* 출처: http://100.naver.com/100.nhn?docid=734711

2) 인적 재난

인적 재난은 화재·붕괴·폭발·교통사고·화생방사고·환경오염사고 그 밖의 이와 유사한 사고로 대통령령이 정하는 규모 이상의 피해로서 인적 재난은 인위적 원인에 의한 재난으로 도시화 현상과 더불어 대규모 인위적 사고도 재난으로 받아들이고 있다.

1999년 10월 21일 성수대교 붕괴사고, 1995년 4월 28일 대구지하철 공사장 도시가스 폭발사고에 이어 1995년 6월 29일 502명의 사망자를 낸 서울 삼풍백화점 붕괴사고를 계기로 대형 사고에 대한 대응과 구조구급을 위한 재난관리 체제를 도입을 해야 한다는 필요성이 대두되어 인위재난에 관한 기본법인 「재난관리법」을 1995년 7월 18일 법률 제4950호로 제정했으며, 이 법 제2조에 인위재난의 유형을 화재, 폭발, 교통사고, 화생방사고, 환경오염사고 등으로 유형화했다.

이후, 2008년 12월 31일 법률 제7188호로 제정된(현재 일부개정 2008.12.31 법률 제9299호) 「재난 및 안전관리기본법」에 의해 개칭된 소방방재청(2004.6.1 이전은 행정안전부)은 인적 재난을 화재사고, 산불사고, 붕괴사고, 폭발사고, 도로교통사고, 환경오염사고, 유도선사고, 해난(해양)사고 등으로 재난사고 유형별로 세분화하여 관리하고 있다.

① 화재

화재란 사람이 의도하지 않았거나 고의로 발생한 연소 현상으로 소화시설 등을 사용하여 소화할 필요가 있는 것을 말한다.

「소방기본법」에서는 화재사고의 정의를 「소방기본법」에서 정한 소방대상물이 화재로 인명과 재산피해가 발생한 경우를 말한다. 여기에서 소방대상물이란 건축물, 차량, 선박[「선박안전법」(제2조 제1항) 규정의 적용을 받지 아니하는 선박과 항구 안에 매어둔 선박에 한한다], 선거(船渠), 산림 그 밖의 공작물 또는 물건을 말한다. 단, 산불은 「소방기본법」상 소방대상물로 되어 있으나, 「산림법」의 규정에 따라 산림청에서 관리한다.

화재의 종류는 건축물화재(건축물, 지하 또는 그 수용물이 소손된 것), 차량화재(자동차 및 피견인차 또는 그 적재물이 소손된 것), 선박화재(선박, 선거 또는 그 적재물이 소손된 것), 산림화재(산림, 야산, 들판의 수목, 잡초, 경작물 등이 소손된 것), 특종화재(위험물제조소 등, 가스제조·저장취급소, 원자력병원 및 발전소, 비행기, 지하철, 지하구, 터널 등의 화재), 기타 화재(위의 각 호에 해당하지 않는 화재) 등으로 분류할 수 있다.

② 붕괴

붕괴는 각종 시설물(건축물, 교량, 육교 등)이 시공하자(瑕疵), 노후, 관리소홀, 지반약화 등으로 붕괴되어 인명과 재산피해가 발생한 사고를 말한다.

국내 주요 붕괴사고는 1994년 10월 21일 발생한 서울 성동구 '성수대교 붕괴사고'로서 용접시공의 결함과 제작 오차 등의 부실시공이 원인이 되어 인명피해 49명(사망 32명, 부상 17명)과 차량 6대, 교량 상판 1구간의 재산 피해가 있었다.

또한 1995년 6월 29일 발생한 서울 서초구 '삼풍백화점 붕괴사고'는 설계 및 시공이 부실한 건물 초과 사용이 원인이 되어 인명피해 1,440명(사망 502명, 부상 938명)과 건물 1동, 차량 310대, 점포 869개소의 물품파손 등의 재산 피해가 났다. 그 밖의 충북 청주시 '우암상가붕괴사고', '태백탄광 매몰사고' 등이 있다.

③ 폭발사고

폭발사고의 정의는 「도시가스사업법」과 「에너지이용합리화법」에서 정한 가스 및 에너지가 누출되어 폭발에 의해 인명과 재산피해가 발생한 사고를 말한다. 단, 가스에 의한 화재, CO중독, 산소결핍 등으로 인한 사고는 기타재난으로 분류된다.

폭발은 분해, 신속한 화학반응, 또는 고체에서 액체로 변하는 과정에서 물질이나 화합물 등이 갑작스럽고도 격렬하게 에너지를 방출하는 현상이다. 즉 어떤 원인으로 인해 급격한 압력상승이 생겨 용기 파괴나 음향을 동반하여 그 압력이 해방되는 현상으로 폭발에는 기체나 액체의 팽창, 상변화(相變化) 등의 물리현상이 압력발생의 원인이 되는 물리적 폭발과, 물질의 분해·연소 등 화학반응으로 압력이 상승하는 화학적 폭발이 있다. 그중 흔하게 발생하는 것은 가스폭발이나 화재에 의한 폭발이며 최근에는 테러범에 의한 폭발물 폭발이 있다

한편, 가스 폭발사고는 사용자·공급자의 취급 부주의, 용기나 기관의 관리 부주의 등에 의해 발생한다.

④ 도로교통사고

도로교통사고는 도로에서 자동차가 교통으로 인하여 인명과 재산피해가 발생한 사고를 말한다. 여기서 '도로'는 「도로법」, 「유료도로법」 등에 의해 고속도로, 일반국도, 지방도, 특별시도·광역시도, 시도, 군도, 구도와 통행료 및 사용료를 받는 도로를 지칭한다. 나아가 터널, 교량, 도선장, 도로용 엘리베이터 및 도로에 준하는 시설 또는 공작물까지 포함하고 있다. 한편 경찰청의 도로교통사고 통계에는 철길건널목에서 발생한 사

고도 포함되어 도로의 개념은 현실적으로 다수의 사람 등이 통행하기 위해 확보한 장소로 정리할 수 있다.

교통사고는 자칫 국가의 존립이나 생존을 위협하는 막대한 피해를 가져오기도 한다. 이때의 교통사고는 교통(수송) 관련 국가핵심기반의 마비를 의미하며, 구체적으로 수송시설·수단, 통제 시스템의 파괴 및 기능 마비, 운영 중지 등으로 모든 서비스가 중단된 상황이다. 교통(수송) 분야의 국가핵심기반 대상은 육상 교통시스템, 항공 교통시스템, 해운 교통시스템과 도로, 철도, 지하철, 공항, 항만 등의 기반시설이 된다.

⑤ 환경오염사고

환경오염사고란 「환경정책기본법」에서 규정하는 환경이 오염되어 피해를 입은 사고를 말한다.

여기에서 말하는 환경오염이란 산업활동, 기타 사람의 활동에 따라 발생하는 대기오염, 수질오염, 토양오염, 해양오염, 방사능오염, 소음, 진동, 악취 등이 사람의 건강이나 자연환경, 생활환경에 피해를 주는 상태를 말한다.

환경은 자연적 조건으로부터 사회, 경제, 문화 등의 인위적 조건에 이르기까지 인간생활의 모든 부분과 관계된다. 인류가 생존하기 시작한 때부터 환경오염은 시작되었고, 인구가 증가하고 과학기술이 발달하면서 환경의 자생능력을 벗어나는 이용을 하게 됨에 따라 인간은 그 대가를 되돌려 받기 시작하였다.

오염의 근원은 인구의 증가, 도시화, 산업의 집중화이며 이는 폐기물의 증가를 불러왔고, 이 막대한 폐기물들은 오염물로 변환되어, 지구의 물질순환 능력을 떨어뜨려 환경오염의 악순환을 불러왔다.

현재 환경오염은 크게 수질오염, 대기오염 및 토양오염으로 구분할 수 있으며, 이와 같은 오염은 물 순환이 주요 매체로서 오염과 밀접한 관계가 있다.

수질오염의 원인은 공장, 축산, 가정 폐수이며, 인간이 사용하는 생활용수에 심각한 영향을 미친다. 물의 순환은 '물 > 대기 > 토양' 순으로 이루어지며 이들 셋 중 하나만 오염되어도 나머지 둘에 막대한 영향을 주는 아주 밀접한 인과 관계가 있다.

대기오염은 현재 가장 심각한 환경오염으로 인간의 지구 존립 위기를 고려해야 할 정도로 중대한 오염이다. 태양에너지의 유입과 방출에 영향을 주며, 기상이변 기후변화 등에 많은 영향을 미친다. 산성비, 온실효과, 오존층파괴 등으로 인하여 남극과 북극의 빙하가 녹아 수면이 높아지고, 생태계가 변화한다.

토양오염은 쓰레기가 가장 큰 원인이다. 산업, 생활 쓰레기와 방사성 폐기물 등으로 인한 오염이며 이는 수질 대기와 상호 연동하여 생태계에 직접적인 영향을 준다.

⑥ 공연장 압사사고

「공연법」(제11조)에서는 공연장운영자는 화재 및 기타 재해예방을 위하여 당해 공연장 종업원의 임무·배치 등 재해대처계획을 정하여 관할 시장·군수 또는 구청장에게 신고하여야 하고, 이 경우 시장·군수 또는 구청장은 신고받은 재해대처계획을 관할소방서장에게 통보하여야 한다고 규정하고 있다. 또한 공연장 외의 장소에서 대통령령이 정하는 규모의 관람자가 예상되는 공연을 하고자 하는 자에 관하여 이를 준용하고, 이 경우 제출하는 재해대처계획에는 안전관리인력을 확보한다는 계획도 포함해야 하며, 기타 공연장의 재해예방조치에 관하여 필요한 사항은 대통령령으로 정한다고 규정하고 있다.

한편, 국내의 주요 공연장 압사사고는 대체로 안전관리인력의 부족, 안전관리계획의 미비, 공연 주최 측의 안전불감증 등이 주요원인 및 문제점으로 지적되었다.

⑦ 해양사고

해난(해양사고)의 정의는 「해운법」, 「선박법」, 「유선 및 도선사업법」에서 규정하는 선박 및 해운업 중 안전수칙위반, 변칙 운항 등에 의한 사고와 이용객 등의 부주의에 의해 바다(해양)에서 발생하는 사고를 말한다.

선박이란 수상 또는 수중에서 항해용으로 사용하거나, 사용할 수 있는 배의 종류를 말하며 그 구분은 기선(機船, 기관을 사용하여 추진하는 선박), 범선(帆船, 돛을 사용하여 추진하는 선박·기관과 돛을 모두 사용하는 경우로 주로 돛을 사용), 부선(艀船, 자력 항행능력이 없어 다른 선박이 끌거나 밀어서 항해하는 선박) 등이 있다.

해운업이란 해상여객운송사업·해상화물운송사업·해운중개업·해운대리점업·선박대여업 및 선박관리업을 말한다.

해양사고란 「해양사고의조사및심판에관한법률」(제2조 제1호)에 의한 해양에서 발생한 선박사고와 「해양오염방지법」(제2조)에 의한 선박 및 해양시설 등으로부터 기름 및 유해액체물질 등과 폐기물의 배출로 인하여 발생한 사고(이하 "해양오염사고"라 한다)를 말한다.

선원사고란 선원과 관련하여 발생한 선상난동, 폭력, 기타 안전사고를 말한다. 선박사고의 종류는 내항여객선사고, 외항여객선사고, 연근해어선사고, 원양어선사고, 항만내선박사고, 1·3종 어항 내의 어선사고, 기타 해양사고 등이 있다.

항만사고란 「개항질서법」상 개항과 지정항의 항계 내(「항만법」상 육상구역을 포함한다. 이하 같다) 및 항계 부근에서 발생한 화재나 폭발 또는 항만운영에 지장을 초래하거나 초래할 것으로 예상되는 사고를 말한다. 항만사고의 종류로는 항만시설 파손·붕괴 및 건설공사장 사고, 1·3종 어항 화재·폭발·파손·붕괴 및 건설공사장 사고, 내항여객터미널 사고, 국제여객터미널 사고, 항만 및 항계 부근에서 항만운영에 지장을 초래할 화재·폭발 사고 등이 있다.

재난사고란 「재난 및 안전관리기본법」(제3조 제1호)의 규정에 따른 재난으로 인하여 발생한 해양수산 관련 사고를 말한다.

해적사고란 해적·해상강도 등에 의하여 선박이 피랍되거나 화물·현금 등을 약탈당한 사고 및 선원·여객 등이 사상을 당한 사고를 말한다. 해양사고의 종류는 국적상선의 해적 및 테러사고, 해외취업선의 해적 및 테러사고, 연근해어선의 해적 및 테러사고, 원양어선의 해적 및 테러사고 등이 있다.

해양사고의 적용대상선박은 「선박법」(제2조) 및 「어선법」(제2조)의 규정에 의한 대한민국 선박, 외국 선박(국적취득조건부 나용선, 한국선원이 승선하고 있는 외국 선박, 내항운송사업 중인 외국 선박, 기타 대한민국 영해 내에 있는 외국 선박) 등이 있다. 이 중 군사용 및 경찰용 선박, 하천·호소 등 내수면에서만 운항하는 선박, 「유선 및 도선사업법」에 의한 유·도선은 규정에서 제외된다.

해양오염사고의 종류로는 항만 내 해양시설 유류오염사고, 1·3종 어항 내 유류오염사고, 어장시설의 유류오염사고, 기타 유류오염사고 등이 있다. 기타 해양사고로는 선피랍·피격 및 월선조업, 외국 어선 나포 및 어로분쟁, 원양어선 피랍, 피격사고 등이 있다. 주요 해양사고로는 1993년 서해훼리호 침몰사고, 1995년 씨프린스호 좌초사고, 제1유일호 침몰사고, 호남사파이어호 부두 충돌사고, 1997년 제3오성호 침몰사고, 1998년 제2유화호 침몰사고 등이 있다.

연이어 발생한 대형 해난사고로 해양안전과 환경보호의 심각성에 대한 국민적 관심이 고조되고, 현실적인 예방대책과 해양안전 정책을 수립하고 실천해야 한다는 요구가 증가하고 있다.

3) 사회적 재난

사회적 재난은 종교적·정치적·이념적인 목적 달성을 위해 개인이나 집단이 인간의 생명과 재산을 위협하거나 사회질서를 파괴하기 위한 의도적·고의적인 범죄일 뿐만 아니라, 인종적·종교적·지역적 이익을 위한 집단행동으로 인해 발생하는 재난상황이라고 정의할 수 있다. 특히 우리나라는 남북한의 대치상황으로 인해 정치적·이념적 측면의 목적을 달성하기 위한 사회적 재난이 발생할 가능성이 높은 동시에 안보재난이 곧 사회적 재난으로 전이될 수 있다. 사회적 재난을 정의하면 다음과 같다.

첫째, 사회적 재난은 사회 현상에 의해서만 나타난다기보다는 자연재난과 인위재난에 의해서도 발생하는 복합재난의 성격을 띤다. 즉 사회적 재난은 사회구성원, 사회집단,

민족 간·인종 간·종교 간 관계 속에서 주로 발생한다. 이와 함께 사회적 재난은 자연재난과 인위재난으로부터 유발되는 한편, 사회적 재난으로 인해 인위재난이 발생할 수도 있다.

둘째, 사회적 재난은 인간에 의해 발생한다는 점에서는 인위재난과 유사한 점이 있으나, 인위재난이 기술적인 실수나 부주의, 무지·무관심에서 비롯되는 것인 반면에 사회적 재난은 고의성과 의도성, 즉 종교적·정치적·이념적인 목적 달성을 지닌다는 점에서 차이가 있다.

셋째, 도시화, 세계화, 정보화, 고속화, 시설의 고밀도화, 산업의 첨단화 등 사회 고도화가 진행될수록 사회적 재난에 대한 취약성이 증가하는 동시에 피해 규모의 대형화가 예상된다.

넷째, 금융, 교통·수송, 전기, 정보통신 등과 같이 일상생활에 필수적인 기반 시설에 대한 침해나 사고는 그 자체가 사회적 재난으로 발전할 가능성이 매우 높다. 즉 이러한 기반시설에 대한 보호대책이나 복구계획이 없는 상태에서 발생하는 사회적 재난은 우리 사회 전반의 일상생활과 산업활동을 마비시키는 심각한 영향을 주기 때문에 이에 대한 대비책을 마련해야 한다.

다섯째, 사회적 재난의 관리에는 정부뿐만 아니라, 민간 부문의 기업은 물론 시민사회의 각 개인과 단체를 포함한 모든 행위자들이 참여할 경우에만 그 효과성을 확보할 수 있다.

여섯째, 사회적 재난은 국가 핵심기반시설은 물론 일반 국민, 정부 서비스, 국가 정체성과 관련된 대상에 대해서도 관리 방안이 수립해야 한다. 오늘날 많은 사회적 재난 사례가 발생함에도 불구하고 그 중요성을 인식하지 못하는 경우가 많다. 또는 일부 중요성을 인정하는 경우에도 국가적으로 중요한 일부 시설에 대해서만 관심을 갖는 경우가 있으나, 일반 국민을 대상으로 하는 사회적 재난, 정부서비스에 대한 사회적 재난, 국가 정체성에 대한 사회적 재난 역시 중요한 부분이다.

① 테러

테러(Terror)는 정치·종교·사상적 목적을 위해 민간인한테까지 무차별로 폭력행사를 하는 테러리즘과 정보통신망에서 익명성을 가장해 특정인, 특정단체를 무차별적으로 공격하는 테러(메시지)가 있다.

일반적으로 테러라면 테러리즘을 뜻한다. 테러는 위협·폭력·살상 등의 끔찍한 수단을 수반하므로, 테러·테러리즘·테러리스트라는 말들은 사람들에게 공포와 전율을 느끼게 한다. 테러리즘에 대한 개념과 정의는 시각과 관점에 따라 약간의 차이와 이견이 있어왔다. 같은 사건을 보면서도 관점에 따라서는 테러리즘으로 규정하기도 하고, 또 어떤 경우에는 일반범죄로 취급하기도 하며, 다른 시각, 즉 특정집단에서는 애중적(愛衆的)·애국적인 행동으로 평가하기도 한다. 따라서 테러리즘에 대한 견해는 합의적 정의를 기대하기 힘든 것으로, 테러리즘을 연구하는 사람들이 각자의 주장이나 이론에 따라 설명하고 있다. 21세기 최대의 적은 그 실체가 보이지 않는 '테러'일 것이라고 많은 전문가들이 예상하고 있다. 테러의 수단은 첨단과학기술을 응용한 신형 무기 체제의 개발로 인간의 시력과 두뇌, 전자무기, 살상력 증대, 사거리 연장, 정확도 향상, 기동성 제고, 생존성 향상 등 성능이 향상됨으로써 테러의 무기로 전자무기를 사용할 가능성이 높으며, 불특정 다수인에게 피해를 줄 수 있는 바이러스 등을 이용한 테러도 가능하다. 따라서 테러에 대비하는 포괄적 안보가 필요한 시점이며, 테러 전문기구의 운용 및 전 인류가 테러방지의 공동감시자가 되어 긴밀한 국제공조체제가 필요하다. 보이지 않는 테러와의 전쟁에는 철저히 대비하는 길이다.

② 시위

개인이나 조직의 위력을 보이는 모든 시위행동을 통틀어 일컫는 말이지만 시위를 위한 행진 자체를 가리키는 경우가 많다. 요구사항을 적은 플래카드를 들고 슬로건을 외치면서 공개적으로 의사를 표시하고 위력을 지배자에게 과시하는 한편, 여론에 호소하기 위한 방편으로 행해진다. 요컨대 데모는 집단의사의 형성과 표현 및 그것의 전달과 실현 등의 기능을 지닌다.

현대사회에서 시위는 하나의 사회현상이면서 문화현상으로 나타나고 있다. 정치적 측면, 경제적 측면, 사회적 측면, 문화적 특성 등 우리 생활 속에서 일상화되고 있으며, 현대에 발생하는 시위는 과거와 많이 달라졌다. 과거에는 현대보다 많은 폭력시위가 발생했고 주로 국가적 차원으로 범국민적으로 참여한 시위였지만, 현대는 폭력시위가 전반적으로 과거에 비하여 감소하는 추세이며, 민원성 시위가 증가하고 있다. 시위의 수단과 방법도 다양화되고 있다. 최근 시위는 폭력시위가 감소하는 대신 다양한 방법이 동원되고 있다. 상징물을 소각하는 형태, 퍼포먼스, 인터넷 홍보, 1인 시위, 자전거 시위, 차량 시위, 플래시 몹(flash mob) 등 새로운 형태의 시위가 계속 등장하고 있다.

③ 전염병확산

보건의료 관련 국가핵심기반의 마비는 보건의료 기관의 시설·설비의 파괴, 운영 중단 등으로 보건의료 서비스가 중단되는 상황을 말한다. 보건의료 분야는 병원, 약국, 의약품 제조, 질병관리 등과 관련된 시설 및 운영체계를 대상으로 한다. 또한 예방체계가 미흡한 사스(SARS)·에이즈(AIDS) 등의 전염병 확산, 조류인플루엔자·광우병·돼지콜레라·구제역 등 국민의 건강과 생명에 직·간접적으로 영향을 미치는 가축 전염병 확산 등을 포함한다.

2006년 4월 22일 세계보건기구(WHO)의 발표에 의하면 조류인플루엔자(AI) 전염병의 경우 감염자는 전 세계에서 204명이 발생했으며, 이들 중 사망자는 113명으로 조사되었다. 또한 2003년에 강타한 중증급성호흡기증후군인 사스로 인해 전 세계 약 800여 명이 사망한 바 있다.

전염병확산에 대한 단계별 활동을 살펴보면 다음과 같다.

첫째, 예방 활동으로 보건의료 체계에 대한 예상 위협 및 취약요소를 발굴하고 보건의료 관련 시설·운영체계의 보호를 위한 정책·제도를 마련한다. 이와 함께 비상진료 및 의약품 공급체계, 보건의료 기관간의 연계체계 구축 등 보건의료 분야의 기능마비 가능성을 감소시킬 수 있는 예비 전략을 수립, 시행한다.

둘째, 대비 활동으로 경보체계를 구축·운영하며, 위기요인에 대한 감시태세를 유지한다. 『위기상황 대응 매뉴얼』을 작성하고 이에 대한 교육 및 연습/훈련을 통하여 각종 위협에 대한 대응 능력 및 대비 태세를 확립한다. 또한 질병의 확산에 대처하기 위해 필요한 의약품을 확보한다.

셋째, 대응 활동으로 상황관리 및 보고체계를 가동하고 질병 확산을 방지하며 의료·보건 체계의 최소 기능을 유지한다. 또한 대국민 교육 및 홍보를 강화하여 국민 불안을 해소시킨다.

넷째, 복구 활동으로 의료·보건 시설·설비의 운영을 정상 수준으로 회복시키고, 각종 운영 중단 및 질병의 재발방지를 위한 대책을 강구하여 제도적 장치를 마련하거나 운영체계를 보완한다.

④ 국가기반체계 마비

국가핵심기반 재난은 테러, 대규모 시위·파업, 폭동, 재난 등의 원인에 의해 국민의 안위, 국가 경제 및 정부 핵심기능에 중대한 영향을 미칠 수 있는 인적·물적·기능체계가 마비되는 상황을 말한다. 국무총리는 '국정현안정책조정회의'를 통하여 국가핵심기반 위기관리에 관한 범정부 차원의 중요정책을 심의하고 조정한다. 단, 국가 사이버안전에 관한 위기관리는 국가안보실장회의사무처가 '사이버안전정책조정회의'를 통하여 관련 정책을 심의하고 부처·기관 간 역할을 조정한다. 행정안전부는 국가핵심기반 분야의 위기관리를 위한 관련 부처·기관의 대응 및 복구 활동을 통합·지원한다. 국가안보장회의사무처는 국가핵심기반 위기관리체계에 관한 사항을 기획·조정하고 유형별 위기관리 상황을 종합한다.

재난관리 분야에서도 자연재난과 인위재난뿐만 아니라, 국가핵심기반시설의 붕괴로 인한 재난 역시 이를 다루는 국가정책의 근거법은 「재난 및 안전관리기본법」이다.

한편, 국가핵심기반은 기존의 자연재난이나 인적 재난과는 달리 새로운 개념으로 다루어야 할 필요가 제기되고 있다. 왜냐하면 「재난 및 안전관리기본법」 및 「재난 및 안전관리기본법시행령」과 「재난 및 안전관리기본법시행규칙」에서 기존의 자연재난과 인적 재난에 관한 부분은 소방방재청이 전담하도록 되어 있고 국가핵심기반과 관련한 재난은 행정안전부가 중앙대책본부를 운영하고 각 부처 및 지방자치단체를 통합 지원하도록 되어 있기 때문이다. 즉 국가핵심기반의 마비는 새로운 재난유형의 개념이며, 이에 대한 재난관리 운영체계가 짧은 기간에 구축되었기 때문에 제도운영상에 나타나는 미비점을 보완할 필요성이 제기되고 있다.

⑤ 정전

정전이란 현재 우리가 사용하는 전력의 공급이 정지되는 상태이다. 현대사회에서 인간의 모든 행위는 에너지의 소비행위라 할 수 있다. 즉 에너지가 투입되지 않으면 어떤 일도 이룰 수 없는 것이 현대문명이다. 이 중에서 전기는 일상생활에 필수적인 기반시설로 우리가 사회생활을 영위해 나가는 데 그리고 일상적인 생활을 하는 데 유용하고 꼭 필요한 에너지이다. 이러한 전기가 없어져 정전상태가 되면 인구가 밀집해 있는 수도권이나 대도시에는 많은 혼란과 피해가 일어나 사회적 재난으로 발전할 가능성이 높다.

2 재난의 분류방법

오늘날까지 재난에 대한 정의 및 분류는 완전하게 정해지지 않았으며, 각 나라 또는 학자들마다 다르게 정의하고 있다. 또한 같은 국가 내에서도 상황에 따라 약간씩 다르게 정의하고 있다. 그러한 이유는 재난의 개념이 시대와 사회환경에 따라 유동적으로 인식되고 있는 상대적인 개념이며, 사회여건에 따라 작은 사고조차도 재난으로 받아들이고 있는 경우가 있기 때문이다.[2]

---

2) 김경안, 류충, 『재난대책론』, 도서출판 반, 1997.

1) 국 내

① 재난 및 안전관리기본법

「재난관리 기본법」은 각종 재난으로부터 국토를 보존하고 국민의 생명·신체 및 재산을 보호하기 위하여 국가 및 지방자치단체의 재난 및 안전관리체제를 확립하고, 재난의 예방·대비·대응·복구 그 밖의 재난 및 안전관리에 관하여 필요한 사항을 규정한 법률이다.

재난의 분류체계는 다음의 [그림 1-5]와 같다.

[그림 1-5]와 같이 「재난 및 안전관리기본법」은 법령체계상 재난·안전을 총괄하는 기본법으로 우리나라에서는 「재난 및 안전관리기본법」에 의하여 재난에 대한 분류를 크게 인적 재난, 자연재난, 사회적 재난 3가지로 분류하고 있다. 또한 각각의 재난에 대응할 수 있는 기관들을 설정해 놓았고 재난 발생 시 신속하게 복구조치 할 수 있는 법안도 마련해 놓고 있다.

다음 「재난 및 안전관리기본법」 제3조 제1호에 의한 재난의 유형은 <표 1-1>과 같다.

[그림 1-5] 「재난 및 안전관리기본법」에 의한 재난의 분류

〈표 1-1〉「재난 및 안전관리기본법」에 나타난 재난유형

구 분	재난 유형
자연재난	태풍, 홍수, 폭풍, 해일, 폭설, 가뭄, 지진, 황사, 적조 그 밖의 이에 준하는 자연현상으로 인하여 발생하는 재해
인적 재난	화재, 붕괴, 폭발, 교통사고, 화생방사고, 환경오염사고 그 밖의 이와 유사한 사고로 대통령이 정하는 규모 이상의 피해
사회적 재난	에너지, 통신, 교통, 금융, 의료, 수도 등 국가기반체계의 마비와 전염병 확산 등으로 인한 피해

「재난 및 안전관리기본법」에서는 재난을 인적 재난, 자연재난, 사회적 재난으로 분류하였다.

과거에는 재난을 발생 원인에 기초하여 자연현상에 의한 것은 자연재해, 인위적 속성에 의한 것은 인적 재난으로 구분하였다. 그러나 자연현상이든 인위적 속성이든 사회적 현상에 의한 것이든 간에, 실체적 측면에 초점을 두는 경우에는 관리체계의 일원화가 가능하다는 의미에서 용어 통일의 필요성이 제기되었다. 이에 「재난 및 안전관리기본법」에서는 자연재난과 인적 재난으로 구분하지 않고 재난으로 용어를 통일하고 있다. 이는 현재의 사회적 환경이나 과학기술 수준에서 예상하지 못했던 새로운 유형의 재난 발생 시에도 유연하게 대처할 수 있도록 확대 일원화한 것으로 이해할 수 있다.[3]

② 국가재난관리기본지침

청와대 국가위기상황센터는 이제까지 구축해 온 '통합적 국가위기관리시스템' 내용을 반영해 '국가위기관리기본지침' 개정을 2008년 완료하고 관련 부처·기관에 배포·시행토록 했다.

통령훈령인 국가재난관리기본지침에 의한 재난관리 매뉴얼로 관리되고 있는 재난의 유형과 재난의 유형별 분류는 <표 1-2>와 <표1-3>과 같다.

〈표 1-2〉 재난관리 매뉴얼로 관리되고 있는 재난유형

구 분	재난 유형
재 난	풍수해, 지진, 산불, 고속철도대형 사고, 대규모환경오염, 유해물질유출사고, 공동구재난, 댐 붕괴, 지하철대형 화재사고, 다중밀집시설대형 사고, 전염병, 가축질병
국가핵심기반	전력, 원유수급, 원전안전, 금융전산, 육상화물운송, 식용수, 보건의료, 정보통신
기 타	도로터널사고, 항행안전시설장애, 항공기사고, 항공운송 마비, 가스

3) 이재은, 2004: 150~151.

〈표 1-3〉 재난유형 분류

매뉴얼		재난형태	비고 (주관부처)
재난 12개 유형	공동구재난	1. 화재사고 　- 실화, 방화, 전력케이블 과부하 등에 의한 화재 등 2. 파손·파괴사고 　- 지진, 테러, 공동구 내·외부에서 작업 중 안전사고 등 3. 침수사고 　- 홍수에 의한 우수 유입, 상수도·난방관로 파괴 등	국토해양부
	댐 붕괴	1. 댐 상류지역 군사시설물 등 침수 2. 댐 수위 상승으로 상류지역 침수 3. 댐 방류량 증가로 하류지역 침수	국토해양부
	지하철대형 화재사고	1. 지하철 역사 화재 사고 2. 지하철 전동차 화재 사고 3. 지하철 본선(터널) 화재 사고	국토해양부
	다중밀집시설대 형 사고	1. 방화, 테러 등에 의한 화재 2. 관리부실 등 부주의에 의한 화재	소방방재청
	전염병	1. 해외 신종 전염병의 국내 유입 및 확산 2. 국내 신종 전염병 발생 및 확산 3. 태풍·수해 등 자연재해로 인해 대규모 전염병 발생	보건복지 가족부
	가축질병	1. 전국적 규모의 구제역 발생 2. 전국적 규모의 고병원성 조류인플루엔자 발생 3. 전국적 규모의 신종 가축질병 발생	농림수산 식품부

※ 안보분야는 대통령실에서 관리하므로 계외

매뉴얼		재난형태	비고 (주관부처)
재난 12개 유형 (계속)	풍수해	1. 태풍 - 강풍, 호우, 해일 2. 대설 - 교통두절, 인명고립, 산업피해	소방방재청
	지진	1. 지진 - 지반파괴, 건물 구조물의 붕괴 2. 지진해일 - 범람	소방방재청
	산불	1. 대형산불, 2. 동시다발 산불	산림청
	고속철도 대형사고	1. 열차 충돌 　- 교량, 터널에서 열차 충돌 　- 선로, 역 구내에서 열차 충돌 2. 열차 탈선 　- 교량, 터널에서 열차 탈선 　- 선로, 역 구내에서 열차 탈선 3. 화 재 　- 고속열차 운행 중 터널, 교량에서 화재 발생 　- 선로, 역 구내에서 열차 화재 4 열차 폭발, 독가스 살포	국토해양부

매뉴얼	재난형태	비고 (주관부처)
	– 열차 운행 중 교량, 터널, 선로에서 열차 폭발 및 독 　가스 살포 – 역 구내 폭발 및 독가스 살포	
대규모 환경오염	1. 대규모 수질오염 사고 – 수생 생태계 파괴로 인한 어류 등 폐사 – 상수원 오염으로 취·정수장 취수 중단 – 취수원수 오염으로 농업용수 급수 중단 – 산업시설의 공업용수 급수 중단으로 공장가동 중단 2. 대규모 환경오염 사고 – 대규모 기름 유출 – 유출유 100㎞ 이상 확산 – 어장, 양식장 오염 및 해양 생태계 파괴 – 발전소·임해공단 가동 전면 중단	국토해양부 환경부
화학유해물질유 출사고	1. 유독물질 대규모 누출 사고 2. 유독물질 제조·보관시설 폭발 사고 3. 유독물질 운송차량(탱크로리 등) 전복 사고	환경부 노동부 지식경제부
전력	1. 수요급증에 따른 전력공급 부족 2. 재해 및 재난에 따른 전력공급 부족 3. 전력계통 고장에 의한 전력공급 부족 4. 노사갈등·파업 등 사회적 요인에 의한 전력공급 장애	지식경제부
원유수급	1. 국제 원유가격 급등 2. 국제 원유공급 장애	지식경제부
원전안전	1. 원전 전면 가동 중단 2. 방사능 누출 사고	교과부
금융전산	1. 자연재해 2. 인위재난 3. 전산기기 장애, 프로그램 장애, 통신망 장애, IT 관련 　기술 미비 등으로 전산망 전체 또는 일부가 마비된 기 　술적 재해 4. 해킹·컴퓨터바이러스 등의 전자적 침해 행위로 인한 　금융업무 및 전산망 마비	금융위원회
육상화물운송	1. 컨테이너 트럭 등 육상운송분야 종사자들의 집단 운송 　거부에 따른 수출입 화물의 운송 마비 2. BCT(시멘트) 등 특정산업육상운송분야 종사자들의 집 　단 운송 거부에 따른 관련 화물의 운송 마비	국토해양부
식용수	1. 유해물질 투입 위협 또는 투입 2. 오염물질에 의한 취수원 오염 3. 홍수, 가뭄, 이상조류 등 자연현상에 의한 수질 이상/ 　오염	국토해양부 환경부

(좌측 병합 셀: 국가
핵심
기반
8개
유형)

매뉴얼	재난형태	비고 (주관부처)
	4. 태풍, 홍수, 호우 등 자연재해에 의한 시설 파괴/파손 5. 화재, 붕괴, 폭발, 테러 등의 인위적 재난에 의한 대규 　모 파괴	
보건의료	1. 보건의료노조의 집단파업으로 대규모 병원 서비스 중단 2. 전국 의사의 집단 진료거부로 대규모 의료기관 서비스 　중단 3. 전국 약국의 집단 영업거부로 대규모 의약품 공급 장애 4.혈액수급 부족으로 대규모 혈액공급 장애	보건복지 가족부
정보통신	1. 자연재해(태풍, 홍수, 호우, 지진 등) 2. 기술적 결함(통신시스템 마비, 대규모 정전) 3. 사회적 갈등(파업) 4. 인위재난(테러, 화재, 폭발, 운용조작 미숙 등)	방송통신 위원회
도로터널 사고	1. 도로 터널 내 차량추돌사고 　− 터널 내 과속 및 차선변경으로 인한 추돌사고 발생 　− 운전미숙 또는 시설물 낙하로 인한 추돌사고 발생 2. 도로 터널 내 화재사고 　− 터널 내 방화·테러 등에 의한 화재발생 　− 터널 내 배전기 등 전기선로 누전 등에 의한 화재발생 　− 주행차량의 노후 등 정비 불량으로 인한 화재발생 3. 도로 터널 붕괴 사고 　− 위험물 및 차량화재 폭발로 인한 터널붕괴 사고 　− 터널 노후화로 인한 터널붕괴 사고	국토해양부
기타 항로안전 시설 장애	1. 항로관제시설의 장애 　− 항로관제 주장비 및 예비장비 장애 　− 비레이더 항로관제체제 운영 시 　− 4개 APP(서울, 김해, 제주, 포항)를 이용한 비상 관 　　제시 　− 기타 ACC 장애로 항공기 운항에 막대한 지장 초래 시 2. 접근관제시설의 장애 　− 서울, 김해, 제주 APP 주장비 장애로 항공기 운항에 　　큰 지장을 초래할 경우	국토해양부
항공기 사고	1. 국적 항공기 국내에서 사고 2. 외국 항공기 국내에서 사고 3. 국적 항공기 국외에서 사고 4. 공항운영 차질(운항대책)	국토해양부
항공운송마비	1. 항공종사자 단체행동에 의한 항공기 운항 중단	국토해양부
가 스	1. 천연가스 생산국 생산차질(전쟁, 생산시설 고장 등) 및 　LNG 수송 지연(수송선 사고, 기상이변 등)으로 인한 　공급 부족 2. 이상기온 및 원자력 등 기저발전 불시고장 등으로 인한	지식경제부

매뉴얼	재난형태	비고 (주관부처)
	국내 LNG 수요 급증 3. 업무종사자 작업거부 등으로 인한 천연가스 생산 및 공급설비 가동중단에 따른 가스공급 중단 4. 재난으로 인한 천연가스 생산 및 공급설비 대형사고 발생에 따른 가스공급 중단	

현행법상 재난의 유형별 분류는 <표 1-4>와 같이 「재난 및 안전관리기본법」과 국가재난관리기본지침의 재난유형의 분류 기준이 상이하다.

따라서 재난의 정의 및 범위, 재난유형의 분류 기준 마련 등 체계적인 연구가 미흡한 실정이며, 중앙부처, 지자체, 공공기관 및 단체 등 재난관리책임기관별로 빈번이 발생하거나, 발생 가능성이 높은 재난에 대한 연구 및 분류가 필요하다.

〈표 1-4〉 재난유형 비교

구 분		재난 및 안전관리기본법	국가재난관리기본지침
재난분류		자연재난, 인적 재난, 사회적 재난	안보, 재난, 국가핵심기반
재난	자연 재난	태풍, 홍수, 폭풍, 해일, 폭설, 가뭄, 지진, 황사, 적조, 기타	풍수해(태풍, 호우, 대설), 지진(지진해일)
	인적 재난	화재, 붕괴, 폭발, 교통사고, 화생방사고, 환경오염사고, 그 밖의 이와 유사한 사고	산불, 고속철도대형 사고, 대규모 환경오염, 화학유해물질유출사고, 공동구재난, 댐 붕괴, 지하철대형화재사고, 다중밀집시설대형 사고, 전염병, 가축질병
	사회적 재 난	에너지, 통신, 교통, 금융 의료, 수도 등 국가기반체계의 마비, 전염병 확산	전력, 원유수급, 원전안전, 금융전산, 육상화물운송, 식용수, 보건의료, 정보통신

2) 외국의 분류

① 미국

가. 국토안보부(DHS)에서 정의하는 재난유형

2007년 9월에 국토안보부에서 발행한 국가대비지침(National Preparedness Guidance, NPG)에서 국가 차원에서 준비해야 할 15개의 비상상황에 대한 시나리오(National Planning

Scenarios)를 정의하고 있다. <표 1-5>와 같이 국가 수립 시나리오는 국가적으로 대비해야 할 시나리오를 나타낸다.

〈표 1-5〉 국가 수립 시나리오

급조한 핵 장치	대규모 지진
에어로졸 탄저균	대규모 허리케인
전염 인플루엔자	방사능 살포장치
전염병	급조한 폭발장치
수포약품	식품오염
독성의 산업 화학물질	해외 가축 질병
신경약품	사이버 공격
염소 탱크 폭발	

나. 연방재난관리청(FEMA)에서 정의하고 있는 재난유형

연방재난관리청에서는 재난유형을 <표 1-6>의 연방재난관리청의 재난유형과 같이 정의하고 있다.

〈표 1-6〉 연방재난관리청의 재난유형

부 문	재난유형
자연 재해 (Natural Hazards)	이상고온 현상(Extreme heat) 지진(Earthquake) 홍수(Flood) 화재(Fire) 허리케인(Hurricane) 산사태 및 토석류(土石流), (Landslide and debris flow) 천둥 및 번개(Thunderstorm and lightning) 토네이도(Tornado) 쓰나미(Tsunami) 화산(Volcano) 산불(Wildfire) 겨울철 폭풍 및 이상저온 현상(Winter storm and extreme cold)
기술 재해 (Technological Hazards)	위험물질 사고(Hazardous materials incidents) 가정화학 사고(Household chemical emergencies) 핵발전소(Nuclear power plants)

부 문	재난유형
테러 (Terrorism)	폭발(Explosions) 생물학적 위협(Biological Threats) 화학적 위협(Chemical Threats) 핵폭풍(Nuclear Blast) 방사능 확산 기구(Radiological Dispersion Device, RDD) 국토안보자문체계(Homeland Security advisory systems)

다. 버지니아 주정부 재난운영계획(EOP)에 정의한 재난유형

버지니아 주정부의 재난운영계획에 정의한 재난유형은 <표 1-7>의 버지니아 주정부의 재난운영계획에 정의한 재난유형과 같다.

<표 1-7> 버지니아 주정부의 재난운영계획에 정의한 재난유형

구분	재난 유형
VEOP	Blizzards/Winter Storms(눈보라/겨울폭풍) (Including winter storms, Nor′easters, Ice storms and excessive cold) Coastal/Shoreline Erosion(해안/연안 부식)(Addressed under flooding) Dam Failure(댐 붕괴)(Addressed under flooding) Drought(가뭄)(Including excessive heat) Earthquakes(지진) flooding- Coastal, River line(홍수- 연안, 강가) high wind/windstorm(강한 바람/폭풍)(Including Thunderstorms and lighting) Hurricane(허리케인)(Hurricane generally, Tropical Depressions, Tropical Storms, Category 1Category 2, Category 3) Land subsidence(지반 침전) Karst only(카르스트지형만 해당) Landslide(산사태) Tornado(토네이도)Tornadoes, Generally and hail, F0, F1, F2

라. 국가핵심기반과 국가 주요자산에 영향을 주는 재난유형

2003년 2월 백악관에서 발행한 <the Physical Protection of Critical Infrastructures and Key Assets> 문서에서 정의한 것이다.

핵심기반체계는 다음과 같은 영역으로 분류한다.
- 국민 생존에 필요한 물품과 서비스: 농축산물, 식품, 물, 보건 및 비상서비스(의료, 소방, 치안, 구조, 구급 등)
- 국가안보와 자유, 주요 공공기능의 보장

- 경제생산성과 성장 및 다른 기반을 연결하고 제어하는 데 지원: 정보통신
- 경제를 유지하고 국민의 일상생활과 관련: 에너지, 교통, 금융, 화학산업, 우편물류
- 외침으로부터 국민을 보호할 수 있는 역량의 핵심: 방위산업기반

<표 1-8>의 국가핵심기반은 국가핵심기반분류와 각 주요 재난양상을 나타낸 것이다.

〈표 1-8〉 국가핵심기반

국가핵심기반	주요 재난양상
에너지(Energy)	전기, 석유, 가스 등 에너지 공급 시스템 마비
원거리통신(Telecommunication)	국가 정보통신 기반 마비·사이버 침해
우편 및 해운(postal and shipping)	
교통운송(Transportation)	수송·물류 시스템 마비
금융(Banking and Finance)	금융전산망 마비, 금융 업무 거부
공중보건(Public Health)	의료·보건 서비스의 중단, 방역 시스템 마비
화학물질 및 위험물질 (Chemicals and Hazardous Materials)	
물(Water)	수자원 및 상하수 시스템 마비
비상 서비스(Emergency Service)	사고, 자연재해 등 비상시 인명과 재산을 구하는 소방, 구조, 구급, 경찰 등
방위산업기반(Defense Industrial Base)	
농수축산물/식품(Agriculture and Food)	

〈표 1-9〉 국가주요자산

국가 주요자산 (Key Assets)	예제
국가 기념물 및 상징 (National Monuments and Icons)	워싱턴 기념탑, 링컨 기념관 등
핵발전시설(Nuclear Power Plants)	핵발전소시설 등
댐(Dams)	후버댐 등
정부시설(Government Facilities)	펜타곤, 백악관 등의 공공건물
상업적 주요 자산 (Commercial Key assets)	올림픽 스타디움이나 뉴욕 엠파이어스테이트 빌딩, 메디슨 스퀘어가든 등

② 일본

가. 자연재해(천재)

기상재해, 강우재해, 설해, 혹한(기온 하락)재해, 혹서(온도 상승) =재해, 번개 피해
a. 지변재해, 지진재해, 화산 재해, 산사태재해
b. 동물재해, 병원균 (전염병) 병해 등

나. 인위재해(인재)

a. 도시 － 공해, 대기오염, 수질오염, 소음, 진동, 오물·악취, 지반침하, 화재
b. 산재 － 공장재해(시설재해), 광산재해(시설재해), 토건 현장재해(시설재해)
   직업병·노동재해(인적 재난), 방사선장애(인적 재난)
c. 교통재해 － 육상 교통재해, 비행기사고, 선박재해(화재·충돌·회수)
d. 전쟁 재해
e. 관리 재해 － 조사 원유 누출에 의한 재해, 디자인·계획 부주의에 의한 재해 시공
   의 열악함으로 인한 재해, 관리 미비·태만에 의한 재해, 행정 처리 잘못으로 인한
   재해, 언어에 의한 재해, 예보 경보의 과실에 의한 재해, 기타 인간의 지혜로 예상
   치 못한 의한 재해

3) 학자들에 의한 분류

① 존스의 분류

존스(Jones, 1993)는 재난의 유형을 발생원인과 재난현상에 따라 자연재난, 준자연재
난, 인위재난으로 크게 분류하고, 자연재난을 다시 지구물리학적 재난과 생물학적으로
분류하였다. 그리고 지구물리학적 재난을 다시 지질학적 재난, 지형학적 재난, 기상학적
재난으로 소분류 하였다. 내용은 <표 1-10>과 같다.

이러한 존스의 분류는 준자연재난에서 환경오염인 스모그현상과 사막화 현상, 염수화
현상, 산성화, 토질침식 등이 포함되어 있어서 재난의 의미가 확대 적용되었다고 볼 수
있다. 그러나 이를 재난분류에 적용시키기에는 너무 광범위하다는 문제점이 있다.

〈표 1-10〉 존스의 재난분류

재 난					
자연재난				준자연재난	인위재난
지구물리학적 재난			생물학적 재난	스모그 현상, 온난화 현상, 사막화 현상, 염수화 현상, 눈사태, 산성화, 홍수, 토양 침식 등	공해, 광화학 연무, 폭동, 교통사고, 폭발사고, 전쟁 등
지질학적 재난	지형학적 재난	기상학적 재난			
지진, 화산, 쓰나미 등	산사태, 염수토양 등	안개, 눈, 해일, 번개, 토네이도, 폭풍, 태양, 이상기온, 가뭄 등	세균, 질병, 유독식물, 유동식물 등		

* 자료: Jones(1993: 35).

② 아네스의 분류

아네스(Anesth)는 재난을 자연재난과 인위재난으로 크게 분류하고, 자연재난의 유형을 기후성 재난과 지진성 재난으로 나누었다. 또한 인위재난을 사고성 재난과 계획적 재난으로 분류하였다. 내용은 <표 1-11>과 같다.

아네스의 재난분류는 미국의 지역재난계획에서 주로 원용하고 있으며, 존스의 재난분류에 포함된 대기오염, 수질오염 등과 같이 장기간에 걸쳐 완만하게 진행되고, 인명 피해를 발생시키지 않는 일반행정 관리 분야의 재난을 제외하고 있다는 점이 특징이다.[4]

〈표 1-11〉 아네스의 재난분류

대분류	세분류	재난의 종류
자연재난	기후성 재난	태풍, 수해, 설해
	지진성 재난	지진, 화산폭발, 해일
인위재난	사고성 재난	- 교통사고(자동차, 철도, 항공, 선박사고) - 산업사고(건축물 붕괴), 기계시설물사고 - 폭발사고(갱도, 가스, 화학, 폭발물) - 생물학적사고(박테리아, 바이러스, 독혈증, 기타 질병) - 화재사고 - 화학적 사고(부식성 물질, 유독물질) - 방사능사고, 환경오염(대기, 토질, 수질 등)
	계획적 재난	테러, 폭동, 전쟁

* 자료: 김경안, 류충(1998: 14)

---

4) 이재은 외: 113.

제3절 재난의 특성

재난(Disaster)은 일반적으로 중앙과 지방정부의 일상적인 절차나 지원을 통하여 관리할 수 없는 심각한 대규모의 사망자, 부상자, 재산손실을 발생시키는 것으로 보통 예측가능성이 없이 갑작스럽게 발생하는 것이 특징이다.

또한 재난은 돌발적인 대규모 사태라는 측면에서 일상적인 사고와 구별되고 일상적인 사고가 그 지역의 대응능력만으로 충분히 수습할 수 있다는 점에서 해당지역의 대응자원만으로 통제 불가능한 재난과 구분된다. 사고와 재난의 구분은 일상적 사고에 비해서 재난은 정밀하고 특별한 대응체제를 필요로 하며 별도의 대응계획을 수립해야 한다는 데 있다.[5]

그에 따라 재난의 특성은 다음과 같다.[6]

- 실질적인 위험이 크더라도 그것을 체감하지 못하거나 방심한다.
- 본인과 가족과의 직접적인 재난피해 외에는 무관심하다.
- 시간과 기술·산업발전에 따라 발생빈도나 피해 규모가 다르다.
- 인간의 면밀한 노력이나 철저한 관리에 의해 상당 부분 근절시킬 수 있다.
- 발생과정은 돌발적이며 강한 충격을 지니고 있으나 같은 유형의 재난피해라도 형태나 규모, 영향범위가 다르다.
- 재난 발생 가능성과 상황변화를 예측하기 어렵다.
- 고의나 과실이든 타인에게 끼친 손해는 배상의 책임을 가진다.

재난에서 보다 중요한 것은 시간의 경과에 따라 그 피해가 급속히 확산된다는 것이다. 더불어 제반 산업시설과 교통 그리고 정보통신 등이 밀집되어 있는 장소에서는 아주 짧은 시간에도 재난의 피해 정도가 넓고 깊게 퍼져 나타난다.

---

5) 송윤석 외, 2009, p.18.
6) 소방방재청, 2006, p.8.

1 자연재난

자연재난은 광범위한 지역에 걸쳐 발생하며 재산피해와 사상자 발생이 넓은 지역에서 산발적으로 발생하는 것이 특징이다. 또한 근본적으로는 예방할 수 없는 불가항력적인 특징이 강했지만 근래에 들어서는 문명이 발달하면서 자연재난에 대하여 어느 정도의 예측이 가능하기 때문에 적절한 예방조치, 즉 자연재난 방지를 위한 시설물의 설계와 시공, 사전 예방 조치 및 자연재난 발생 시의 신속한 복구대책 수립 등으로 인하여 어느 정도의 피해를 감소시킬 수 있다.

2 인위적 재난

인위적 재난은 새로운 재난이 발생하여 예측이 불가능하지만 근본적인 통제가 어느 정도 가능하여 피해를 최소화할 수 있다는 특징이 있다. 또한 국소지역에서 재산피해와 사상자가 집중적으로 발생한다는 특징도 있다. 인위적 재난은 기술적인 실수나 부주의 무지·무관심 그리고 사후관리 부재 등에서 비롯하는 사고라는 점에서 근본적인 예방과 적절한 조치를 취하는 것만으로 예방할 수 있다.

이들 인위적 재난은 다음과 같은 특징이 있다.[7]

첫째, 실질적인 위험이 크더라도 그것을 체감하지 못하거나 방심한다.

둘째, 본인과 가족의 직접적인 재난 피해 외에는 무관심하다.

셋째, 시간과 기술·산업 발전에 따라 발생 빈도나 피해 규모가 다르다.

넷째, 인간의 면밀한 노력이나 철저한 관리에 의해 상당 부분 근절시킬 수 있다.

다섯째, 발생 과정은 돌발적이며 강한 충격을 지니고 있으나 같은 유형의 재난 피해라도 형태나 규모, 영향 범위가 다르다.

여섯째, 재난 발생 가능성과 상황 변화를 예측하기 어렵다.

일곱째, 고의나 과실이든 타인에게 끼친 피해에 배상의 책임을 가진다.

3 사회적 재난

사회적 재난은 사회 현상에 의해서만 나타나기보다는 자연재난과 인위적 재난에 의해

---

7) 행정안전부, 2003: 28.

서도 발생하는 복합재난의 성격이 있다. 즉 사회적 재난은 사회구성원, 사회집단, 민족 간, 인종 간, 종교 간 관계 속에서 주로 발생한다. 이와 함께 사회재난은 자연재난과 인위재난으로 유발되는 한편, 사회적 재난으로 인해 인위재난이 발생할 수도 있다.

사회적 재난은 인간에 의해 발생한다는 점에서는 인위재난과 유사하나 인위재난이 기술적인 실수나 부주의, 무지·무관심에서 비롯되는 것인 반면 사회적 재난은 고의성과 의도성, 즉 종교적·정치적·이념적인 목적 달성을 지닌다는 점에서 차이가 있다.

도시화, 세계화, 정보화, 고속화, 시설의 고밀도화, 산업의 첨단화 등 사회 고도화가 진행될수록 사회적 재난에 대한 취약성이 증가하는 동시에 피해 규모가 클 것으로 예상된다.

금융, 교통·수송, 전기, 정보통신 등과 같이 일상생활에 필수적인 기반 시설에 대한 침해나 사고는 그 자체가 사회적 재난으로 발전할 가능성이 매우 높다. 즉 이러한 기반 시설에 대한 보호대책이나 복구계획이 없는 상태에서 발생하는 사회적 재난은 우리 사회 전반의 일상생활과 산업활동을 마비시키는 심각한 영향을 미치기 때문에 이에 대한 대비책을 마련해야 한다.

사회적 재난의 관리는 정부뿐만 아니라, 민간 부문의 기업은 물론 시민사회의 각 개인과 단체를 포함한 모든 행위자들이 참여할 경우에만 그 효과성을 확보할 수 있다.

사회적 재난은 국가 핵심기반시설은 물론 일반 국민, 정부 서비스, 국가 정체성과 관련된 대상에 대해서도 관리 방안을 수립해야 한다. 오늘날 많은 사회재난의 사례가 발생함에도 불구하고 그 중요성을 인식하지 못하는 경우가 많다. 또는 일부 중요성을 인정하는 경우에도 국가적으로 중요한 일부 시설에 대해서만 관심을 갖는 경우가 있으나, 일반 국민을 대상으로 하는 사회적 재난, 정부서비스에 대한 사회적 재난, 국가 정체성에 대한 사회적 재난 역시 중요한 부분이다.

재난관리의 개념 및 특성

 ## 재난관리의 개념

우리나라의 「재난 및 안전관리기본법」 제3조 3항에서는 재난관리를 "재난의 예방·대비·대응 및 복구를 하기위한 모든 활동을 말한다."라고 되어 있다.

재난관리란 국민의 생명, 신체 및 재산을 각종 재해로부터 예방하고 보호하기 위한 일련의 구제행위이다. 즉 재난이 발생하기 전에 재난에 관련하여 사전에 대비 및 예방을 하고, 재난 발생 후에는 그로 인한 물적인 피해와 인적인 피해를 최소화하며, 재난 발생 전의 상태로 복구하기 위한 모든 측면을 포함하는 총체적인 용어로 재난의 발생 전, 후로 원인 예방과 피해를 관리하는 것을 말한다.

즉 재난관리는 재난 또는 위기를 효과적으로 관리하기 위한 관리활동이다. 또한 이러한 재난관리는 범위에 따라서 광의의 재난관리와 협의의 재난관리의 개념으로 구분된다. 먼저 광의의 재난관리 개념은 재난통제에 비해 조금 더 넓은 접근방법을 의미하는 것으로 인간에게 피해를 끼칠 수 있는 폭발적인 사건의 위험을 통제하는 것으로 이해된다. 이러한 의미에서 광의의 재난관리는 사전에 재난을 예방하고 대비하며, 재난 발생 후 그로 인한 물적·인적 피해를 최소화하고 본래의 상태로 시설을 복구하기 위한 모든 측면을 포함하는 총체적 용어로서 재난에 대한 위협과 재난으로 인한 결과를 관리하는 것을 말한다. 협의의 재난관리 개념은 재난 발생 시 피해를 최소화하기 위해 혼란한 위기상황에 질서를 부여하는 대응 및 복구과정으로 일상적 비상대응기관들의 자원을 관리하고 조직 간의 의사소통을 원활히 하며, 체계적인 사고지휘체계를 구성함으로써 인적·물적 피해를 최소화하기 위한 일련의 과정을 말한다. 광의의 재난관리 과정 중 긴급관리의 특징을 갖는 대응단계 및 단기적 복구단계를 일반적으로 협의의 재난관리라고 한다.[8]

협의의 재난관리는 대응 및 복구만을 포함하며 시간의 경과에 따라 크게 두 단계로 나누어서 생각해 볼 수 있다. 제1단계는 재난 발생 직후 24시간 혹은 72시간의 기간에 해당하는 것으로 초동단계 대응이 이에 해당한다. 이 단계에는 인명구조, 피난유도, 교통규제, 긴급치료, 구호물자의 긴급수송을 위해 군, 소방, 경찰 등의 출동조직을 신속하게 동원하여 피해를 최대한으로 억제하는 조치를 취하는 단계이다. 2단계는 초동단계의

긴급조치가 어느 정도 취해진 이후에 해당하는 기간으로 재난의 복구와 개선에 초점을 맞춘다.9)

우리나라에서는 대응과 복구활동을 위주로 했던 예전의 재난관리는 협의의 재난관리의 개념으로서 그 한계에 부딪쳤다. 그래서 현대 사회에서의 재난관리 개념은 대응과 복구도 중요시하지만 예방과 대비활동에 보다 비중을 두어 재난을 미연에 방지하는 광의의 재난관리 개념이 일반화되었다.10)

2 재난관리의 특성

재난관리는 적극적인 측면을 강조하는데 이는 단순히 사고를 예방하는데 그치지 않고 거시적이고 장기적인 측면에서 국토개발과 치산치수 등의 국가적 사업과 연계하여 이루어짐으로써 인간의 생활 안전과 쾌적성을 제고할 수 있다. 나아가서 비록 피할 수 없는 재난이 발생할 경우 복구관리 등에 투자하는 재원의 가출과 배분의 정의에 입각하여 이루어져야 하기 때문에 분배적 성격을 가진다(김영주, 1993).

또한 재난의 불확실성으로 인하여 재난관리는 시장에 의해서 통제하기 어렵고 규제나 직접적인 활동을 하기 위해서 정부의 개입이 반드시 필요하며 사회구성원을 공유하고 있으므로 공공재적 성격을 띤다. 공공재는 비경합성과 비배제성을 띠고 생산자에게 생산 효용이 환수되지 않고 시장에서 공급이 이루어지지 않으며, 공급은 수요만큼 시장에서 원활하게 이루어지지 못하므로 정부가 강제적 힘에 의하여 공급을 증가시키고, 공공재의 비용은 조세를 통한 강제적 징수에 의하여 결정해야 한다.

능률성의 원리인 투입에 대한 산출의 비율, 즉 최소투입으로 최대산출을 얻는다는 원리는 사회 모든 분야에서 적용하고 있는 "최소비용으로 최대이윤을 얻는다."라는 일반화된 상식적인 논리이다. 하지만 재난관리에서는 재난의 불확실성과 복잡성으로 인해서 경계성 및 가외성 원리가 무엇보다 우선되어야 하기 때문에 재난관리는 경계성 및 가외성의 원리를 지닌다. 또한 재난관리는 재난의 예방·대비·대응 및 복구를 위하여 행하는 모든 활동을 말하고 재난의 발생 전의 활동인 예방과 대비 그리고 발생 후의 활동인 대응과 복구로 구분되는데, 특히 재난의 복잡성과 상호 작용성으로 인해서 발생한 후에는 시간이 경과함에 따라 그에 대한 재난관리가 변화무쌍하고 시시각각으로 변한다. 따라서 재난관리는 현장 위주의 관리를 해야 한다.11)

---

9) 임송태, 1996, p.23.
10) 송윤석 외, 2009, p.23.
11) 송윤석 외, 2009, p.24.

③ 재난관리 유형

재난관리는 관리하는 방식에 따라 크게 두 가지로 나눌 수 있다. 즉 유형별로 접근하는 관점에서 그 발생 원인이 다른 특성을 보여주는 인위재난과 자연재난 등으로 구분하여 관리하는 재난 유형별 관리방식인 분산관리방식과 재난관리의 종합성과 통합성의 관점에서 모든 재난을 통합 관리하는 통합재난관리방식으로 구분할 수 있다.

통합재난관리방식은 각 재난마다 마련된 개별긴급대응책과 개별공적 활동의 통합으로 이루어진 것이다. 즉 재난유형별 관리방식이 지진대책과 수해대책, 독극물 누출, 풍수해나 설해 등 재난의 종류에 상응하여 대응방식에 차이가 있으나, 통합재난관리방식은 이를 모든 재난에 공통되는 방지대책을 중심으로 예방·준비·대응·수습 및 복구에 걸친 대책에 관하여 일체적 대응체계로 전환한 것이라 할 수 있다.[12)

이론적 차원에서 보면 재난관리는 위험과 불확실성을 본질적 속성으로 지니는 각종 재난의 발생을 예방하고 피해를 최소화하는 한편 이미 발생한 재난은 신속하고 효과적으로 대응하며 가능한 한 빠르게 정상상태로 복귀하는 것을 돕는 것으로 정의할 수 있다.[13)

1) 분산관리방식

전통적 재난관리 제도는 유형별 재난의 특징성을 갖추는 것에서부터 시작된다. 이것은 1930년대 전통적 조직이론이 등장하면서 합리성을 목표로 하는 조직이 전문화의 원리를 택하도록 하는 행정이론적 환경과 일치하는 시기에 생겨났다. 이러한 재난관리의 분산관리방식은 지진, 수해, 유독물, 설해, 화재 등 재난의 종류에 상응하여 대응 방식에 차이가 있다는 것을 강조한다. 따라서 재난 종류별로 계획을 마련하여 대응 책임기관도 각각 다르게 배정되어 있었다. 이러한 관리방식은 재난 시 유사기관의 중복대응과 과잉대응의 문제를 야기하였고 난해한 계획서의 비현실성과 다수기관 간의 조정, 통제에 대해 반복하는 문제를 야기하였다.

2) 통합관리방식

1979년 미국 연방정부는 연방재난관리청(Federal Emergency Management Agency, FEMA)을 창설하여 재난관리의 역할을 재정립하였다. FEMA의 창설은 새로운 접근방

---

12) 이종민, 2008, p.19.
13) Pickett and Block, 1991, p.263.

법을 포함한 대규모의 실험이라 할 수 있다. FEMA의 창설에 이론적 근거로 제시킨 통합관리방식은 재난관리의 전체 과정이라 할 수 있는 예방·준비·대응·수습 및 복구 활동을 종합 관리한다는 의미이며 모든 재난은 피해범위, 대응지원, 대응방식에서 유사하다는 것을 이론적 근거로 삼고 있다. 그러나 제도론적 관점에서의 통합관리의 개념은 대응단계에서 모든 지원을 통합관리한다는 의미가 아니라 재난대응에 필요한 대응기능별 책임기관을 지정하여 유사시 참가기관들을 조정하고 통제한다는 조정적 의미이다.

재난관리의 종합성은 일차적으로 대응할 책임과 역할을 담당하는 자치단체의 활동과 이차적으로 중앙정부에 의한 국가 차원의 광범위한 대응이 일체성을 지니고 활동을 전개하여야 하며 그와 동시에 자치단체 및 중앙부처의 각 부문이나 담당기관간이 상호 긴밀히 협력을 발휘해야 한다는 것이다.

다음 <표 1-12>에는 재난관리 방식별 장·단점을 비교하였다.

〈표 1-12〉 재난관리 방식별 장·단점 비교

유형	재난유형별관리	통합재난관리
성격	분산적 관리방식	통합적 관리방식
관련부처 및 기관의 수	다수부처 및 기관 관련	소수부터 및 기관관련
책임범위와 부담	소관재난에 대한 관리책임, 부담분산	모든 재난에 대한 관리책임, 과도한 부담 가능성
활동범위	특정재난에 대한 관리활동	모든 재난에 대한 관리활동
정보의 전달	정보전달의 다원화, 혼란 우려	정보전달의 단일화, 효율적
재원마련과 배분	복잡(과잉, 누락)	간소
재난대응	대응조직 없음(사실상 소방)	통합, 대응/지휘통제 용이(소방)

제 **2** 장

우리나라의 재난관리체계

제1절 국내 재난관리 일반현황

 우리나라의 재난관리 연원

삼국시대 이래 고려를 거쳐 조선시대까지 내려온 '부역' 제도는 '요역'이라고도 하는데, 남자가 16세가 되면 '정'이라 하여 국가부역의 의무를 지고 60세가 되면 그 임무를 면제받도록 한 것으로 이들은 주로 관청부역을 위하여 노역을 제공하는 한편, 나라를 방비하기 위한 축성공사에도 투입되었다. 특히, 재난을 방비하기 위한 제방축조 또는 재난의 뒤처리를 위한 자원으로 활용되었다.

조선시대의 '향약(鄕約)'은 지방주민의 상부상조와 미풍양속의 배양을 위하여 만든 규약으로 좋은 일은 서로 권하고, 잘못은 서로 바로 잡아주며, 예속을 서로 권장하고, 어려운 일이 있으면 서로 도와준다는 취지를 살려 조선의 실정에 맞는 향약이 마련되었다 '향약'은 주자학의 전래와 더불어 우리나라에 소개된 것으로 이태조가 1398년에 친히 그의 향리인 풍패향에 대한 '향언 41조'를 신설하고 이를 다시 증보하여 향읍에 공포·실시한 때부터 비롯된 것이다.

이후로는 중종 때 조광조 등의 진언에 따라 '여씨향약(呂氏鄕約)'이 전국 각지에 공포되어 보급되었는데 '여씨향약'의 내용은 덕업상권(德業相勸), 과실상규(過失相規), 예속상교(禮俗相交), 환난상휼(患難相恤)의 4가지를 덕목으로 삼았다. 이외에도 이황의 예안향약과 이이의 해주향약 등이 우리나라의 실정에 맞도록 조정·보완되었는데 이러한 향약내용 중 '환난상휼'의 정신은 환난을 당하면 서로 구제한다는 뜻으로 재난이 발생하면 상황수습을 위하여 주민 모두가 힘을 모아 재난에 대처하는 주민협동정신을 말하고 있다.

해방 이후 국가가 직접 재난에 대처하기 시작한 것은 1975년 7월 25일 제정된「민방위기본법」에 의거 국가와 지방자치단체는 적의 침공이나 전국 또는 일부 지방의 안녕질서를 위태롭게 할 재난을 가리키는 민방위 사태로부터 국가와 지역사회의 안전을 보장하고, 국민의 생명과 재산을 보호하기 위한 계획을 수립·시행하여 재난 발생 시 정부와 함께 민방위대원의 자위 활동으로 인명구조와 피해확산 방지에 노력해 왔음을 알 수 있다. 그 이후 대구지하철 화재 참사를 계기로 2004년 3월 11일「정부조직법」을 개정(법률 제7186호) 행정안전부의 외청으로 독립된 소방방재청 신설을 토대로 만들었으며, 2004년 6월 1일 소방방재청을 개청함으로써 소방은 소방방재청을 중심으로 소방행정의 문제점을 극복하고「재난 및 안전관리기본법」,「소방기본법」등 소방관련 법령을 새롭게 정비하면서 소방은 재난 대응부문에서 새로운 임무와 역할을 부여받고 효과적인 업

무수행을 요구 받기에 이르렀다.14)

'화재'에 대한 『삼국사기』 기록을 보면 신라시대(262)에는 금성서문 화재로 인해 100 여 호가 연소되었다는 기록이 있으며, 고려 헌종 12년(1021)에는 인수문 외 2,000여 호가 소실되었고, 화재를 진압한 조직은 군(軍)에서 담당하였던 것으로 보인다. 또한 관아에서는 화재예방을 엄격히 하고 화재가 발생하면 엄중히 문책하였으며, 큰 창고에는 화재를 담당하는 관리를 배치하고 창고를 지하에 만들어 화재를 예방하는 제도가 있었다.15) 선조 태종 17년(1417)에는 「금화법」이 시행되었으며, 세종 8년(1426)에는 이조에서 건의하여 금화도감을 설치하고 3년 후에는 금화군을 조직하였으며 그 이후 광무 9년(1905)에 내무경찰국을 설치하여 전국 소방을 관장하면서부터 점차 근대적 의미의 소방제도의 모습을 갖추었다.

② 재난관리조직의 변천사

재난관리 조직은 처음에는 자연재난관리체계와 인적 재난관리체계로 이원화되어 운영해 왔다. 하지만 2003년 대구지하철 화재참사를 계기로 국가 최초로 자연 및 인적 재난관리의 전담기구인 상설재난관리조직 완전통합형 소방방재청을 설치하여 통합된 관리체계로 전환하였다.

1) 자연재난 관리조직체계 변천

자연재난은 인간이 존재하기 이전부터 발생한 것으로 오래된 역사를 가지고 있는데, 우리나라에서 현재와 같은 재난관리체계가 처음 나타나기 시작한 것은 1960년대 이후부터다. 1961년 7월 전라북도 남원과 경상북도 영주지방에 발생한 수해를 위한 복구업무와 1961년 7월 경제기획원이 국토건설청을 신설하여 재해대책업무를 처음 시작하는 발판이 되었다. 또한 1987년 12월에 방재조직 확대개편 및 방재행정 강화로 수자원국 방재과를 방재계획과로 개편하고, 방재시설과를 신설하였다.16)

1990년대에는 자연재해를 담당하는 부서가 자주 바뀌어 담당공무원의 업무혼란을 가져오는 결과를 초래하기도 하였다.

---

14) 전국대학소방학과 교수협의회, 『소방학개론』, 23~25.
15) 행정안전부, 『한국소방행정사』, 13.
16) 송윤석 외, 2009: 41~42.

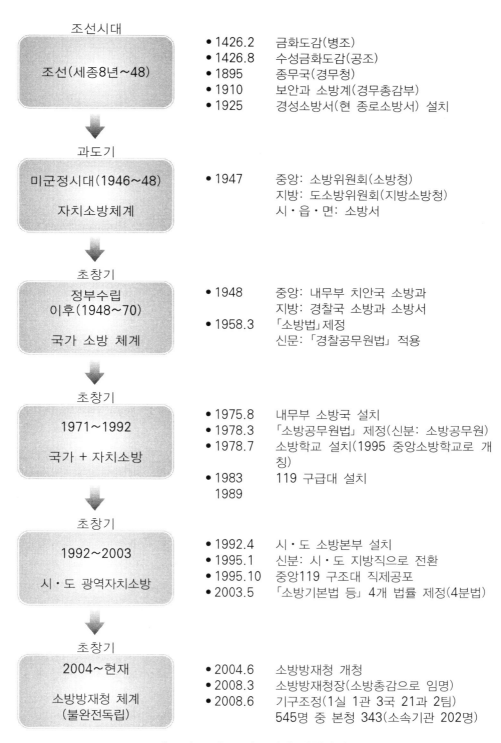

[그림 2-1] 소방조직의 변천과정

* 자료: 전국대학 소방학과 교수협의회, 동화기술, 2009.

2) 인적 재난 관리조직체계 변천

우리나라의 인적 재난관리체계는 자연재난관리체계보다 뒤늦게 구축되었는데, 인적 관리체계는 화재를 담당하는 소방에서부터 출발하였다.

1975년 8월에 내무부 민방위본부가 창설되면서 그 산하에 소방국(소방과, 방호과, 예방과)이 신설되었고, 1995년 5월에 소방국에 구조구급과가 신설되었다. 1995년 삼풍백화점 붕괴사고를 계기로 1995년 7월 「재난관리법」이 제정되었고, 1995년 11월에 내무부의 민방위본부가 민방위재난통제본부로 확대개편하면서 재난관리국(재난총괄과, 재난관리과, 안전지도과)이 신설되어 인적 재난을 체계적으로 관리하기 시작하였다.

1999년 10월에 민방위재난관리국이 민방위방재국으로 명칭이 변경되면서 재난관리과에서 인적 재난 관리업무를 담당하게 되었다.[17]

3 재난환경의 실상

우리나라의 재난환경은 1980년대 이전까지만 해도 1·2차 산업 중심의 농·어업 사회로 인하여 다중이용 건물이나 대형 구조물은 물론 대중교통 수단이 많지 않아서 자연재해와 화재 이외에 건물의 붕괴나 가스폭발 등의 도시형 재난은 크게 염려할 정도는 아니었다.

그러나 1980년대 중반 이후부터 급속하게 석유·화학 등 대단위의 공업단지가 조성되고, 생활환경 또한 고밀도의 도시화와 철도, 항공 등 교통수단 이용률 증가, 그리고 가정의 주 연료인 연탄이 도시가스로 대체되는 등 고도산업사회로 재난환경이 급변하면서부터 한두 사람의 방임이나 실수가 잠깐 사이에 많은 국민의 생명은 물론 하루아침에 삶의 터전을 송두리째 앗아가 버리는 대형 참사를 초래할 수 있음을 우리는 서해 훼리호 침몰과 삼풍백화점 붕괴 및 동해안 산불, 괌 등에서의 비행기추락, 대구지하철 화재 참사, 그 밖의 태풍과 홍수, 화재, 기름유출사고 등과 같은 재난을 경험하면서 뼈저리게 느꼈다.

또한 현재에 이르러서는 이념의 대립, 종교 간의 갈등, 정치적인 이유 등의 다양한 원인으로 인하여 각국의 국민을 대상으로 하는 무차별적인 테러사건들(폭탄테러, 생화학테러, 납치 등)과 사스, 돼지인플루엔자, 신종인플루엔자 등 전염성이 강하고 사망에 이르기까지 하는 전염병이 전 세계적으로 빠르게 퍼지면서 사회적 재난은 국민에게 많은 두려움을 주고 있다.

이러한 재난 발생은 짧은 기간의 압축 성장 추구, 인명보다는 자신의 이익을 앞세우

---

17) 송윤석 외, 2009: 44.

는 일부 사람들과 사회 저변에 안전의식이 성숙되어 있지 못한 원인 등이 복합적으로 작용하여 일어난 재난으로 국민 자존심의 치명적인 훼손과 총체적 부실, 사고 공화국이라는 국제적인 오명을 듣게 되었다.

④ 국가재난관리의 변화

정부는 1995년 7월 18일 「재난관리법」을 제정하고 중앙부처는 물론 지방자치단체에 재난관리 전담기구를 설치하여 인력 확보를 서둘렀고, 공공 및 민간시설물 등 제반시설물에 대한 일제 안전점검 실시와 위험시설물의 보수·재건축 추진과 동시에 60여 개의 재난관련법령 재정비를 통해 재난 예방장치를 강화하게 되었다.

이를 좀 더 살펴보면 정부는 국무총리를 위원장으로 하는 '중앙안전 대책위원회'를 중심으로 하여 각 부처장관이 소관 분야별로 예방·수습대책을 마련하는 한편, 각 분야별 재난관리계획을 종합화한 '국가재난관리계획'을 수립하여 집행해 나갔으며, 광역 및 기초 자치단체는 단체장을 중심으로 관내 유관기관·단체가 참여한 '지역안전대책위원회'를 구성 운영하고, 지역실정에 맞는 재난관리계획을 수립하여 재난의 예방·대응·수습·사후관리를 체계적으로 감당하였으며, 동시에 '안전문화운동'도 적극적으로 전개하였다.

2001년부터는 국무총리 소속하에 발족한 '안전관리개선기획단'을 중심으로 그간 정부의 많은 기관에서 각각 관리하는 재난관리기능을 종합·조정함은 물론 점검·평가함으로써 안전관리업무의 실효성을 확보하는 한편 관계 행정기관 간 역할 분담하여 안전관리개선업무를 원활히 추진체계를 구축하였다.

하지만 2003년 2월 18일 발생한 '대구지하철화재참사'사고는 사망 192명, 부상 148명의 엄청난 인명피해를 초래하는 등 국가적 재난관리상 총체적인 문제가 제기되었다.

이와 관련하여 국가재난관리체계를 획기적으로 개선하기 위하여 '소방방재청 개청준비단(3. 11)'과, '국가재난관리시스템 기획단(3. 17)'을 설치하여 '국가재난관리 종합대책'을 수립함으로써 범정부적인 재난관리기반 체계를 구축하였으며 그동안 '재난'과 '재해'로 이원화된 개념을 '재난'으로 통합 일원화 하였고 재난관리시스템 개선하여 국가 최초의 재난관리 전담기구인 '소방방재청'을 설치하였다.

2004년 6월 1일 출범한 '소방방재청'은 행정안전부 민방위재난통제본부 기능을 중심으로 새롭게 설치된 것으로 민방위와 방재 및 소방기능을 포괄적으로 수용하는 한편 안전관리 기능을 추가함으로써 명실 공히 국가재난을 총괄 관리하는 전담기구로서 우리나라 재난관리사에 큰 획을 그은 것으로 평가받고 있으며, 국민의 안전을 위하여 꾸준하게 변화와 발전을 거듭하고 있다.

제2절　법 · 제도

1　재난관리법

1) 재난관리법 제정

「재난관리법」은 태풍·홍수 등 자연현상으로 인한 재난으로부터 국토를 보존하고 국민의 생명·신체 및 재산과 주요 기간시설을 보호하기 위하여 자연재해의 예방·복구 그 밖의 대책에 관하여 필요한 사항을 규정함과 국가 및 지방자치단체의 재난관리체제를 확립하고, 재난의 예방 및 수습과 긴급구조, 기타 재난관리에 관하여 필요한 사항을 규정함을 목적으로 제정되었으며, 1995년 7월 18일에 공포·시행되어, 총 8장 45조의 법안과 부칙 2항을 포함하고 있다.

기본적으로 「재난관리법」은 국가 및 지방자치단체의 재난관리체제를 구축하고 재난 발생 시 긴급구조구난체계를 확립하기 위한 법적 근거를 마련하려고 제정하였다.

- 1995.7.7 국무회의 심의의결
- 1995.7.10 법률안 국회 제출
- 1995.7.18 법률 공포·시행(법률 제4950호)

2) 재난관리법 1차 개정

「재난관리법」의 1차 개정은 「재난관리법」의 제정 후 부족한 부분을 추가하기 위하여 실시되었다. 1차 개정의 내용은 긴급구조 또는 응급조치 종사자 중 사상자에 대한 보상제도 도입에 관한 내용과 응급조치 불응자에 대한 강제집행 근거 규정을 마련하여 개정하게 되었다.

- 1996년 10월~11월 : 차관·국무회의 심의
- 1996년 11월 11일 : 개정법률안 국회 제출
- 1997년 8월 30일 : 제1차 개정 공포(제5404호)

3) 재난관리법 2차 개정

「재난관리법」의 2차 개정은 통일부장관을 중앙안전대책위원회의 위원으로 추가하여 실시되었다. 2차 개정의 내용은 국가재난관리계획에 해외재난관리 업무 포함에 관한 내용과 해외재난에 대처할 수 있는 체계적인 대응체계 마련 그리고 재난관리책임기관의 장은 합동으로 안전점검을 할 수 있도록 하는 사항에 관한 내용이다.

- 1998년 11월 5일: 차관회의 심의
- 1998년 11월 7일: 국무회의 심의
- 1998년 11월 16일: 국회제출
- 1999년 1월 29일: 제2차 법률개정 공포(제5707호)

2 자연재해대책법

1) 추진배경

「자연재해대책법」은 자연재해로부터 국토와 국민의 생명·신체·재산을 보호할 목적으로 제정한 법률(일부개정 2009.6.9 법률 제9773호)로서 태풍·홍수 등 자연현상으로 인한 재난으로부터 국토를 보존하고 국민의 생명·신체 및 재산과 주요 기간시설을 보호하기 위하여 자연재해의 예방·복구 그 밖의 대책에 관하여 필요한 사항을 규정한 법으로, 1995년 12월 법률 제4993호로 제정되었고, 전문 7장 79조와 부칙으로 이루어져 있다.

2) 기본방향

관계행정기관의 장은 자연재해에 영향을 미치는 행정계획을 수립·확정하거나 개발사업의 허가 등을 하고자 할 경우에는 중앙재난안전대책본부의 본부장 또는 지역재난안전대책본부의 본부장과 사전재해영향성 검토협의를 하여야 한다. 관계행정기관의 장은 협의절차가 완료되기 전에 개발사업에 대한 허가 등을 하여서는 아니 된다. 중앙본부장 및 지역본부장은 필요 시 자연재해발생지역에 대하여 재해원인을 조사·분석 및 평가할 수 있다.

시장·군수·구청장은 풍수해의 예방 및 저감을 위하여 5년마다 시·군·구풍수해저
감종합계획을 수립하여 시·도지사를 거쳐 소방방재청장의 승인을 받아 이를 확정하여
야 한다. 중앙본부장·지역본부장 및 관계 중앙행정기관의 장은 해일로 인한 피해를 경
감하기 위하여 필요한 조사 및 연구를 하여야 한다. 재난관리책임기관의 장은 설해발생
에 대비하여 설해예방대책에 관한 조사 및 연구를 하여야 하며, 설해로 인한 재해의 경
감을 위한 대책을 강구하여야 한다. 재난관리책임기관의 장은 가뭄방재를 위하여 필요
한 조사 및 연구를 하여야 한다.

재난관리책임기관의 장은 자연재해의 예방·대비·대응·복구 등에 필요한 재해정보
의 관리 및 이용체계를 구축·운영하여야 한다. 중앙행정기관의 장은 자연재해가 발생
하거나 발생할 우려가 있는 경우 신속한 국가지원을 위하여 긴급지원계획을 수립하여야
한다.

그 밖의 재해복구, 손실보상, 국고보조, 한국방재협회 설립, 협회 정관, 권한의 위임,
벌칙 등 자연재해대책 전반에 관한 내용을 담고 있다.

③ 재난 및 안전관리기본법 제정 추진개황

1) 추진배경

고도산업 성장기를 거쳐 1990년대 이후 도시화와 산업화로 인한 재해 취약요인이 증
가하고, 이상기상현상 등으로 대규모 자연재해가 빈발하여, 많은 인명피해와 재산피해를
초래하는 등 각종 대형 사고가 반복 발생됨에 따라서 정부 차원의 근본적 제도개선 및
안전관리시스템 개선이 필요하였으며, 특히 2003년 2월 18일 발생한 대구지하철방화화
재참사로 인해 안전관련 유사 기능들을 총괄·집행할 수 있는 획기적 재난관리시스템을
구축하여 국민이 편안하고 안전한 삶을 살 수 있도록 하는 제도적 장치 마련이 필요하
다는 국민적 여망에 따라 「재난 및 안전관리기본법」을 제정·추진하게 되었다.

2) 기본방향

소방방재청의 개청으로 종전의 「재난관리법」을 대신 할 「재난 및 안전관리기본법」을
2004년 3월 11일 제정하면서, 재난 관련법 통합 및 안전관련 타 법령과의 유기적인 관
계 설정을 통해 명실상부한 「재난 및 안전관리기본법」으로서의 성격을 확립하고 있다.
그리고 재해와 재난으로 이원화된 전통적 재난개념을 통합하는 한편, 국가기반체계 마

비 등 새로운 형태의 재난을 수용하여 확대 일원화된 재난개념을 정립하고, 국가 재난
관리정책, 정책심의기구, 재난대책기구 등 재난유형별로 다원화되어 있는 재난 및 안전
관리 정책·기구·조직을 통합·일원화하여 재난관리업무의 효율성을 제고하고자 하였
으며, 지방자치단체의 재난관리기능 제고, 유관기관과의 협조체제 강화, 현장지휘 체계
확립 등 현장대응능력 강화를 위한 실질적 법적 지위를 부여함으로써 권한과 책임성을
강화하고 안전제일 가치관의 사회 저변 확대와 과학기술의 진흥, 관련산업 육성 등 전
문화된 재난관리시스템 기반조성을 위한 제도적 장치를 마련하고자 하였다.

3) 추진 경위

- 2003.3.17~4.25   (가칭) 「안전관리기본법」(안) 시안작성
- 2003.4.25   (가칭) 「안전관리기본법」(안) 관계부처 의견조회
- 2003.5.07~5.27 1차 (가칭) 「안전관리기본법」(안) 입법예고
- 2003.5.20   (가칭) 「안전관리기본법」 제정을 위한 대국민 토론회
- 2003.5.21   (가칭) 「안전관리기본법」(안) 마련을 위한 관계부처 과장회의
- 2003.5.23   (가칭) 「안전관리기본법」(안) 확정을 위한 관계부처 국장회의
- 2003.5.23   (가칭) 「안전관리법」 규제심사 의뢰
- 2003.5.26   (가칭) 「재난 및 안전관리기본법」 심사의뢰 및 심사(법제처)
- 2003.5.28   제194차 규제개혁위원회(행정사회분과위원회) 심사
- 2003.6.10   국무총리실의 사회적 재난 포함 요구
- 2003.7.15   사회적 재난대처 방안에 대한 국무회의 보고 및 토론
- 2003.7.16 ~ 8.26   사회적 재난분야 연구를 위한 전문가 T/F 운영
- 2003.9.15   사회적 재난처리방안 관련 대통령 재가(NSC)
- 2003.9.17   2차(가칭) 「재난 및 안전관리기본법」안 입법예고 관보 게재
                     의뢰
- 2003.9.19~9.29   「재난 및 안전관리기본법」안 입법예고

※ 행정안전부 공고 제2003-68호(2003.5.7)로 기 입법 예고하였으나, 태풍 매미교훈에
  서 얻은 사전대비를 위한 재난선포 및 사회적 재난을 기본법에 포함하면서 입법예
  고를 하게 됨.

- 2003.10.07   (가칭) 「재난 및 안전관리기본법」안 심사의뢰 및 심사(법제처)
- 2003.10.16   차관회의 상정(수정안 제출에 따른 심의보류)
- 2003.10.24   차관회의 심의·의결

4) 입법 절차

① 제정안 작성

가칭 「안전관리기본법」의 초안의 기본골격은 제1장 총칙, 제2장 안전 관리조직 및 구성, 제3장 안전관리계획, 제4장 예방대책, 제5장 응급 대책, 제6장 긴급구조, 제7장 특별재난지역 선포, 제8장 재난의 복구, 제9장 보칙, 제10장 벌칙 등으로 총 제10장 제74조문으로 구성하였으며, 동법 초안에 대한 실무담당회의(4.16~18)를 거쳐 민방위재난통제 본부 산하 국·과장이 동법 제정안에 대해 2회에 걸쳐 법안을 심의하여 제정안을 수정·보완하였다.

② 관계부처 협의

제정안에 대해 산업자원부 등 34개 관련기관 및 16개 시·도 의견을 수렴하고자 2003년 4월 25일~5월 3일까지 의견을 수렴하였고 법안의 중요성을 고려하여 관련 13개 부처 과장회의를 수시로 개최하였으며 과장회의에서 합의되지 않은 사항을 심의하기 위해 국장회의도 개최한 바 있다.

주요 심의내용은 「재난 및 안전관리기본법」으로 한 기본법의 명칭, 재난관련 정책의 심의총괄위원회의 명칭을 중앙안전관리위원회로 하는 문제, 분야별 분과위는 폐지하되 행정안전부장관을 위원장으로 하는 총괄 조정위원회와 그 산하에 실무조정 위원회를 설치하는 문제 등이 대상이 되었다.

또한 지역위원회의 지도·감독 권한은 신설 청에서 행사하는 중앙 재해대책본부의 구성·운영도 신설 청으로 일원화하되 설치 규모는 대통령령으로 정하며, 주무 부서에서 수습지원본부를 설치하는 문제 등도 협의의 대상이 되었다.

기타 국가안전관리계획의 수립·운영, 특정관리 대상시설의 안전관리 및 안전조치, 재해관리체계 등의 평가업무, 재해예방을 위한 안전점검 등에 대해서도 심층 논의하였으며 「환경·교통·재해 등에 관한 영향 평가법」의 개정방법은 법제처의 의견을 들어 환경부와 협의하기로 하였다.

③ 입법예고

「재난 및 안전관리기본법」에 대한 제1차 입법예고 결과(2003.5.7~5.27) 제정법령의 명칭 등에 관한 의견 등 총 56건이 접수되어 이 중 27건을 반영하였으며 제2차 입법예고 결과(2003.9.19~9.29) 재난의 정의, 재난의 범위 확대, 안전점검의 날을 소방방재의 날로 수정, 안전관리를 재난관리로 용어 수정, 종합상황실의 설치기관, 안전관리전문기관에 대한 자료요구권 폐지, 재난대비를 위한 긴급조치권 신설, 제명을 「국가 재난관리기본법」으로 수정하는 등 총 123건이 제출되었으나 검토 결과 타당성 있는 재난대비를 위한 긴급조치권 신설 등 일부 의견을 반영하였다.

④ 규제개혁위원회 심사

「재난 및 안전관리기본법」 제정안에 규정된 내용 중 대국민 규제의 타당성 및 적정성 여부를 심의받고자 규제개혁위원회에 2003년 5월 23일 심사 의뢰하여 총 9건이 규제로 분류되었으나 6건은 기존규제를 변경 등록하도록 하였고, 나머지 3건은 제194차 규제개혁위원회(행정사회분과 위원회)에 상정하여 원안 통과되었다.

〈표 2-1〉 규제심사대상 및 심의결과

구 분		규제내용 및 제정법안 관련 규정		심의결과
		규제내용	제정법안 관련규정	
재난 및 안전관리 기본법	재 난 관리법	① 재난위험시설 등의 안전조치명령 (법 제23조)	제30조	재난관리법의 기존 규제를 안전관리 기본법에 변경 등록함.
		② 재난 발생 또는 재난 발생 우려 지역의 대피명령(법 제35조)	제41조	
		③ 재난 발생 또는 우려 지역의 경계 구역 설정(법 제36조)	제42조	
		④ 경계구역에서의 강제대피조치 (법제37조)	제43조	
		⑤ 재난 발생 또는 재난 발생 우려 시 응급부담 명령(법 제39조)	제46조	
	자연재해 대 책 법	① 재해지역 통행제한 (법 제48조제1항)	제46조	자연재해대책법의 기존규제를 재난 안전관리기본법에 변경 등록함.
	신 설	① 중앙위원회의 관계인에 대한 자료제출 등 요청	제10조 제2항	신설규제 등록(3건) ⇒ 원안통과
		② 재난예방을 위한 긴급안전점검	제29조 제1,2항	
		③ 재해 예·경보 발령 시 전기통신 시설 우선 사용 및 신속방송 요청	제39조	

⑤ 법제처 심사

입법예고 및 규제개혁심사위원회 심의를 거쳐 수정·보완된 「재난 및 안전관리기본법」 제정안을 법제처에 심사의뢰(제1차, 2003.5.26)하여 법령의 형식 및 체계, 타 법령과의 중복여부 등에 대해 1차 심의 완료하였으나, 교통, 통신, 에너지, 금융 등 사회적 기반체계 마비로 인한 피해까지 재난의 개념에 포함하는 등 수정 법안이 새롭게 마련되어 이를 법제처에 재심사 의뢰(제2차, 2003.10.7)하여 통과하였다.

⑥ 차관회의 및 국무회의 상정

그동안 동 법안에 대해 민방위·방재·재난·소방부서 실무자 및 국·과장급 회의 등 총 5회에 걸쳐 내부 의견을 수렴하였고, 관계부처 회의(2회), 전문가 초청 토론회(6회), 정책자문회의(4회) 개최 등을 통하여 법안의 신뢰도 및 완성도를 증가시켰고, 기획단 홈페이지 구축 및 지역별 좌담회를 개최하여 대국민 여론수렴 절차를 거쳐 제정안을 마련하여 차관회의(2003.10.16)에 상정하였으나 내용을 일부 수정함에 따라 법제처 심사(2003.10.22)를 거쳐 차관회의에 재상정(2003.10.24)하여 통과되었다.

수정된 주요내용은 재난비상사태의 용어를 순화하기 위해 재난사태로 하고 특별재난지역선포권이 대통령에게 있음을 감안하여 사전 대비적 차원의 재난사태의 선포는 총리와 중앙대책본부장이 선포토록 하여 내각 차원에서 재난을 대비할 수 있도록 하였다.

차관회의를 통과한 수정법안은 국무회의(10.28)에 상정되어 원안대로 통과되었다.

⑦ 국회 행정자치위원회 및 법제사법위원회 상정

「재난 및 안전관리기본법」 제정안이 2003년 10월 31일 국회에 제출되어 제243회 제11차 행정자치위원회(2003.11.17)에 상정·대체토론을 거쳐 제3차 법안심사소위원회(2003.11.19)에 회부되어 심사 통과됨에 따라 제13차 행정자치위원회(2003.12.9)에서 수정 의결되었다.

수정 의결된 내용은 재난관련 법령의 주요 내용을 통합하여 국가 및 지방자치단체의 대응관리체계를 확립하였고, 재난의 범위를 보다 명확히 하기 위하여 화재·폭발사고 등 인적 재난의 규모를 대통령령으로 정하도록 수정하고, 재난예방 및 사전대비의 철저를 위해 안전관리전문 기관에 대한 자료요구에 주요 시설물의 설계도서를 추가하도록 수정하여 의결하였다. 동 제정 법률안은 12월 19일 법제사법위원회에 상정되어 약간의 체계·자구수정은 있었으나 기본내용은 원안대로 심의하여 의결하였다.

⑧ 국회 본회의 상정

행정자치위원회 및 법제사법위원회에 상정된 「재난 및 안전관리기본법」 제정안이 2003년 12월 23일 국회 본회의에 상정되었으나 「정부조직법」 개정안이 본회의에서 부결됨에 따라 동 법안도 의결하지 못하고 계류 중에 있다가 정치상황 변화에 의해 재난관리 전담기구 설치관련 「정부조직법」 개정안이 통과된 이후 동 법안도 2004년 3월 2일 마침내 본회의에 재상정되어 통과되었다.

⑨ 공포 및 시행

국회 본회의에서 통과된 제정안은 정부로 이송되어 대통령 재가를 득하고 3월 11일 공포되어 6월 1일 시행하게 되었다.

〈표 2-2〉 재난 소관부처(청)별 재난관련법령

안전관리대상		관　　련　　법		관계부처
시설안전	교　　량	• 도로법 • 도시철도법	• 철도법 • 농어촌도로정비법	국토해양부 행정안전부
	댐	• 댐건설및주변지역지원등에관한법률 • 하천법		국토해양부
	수　리　시　설	• 하천법	• 소하천정비법	국토해양부 행정안전부
	항　　만	• 항만법		국토해양부
	공　공　청　사	• 학교시설사업촉진법 • 국유재산법 • 지방재정법		교육과학기술부 기획재정부 행정안전부
	아파트, 대형건물	• 건축법	• 주택법	국토해양부
	백화점 등 대형판매시설	• 건축법	• 유통산업발전법	국토해양부
	호　　텔	• 건축법 • 공중위생관리법	• 관광진흥법	국토해양부 문화체육관광부 보건복지부
	극　　장	• 공연법	• 건축법	문화체육관광부
	리　프　트　등	• 삭도·궤도법		국토해양부
	유　원　시　설	• 관광진흥법		문화체육관광부

안전관리대상		관 련 법	관계부처
	골프장·스키장등	• 체육시설의 설치·이용에관한법률	문화체육관광부
※ 재난 및 안전관리기본법, 시특법, 건설기술관리법, 건설산업기본법은 공통적으로 적용			
산 업 안 전	석 유 화 학	• 석유사업법 • 유해화학물질관리법 • 수질환경보전법	지식경제부 환 경 부 노 동 부
	가 스	• 도시가스사업법 • 고압가스안전관리법 • 액화석유가스의안전및사업관리법 • 대기환경보전법	지식경제부 환 경 부 노 동 부
	제 조 사 업 장	• 공업배치및공장설립에관한법률 • 산업표준화법 • 승강기제조및관리에관한법률 • 기업활동규제완화에관한특별조치법	지식경제부 노 동 부
	건 설 사 업 장	• 건설기술관리법 • 건설기계관리법 • 건축법 • 도시개발법	국토해양부 노 동 부
※ 산업안전보건법은 공통적으로 적용			
교 통 안 전	도 로 교 통	• 도로교통법 • 자동차관리법	국토해양부 행정안전부
	지 하 철	• 도시철도법 *부산교통공단법은 공단 부산시 이전으로삭제	국토해양부
	철 도	• 철도안전법 • 철도사업법 • 철도건설법	국토해양부
	해 상 안 전	• 해상교통안전법 • 선박안전법 • 해양오염방지법	국토해양부
	수 상 안 전	• 유선및도선사업법 • 수상레저안전법	행정안전부 국토해양부
	항 공 안 전	• 항공법 • 항공안전및보안에관한법률 • 항공·철도사고조사에관한법률	국토해양부
화 재 등 안 전 분 야	화 재 폭 발	• 소방기본법 • 총포·도검·화약류등단속법 • 화재로인한재해보상과보험가입에관한법률	행정안전부 기획재정부
	산 불	• 산림법	농림수산식품부
	전 기	• 전기사업법 • 전기공사업법 • 전기통신기본법 • 전기용품안전관리법	지식경제부

안전관리대상	관련법	관계부처
원 자 력	• 원자력법 • 한국원자력안전기술원법	교육과학기술부
광 산	• 광산보안법 • 진폐의예방과진폐근로자의보호에관한법률	지식경제부
긴급구조 등 수 습 관 련	• 재난 및 안전관리기본법 • 소방기본법 • 수난구호법 • 응급의료에관한법률 • 경찰관직무집행법 • 의사상자예우에관한법률	행정안전부 보건복지부 국토해양부

제3절 국가재난관리 체계 및 조직

국가재난관리체계 조직도를 살펴보면 [그림 2-2]와 같다.

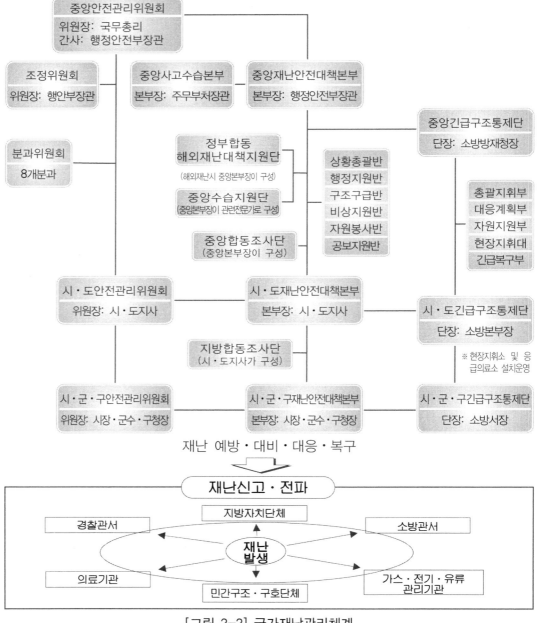

[그림 2-2] 국가재난관리체계

즉 그림에서 보는 바와 같이 재난의 관리체계는 중앙과 지방단위에 걸쳐 안전관리위원회, 재난안전대책본부, 긴급구조통제단을 주축으로 이루어져 있다. 중앙안전관리위원회는 상기 설명대로 조정위원회와 분과위원회를 두고 있으며, 중앙안전대책본부에는 상황총괄반, 행정지원반, 구조구급반, 비상지원반, 자원봉사지원반, 공보지원반을 두고 재난복구를 위한 중앙합동조사단을 구성 운영한다. 이러한 중앙단위의 기구는 지방에도 그대로 연계되어 지방에도 시·도별 그리고 시·군·구 단위로 안전관리위원회, 재난안전대책본부, 긴급구조통제단이 구성되게 된다.

〈표 2-3〉 위기별 주관부서

구분	주관부서	비고
자문기구	통일외교안보정책실	위기관리 보좌관
	NSC	위기관리총괄: NSC 사무처
국가기반재난	행정안전부	재난안전관리관
민방위, 자연 및 인위재난	소방방재청	
비상대비	행정안전부	
테러	국가정보원	대테러센터
통합방위사태	합동참모본부	민·관·군·경 합동
범죄	경찰청	

* 출처: 윤병준, 『재난과 위기관리해설』, 한국학술정보, 2007: 87.

① 안전관리위원회

「재난 및 안전관리기본법」상의 중심기구 중 하나인 평상시 심의·조정 조직으로서 안전관리위원회조직도는 [그림 2-3]과 같다.

중앙에는 국무총리를 위원장으로 하는 중앙안전관리위원회를 설치하는데(법 제9조) 구성위원은 기획재정부장관, 교육과학기술부장관, 통일부장관, 법무부장관, 국토해양부장관, 국방부장관, 국가정보원장, 안전보장회의 사무처장, 행정안전부 위원장, 소방방재청장 등이다. 그 기능은 안전관리중요정책의 심의조정[국가안전보장 관련사무는 국가안전보장회의와 협의(법 제10조)], 국가안전관리기본계획 심의, 특별재난선포 심의 등을 수행하고 있다.

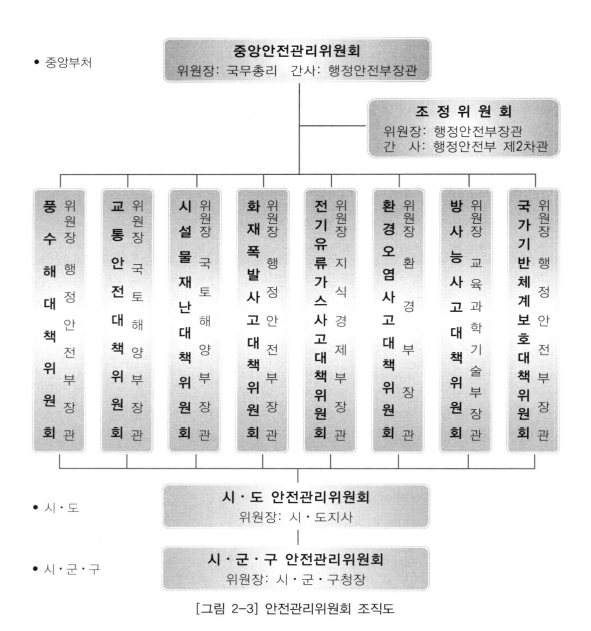

● 중앙부처

중앙안전관리위원회
위원장: 국무총리   간사: 행정안전부장관

조 정 위 원 회
위원장: 행정안전부장관
간 사: 행정안전부 제2차관

| 풍수해대책위원회 위원장 행정안전부장관 | 교통안전대책위원회 위원장 국토해양부장관 | 시설물재난대책위원회 위원장 국토해양부장관 | 화재폭발사고대책위원회 위원장 행정안전부장관 | 전기유류가스사고대책위원회 위원장 지식경제부장관 | 환경오염사고대책위원회 위원장 환경부장관 | 방사능사고대책위원회 위원장 교육과학기술부장관 | 국가기반체계보호대책위원회 위원장 행정안전부장관 |

● 시·도

시·도 안전관리위원회
위원장: 시·도지사

● 시·군·구

시·군·구 안전관리위원회
위원장: 시·군·구청장

[그림 2-3] 안전관리위원회 조직도

　　중앙안전관리위원회는 조정위원회를 두며 또 분과위원회를 둔다. 분과위원회는 기본 계획안 및 집행계획안을 사전 심사하는데 풍수해대책위원회(행정안전부장관), 교통안전 대책위원회(국토해양부장관), 시설물재난대책위원회(국토해양부장관), 화재폭발사고대책위 원회(행정안전부장관), 전기유류가스사고대책위원회(지식경제부장관), 국가기반체계보호대 책위원회(행정안전부장관)(시행령 제10조) 등이 있다.

　　그리고 지방 단위에서는 시·도지사를 위원장으로 하는 시·도 안전관리위원회와 시장, 군수, 구청장을 위원장으로 하는 시·군·구 안전관리위원회를 두도록 하고 있다(법 제11조).

1) 중앙안전관리위원회의 구성 및 기능

① 근거: 「재난 및 안전관리기본법」 제9조

② 구성

- 위원장: 국무총리
- 간 사: 행정안전부장관
- 위 원
  - 기획재정부장관·교육과학기술부장관·통일부장관·외교통상부장관·법무부장관·국방부장관·행정안전부장관·문화체육관광부장관·농림수산식품부장관·지식경제부장관·보건복지부장관·환경부장관·노동부장관·여성부장관·국토해양부장관·국가정보원장·국가안전보장회의사무처장·방송통신위원회위원장·소방방재청장·기상청장
  - 그 밖의 중앙위원회의 위원장이 지정하는 기관 및 단체의 장
- 기능
  - 안전관리에 관한 중요정책 심의 및 총괄·조정
  - 국가안전관리기본계획(안) 및 집행계획(안)의 심의
  - 중앙행정기관이 수행하는 재난 및 안전관리 업무의 협의·조정
  - 국가기반시설 지정사항의 심의
  - 재난사태 선포 및 특별재난지역 선포 건의사항의 심의와 재난사태선포의 사후승인
  - 다른 법령에 의하여 중앙위원회의 권한에 속하는 사항의 처리
  - 그 밖의 위원장이 부의하는 사항의 심의 등

③ 중앙안전관리 조정위원회의 구성 및 기능

가. 구성

- 위원장: 행정안전부장관
- 간사: 행정안전부 제2차관
- 위원

- 중앙위원회의 위원이 되는 중앙행정기관의 장이 당해 중앙행정기관의 차관, 고위 공무원에 속하는 일반직공무원 또는 이에 상당하는 공무원(외교통상부·법무부 및 국방부의 경우에는 각각 이에 상당하는 외무관·검사 및 장관급 장교를 포함) 중에서 지명하는 자
- 재난 및 안전관리에 대한 학식과 경험이 풍부한 자 중에서 위원장이 위촉하는 자

나. 기능

― 중앙위원회에 부의될 의안의 검토
― 재난의 대비·대응·복구를 위한 관계부처 간의 협의·조정
― 국가안전관리기본계획의 기본방향에 영향을 미치지 않는 사항의 협의·조정

④ 중앙안전관리 분과위원회

가. 구성

― 위원장: 해당 부처장관
- 풍수해대책위원회: 행정안전부장관
- 교통안전대책위원회: 국토해양부장관
- 시설물재난대책위원회: 국토해양부장관
- 화재·폭발사고대책위원회: 행정안전부장관
- 전기·유류·가스사고대책위원회: 지식경제부장관
- 환경오염사고대책위원회: 환 경 부 장 관
- 방사능방재대책위원회: 교육과학기술부장관
- 국가기반체계보호대책위원회: 행정안전부장관
― 간사: 위원장이 지정
― 위원
분과위원회에 관계 중앙행정기관의 3급 또는 3급 상당 이상의 공무원(고위공무원단에 속하는 공무원을 포함하며, 외교통상부·법무부 및 국방부의 경우에는 각각 이에 상당하는 외무관·검사 또는 장관급 장교를, 경찰청 및 해양경찰청의 경우에는 3급 공무원, 고위공무원단에 속하는 일반 공무원 또는 소방준감 이상의 공무원을 말한다)으로 실무위원회 구성·운영

나. 기능

― 관계 중앙행정기관의 장이 작성한 안전관리업무에 관한 기본계획(안) 및 집행계획

(안)에 대한 사전심사
- 그 밖의 분과위원장이 회의에 부치는 사항

⑤ 지역안전관리위원회

가. 구성

- 위원장: 지방자치단체장
- 간사: 위원장이 지정
- 위원
  시·도 지방경찰청장, 지역사단장, 시·도교육감, 재난업무담당국장, 시·도의 관할구역 안에 소재하는 재난관리와 관련이 있는 기관·단체의 장
  재난관리에 대한 학식과 경험이 있는 자 중에서 위원회의 위원장이 위촉한 자
  ※ 지역위원회 및 실무위원회의 구성 및 운영에 관하여 필요한 사항은 당해 지방자치단체의 조례로 정하여 구성·운영

나. 기능

- 당해 지역에 있어서의 안전관리정책의 심의 및 총괄·조정
- 당해 지역에 있어서의 안전관리계획(안)의 심의
- 당해 지역에 소재하는 재난관리책임기관이 수행하는 안전관리업무의 협의·조정
- 다른 법령 또는 조례에 의하여 당해 지역위원회의 권한에 속하는 사항의 처리
- 그 밖의 지역위원회의 위원장이 부의하는 사항의 심의

② 재난안전대책본부

재난안전대책본부는 중앙과 지방단위로 구분되는데 중앙재난안전대책본부는 행정안전부장관을 본부장, 행정안전부 2차관과 소방방재청장을 차장으로 하며(법 제14조), 대규모 재난의 예방, 대비, 대응, 복구 등에 관한 사항을 총괄 조정하고 재난상황에 대한 통합관리를 위하여 관계 재난관리책임기관장에게 제반조치를 요청한다. 그리고 재난복구계획을 심의하고, 재난예방대책, 재난응급대책, 국고지원 및 예비비사용 건을 협의한다(시행령 제17조).

1) 재난안전대책본부

① 조직

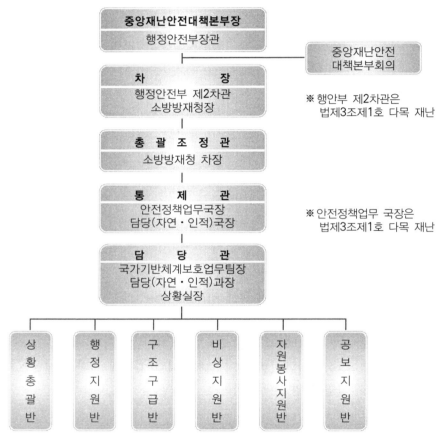

[그림 2-4] 중앙재난 안전대책본부 조직

2) 중앙재난안전대책본부회의

① 근거: 「재난 및 안전관리기본법」 제14조

② 구성

— 본부장: 행정안전부장관
— 차장: 행안부 제2차관, 소방방재청장
— 위원

- ● 기획재정부·교육과학기술부·통일부·외교통상부·법무부·국방부·행정안전부·문화체육관광부·농수산식품부·지식경제부·보건복지부·환경부·노동부·국토해양부·조달청·경찰청·소방방재청·기상청·문화재청·산림청·해양경찰청
- ― 그 밖의 중앙본부장이 필요하다고 인정하는 행정기관

③ 기능

- ― 대규모 재난의 경우 예방·대비·대응·복구 등에 관한 사항 총괄·조정
- ― 재난예방대책에 관한 사항
- ― 재난응급대책에 관한 사항
- ― 국고지원 및 예비비 사용에 관한 사항
- ― 그 밖의 중앙본부장이 회의에 부치는 사항 협의

3) 중앙사고수습본부

① 구성

- ― 본부장: 주무부처의 장
- ― 구성·운영에 관한 사항을 미리 중앙본부장과 협의
- ※ 해외재난이 발생한 경우에는 외교통상부에 설치

② 기능

- ― 소관 재난관리업무의 총괄조정 및 집행
- ― 재난응급복구에 필요한 물자 및 자재비축·관리
- ― 재난 발생 시의 응급조치 및 중앙대책본부와의 협조
- ― 재난현장 복구지원

4) 정부합동 해외재난대책지원단

① 구성

- ― 단장: 중앙재난안전대책본부장이 지명
- ― 단원: 관계 중앙기관 및 관계 기관·단체 소속 공무원·임직원·전문가로 구성

② 기능

— 해외재난 긴급구조 및 사상자 신원확인, 부상자 치료, 시신안치
— 해외재난 사고원인의 조사 분석
— 해외재난과 관련된 유가족 등에 대한 법률상담 등 현지 지원
— 해외재난 수습상황의 대·내외 공보 및 정부대책 홍보
— 그 밖의 중앙본부장이 정하는 사항

5) 중앙수습지원단

① 구성

— 단장: 중앙재난안전대책본부장이 지명
— 단원: 관계 재난관리책임기관의 전문가 및 민간 전문가로 구성

② 기능

— 재난 발생지역의 책임자인 지역본부장 등에 대하여 사태수습에 필요한 기술 자문·권고 또는 조언
— 재난수습을 위하여 행정·재정적으로 조치할 사항, 재난 현장 상황, 재난의 발생 원인 및 진행 전망 등의 중앙본부장에게 보고

6) 중앙합동조사단

① 구성

— 단장: 행정안전부장관, 소방방재청장이 지명
  ※ 행정안전부장관은 법 제1호 다목에 해당하는 재난

② 기능

— 피해조사 및 피해원인 분석
— 재난구호 및 복구계획(안)의 작성
— 지진피해시설물에 대한 안전성의 확인과 여진 등에 대비한 응급 조치계획의 수립

7) 지역재난안전대책본부

지역재난안전대책본부는 시·도지사 및 시장, 군수, 구청장을 본부장으로 하는 시도 및 시·군·구 재난안전대책본부를 두어 민방위대 동원 등의 역할을 수행하며 당해 재난과 관련하여 중앙대책본부를 두는 경우에는 시·도 및 시·군·구 대책본부를 두어야 하고(법 제16조), 중앙대책본부의 구성 및 운영에 관하여 필요한 사항은 대통령령으로(법 제14조), 지역대책본부의 구성 및 운영에 관하여 필요한 사항은 조례로 각각 정한다(법 제16조).[18]

지역재난 안전대책본부 조직은 [그림 2-5]와 같다.

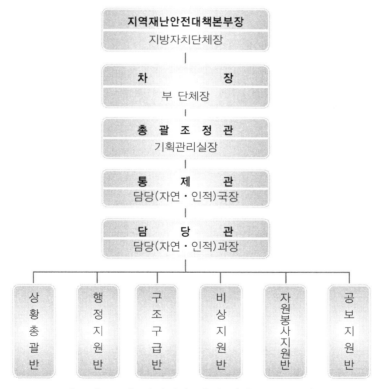

[그림 2-5] 지역재난 안전 대책 본부 조직

① 기능

― 관할구역 내의 재난대책의 총괄조정 및 집행
― 재난응급복구에 필요한 물자 및 자재비축

— 재난 발생 시의 응급조치
— 복구사업 실시 및 감독

8) 지역합동조사단

① 조직

— 단장: 시·도지사가 지명
— 단원: 관계 재난관리책임기관의 전문가 및 민간 전문가로 구성

② 기능

— 피해상황 조사 및 총괄조사표 작성
- 재난피해 조사서 대장 작성
- 피해복구계획(안)과 공공시설 피해 및 복구내역 조사
※ 중앙조사단이 현지조사를 실시하기 전까지 조사결과를 중앙조사단장에게 제출

③ 긴급구조통제단

2차적인 재난발생의 예방과 재난확대방지 및 인명피해를 최소화하기 위해서는 일사분란한 현장대응체제가 필요하므로, 재난안전대책본부 산하에 긴급구조통제단을 설치하고 지역통제단장으로 하여금 현장지휘를 일임하게 하여 체계적인 대응체제를 구축하는 등 현장대응력을 강화하였다.[19]

중앙긴급통제단은 소방방재청장을 단장으로 하며[「재난 및 안전관리기본법」 제49조, 부단장은 긴급구조업무 담당 국장(「시행령」 제55조)], 총 4개의 부와 각각의 부에는 4개의 반으로 구성되어 있다. 먼저 대응계획부 안에는 상황보고반, 계획지원반, 정보지원반이 있으며, 자원지원부 안에는 수송지원반, 통신지원반, 자원지원반이 속해있다. 또한 현장지휘대에는 구조진압반, 현장통제반, 응급의료반이 속해 있으며, 마지막으로 긴급복구부에는 긴급구호반, 긴급시설복구반, 긴급오염통제반 등으로 구성되어 있다. 중앙긴급구조통제단은 국가긴급구조대책의 총괄 조정, 긴급구조활동 지휘 통제, 긴급구조대응계획 집행 등의 기능을 수행한다(「시행령」 제54조).

---

19) 국립방재교육연구원, 『재난 및 안전관리기본법 해설』, p.26.

그리고 지방에는 소방본부장과 소방서장을 단장으로 하는 지역긴급통제단을 운영하고 있다(「법」 제50조).

재난현장에서 긴급구조활동의 지휘는 실질적으로 집행기관인 지역긴급구조통제단장이 일차적으로 지휘하도록 하고 시·군·구의 대응 능력을 초과하는 대규모 재난 발생 등으로 광역 또는 국가 차원의 대응이 필요한 경우 시·도 통제단장·중앙통제단장이 직접 현장지휘를 할 수 있도록 하는 등 지휘체계에 유연성을 부여하였다.

또한 인명의 탐색·구조, 현장인력 및 장비의 배치와 운용, 구급활동, 긴급구조물자 관리, 현장 접근 통제, 현장 주변의 교통정리 등 효율적인 긴급구조활동을 위하여 필수적인 사항에 대해 지역긴급구조 통제단장에게 실질적인 통제권을 부여하고 재난 현장에 현장지휘소를 설치 운영할 수 있도록 함으로써 현장 대응기능을 강화하였다.[20]

1) 중앙긴급구조통제단

① 조직

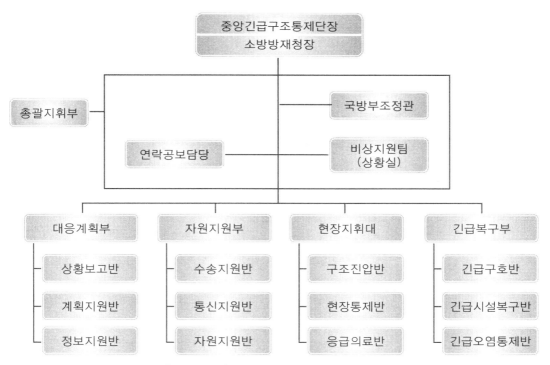

[그림 2-6] 중앙긴급 구조통제단 조직

※ 이재민 구호관련 재해구호본부 조직은 「재해구호법」에 의거하여 별도로 구성

---

20) 국립방재교육원, 『전게서』, p.26.

② 기능

- 국가 긴급구조대책의 총괄·조정
- 긴급구조활동의 지휘·통제
- 긴급구조지원기관의 역할분담 등 긴급구조를 위한 현장활동계획의 수립
- 긴급구조대응계획의 집행 등

③ 실무반 임무

〈표 2-4〉 중앙긴급구조단 주요임무

부 서 별		주 요 임 무
중앙긴급구조통제단장		• 긴급구조활동의 총괄 지휘·조정·통제 • 정부차원의 긴급구조대응계획의 가동
총괄지휘부	국방부조정관	• 중앙 통제단장과 공동으로 국방부의 긴급구조지원활동 조정·통제 • 광범위한 지역에 걸친 재난 시 대규모 탐색구조 활동 지원
	연락공보담당	• 대중정보계획 가동 • 대중매체 홍보에 관한 사항 • 종합상황실과 공동으로 비상경고계획 가동 • 중앙재난안전대책본부장 또는 국회의 연락 및 보고에 관한 사항
	비상지원팀 (상황실)	• 중앙통제단 지원기능 수행 • 긴급구조대응계획 중 기능별 긴급구조대응계획 가동 지원 • 각 소속 기관·단체에 분담된 임무연락 및 이행 완료 여부 보고
대응계획부	상황보고반	• 재난상황정보를 종합 분석·정리하여 중앙대책본부장 등에게 보고
	계획지원반	• 시·도 긴급구조통제단의 대응계획부의 작전계획 수립지원
	정보지원반	• 시·도 긴급구조통제단 기술정보지원
자원지원부	수송지원반	• 긴급구조지원기관의 자원수송지원 • 다른 지역 자원봉사자의 재난 현장 집단수송지원
	통신지원반	• 재난 현장의 중앙통제단과 소방방재청의 종합상황실과의 통신 지원 • 정부차원의 재난통신 지원 활동
	자원지원반	• 소방방재청 자원관리시스템을 통한 시·도 통제단 자원 요구사항 지원
현장지휘대	구조진압반	• 정부차원의 인명구조 및 화재 등 위험진압 지원 • 시·도 소방본부 및 권역별 긴급구조지휘대 자원의 지휘·조정·통제
	현장통제반	• 정부 차원의 대규모 대피계획 지원 • 지방 경찰관서 현장통제자원의 지휘·조정·통제
	응급의료반	• 정부 차원의 응급의료자원 지원활동

부 서 별		주 요 임 무
긴급복구부		• 정부 차원의 재난의료체계 가동 • 시·도 응급의료 자원의 지휘·조정·통제
	긴급구호반	• 정부긴급구호활동 지원 • 긴급구조
	긴급시설 복 구 반	• 정부긴급시설복구 지원활동 • 시·도 통제 긴급시설복구자원의 지휘·조정·통제
	긴급오염 통 제 반	• 정부 차원의 긴급오염통제 지원활동 • 시·도 통제단 긴급오염통제자원의 지휘·조정·통제

2) 중앙긴급구조통제단 운영위원회

① 구성

중앙긴급구조통제단운영위원회는 위원장 및 부위원장 각 1인을 포함한 20인 이내의 위원으로 구성

② 조직

- 위원장: 중앙긴급구조통제단장이 위원 중에서 지명
- 부위원장: 위원 중에서 위원장이 지명
- 위원: 위원장 포함 15인 이상 20인 이내
- 국방부, 보건복지부, 경찰청, 해양경찰청 관계자 등
- 긴급구조에 관한 학식과 경험이 풍부한 자 중에서 단장이 위촉한 자
- 간사: 소방방재청 긴급구조업무 담당과장

③ 기능

- 국가긴급구조대책의 총괄·조정
- 긴급구조 활동의 지휘·통제
- 긴급구조지원기관간의 역할분담 등 긴급구조를 위한 현장 활동계획의 수립

3) 지역긴급구조통제단

① 조직

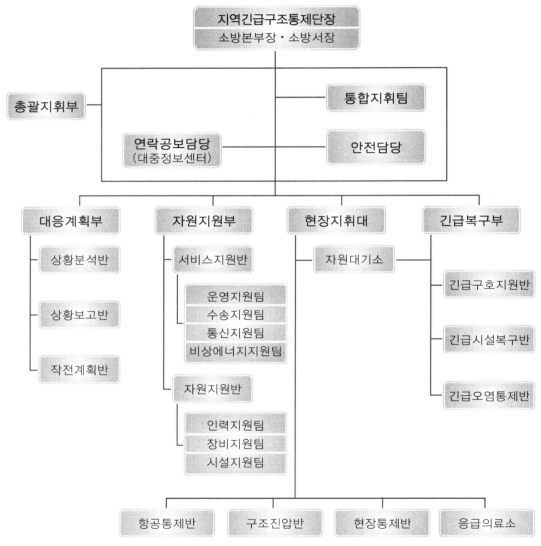

[그림 2-7] 지역긴급구조통제단 조직

※ 시·군·구 긴급구조통제단은 지역실정에 따라 구성·운영

　지역긴급구조통제단장이 긴급구조를 위하여 필요한 경우에는 인력·장비 등을 지원 요청할 수 있도록 하였고, 참여한 민간긴급구조기관·단체에 대하여는 경비를 보상할 수 있도록 함으로써 민·관 협력체제가 원활하게 이루어질 수 있도록 하였다(법 제25조).

② 기능

- 지역 긴급구조대책의 총괄·조정
- 긴급구조활동의 지휘·통제
- 긴급구조지원기관의 역할분담 등 현장활동 계획의 수립
- 긴급구조대응계획의 집행 등

③ 실무반 임무

〈표 2-5〉 지역긴급구조통제단 주요임무

부 서 별		주 요 임 무
지역긴급구조통제단장		• 긴급구조활동의 총괄 지휘·조정·통제 • 시·도 긴급구조대응계획의 가동 책임
총괄지휘부	통합지휘팀	• 전반적 대응 목표 및 전략 결정 • 대응활동계획의 공동 이행(소속기관별 임무분담 및 이행) • 전반적 자원활용의 조정 • 그 밖의 통제단장 지원활동
	연락공보담당 (대중정보센터)	• 대중정보제공에 관한 사항 • 대중매체 홍보에 관한 사항 • 상황실과 공동으로 비상경고계획 이행 • 대책본부장 및 의회 연락 및 보고에 관한 사항
	안전담당	• 재난 현장의 안전진단 및 안전조치 • 현장활동 요원들의 안전수칙 수립 및 교육
대응계획부	상황분석반	• 재난상황정보의 수집·분석 및 대응목표 우선순위 설정 • 재난상황 예측 • 작전계획반과 공동으로 대응활동계획 수립
	상황보고반	• 대책본부장 및 중앙통제단 등에 대한 보고서 작성
	작전계획반	• 현장 대응활동계획 수립 및 배포 • 작전계획에 따른 자원 할당
자원지원부	서비스지원반	• 운영지원팀통제단 운영지원 및 현장지휘소 설치 • 수송지원팀긴급구조자원 수송 지원 • 통신지원팀현장지휘 및 자원관리에 필요한 통신 지원 • 비상에너지지원팀전기, 연료 등 지원
	자원지원반	• 인력지원팀현장인력 지원 및 자원집결지 운영 • 장비지원팀현장 필요장비 동원 및 지원 • 시설지원팀현장 필요시설 동원 및 지원

부 서 별		주 요 임 무
현장지휘대	구조진압반	• 각 시·군·구통제단 인명구조 및 화재 등 위험진압 및 지원 • 그 밖의 각 시·군·구 구조진압반 지휘·조정·통제 • 자원대기소 운영
	현장통제반	• 시·도 대피계획 지원 • 각 대응구역별 현장자원의 지휘·조정·통제
	응급의료반	• 시·도 차원의 응급의료 및 자원 지원활동 • 대응구역별 응급의료 자원의 지휘·조정·통제 • 사상자 분산이송통제 • 사상자 현황파악 및 상황보고반에 대한 보고자료 제공
	항공통제반	• 항공대 운항통제 및 이착륙장 관리 • 응급환자 원거리 항공이송 통제
긴급복구부	긴급구호반	• 시·도 차원의 긴급구호 및 자원 지원활동 • 긴급구조요원 및 자원봉사자에 대한 의식주 지원
	긴급시설복구반	• 시·도 차원의 긴급시설복구 및 자원 지원활동 • 시·군·구통제단 긴급시설복구자원의 지휘·조정·통제
	긴급오염통제반	• 시·도 차원의 긴급오염통제 및 자원 지원활동 • 시·군·구통제단 긴급오염통제자원의 지휘·조정·통제

4) 현장응급의료소

① 조직

[그림 2-8] 현장응급의료소 조직

② 기능

— 의료소 설치·운영에 필요한 물품 확보·관리
— 의료기관 현황 파악·관리 및 연락체계 유지
— 재난 현장 사상자의 중증도 분류 및 응급처치

③ 실무반 임무

〈표 2-6〉 현장응급의료소 주요임무

부 서 별	주 요 임 무
긴급구조통제단장	• 재난 발생 시 종합병원 및 응급의료기관에 출동 요청 • 재난 현장에 적정한 현장응급의료소 설치·운영
현장응급의료소장	• 현장응급의료소 조직 편성·관리 • 관할지역 병원급이상 의료기관 현황파악·관리
분 류 반	• 현장에서 구조된 사상자 검진 및 응급처치표 작성 • 사상자 중증도 분류(사망, 긴급, 응급, 비응급)
응 급 처 치 반	• 분류 반에서 인계된 부상자 응급처치 • 응급처치 상황기록 후 이송반 인계 • 필요인력이 추가로 요구된 경우 소장에게 지원요청
이 송 반	• 사상자 이송용 구급차 확보 및 통제 • 의료기관과의 긴밀한 연락체계 유지 • 다수사상자 발생 시 병원별 사상자 분산이송

5) 119 국제구조대

① 조직

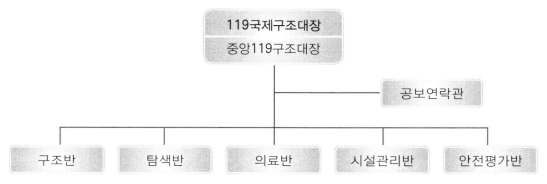

[그림 2-9] 119 국제구조대 조직

② 기능

— 해외재난 발생 시 대한민국 국민 긴급구조 활동
— 재난 발생 당사국 또는 국제기구의 요청 시 긴급구조 지원

③ 실무반 임무

— 공보연락관: 대외연락, 상황유지 및 홍보
— 구조반: 재난 현장에서의 인명구조 활동 전개
— 탐색반: 요구조자 검색 및 인명탐색활동
— 의료반: 사상자 분류, 응급처치 등 응급의료 활동
— 시설관리반: 긴급구조 활동 물자보급 및 장비관리
— 안전평가반: 건축물 안전진단 및 유해물질 검측

4 재난관리 책임기관

1) 근 거

「재난 및 안전관리기본법」 제3조 제5호, 시행령 제3조

2) 기 관

- 중앙행정기관 및 지방자치단체
- 대통령령이 정하는 기관
— 지방행정기관·공공기관·공공단체 및 재난관리대상이 되는 중요시설의 관리기관

〈표 2-7〉 지방행정기관·공공기관·공공단체 등

[지방행정기관·공공기관· 공공단체 등]

- 재외공관
- 국립수의과학검역원
- 국립식물검역소
- 지방체신청
- 국립검역소
- 유역환경청 또는 지방환경청
- 지방노동청
- 지방항공청
- 지방국토관리청
- 홍수통제소
- 지방해양수산청
- 지방산림청
- 시·도의 교육청
- 한국철도공사
- 지하철공사
- 도시철도공사
- 한국농촌공사
- 농수산물유통공사
- 한국가스공사
- 한국가스안전공사
- 한국전기안전공사
- 한국전력공사
- 한국환경자원공사
- 수도권매립지관리공사
- 대한주택공사
- 한국수자원공사
- 한국도로공사
- 한국토지공사
- 인천국제공항공사
- 한국공항공사
- 항만공사
- 한국방송공사
- 국립공원관리공단
- 한국산업안전공단
- 한국산업단지공단
- 부산교통공단
- 한국철도시설공단

- 한국시설안전공단
- 한국원자력연구소
- 한국원자력안전기술원
- 농업협동조합중앙회
- 수산업협동조합중앙회
- 산림조합중앙회
- 대한적십자사
- 하천법 제22조의 규정에 의한 댐 등의 설치자·관리자
- 원자력법에 의한 원자력발전관련 시설 관리기관
- 방송법에 의한 재난방송사업자
- 법 제9조의 규정에 의한 중앙안전관리 위원회의 위원장이 재난관리책임기관으로 지정· 고시하는 기관 및 단체
- 국립수산과학원
- 한국석유공사
- 대한송유관공사
- 한국전격거래소
- 국민체육진흥공단
- 한국지역난방공사
- 한국정보사회진흥원
- 한국관광공사
- 국립자연휴양림관리소
- 한국마사회
- 지방자치단체 소속 시설관리공단
- 지방자치단체 소속 도시개발공사
- 화력발전소
- 그 밖의 행정안전부장관 또는 소방방재청장이 재난의 예방·대비·대응·복구를 위하여 특별히 필요하다고 인정하여 고시하는 기관·단체(민간단체 포함한다) 및 민간업체

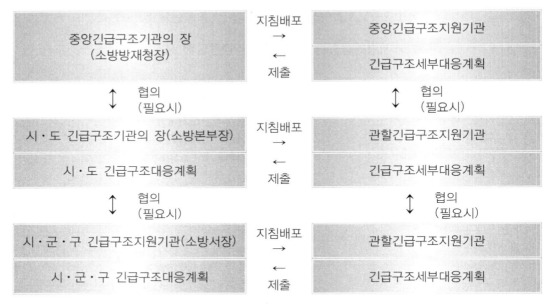

[그림 2-10] 긴급구조대응계획의 수립절차

5 긴급구조기관 및 긴급구조지원기관

긴급구조기관 및 지원기관이 신속하고 효율적으로 긴급구조를 실시할 수 있도록 재난의 규모 유형에 따라 긴급구조대응계획을 수립·시행하도록 하였다.

대응계획은 기본계획, 기능별 긴급구조계획, 재난유형별 긴급구조계획으로 구분하여 수립한다. 기본계획에는 긴급구조대응계획의 목적 및 적용범위, 기본방침과 절차, 운영 책임에 관한 사항을 포함하고 기능별 긴급구조대응계획에는 지휘통제, 비상경고, 피해상황분석, 재난통신 등에 관한 사항을 포함한다. 재난유형별 긴급구조대응계획에는 대응활동사항, 대응매뉴얼 및 비상방송메시지에 관한 사항을 포함함으로써 재난유형별·규모별 재난대응활동 시 구체적·체계적 실무계획을 제공한다.

긴급구조기관의 장은 긴급구조대응계획의 수립을 위하여 필요한 경우에는 긴급구조지원기관의 장에게 소관별 긴급구조세부대응계획을 수립하여 제출하도록 요청할 수 있도록 하였다. 이 경우 긴급구조기관의 장은 긴급구조세부대응계획의 작성에 필요한 긴급구조세부대응계획의 수립에 관한 지침을 작성하여 배포하도록 하였다[21](법 제54조).

---

21) 국립방재교육연구원, 『전게서』, p.27.

1) 근 거

「재난 및 안전관리기본법」 제3조 제7호~제8호, 시행령 제4조, 시행규칙 제2조

2) 기 관

① 긴급구조기관

긴급구조기관은 재난대응의 핵심기관으로서 소방방재청과 소방본부 및 소방서, 행양경찰청, 지방해양경찰청 및 해양경찰서를 말한다.

긴급구조기관장은 긴급구조대응계획을 수립하는데 이는 기본계획, 기능별 긴급구조대응계획, 재난유형별 긴급구조대응계획으로 구분 수립된다. 그 절차를 보면 소방방재청장은 매년 시·도 긴급구조대응계획 수립지침을 작성하여 시·도 긴급구조기관장에게 시달하고(시행령 제64조 제1항), 시·도 긴급구조기관장은 시도 긴급 구조대응 계획을 수립하여 소방방재청장에게 보고하고 시·군·구 계획수립지침을 작성하여 시달하며, 시·군·구 긴급구조기관장은 시·군·구계획을 작성하여 시·도 긴급구조기관장에게 보고한다(시행령 제64조).

해상에서는 해양경찰청장이 「수난구호법」에 의거하여 활동한다(「법」 제56조). 그리고 시·도지사, 시·군·구청장, 긴급구조기관장은 재난관리책임기관, 긴급구조지원기관, 군부대 등과 합동훈련하게 되어 있다(법 제73조).

② 긴급구조지원기관

긴급구조지원기관은 긴급구조에 필요한 인력, 시설, 장비를 갖춘 기관 또는 단체로서 대통령령이 정하는 기관 및 단체를 말하는 것으로 <표 2-8>과 같다.

중앙 및 지역 통제단장은 긴급구조지원간의 공제체제구축을 위하여 필요한 경우 긴급구조지원기관의 직원 파견을 요청할 수 있으며, 지역통제단장은 긴급구조지원기관장에게 긴급구조지원을 요청할 수 있고 이 경우 활동에 참가한 민간 지원기관에 대하여는 그 경비의 전부 또는 일부를 지원할 수 있다(법 제51조).[22]

---

22) 양인석, 2008: 26.

〈표 2-8〉 긴급구조지원기관

[긴급구조지원기관]

○ 교육과학기술부	○ 지방국토관리청
○ 국방부	○ 지방항공청
○ 지식경제부	○ 보건소
○ 보건복지부	○ 지하철공사 및 도시철도공사
○ 환경부	○ 한국가스공사
○ 국토해양부	○ 한국가스안전공사
○ 경찰청	○ 한국농촌공사
○ 기상청	○ 한국전기안전공사
○ 산림청	○ 한국전력공사
○ 해양경찰청	○ 대한석탄공사
○ 탐색구조부대 및 국방부장관이 지정하는 군부대	○ 대한광업진흥공사
○ 대한적십자사	○ 한국수자원공사
○ 종합병원과 응급의료기관, 응급의료센터, 구급차 등의 운용자	○ 한국도로공사
	○ 한국공항공사
○ 전국재해구호협회	○ 항만공사
○ 긴급구조기관과 응원협정을 체결한 기관 및 단체	○ 한국원자력안전기술원, 한국원자력의학원
○ 행정안전부령이 정하는 기관 및 단체	○ 국립공원관리공단
○ 유역환경청 또는 지방 환경청	○ 소방방재청장이 정하여 고시하는 기간통신원사업자

6 민방위

민방위란 적의 침공이나 전국 또는 일부 지방의 안녕질서를 위태롭게 할 재난(민방위사태)으로부터 주민의 생명과 재산을 보호하기 위하여 정부의 지도하에 주민이 수행하여야 할 방공, 응급적인 방재·구조·복구 및 군사작전상 필요한 노력지원 등 일체의 자위적 활동을 말한다.

1) 민방위 교육

민방위 교육목적은 민방위대원에게 민방위 임무수행상 필요한 지식과 기술을 연마하여 민방위사태 발생 시 즉각 대처할 수 있는 능력을 함양시키고 급변하는 시대변화에 맞춰 필요한 정신고양 및 제반 실기지식과 행동요령을 반복 습득시킴으로써 안보·안전의식 고취, 그리고 재난안전사고를 예방함으로써 생활민방위로 정착시키는 것을 민방위 교육의 목적으로 삼고 있으며 교육내용에 전시나 테러 발생에 대비한 화생방개론과 대처방안을 제시하고 있다.

2) 교육실시 근거

민방위 교육실시 근거로는 관계법령 「민방위기본법」 제21조, 제21조의2, 제25조, 제34조, 「민방위기본법시행령」 제23조~제23조의4, 제33조, 제36조의2, 「민방위기본법」 시행규칙 제31조~제38조, 제56조, 제62조 민방위교육계획 등을 들 수 있다.

「민방위기본법」 및 「민방위기본법시행령」은 민방위 대원은 소방방재청장이 정하는 바에 따라 연 10일, 연 50시간의 한도 내에서 민방위에 관한 교육 및 훈련을 받아야 한다는 것을 주요내용으로 하고 있다.

3) 교육대상

민방위 교육의 대상으로는 신규편성 대상자, 재편입 대상자, 남·여 지원자로 나뉜다.

먼저 신규편성 대상자로는 교육면제자를 제외한 20세 이상, 40세 이하의 대한민국 남자로 편성된다. 또한 이들은 각 지역과 직장의 일반대원과 민방위기술지원대, 민방위대장으로 나뉜다. 다음 재편입 대상자로 민방위대 편성 제외사유가 소멸된 자와 만성허약자로 제외되었던 재심의 대상자가 이에 포함된다. 마지막으로 17세 이상의 남, 여 지원자이다. 다만 17세 이하의 지원자들은 지원서에 친권자의 날인(동의)을 받고, 반드시 본인 의사를 확인한 뒤에 편성된다.

4) 교육내용

민방위 교육의 내용으로는 소양교육과 체험·실습교육이 있다. 먼저 소양교육으로는 대원으로서 갖추어야 할 기본 정신 함양을 목적으로 민방위 제도, 대원의 임무와 역할, 안보, 국제 정세 등을 교육받고 있으며, 또한 가정·직장·사회의 재난대비, 안전문화운동 등 생활민방위에 관련된 내용도 교육하고 있다.

다음 체험·실습교육은 전·평시 재난·안전사고 대비 행동요령 습득을 목적으로 풍수해, 화재, 테러 등 각종 재난예방 및 대처요령과 재난현장 견학, 체험시설 실습, 재난안전봉사활동 등을 교육하고 있다.

- 교과목 운영
  - 1교시: 소양교육
  - 2~3교시: 가정에서의 응급처치, 지진 발생 시 대처요령
  - 4교시: 지역특성과목

※ 4년간 이수 실시교과목 지정·운영

연도별	2007년	2008년	2009년	2010년
실기과목	방사능 화생방	가정에서의 응급처치요령 지진 발생 시 대처요령	화재예방 또는 전기·가스안전	풍수해 대처요령 교통안전

5) 교육방법

민방위 교육은 지역에 따라 자율적인 분위기로 조금 다르게 운영된다. 이에 지역설정에 맞는 지방자치단체 '민방위교육심의회'를 운영하여 재난안전 전문교육기관의 인정과 실기과목 선정 등을 결정한다.

소양교육은 보통 동영상 등 시청각 교재를 활용하여 교육을 하고 있고, 체험·실기교육은 체험시설의 활용, 재난 현장의 견학, 재난안전 봉사활동 등 실습 위주의 다양한 프로그램으로 교육을 진행하고 있다.

6) 교육시설 및 장비

① 민방위 시설 및 장비 현황

- 민방위 시설은 민방위 급수시설, 민방위 비상대피시설, 민방위 경보시설, 등화관제 시설 등이 있다.
- 민방위 시설 관리·유지에 관한 규정은 「민방위기본법」 제3조 2항에 근거를 두고 있으며, 동법시행령 제1조 2항도 근거를 제시하고 있다.

② 민방위 비상급수시설

- 민방위 급수시설은 전쟁 및 재난 등으로 수원지가 파괴되거나 수질이 오염되어 상수도 시설이 기능을 상실할 경우에 대비, 음용수 및 생활용수를 공급하기 위한 시

설이다.

— 제1차 민방위 기본계획(1977년~1981년)에서는 1인 1일 20L 기준으로 6대 도시를 중심으로 추진했다.

— 제5차 민방위기본계획(1997년~1901년)에서는 제3차 계획의 80L를 지하수 적절개 발과 효율적 보전을 위해 25L(식수 4L, 생활용수 21L)로 조정했다.

— 시·구·읍 이상 지역으로 설치범위를 확대하고 있으며 확보율은 103%이다.

③ 민방위 대피시설

— 민방위 비상대피시설은 비상시 국민의 생명과 재산을 보호하기 위해 독립대피호, 건축물 지하층, 지하상가, 지하차·보도 등의 지하구조물과 그 기능을 수행하기 위한 자가발전기, 방송통신시설, 급수시설 등의 부대시설을 설치하여야 한다.

— 제1차 민방위기본계획(1977년~1981년)에서 「건축법」 및 동법 시행령에 의해 지하 층을 의무화 추진했다.

— 제3차 민방위기본계획(1987년~1991년)에서 대피시설 수용기준을 현실화하여 평당 4인을 기준으로 설정했다.

— 제5차 민방위기본계획(1997년~1901년)에서 평시 교육장, 체력단련실 등을 시설, 평상시 활용을 극대화하도록 유도했다.

④ 민방위 경보시설

— 민방위 경보시설은 「민방위기본법」 제27조의2에 의거, 경보를 발령하는 일체의 시설을 의미한다.

— 1985년 민방공 경보시설 유선자동화 사업을 추진하였고, 2001년 민방위 경보시설 현대화 사업을 완료하였다.

⑤ 민방위 장비

— 등화관제시설은 「민방위기본법」 제27조에 의거, 등화관제를 하기 위한 시설이다.
 · 1976년부터 시작하여 초창기에는 관공서 등 차광막을 설치, 활용하고 일반 차량 에 관제등 설치를 의무화하였다.
  ▽ 현재 기존 차광막을 버티컬 블라인드 등으로 교체하고, 행정관서에서도 충무 시설에 대해서만 설치, 운영 중이다.

— 민방위 장비는 응급복구와 사태예방에 필요한 장비, 구난장비, 인명구조장비 등으로 분류하고 있으며, 전쟁 등 각종 민방위 사태 발생 시 주민의 생명과 재산을 보

호하기 위한 각종 장비 일체를 의미한다.
- 성능과 품질이 우수한 규격품 공급을 위하여 초기부터 조달청, 보건복지부 등과 협조, 교육훈련용에 사용한다.
- 공동필수장비는 1999년까지 전자메가폰, 지휘용 앰프, 응급처치 세트, 환자용 들 것, 로프, 휴대용 조명등, 소화기, 민방위용품 세트 등 8종에서 쌍안경을 추가하였 으며 2000년부터 민방위대가 확보토록 강화하였다.
- 2001년부터 공동필수장비를 무전기, 이동식 발전기를 추가한 11종으로 조정하고, 지역특성장비와 권장장비는 자치단체 자체에서 목표량을 설정토록 자율권을 부여 한다.
- 「지방제정법」 시행령에 의거, 무상대부 및 양여규정에 의해 일괄 보관, 관리하던 방독면 등 민방위 장비를 개인별로 지급토록 추진한다.

〈표 2-9〉 2007 민방위 지정장비

기존 민방위장비 지정현황			민방위대편성
민방위공통장비(11종)	지역특성장비(10종)	권장장비(9종)	
전자메가폰	교통신호봉	산소호흡기	전자메가폰
지휘용 앰프	교통차단표시판	에어쿠션	지휘용앰프
응급처치 세트	사다리	기계톱	응급처치세트(의료기구)
환자용 들것	방연 마스크	구명보트	환자용 들것
로프	등짐펌프	잠수장비세트	로프
휴대용 조명등	진화용 삽	완강기	이동식발전기
소화기	구명환	산불진화복	휴대용조명등
민방위용품 세트	구명의	방열화	교통신호봉
쌍안경	로프총 세트	기타 장비	교통차단표시판
무전기	기타 장비		기계톱
이동식 발전기			구명환
			구명조끼
			로프총 세트

출처: 민방위 홈페이지

〈표 2-10〉 2007 민방위대원수별 비축물량 산정표

장비명	민방위대원수별 기준						
	100명 미만	100~300	300~500	500~1,000	1,000~3,000	3,000~5,000	5,000 초과
전자메가폰	2	4	6	8	10	13	15
지휘용앰프	1	1	1	1	1	2	2
응급처치세트	2	3	4	5	6	8	10
환자용 들것	2	3	4	5	6	8	10
로프	1	1	2	2	3	3	5
이동식발전기	1	1	2	2	2	2	3
휴대용조명등	4	6	8	10	15	20	25
교통신호봉	2	4	6	8	10	12	14
교통차단표시판	2	3	4	5	6	8	10
기계톱	1	1	2	2	3	3	3
구명환	6	8	10	12	14	17	20
구명조끼	6	8	10	12	14	17	20
로프총세트	1	1	1	1	1	2	2

출처: 민방위 홈페이지

〈표 2-11〉 2007 민방위단위대별 비축물량 산정표

장비명	읍·면·동 민방위대수별 기준
전자메가폰	민방위 단위 대 2개당 1개
지휘용앰프	민방위 단위 대 50개당 1개
응급처치세트	민방위 단위 대 4개당 1개
환자용 들것	민방위 단위 대 7개당 1개
로프	민방위 단위 대 15개당 1개
이동식발전기	민방위 단위 대 40개당 1개
휴대용조명등	민방위 단위 대 3개당 1개
교통신호봉	민방위 단위 대 5개당 1개
교통차단표시판	민방위 단위 대 10개당 1개
기계톱	민방위 단위 대 20개당 1개
구명환	민방위 단위 대 3개당 1개
구명조끼	민방위 단위 대 3개당 1개
로프총세트	민방위 단위 대 70개당 1개

출처: 민방위 홈페이지

 민방위 지정장비 및 비축물량은 재난발생시 기본적인 초동수습 및 인명구조에 필요한 장비로 일반민방위대원이 신속하고 손쉽게 활용할 수 있는 장비들로 구성되어 있다. 또한 민방위대원수와 읍·면·동의 민방위대수를 고려하여 적정물량의 장비확보 하고 있다.

제 **3** 장

해외 재난관리체계

　세계 각국은 인구의 증가와 부단한 이동 그리고 과학기술의 발달로 말미암아 재난 발생 확률이 점점 높아지자 그 재난의 강도가 더욱 커질 것이라고 생각해 오늘날 재난에 관한 국제간의 관심은 점점 커지고 있다. 최소한으로 계산해도 서기 2000년대에 발생한 재난 손실은 1980년에 발생한 재난손실보다 두 배는 될 것이라는 예견도 나왔다. 특히, 주거지역들의 인구밀도가 증가함에 따라 재난이 발생할 경우 그 손실이 매우 크기 때문에 상습재난발생지역의 인구증가는 재난손실의 원인이라고 할 수 있다. 상습침수지역, 지진대, 해안의 태풍위험지역, 경사지, 공항이나 원자력발전소 주변 등의 주거지는 점점 확산되고 있다. 예를 들면, 1960년부터 1970년 동안에 미국텍사스 주 걸프만 해안의 인구증가는 24.8%였다. 이는 같은 시기의 전국의 인구증가율 14.2%보다 거의 두 배에 가까운 인구증가율이다. 이러한 인구증가는 태풍경보 시 주민대피에 걸리는 시간이 점점 길어진다. 상습재난지역의 인구증가는 홍수에 의한 인명손실의 증가를 초래한다. 예를 들면 1940년부터 1970년까지 홍수에 의한 인명손실은 3배나 증가하였다. 인명손실, 재산피해, 그리고 발생빈도를 볼 때 홍수는 미국에서 가장 큰 자연재해이다. 이렇게 매년 그 피해가 증가함에도 불구하고 홍수가 발생하고 나면 그 지역의 유동인구는 더욱 증가한다.

　어떤 경우에는 주민들이 정착해 가는 와중에 재해를 막는 천연적인 보호대가 침해되는 경우도 많다. 예를 들면, 태풍이 많은 해안가에는 천연적인 모래언덕이 방패막이가 되는데 주거지 건설을 위해 이를 없애는 경우도 있다. 또한 아스팔트나 콘크리트 면이 늘어남에 따라 비가 올 경우 자연적인 흡수가 줄어들 수밖에 없다.

　상습재해지역에서 재난손실이 늘어나는 원인 중 또 하나는 이러한 지역에 거주하는 주민들이 그 위험성을 감지하지 못하고 있고, 그러한 재난에 어떻게 대처해야 할지 모르기 때문에 자주 발생하는 재난에 대처할 수 있는 주택을 설계하지 못하는 경우가 많다. 예를 들면, 텍사스 주 걸프 만으로 이주해 오는 사람 중에는 태풍에 약한 모빌 홈으로 이사해오는 경우가 점점 증가하고 있다. 지난 10년 동안 모빌 홈의 증가는 700%이다. 산불 발생이 빈번한 지역에 목재로 지은 주택들이 증가하는 것도 비슷한 예이다. 이웃 일본을 보더라도 도시가스 폭발이나 항공기사고로 많은 인명사고가 있었지만 그보다도, 1995년 1월17일에 일어난 고베지진은 인명사고 6,000명 이상이라는 대참사였는데 대부분 목재가옥 밀집지역 이었다는 사실에서 미국과 같은 전철을 교훈으로 삼지 못했다는 것이다.

　본 장에서는, 미국, 일본 그리고 국가 민방위체계를 갖추고 있는 스위스의 재난관리 등 외국의 재난사례를 파악함과 동시에 우리의 재난관리가 안고 있는 문제점과 비교 분석하여 금후의 재난관리정책의 방향에 보탬이 되고자 한다.

〈표 3-1〉 세계 각국의 재해개념

재해 나라	자연재해 (지진, 풍수해 등)	인위재해 (항공, 원자력, 공장, 선박 등)	기타 (전쟁, 테러 등)	조직
미국	●	●	○	FEMA
일본	●	△	×	국토교통성 재해 대책본부
영국	○	●	△	군방재부
독일	○	●	○	주내무성
스위스	○	○	○	민간 방위성
이탈리아	●	○	×	민간 방재성
뉴질랜드	●	○	△	민간 방위성
그리스	●	×	×	OASP (지진방재 계획성)
멕시코	●	△	×	내무성시민 옹호국

●: 중심적 재해 ○: 중요한 재해 △: 주변적 재해 ×: 재해와 무관계

〈표 3-2〉 국가재난관리체계

구분	미 국	일 본	한 국
법령		「재해대책기본법」	「자연재해대책법」 「재난 및 안전관리기본법」
조직	연방: FEMA (재난관리청) 주: 재난관리국 시·군: 재난대비과 해외: 각 담당부처	중앙: 국토교통성방재국, 중앙방재회의 지방: 재해대책본부 (지방방재회의) 해외: 외교채널 이용 외무성이 담당	중앙: 소방방재청 (중앙사고대책본부) (중앙재해대책본부) 지방: 재난관리과 해외: 외교통상부, 국토해양부가 중심
재난 시 활동	小: 자원봉사대와 지방자치단체 대응 大: 연방에서 지원 해외: 자국조사단 파견, 자국물자 공급	小: 자치단체가 대응하면서 구원 요청 대: 대규모 재해 시 총리 주재 비상재해대책본부 혹은 긴급재해대책본부 설치 해외: 자국공관과 동포활동	小: 해당 자치단체의 재난관리과가 대응 大: 중앙사고대책 본부를 설치하여 소방방재청이 대응 해외: 자국공관 활용

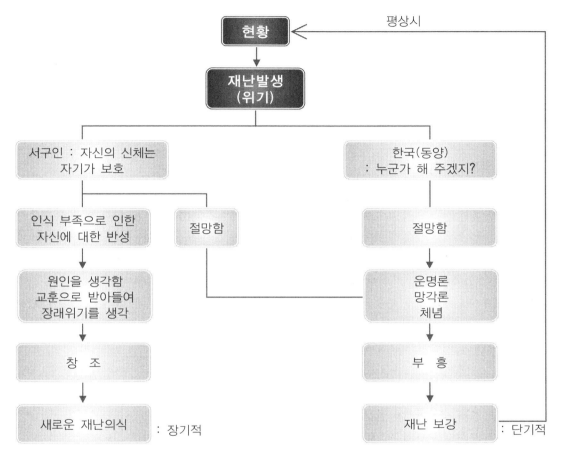

[그림 3-1] 재난의 국제 인식비교

재난에 대한 국제 인식은 다음과 같다.

1) 단체의식: 누군가 해주겠지
2) 상상력이 부족함: 가스냄새가 날 때 폭발 가능성에 대한 상상력 부족
3) 최후의 상황에 대한(사망 등) 심리적 문제가 크다
4) 열기(빨리 뜨거워지고 빨리 식음): 재난이 발생하면 열심히 관심을 갖지만 시간이 지나가면 금방 잊어버림
5) 모든 일에 곧 체념해 버림

제1절 미 국

1 미국의 재난관리 현황

1) 미국의 국가현황

미국의 정식명칭은 아메리카합중국(United States of America)이다. 본토와 알래스카·하와이로 구성된 연방공화국이다. 남쪽으로 중앙아메리카의 꼭지를 이루는 멕시코와 국경을 마주하고, 북쪽으로 캐나다와 접해 있다. 서쪽으로 태평양, 동쪽으로 대서양에 접해 있고 남동쪽으로는 카리브 해(海)가 있다. 북아메리카 대륙의 온대 주요부를 차지하며, 50개주(state)와 1개 수도구(district: 컬럼비아구. 약칭 D.C) 외에 해외속령(海外屬領)으로 푸에르토리코·사모아 제도(諸島)·웨이크 섬·괌 섬과 UN(United Nations: 국제연합)의 신탁통치령인 캐롤라인 제도 등을 보유한다.

- 정치체계: 연방제
- 인구: 약 3억 382만 명(2008)
- 면적: 9,629천㎢(인구밀도: 31인/㎢)
- 국민총생산액: 102,070억 달러(세계 1위)
- 1인당 GDP: 4만 5845달러(2007)
- 일인당 국민소득(GNP): 35,400달러(세계 6위)

2) 미국의 재난관리 법·제도 연혁

미국은 자연재해나 인위적 재해를 본바탕으로 1803년 포츠머스, 뉴햄프셔에서 발생한 대화재 이후 의회에서 처음으로 연방정부가 주정부와 지방정부를 지원하도록 하는 법안을 통과시켜, 이 법안을 보통 최초의 재난관련법으로 간주하면서 민방위적 재난관리 체계를 마련하였다.

1950년에는 연방재난법령(The Federal Disaster Act)이 제정하면서 행정이 본격적으로 재난을 관리하였고 이는 최초의 재난관리 지원법령으로 간주하고 있다. 그러나 이 법령의 통과된 이후에도 재난관리의 운영형태는 여전히 1950년 이전의 행태를 답습하고 비

일관성과 하급정부관리의 불만이 노출되었다. 따라서 1974년 새로운 「재난구호법(The Disaster Relief Act of 1974)」이 통과되었는데, 이 법령은 미국에서 가장 최초의 종합적인 재난관련 법령으로 연방정부와 주정부의 재난계획·경보시스템의 중앙정부지원을 명문화하였으며, 중앙재난지원부(The Federal Disaster Assistance Administration)의 설립을 입안하였다. 중앙재난지원부는 오늘날의 연방위기관리청(FEMA)의 전신이다.[23]

그 후 1979년 이전의 민방위와 자연재해나 인위재해의 관련 기관이 독자적으로 운영되어오거나 재난·재해가 발생하고 나서 필요에 따라 그때그때 정책이나 법안을 만들어져 오다가 1979년 카터 대통령 당시 분산된 권한과 인원을 모아서 연방재난관리청(FEMA)을 창설 하였는데 이는 일부 학자들과 재난·재해관련기관들에 의해 종종 제기되었던 '총체적 비상관리(Comprehensive Emergency Management, CEM)' 개념의 시작으로 전체적이고 적극적이던 재난·재해관리방식으로 바뀌면서 재난·재해관리의 새로운 이정표를 마련하였다.

- 1803년 「의회법(The Congressional Act of 1803)」
- 1917년 미시시피 강과 새크라멘토 강의 홍수통제를 위한 법
- 1923년 「홍수통제법(Flood Control Act)」의 제정
- 1932년 복구재정공사(Reconstruction Finance Corporation) 설립
- 1934년 도로국(Bureau of Public Roads) 재해복구재정기능 강화
- 1936년 「홍수통제법(Flood Control Act)」의 제정
- 연방정부 재해지원국(Federal Disaster Assistance Administration) 설립
- 1965년 「남동부지역 허리케인 재해구호법(Southeast Hurricane Disaster Relief Act)」 제정
- 1968년 「국가 홍수보험법(National Flood Insurance Act)」 제정
- 1974년 「재해구호법(Disaster Relief Act)」 제정
- 1975년 자연재해위험정보 및 사례분석센터(Natural Hazards Information and Applications Center) 설립
- 1977년 「지진위험도 감소법(Earthquake Hazards Reduction Act)」 제정
- 1978년 「민간서비스개정법(Civil Service Reform Act)」제정
- 1979년 연방재난관리청(Federal Emergency Management Agency) 설립
- 1988년 Robert T. Stafford 재해구호 및 긴급지원법(Disaster Relief and Emergency Assistance Act)과 연방정부 44조례(Title 44 of the Code of Federal Regulations, Part 206) 제정(2000년 10월 30일, Disaster Mitigation Act로 개명)

---

23) 김경선, 2007, p.61.

- 1993년 위험저감 및 이주지원법(Volkmer Hazard   Mitigation and Relocation Assistance Act)
- 2003년 1월 국토안보부(Department of Homeland Security) 설립

3) 미국의 재난관리체계

미국은 민방위적 재난관리 체계가 마련되면서 그 후 1979년 이전의 민방위와 자연재해나 인위재해의 관련 기관이 독자적으로 운영해오거나 재난·재해가 발생하면 필요에 따라 그때그때 정책이나 법안을 만들어 오다가 1979년 카터 대통령 당시 분산된 권한과 인원을 모아서 연방재난관리청(FEMA)을 창설하게 되었는데 이는 일부학자들과 재난·재해관련기관들에 의해 종종 제기되었던 '총체적 비상관리(Comprehensive Emergency Management, CEM)'개념의 시작으로 전체적이고 적극적이던 재난·재해관리방식으로 바뀌면서 재난·재해관리의 새로운 이정표를 마련하였다.

미국의 기술적·인위적인 재난 예방을 위한 안전규제 등의 행정은 미국원자력규제위원회(United States Nuclear Regulatory Commission, USNRC), 연방방사능 대비협력위원회(Federal Radiological Preparedness Coordinating Committee, FRPCC) 등과 같은 각 위험 분야별로 독립적인 정부기관에 의해 집행된다. 그리고 연방비상관리청(Federal Emergency Management Agency, FEMA)을 두어 국가 태풍 대비 프로그램, 침수 위험지구 관리 프로그램, 관련 기관들과의 재난·재해 대비 훈련 프로그램 등 인위재난 및 자연재해 발생 시의 피해를 최소화하기 위한 프로그램을 개발하고 이에 따라 각 지역별로 필요한 활동을 수행하고 있으며 해외 자국민을 위한 상설기구로 미국무성 산하에 OCS(해외시민실)을 두어 사망, 실종, 재난, 인질, 질병 등에 즉각 대처할 수 있게 하였다.

또한 미국은 매년 수천만 명의 해외 나들이에 가서 6천여 명이 사망하고 이들 중 2천여 명의 시신이 본국으로 송환되는 재난대국이다. 그런 만큼 법제도 잘 정비돼 있다. 미국의 경우 작년 초 국무부 영사국 산하 기존의 시민비상센터를 OCS로 확대개편하고 미국 사람이 해외에서 실정, 재난, 사망, 질병, 금 등 위급한 상태에 처했을 때 즉각 대처할 수 있도록 했다. 개편된 OCS는 시민지원과 위기관리(ACS), 아동문제(CI), 정책평가 및 연락사무소(PRI) 등 3개 부서로 조직돼 있다. 국가별 정변 또는 재난 등을 체크해 '여행경고'와 '영사정보철'을 상시 발행한다. 미국 사람이 해외에서 각종 사고 등으로 사망하면 가족에게 연락하고 해당국의 장례절차, 비용 등에 관한 정보를 제공해 주며 본국 송환절차도 안내한다.

또한 최근 들어 TWA기 공중폭발사고 등 항공기사고가 빈발하자 사고처리 지원하는 강화된 지침을 발표했다. 지난 2월 백악관 항공안전위원회가 대통령에게 올린 최종 보

고서는 연방교통안전위원회(NTSB)의 역할을 한층 강화하는 내용을 골자로 하고 있다.

미 정부는 국제항공사고를 당한 희생자 가족을 위해 바르샤바협약에 의한 보상비를 현행 7만 5,000달러에서 14만 3,000달러로 인상했으며 중앙, 지방정부, 관련기관들이 쉽게 대응하도록 재난 시의 예산지급 규정을 대폭 완화했다. 이외에 사고를 경험한 당사자 또는 가족들을 위한 후유증 치료와 컨설팅 등 특별지원 프로그램도 다양하게 만들었다.

한편 FEMA를 중심으로 국내·외 자연재해 및 인위재난, 전쟁으로 인한 피해 등 모든 종류의 재난·재해에 대해 연방정부 차원에서의 신속한 대응하도록 하고 있다. 이는 연방정부부처와 적십자사로 구성된 비상구호기능대표단(Emergency Support Function Leaders Group, ESFLG)과 상호 협조 하에 이루어진다.

그러나 기본적으로 재난·재해에 대한 실질적인 대응활동은 피해발생지역 즉 속지주의 원칙에 의한 그 나라 정부에 의해서 이루어진다.

해외의 재난·재해가 광범위하고 심각하여 발생지역 정부의 대응능력에 한계가 있을 때 미 정부가 다양한 조직과 인력, 장비 등을 지원하고 이들을 조정한다.

① 연방정부의 정책과 조직

가. 국토안보부(Department of Homeland Security)

미국의 국토안보부는 2001년 9월 11일 발생한 미국대폭발테러사건 이후 미국 행정부 내의 각 부처에 분산된 대테러기능을 통합할 목적으로 추진하기 시작하여, 2002년 11월 19일 500쪽에 달하는 신설법안이 의회에서 통과됨으로써 창설되었다. 1947년 전쟁부와 해군부를 통합해 국방부를 창설한 이후 가장 큰 규모의 정부조직 개편으로, 기존의 22개 정부 조직에서 17만 명을 흡수하였다.

또한 국토안보부는 미국의 국경 경비, 재난대비 활동, 화생방 공격대비 활동, 정보 분석 등의 업무를 관할하며, 세관, 이민귀환국, 국경순찰대, 비밀경찰국, 연방비상계획처 등 기존의 조직을 흡수하였다. 그 밖의 교통안전부와 국토안보연구센터, 사이버 보안전략 총괄기관 등 새로 창설하는 기관도 산하기관에 포함하는 등 미국 행정부 내에서 규모가 가장 크다.

예산은 약 400억 달러로 추산되며, 기존의 연방수사국(FBI)과 중앙정보국(CIA)은 흡수에서 제외되었다. 가장 중요한 업무는 미국에 대한 테러공격을 예방하고 모든 종류의 위협과 위험으로부터 국가를 보호하고 신속한 대응체계의 확립, 미국을 안전하게 하기 위한 국가적 노력의 통합을 주도, 그리고 국민보호이며, 수장인 장관은 미국 안의 모든 테러 위협과 관련된 정보에 대한 접근권, 비자발급 및 거부권한을 갖는다. 그러나 국토안보부 신설법안에는 인권침해와 관련된 조항들이 많이 포함되어 있어 기본권을 위협한다는 국내·외의 비난도 받고 있다.

미국 국토안보부의 조직구성은 예전의 23개 연방기관을 통합하여 조직의 불합리한 구조와 업무내용을 보완하고 있으며 현재도 조직의 변형을 진행 중에 있다. 현재 주요부서는 다음과 같다.

① 대비국: 위협을 밝혀내기 위하여 주와 지방 및 민간부문과 협력, 국경, 항만, 고속도로 및 중요 정보시스템을 안전하게 보호하기 위한 목표자원 결정

② 과학기술국: 국토보호를 위한 기술제공, 연구개발

③ 관리국: 예산·기금, 회계·재정, 인력, 정보기술, 시설·장비 관리, 성과측정의 확인과 추적

④ 정보분석국: 정보·첩보를 이용한 현재와 미래의 위협을 평가

⑤ 운영조정국: 미국의 안보감시, DHS 내의 활동들을 조정 및 전국 50개 주와 주요 도시지역 내에서의 주지사, 국토안보고문, 법집행제휴기관, 사회기반시설 운영자들과의 활동을 조정

⑥ 정책국: 주요 정책의 체계화 및 장기계획의 개발 조정

⑦ 국내핵탐지국: 국내 핵탐지노력 및 핵위협에 대한 대응을 조정

나. 연방재난관리청(Federal Emergency Management Agency)

Federal Emergency Management Agency란 위기관리에 관한 선도적인 역할을 하는 미국의 연방기관으로 국가적인 재해 운영 전략, 조절정책, 그리고 각종 프로그램과 훈련모델을 제공하는 대통령직속기관이다. 미국의 안전관리조직은 크게 중앙연방정부의 조직과 지방 주정부의 조직으로 양분되어 각자의 역할과 임무를 명확히 구분하고 있다.

1961년 국방성 산하에 민방위청 설치를 시작으로 1979년 카터 대통령 당시, 직속기관인 연방재난관리청으로 독립하였다. 1981년 레이건 대통령이 비상동원준비위원회(emergency mobilization preparedness board)를 설치하였으며 주요 재난에 대비하기 위한 동원능력을 갖춘 연방재난관리청의 전체 인력은 약 2,700명이며, 현재 예산은 10억 달러 이상의 수준이다.

연방재난관리청은 전국에 10개 지방청을 두어 50개 주를 10개 광역권으로 묶어 효과적으로 통제하고 있는데 바로 보스턴, 뉴욕, 필라델피아, 애틀랜타, 시카고, 덴턴, 캔자스시티, 덴버, 오클랜드, 그리고 시애틀에 10개 권역 지방청이 위치하고 있다.

[그림 3-2] 연방재난관리청(FEMA)의 행정구역

　FEMA의 임무와 기능은 행정의 연속성을 확보하기 위한 계획과 국가적 위기가 발생하였을 때의 자원 동원을 총괄하고 광범위한 재해계획, 재해대비, 피해경감, 복구활동 시 주정부와 지방행정기관을 지원한다.

　대통령이 대규모 재해(major disaster) 또는 비상사태(emergency)를 선포할 때 연방정부의 지원을 총괄하는데, 대규모 재해지역의 선포는 유사시 주지사의 요청이 있은 후 심사를 거쳐 파견관(federal coordinating officer)이 대통령을 대신해 주지사와 함께 대책을 수립한다.

　중앙과 지방과의 역할분담이 확실한데 안전사고나 재해 발생 시 일차적으로 지방정부가 사고수습 및 구조구난의 모든 책임을 지고, 앞서 언급하였듯이 재해규모가 클 때 주정부는 연방정부에 지원을 요청하게 되는데, 주지사가 FEMA에 재해내용을 통보하여 대통령이 지원 여부를 결정한다. 「재해구조 및 긴급지원법」은 대통령이 '비상사태(emergency)'와 '대규모 재해(major disaster)'의 2가지 비상선언을 할 수 있도록 규정하고 있다. 시정부 또는 주정부 차원에서 폭동 등의 위협으로부터 공공안전을 유지할 수 없을 정도의 상황을 '비상사태'라고 하고, 지방정부의 재정능력이나 인력으로 대응할 수 없어 연방정부의 도움이 필요할 정도의 대형 재난을 '대규모 재해'라고 한다.

　FEMA는 국가지진재해경감사업(National Earthquake Hazards Reduction Program)을 관할하고, 전국비상식량 및 대피기구(Emergency Food and Shelter National Board)의 의장기구 역할을 담당하며 기상재해와 가정안정을 위한 지역사회의 의식개혁사업을 추진하고 있다.

또한 재해에 대한 연방정부, 주정부, 지방행정부 공무원들의 전문적인 능력을 향상시키기 위한 훈련, 교육, 실습 등을 담당하고 국가홍수보험사업(National Flood Insurance Program)의 홍수위험도 평가와 보험료 산정, 홍수피해 경감효과 분석 등을 연구하며, 홍수지도작성은 지침을 제공하고 실제적인 작성은 민간에 위탁하여 실시하고 있다.

관련 교육 및 훈련기관을 살펴보면 교육기관은 국립비상훈련센터(National Emergency Training Center, NETC)와 국립허리케인센터(National Hurricane Center, NHC)가 있고, 국립비상훈련 센터는 비상관리연구소와 국립화재학교로 구성된다. 비상관리연구소(EMI,

[그림 3-3] FEMA 조직도

Emergency Management Institute)는 재난 및 비상사태의 예방과 대비, 방재와 복구 능력 향상을 위한 구조적·비구조적 기법개발과 전문 인력 양성을 위한 교육을 담당하고, 국립허리케인센터에서는 허리케인 발생 시의 각종 자료를 통해 예상되는 피해정도와 이에 대비한 각종 정보를 주, 시, 군(county)에 제공한다.

연방재난관리청의 주요업무는 다음과 같다.
① 연방정부, 주정부, 지방정부, 자원봉사기관, 사기업체 등과 재난관리 협력강화
② 모든 재난에 대비하고 종합적인 국가재난관리체계 구축
③ 사전경감(mitigation)을 국가재해관리체계의 근간으로 함
④ 신속하고 효과적인 대응 및 복구체계의 구축
⑤ 주정부 및 지방정부의 재난관리능력 강화

다. 국가재난대응계획 NRP(National Response Plan)

국가재난대응계획인 NRP는 자연 재해뿐만 아니라 테러리스트의 공격 등을 방어하기 위한 통일되고 유기적인 협력체계를 갖춘 대응계획이 필요하여 만들어졌다.

NRP는 각 연방 행정부처의 구조·업무처리과정·관련규정 등을 국내 사건의 대응·복구에 적합하도록 되어 있고, 사건관리에서 최대 중점을 두어야 하는 첫째 사항은 인명구조 및 공공·민간 응급대원들의 안전보호이며 이외 국토안보, 테러를 포함한 긴박한 위험상황의 발생방지, 주요 국가 인프라 및 자원보호, 국가적 혼란 상황에서의 각종 범죄 수사를 위한 법집행 활동, 개인·가족·기업·정부기관 및 환경에 대한 복구·구조작업 실시 등이 있다.

NRP는 국가적으로 중요사건 발생 시 필요한 기획·지원·자원배분·복구프로그램 실행·긴급서비스 등을 제공하기 위해 연방 행정부처의 역량을 기능적으로 조직화하는 긴급지원기능(ESF, Emergency Support Function) 체계를 구축했다.

- 재난 및 응급상황에서 재원을 동원하고 조정하는 기본틀 제공
- 대규모 재난 발생 시 연방정부 부처별 행동양식 명기

〈표 3-3〉 국가재난대응계획 NRP

구 분	주무부처 (Primary Agency)	주요내용
ESF #1. 수송(Transportation)	Dept of Transportation	- 연방정부·민간교통지원 - 교통안전 - 교통 인프라의 복구 - 교통시설 피해 평가

구 분	주무부처 (Primary Agency)	주요내용
ESF #2. 통신 (Telecommunications)	Dept of Homeland Security	– 통신회사들과 협력 – 통신 인프라의 복구 – 국가 사이버·정보기술 자원의 보호·복구·유지
ESF #3. 토목·엔지니어링 (Public Works & Engineering)	Dept of Defense U.S. Army Corps of Engineers	– 인프라 보호 및 비상복구 – 인프라 피해복구 – 건설 관련 장비, 인력운영 – 주요 인프라 간 연락업무
ESF #4. 소방(Firefighting)	Dept of Agriculture Forest Service	– 연방청사 지역에 대한 소방 활동 – 도시 및 교외 지역의 각종 소방 활동 지원
ESF #5. 비상관리 (Emergency Management)	Dept of Homeland Security	– 각 부처의 사건관리 활동조정 – 각 부처별 임무 할당 – 장비, 인력운영 – 사건 대응계획 수립 – 복구예산 운영
ESF #6. 대중보호 (Mass Care)	Dept of Homeland Security American Red Cross	– 대규모 환자 의류지원 – 임시거주지 공급 – 기초생활용품 제공
ESF #7. 자원 지원 (Resource Support)	General Services Administration	각종 설비용 부지 제공, 사무용품 지급, 구매계약
ESF #8. 건강·의료서비스 (Public Health & Medical Services)	Dept of Health & Human Services	– 보건 – 의료지원 – 정신과 진료 제공 – 장의사 서비스 제공
ESF #9. 도시수색·구조 (Urban Search and Rescue)	Dept of Homeland Security	– 인명구조 지원 – 도심지역 피해자 수색 및 구조작업 실시
ESF #10. 원유 및 위험광물 대응 (Oil & Hazardous Materials Response)	Environmental Protection Agency Dept of Homeland Security	– 원유 및 화생방 유해물질 유출 대응 – 환경 안전 및 장·단기 환경정화 업무 실시
ESF #11. 식량 (Food&Agriculture)	Dept of Agriculture Food and Drug Administration	– 동식물 피해복구 지원 – 식품안전 – 각종 문화재 보호 및 피해복구
ESF #12. 에너지 (Energy)	Dept of Energy	– 에너지 인프라 점검 및 수리·보수 – 에너지 사업 간 조정역할수행 – 에너지 관련 전망

구 분	주무부처 (Primary Agency)	주요내용
ESF #13. 공공안전 및 보안 (Public Safety and Security)	TBD	- 시설 및 자원보호 - 안전계획 및 기술·자원 지원 - 교통 및 군중관리
ESF #14. 경제안정 (Economic Stabilization, Community Recovery, & Mitigation)	Dept of Commerce Dept of Homeland Security Dept of Housing and Urban Development Dept of Treasury Small Business Administration	- 지역의 사회·경제적 파급영향 평가 - 장기적 차원의 주·지방정부 및 민간영역 복구 지원 - 복구활동 평가 및 복구프로그램
ESF #15. 긴급공공정보 (Emergency Public Information & Extended Communications)	Department of Homeland Security	- 대국민 안전수칙 가이드 제공 - 언론매체 및 지역사회 내 홍보활동 - 의회 및 국제사회와의 관계 구축 - 자치구·도서지방 관계

- 재난유형별 책임기관을 지정하고 재난보조역할 제시
- 재원을 빠르고 효율적으로 분배하기 위한 과정 명기
- 재난상황 발생 시 NRP에서 ESF를 운영

② 주정부의 재난관리

미국 주정부의 재난대비국(State Emergency Office)은 주에 따라 5가지 조직 형태로 나뉜다. 즉 주 최고사령관 소속의 국 또는 과, 주지사 직속의 독립기관, 민간부서, 주 경찰 소속, 주 재난대비위원회 직속 등으로 되어 있다. 주의 비상사태 발생 시나 재난 발생에 관한 업무책임은 주지사가 지며 주 재난대비국에서 행정업무를 관할한다. 50개 주에서는 각각 재난관리기관을 지정하여 대응하고 있는데 주에 따라 상이한 기관명을 사용하고 있다.24)

위기관리 면에서 볼 때 전통적으로 지방정부는 계획과 대응에 치중해 왔으며, 중앙정부는 완화와 복구단계에 관여해 왔다. 그리고 주정부는 이들 사이에서 연결고리 역할을 수행해 왔다.

그리고 주정부는 위기관리에 필요한 수요를 산정하고 지방정부의 수용능력을 감안하여 연방정부와 주정부의 지원요청에 관한 것을 지방정부에 원활하고 즉각적으로 대처·공급하는 역할을 수행하며 이러한 역할은 기술적 지원 및 훈련·재난구조 활동상 모든

---

24) 백우철, 2009, p.35.

지원활동 등을 포함한다. 이에 따라 주정부는 EMO(Emergency Management Office)를 설치하여 운영하고 있다.[25]

이러한 EMO의 역할은 주마다 다를 수 있지만 뉴욕 주를 예로 들면, 모든 재난을 시민들이 활동적으로 참여할 수 있도록 장려하고 있는 시민 단체 프로그램을 운영하고 있으며, 주의 위기 시에 사용할 수 있는 위기 의사소통 위원회의 공동의장으로서 위기 경고시스템을 계획·감독하는 역할을 수행하고 있다. 또한 24시간 경계와 경고시스템을 운영하고 있으며, FEMA로부터 연 간 수백만 달러를 지원받아서 각 지방으로 분해하고 관리하는 위기관리 역할을 수행하고 있다. EMO는 공공의 복지와 안전을 위한 정보를 일반 대중에게 제공하는 역할 역시 수행하고 있다. 그리고 카운티와 지방정부의 위기운영을 지원하기 위해 모든 활동을 통합시키는 역할을 수행하고 있다.

그리고 주지사는 관할 주의 재난대책을 총괄하며, 재난 발생 시 재난관리기관과 협의하여 주정부 차원의 피해평가, 재난지역선포 및 FEMA에 지원을 요청한다. 주의회는 재난피해 저감을 위한 주법을 제정, 복구 등에 필요한 예산을 확정·지원하며, 주정부는 응급운영계획과 상황실(Emergency Operations Center, EOC)를 구축, 현장업무의 조정과 지방정부, 연방정부를 연결하는 역할을 한다.

주정부는 재난에 효과적으로 대응하기 위한 지방정부의 지원요청에 즉각적으로 대처하기 위해 각각의 주정부에 EOC를 설치하여 운영하고 있다.

주정부 EOC의 조직도와 부서별 역할은 [그림 3-4]와 같다.

[그림 3-4] 주정부 EOC의 조직도

---

25) 이종민, 2008, p.66.

EOC Director은 사고에 대응하고 지방정부를 지원하기 위해 형성된 많은 조직기구 및 정책 그리고 민간조직들을 통합하고 조정하는 역할을 한다.

공공정보분과는 사고에 대한 공공정보프로그램 관리, 참여한 조직기구들 사이에서 공공의 정보 및 직무 활동을 조정한다.

연락담당관은 사고 대응을 위해 주, 연방 그리고 대표적인 조직기구들에서 참여하는 인원을 점검 및 조정하는 역할을 한다.

안전담당관은 사고대응 환경의 안전, General Staff와 함께 일하는 사람들의 스트레스와 위험을 최소화하기 위한 역할을 담당한다.

경비담당관은 EOC 시설의 출입통제를 담당하며, 권한을 부여받은 직원들만 출입할 수 있도록 한다. 이를 위해 General Staff와 함께 근무교대 명부, VIP 및 다른 방문객 목록들을 업데이트한다.

운영조직은 EOC의 다양한 분과들의 활동 및 임무를 조정하는 역할을 담당한다.

계획 및 정보조직은 사고에 대한 정보를 수집·분석·평가·배포하며, EOC의 활동 계획 및 다른 기능들을 조정한다. 그리고 사고 상황 보고서를 주지사에게 요약하여 설명한다.

병참부서는 시설, 서비스, 인력, 장비 등을 적절하게 제공하면서 지방 EOC에서 요구를 수용하면서 지방과 주의 병참활동을 지원하는 역할을 담당한다.

재무 및 행정부서는 지방 EOC에서 요구하는 사항들에 대한 비용 계산 및 다른 재정적인 활동 그리고 다른 부서에 하지 않는 행정적인 일들을 담당하는 역할을 한다.

③ 지방정부의 재난관리

미국에서 재난대책의 핵심은 바로 지방정부이다. 공공안전의 1차 책임을 지고 재난대응의 최고일선에서 역할을 담당한다. 여기서 지방정부 유형은 County, City, Villate, Town, District로 나뉜다. 이들은 미국의 재난대응의 핵심이며, 재난관리계획(Emergency Operation Plan)을 작성하고 시행 그리고 유지하여야 한다.

지방정부는 명칭에 차이는 있어도 상설 재난담당 조직인 위기관리국(Emergency Manegement Agency, EMA)을 설치하여 재난관련 업무를 수행하고 있다. 또한 각 지방정부는 재난 발생 시 상황실 기능을 하는 비상운영센터(EOC)를 운영하며 자체 현장지휘체계(Incident Command System, ICS)를 갖추어 구조 활동에 참여하는 다양한 조직과 구성원을 통합 지휘하고 관련 조직 간의 주도권 다툼이나 월권행위를 방지하며 구조팀의 임무와 운영 원칙을 명확히 하여 인적 자원의 효율적인 배치를 통한 구조 활동의 효과를 높인다.[26]

---

26) 이종민, 2008, p.66.

　　지방정부는 재난 발생 시 OEM(Office of Emergency Management)이 제공하는 정보를 바탕으로 재난사태를 선포하고, 동시에 위기관리센터인 EOC가 재난에 대한 대응 업무에 착수할 수 있도록 허가하고 EOC는 지방정부의 여러 조직기구를 조정 및 관리, 사고대응을 위한 우선순위 확립, 적절한 대응수단 배치, 대응전략 발전, 정보공유, 의사소통 촉진 등의 주요 기능들을 수행한다. 또한 그 외에도 지방정부에서는 재난관리를 위한 재원동원, 주민대피, 재해특별 예비비 승인 등의 업무를 행하며, 경찰, 소방, 응급의료, 기타 공공기관 등 유관기관의 협조를 요청한다. 그리고 주민교육 및 홍보(재난대비책자 등 Contents, 훈련제공)활동, 개인 및 가족의 재난대책, 이웃과 연계, 화재진압, 응급구조, 간단한 수색요령, 피해평가법, 재난 스트레스 상담 등을 한다.

　　그리고 지방 비상계획위원회(Local Emergency Planning Committee)는 재난관련 담당자와 시민들로 구성되며, 지방정부의 방재계획 수립, 조언, 협력 등의 역할을 한다.

　　지방 EOC의 조직도 및 사고현장과의 협력체계는 [그림 3-5]와 같다.

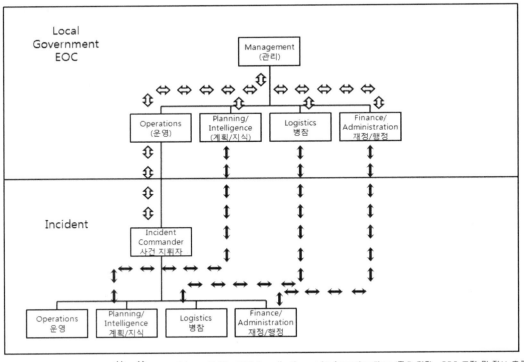

[그림 3-5] 지방정부의 EOC와 사고 현장과의 협력체계

EOC의 운영조직은 관리자, 운영부서, 계획 및 지식부서, 병참부서, 재정 및 행정부서로 이루어져 있다. 각각의 역할을 살펴보면 다음과 같다.

- 관리자는 사건에 대한 전체적인 정책 및 관리를 책임진다. 관리자를 보좌하는 직책은 주로 Coordinator, 정보담당관, 안전담당관, 연락담당관으로 구성되어 있다.
- 운영부서는 사고 관할구역의 운영조정에 책임을 지고 있으며, 지방정부의 사고대응계획을 원활하게 수행하기 위한 대응수단을 지원한다.
- 계획 및 지식부서는 사고에 대한 정보를 수집·분석·평가·배포하는 역할을 담당하고 있으며, 전체적인 문서작업을 담당한다.
- 병참부서는 사고현장에서 대응에 필요한 시설, 서비스, 인력, 장비 등의 물질적인 공급물품들을 제공하는 역할을 담당한다.
- 재정 및 행정부서는 사고에 대응하는 데 필요한 재정적인 활동 및 행정적인 측면을 책임지는 역할을 담당한다.

④ 각 정부 간의 관계(Federal, State, Local)

국가적으로 중요한 재난이 발생하면 지방정부나 주정부는 재난에 대한 피해를 최소화하기 위해 EOC를 운영하여 현장에서 초기대응을 실시한다. 그리고 지방이나 주에서는 자체적으로 복구할 능력이 넘는 재난이 발생할 경우, 1차 피해평가를 한 후 연방정부에 지원을 요청한다. 미국은 상부로부터 하부로 명령하달체계가 아닌 고유권한체계로서, FEMA는 주·지방정부의 요청이 있을 경우 협력과 조정을 통한 지원업무를 담당하며, FEMA는 주정부별로 협정서를 체결·유연한 재난대비체제를 구축한다. 사건을 보고 받은 연방정부는 RRCC나 NRCC를 가동시키며, JFO가 설치되기 전까지 RRCC는 사고지역의 부처 간 자원 조정 및 협력을 할 수 있도록 지원한다. JFO는 사고현장에서 지방과 주 및 NGO 등 민간부문 간 협력의 중심축 역할을 하며, 사건지휘소와 연방정부 내 관련 기구들과 연락체계를 유지한다.

연방정부의 상황본부인 HSOC는 사건 관련 정보공유, 대응활동 계획, 연방자원의 현장배포 등을 HSOC에 구성된 NRCC를 통해 결정한다. 그리고 연방 차원의 부처 간 사건관리 및 대응활동 개발업무는 국토안보부장관에 대한 자문 역할을 수행하는 IIMG(부처 간 사건관리그룹)에 의해 수행한다. 국토안보부장관은 연방 사건관리 활동의 총괄 조정역할을 수행하며, 각 부처의 본부·지부·현장사무소 구조를 활용하여 부처 간 대응노력을 총괄 조정하고, 사건대응을 위한 지휘구조에 적절한 지원을 제공한다.

재난사건의 경우에는 지역 및 국가 차원의 파급영향과 함께 향후 발생할 수 있는 잠재위협과 관련된 예방·보호 평가를 동시에 하며, 사건이 발생하면 우선순위가 예방·준비 등에서 피해지역의 생명, 재산, 환경 보호 및 사회·경제·정치적 체계 유지를 위한 단기적이고 즉각적인 대응활동으로 바뀐다.27)

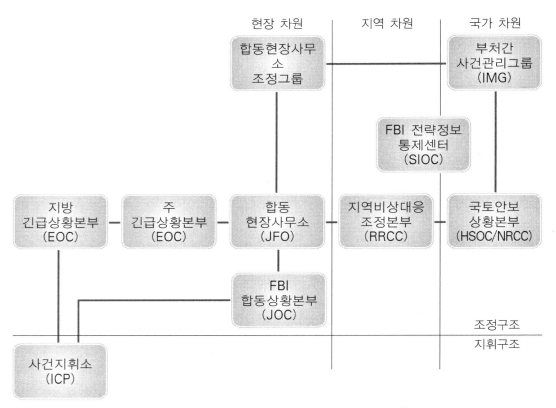

[그림 3-6] NIMS(국가사건관리체계)의 구조16)

⑤ 미국 재난관련 기능별 매뉴얼의 종류

미국에서 작성된 매뉴얼의 종류를 기능별로 분류하여 보면 지휘감독, 의료, 위험물, 피난, 대중구호, 수색 및 구조, 비상재해정보서비스, 안전진단과 응급복구, 금융, 기타 등이다.

미국에는 체크리스트 중심의 매뉴얼이 많아서 지휘감독 분야에서 많은 매뉴얼을 작성하고 있으며, 이 분야는 주로 체크리스트 기술방식으로 작성한다.

그 밖의 재해대응은 혼란을 방지하고 효율적으로 대응하기 위해 훈련 매뉴얼을 많이

---

27) 소방방재청 중앙119구조대, 「생화학테러대응」, 2007, p.50.
28) 소방방재청 중앙119구조대, 「생화학테러대응」, 2007. p.51 재인용.

작성한 것이 특징이다.

미국은 지방정부는 물론 연방정부나 주정부에서도 다양한 분야에서 매뉴얼을 작성하고 있는 것으로 나타나고 있으며, 제시된 것 외에도 수많은 매뉴얼이 있는 것으로 짐작할 수 있다.

그 중에서 많은 부분을 차지하는 것은 지휘감독, 의료서비스, 수색 및 구조분야로 가장 활발히 작성하고 있다. 이외에도 전기, 가스, 통신 등 재난 예방상 중요한 시설이나 이를 담당하는 기관에서 다양한 매뉴얼을 작성하고 있다.

〈표 3-4〉 미국 재난관련 기능별 매뉴얼

분 야	매 뉴 얼
지휘감독 분야 매뉴얼	• 관리자와 정책결정자를 위한 매뉴얼 • 조정자/통제자의 워크숍 매뉴얼 • 시장(Mayor)의 매뉴얼 • 주 비상서비스 운영 매뉴얼 • 운영 매뉴얼-가이드 • 지방정부에 대한 매뉴얼 • 학교 비상운영 매뉴얼 • 기본훈련 매뉴얼 • 비상절차 매뉴얼
의료분야 매뉴얼	• 비상 의약 서비스 매뉴얼 • 재해 관리의 비상의료 계획 • 특수 의료설비에 대한 비상계획 매뉴얼
위험물분야 매뉴얼	• 비상대응자를 위한 위험물 핸드북 • 비상 화학물 관리의 필수 포켓북
피난관련 매뉴얼	• 학생 피난자 훈련 매뉴얼
대중구호관련 매뉴얼	• 비상구호를 위한 매뉴얼
수색 및 구조관련 매뉴얼	• 지방정부용 매뉴얼 입문서-비상대응/구조서비스국 • 비상구조센터의 표준운영절차
비상재해정보서비스관련 매뉴얼	• 비상관리에서 의사결정에 대한 정보시스템 활용
안전진단과 응급피해복구관련 매뉴얼	• 피해평가 시스템 매뉴얼
기타	• 항구에서 지진 가이드라인 • 재해대비 매뉴얼 • 공무원 훈련 매뉴얼 • 직업보호 매뉴얼(Job Aid Manual)

제2절　캐나다

1 캐나다의 국가현황

서쪽으로 미국 알래스카 주(州), 남쪽으로 미국 12개 주에 접하고, 서쪽으로 북태평양, 북쪽으로 북극해, 동쪽으로 대서양·데이비스 해협·배핀만(灣)에 면한다. 러시아에 이어 세계에서 두 번째로 넓은 나라로 북아메리카 대륙 면적의 13분의 1을 차지하지만 사람이 거주할 수 있는 곳은 한정되어 있다. 서경 144°(알래스카 국경선 근처)에서 동쪽으로 배핀 제도(諸島)까지의 북극해상 섬들이 캐나다에 속해 있다.

행정구역은 10개 주(province), 3개 준주(準州: territory)로 이루어진다. 국명은 휴런-이로쿼이(Huron-Iroquois)족의 언어로 '마을', '정착지'를 뜻하는 '카나타(kanata)'에서 생겨났다.

캐나다는 연방제에 바탕을 둔 입헌군주국의 형식을 취하고 있지만 실질적으로는 내각책임제의 연방공화국이다. 英연방의 일원으로 국왕 엘리자베스 2세를 국가원수로 하는 입헌군주제이나, 실제로는 연방수상이 행정적 수반이다.

2008년 인구수는 약 33,143,610명이고 면적은 9,984천㎢(인구밀도: 31인/㎢)이며, 국민총생산액은 약 9,644억 달러이다. 일인당 국민소득(GNP) 수준은 42,414달러로 세계 6위이다.

2 캐나다의 재난 및 안전관리

1) 공안 및 비상대비부(Public Safety and Emergency Preparedness Canada)

① 창설배경

9.11테러 이후 대테러 업무의 중요성 증가와 2003년 캐나다에 큰 피해를 입힌 SARS·대규모정전·태풍·산불 등의 재난에 보다 효율적인 대처가 요구되었으며, 미국의 국토안보부(DHS) 신설에 영향을 받아 그보다 통합범위를 넓혀 창설되었다.

② PSEPC의 구성

2003년 12월 검찰부(Dept. of Solicitor General)를 폐지하면서 부총리 급의 장관으로 하는 공안및비상대비부를 창설하였으며, 장·차관 산하에 4개국을 관할하는 차관보(assistant deputy minister)로 구성되었다.

기존 검찰부 산하기구인 CSIS(보안·안보), RCMP(경찰), CSC(교도) 등과 국방부 산하의 중요기간시설 보호 및 비상대비청(OCIPEP)과 법무부 산하의 국가범죄예방센터(NCPC) 및 보건부의 응급방역기능을 흡수하고 국경관리처(CBSA)를 산하에 신설하여 소방·순찰 기능도 관장한다.

③ 주요임무 및 기능

공공의 안전과 국가안보를 확보(범죄, 재난, 테러 등)하며, 국가안보, 긴급사태, 경찰, 방역, 국경관리, 교정, 범죄예방 등의 분야별 정책지침 개발 및 산하 기관간 정책일관성 유지 업무를 담당한다. 소관사항과 관련 주정부 및 외국정부·국제기구와 협력 및 공공 안전 관련 각 부처 간 정보공유체제 구축 등을 행한다. PSEPC의 조직도는 [그림 3-7] 과 같다.

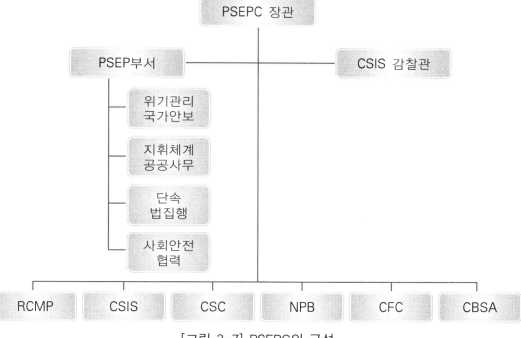

[그림 3-7] PSEPC의 구성

2) 재난관리대학

캐나다의 재난관련 교육은 연방정부의 책임 하에 재난관리대학(CEMC)이 담당하고 있다. 재난관리대학은 연방정부의 재난관리 교육기관으로 오타와(Ottawa) 시 연방교육센터(Federal Study Center)에 위치하고 있다.

재난관리대학의 주요 기능은 첫째, 재난정보의 수집, 정책개발, 그리고 재난관련 재원과 지식의 공유를 통한 재난관리지식의 발전, 둘째, 지역과 지방 재난관리 프로그램의 훈련능력 배양을 위한 긴밀한 협조, 셋째, 연방공무원들을 위한 다양한 분야의 재난관리 훈련 공급, 넷째, 지역사회의 재난관리 능력 배양과 파트너십 체결을 통한 캐나다 재난관리 교육의 개발 촉진 등이다.

재난관리대학은 다음과 같은 3가지 훈련프로그램을 운영하고 있다.

첫째, 고위 재난관리요원과 최초대응요원들에게 재난 전문훈련을 실시하는 '재난관리 훈련프로그램(Emergency Management Training Program, EMTP)'이다. 재난지휘소 또는 재난지휘센터에서 근무하는 재난관리요원, 그리고 훈련전문가들에게 교육을 하고 있는 프로그램으로 이들에게 재난지휘센터의 설치와 운영 그리고 재난현장관리의 전문훈련을 제공하는 것을 목적으로 하고 있다.

교육방법은 실내강의와 CD ROM을 통해 기초 재난관리 훈련을 제공하고, 재난지휘센터(EOC)를 설치하고 운영하는 것에 대하여 현장과 원격에서 훈련을 하고 있다. 또한 재난현장관리의 훈련도 현장에서와 원격으로 훈련을 시행하고 있다.

둘째, 연방재난관리능력의 배양과 연방재난관리영역을 확장하고 강화할 목적의 '연방 재난관리학습프로그램(Federal Emergency management Learning Program, FEMLP)'이다. 연방재난관리능력의 배양과 연방재난관리영역의 확장 및 강화에 목적을 둔 교육프로그램으로 현장에서 국가기반시설에 대한 위험을 인지하고 연방기본재난을 관리하며, 재난통신과 연방지휘센터 운영에 관한 교육을 하고 있다. 또한 재난관리이슈 및 고위관료용 사안에 관한 내용을 교육하고 있다. 이 교육프로그램의 교육대상은 주로 재난관리와 연관된 연방 공무원들이다.

셋째, 핵 및 화생방 초기 대응자와 수혜자를 위한 전문훈련인 '초기 대응자 프로그램(First Responder Training Program, FRTP)'이다. 이는 현존하고 신뢰성 있는 CBRN 대응계획을 수립하고, CBRN 공격에 대한 인지능력을 배양하며, CBRN 대응능력 및 신뢰를 배양하는 데 목적이 있다.

지금까지 살펴본 바와 같이 캐나다 재난관리 교육은 몇 가지 특징이 있다는 것을 알 수 있다.

첫째, 교육 참여는 의무사항이 아니고 권장사항이다. 교육에 참여하는 사람들은 국가와 사회에 봉사할 수 있는 특별한 능력을 가진 사람으로 인식되는 문화가 정착되어 있다는 점이다.

둘째, 재난관리 교육은 공무원뿐만 아니라 민간인도 희망할 수 있고 사이버교육을 통해 교육기회가 열려 있다는 점이다.

셋째, 재난관리 교육에 따른 고가의 교육장비 구입비용 문제로 재난관리대학에서 교육을 전담하고 있다는 점이다. 특히 재난관리 유관분야 각 부서가 공동으로 교육 프로그램을 개발하고 이를 팀 훈련으로 실습하고 있기 때문에 사건 현장에서 책임소재가 분명하게 가려질 수 있도록 배려하고 있다는 점이다.

넷째, 중급과 고급과정의 경우 재난관리 현장 대응 능력을 제고시키는 데 교육의 중점을 두고 있기 때문에 교육의 실효성이 제고되고 사건 처리 매뉴얼의 수정보완이 용이하다는 점이다.

전반적으로 캐나다의 재난관리 교육은 재난관리대학에서 전문화된 교육프로그램을 운영하고 있으나 일반 국민도 쉽게 접근할 수 있도록 개방된 교육을 실시함으로써 국민적 관심을 유지하고 있다는 것을 알 수 있었다.

3) 캐나다의 비상사태 대응체계

캐나다 비상대응 원칙은 개인별 비상사태 시 취해야 하는 지침을 숙지하며, 개인이 대처할 수 있는 능력이 되지 않을 경우, 정부는 개인에게 필요한 능력과 자원을 단계적으로 제공하고, 지역 비상사태는 지역 대응기구에 의해 처리한다.

모든 주와 준주는 비상사태 대처기구(Emergency Management Organization, EMO)가 존재하여 대규모의 비상사태에 대응하며 지자체나 지역 공동체에 요구되는 지원과 보조를 제공하며, 비상사태는 일차적으로는 병원이나 소방서, 경찰과 지방자치단체와 같은 지역 관청에서 대응한다.

지역관청이 보조가 필요한 경우, 주 혹은 준주의 EMO에 요구하게 되며, EMO는 비상사태가 자신의 수용 범위를 초과할 경우 캐나다 연방정부에 지원을 요청한다.

주 혹은 준주의 EMO를 통해 캐나다 정부에 들어온 요청은 PSEPC를 통해 처리되며, PSEPC는 주와 연계하여 다양한 분야에서 대체자원과 전문가를 지원한다.

PESPC는 GOC(Government Operations Centre)를 통해 비상사태 시에 핵심적인 역할을 수행하고, 두 개의 정부 자금 프로그램, JEPP(the Joint Emergency Pre paredness Program)와 DFAA(Disaster Financial Assistance Arrangements)을 운영한다. 근거 법률은 안전 대비와 비상대비 법률(Safe Guard and Emergency Preparedness Digest)에 근거한다.

또한 캐나다는 CBRN 사고 발생 시 초기 대응자의 대응방법에 관한 교육훈련 프로그램을 다양한 유관부서 및 기관(소방, 경찰, 국방, 원자력 등)들의 협력을 통해 제공하고 있다.

캐나다의 화생방교육 대상자는 연방정부 및 지방정부 공무원과 재난관리종사자, 소방관, 경찰, 응급의료 종사자, 폭발물·법의학·유해물질전문가, 그리고 최초 대응자 및 희망하는 민간인들로 구성되어 있다. 2008년 총 교육인원 5,800명 중 1,300명(22.4%)은 비공무원 훈련생이었다는 점을 감안한다면 CBRN 교육의 개방정도를 알 수 있다.

이 밖에도 관심이 있는 일반 시민들과 외국인에게도 인터넷을 통한 CBRN 기초교육을 받을 수 있도록 배려하고 있으며, 전 국민들의 CBRN 대응능력 함양과 안전. 안보 의식 제고에 관심을 기울이고 있다.

캐나다 재난관리대학의 CBRN 초기 대응자 훈련프로그램의 단계별 교육프로그램 개요는 <표 3-5>에서 보는 바와 같다.

〈표 3-5〉 CBRN 초기대응 훈련 프로그램

단계별 과정	주요 대상	주요 교육내용	교육기간 및 방법
1. 인지과정 (Awareness)	일반시민, 대중교통, 건물근무자, 우편원 등	– CBRN 발견 및 인지 방법 – 현장대피, 위험상황 전파 및 관계 기관 신고 방법 등	인터넷 상 온라인 교육
2. 기초과정 (Basic)	초기 대응자(소방, 경찰, 구급대원 등)	– CBRN 사고유형 식별방법 – 현장 초동조치 및 대응방법	온라인 교육 또는 1일 집합교육

3. 중급과정
(Intermediate)
	전문 대응자	– CBRN 사고현장 수습
		– 인명구조 및 제독조치 등
		*분야별 15명 팀 단위 교육
		  (위험물: 5, 감식: 2, 폭발물:
		  3, 의료: 5)
			8일 집합교육
			(CEMC)

4. 고급과정 (Advanced)	중급과정이수자	– 실습 위주의 고급과정 *분야별 15명 팀 단위 교육	5일 집합교육 (Suffield 시)

① 인지과정(Awareness)

CBRN을 처음 접하는 사람들을 대상으로 실시하는 과정이다. 인지과정은 인터넷을 통하여 사이버 교육(e-learning)으로 실시한다.

인식 트레이닝은 대중 교통기사들, 건물기사들 그리고 우체국 직원들과 같이 대응하는 자가 아닌 CBRN 사건을 최초에 지각할 가능성이 높은 인원들을 위해 고안되었다. 즉 CBRN 위협을 지각하는 방법, 그들을 보호하는 법, 그리고 대응자들에게 경고를 주기 위한 요령을 교육하는 것이다.

② 기초과정(Basic)

재난관리대학에서 실시하고 있으며, 인터넷 교육 및 실제훈련으로 진행된다.

기본 트레이닝은 911 구급대원이나 경찰, 소방관, 그리고 응급 의료서비스원들이 아닌 CBRN 사건에 대한 인식이나 대응이 필요한 사람들을 위해 고안되었다. 그 의의는 이러한 사람들에게 CBRN 위협과 사건의 가능성을 인식하는 방법, 그리고 그들을 보호하고 올바르게 대응하는 법을 제공하기 위함이다.

③ 중급과정(Intermediate)

CBRN 중급훈련과정은 비상관리대학에서 직접 교육을 실시하고 있다. 이 코스는 사람이 CBRN 상황에서 개입이 요구되는 경우에 대비한 것이다. 전체 사이트의 조정 및 관리와 CBRN 사건의 인식, 보호 장비, 탐지 장비, 비상, 오염, 의료 대응 등의 주제가 포함된다. 훈련은 7.5일로 진행되며, 실제로 발생한 CBRN 사건의 실태 및 대응방안을 고려한 교육으로 진행하고 있다.

피교육자팀(팀당 최대 15명)은 다음과 같은 비율로 적절한 명수를 정하고 있다.

교육내용은 누가 신속하게 초기대응을 하고 사고를 무력화하며, 생명을 구하기 위해 전문적인 조치를 취할 것인지에 대한 것이다. 교육대상자는 사건에 대한 초기대응을 할 수 있는 능력과 CBRN의 무력화 능력 및 전문 지식과 기술을 제공한다. 이 교육은 생명을 구하기 위하여 직접적인 조치를 취할 수 있는 특정 분야에서 자격을 갖춘 사람들이 교육대상자이다.

교육코스는 일일(당일)코스로 참가자들이 사전에 독해자료를 통해 기본적인 수준의 시험을 통과해야 한다. 또는, 참가자들은 인터넷을 통하여 기본적인 수준의 CBRN 자격

〈표 3-6〉 CBRN 중급훈련과정 피교육자팀 구성

직업	인원수	자격조건
유해물질 관련 기술자	5명	NFPA 472 방역 기술자 또는 그 이상의 기술을 보유한 사람
법의학 전문가, 기술자	각 1명	3년 이상의 법의학 전문가로서 경력을 보유하거나 고용된 전문가, 기술자
폭발물 기술자	3명	캐나다 경찰 대학 폭발물 교육과정을 과정을 이수하고 현재 폭발물 기술자로서 현업에 종사하고 있는 자
응급 의료서비스 기술자	5명	레벨 III 응급 또는 고급 의료 응급 (ACP) - 정맥(4세) 삽관술, 유체 소생술, 근육주사술, 약물 치료뿐 아니라 고급의 기도관련 기술 및 유지 보수기술(예: Combitube 또는 비도, 기도 삽관법)

증을 제시할 수 있다. 등록은 주단위 혹은 지방 비상사태 관리 기관을 통해 조정된다.

교육형식은 교실 훈련과 현장 훈련 및 시나리오를 포함한 7.5일 코스이다. 휴식시간도 교육의 일환으로 훈련시간에 포함된다. 교육 장소는 캐나다의 재난관리대학과 수도권 지역의 다른 훈련 장소에서 실시하고 있다.

④ 고급과정(Advanced)

전문가들을 위한 CBRN에 대한 전문가들의 교육과정이며, 국가방위연구개발센터에서 교육을 실시하고 있다.

이 코스는, CBRN의 중급자 코스에서 받은 교육보다 더욱더 확장된 개념의 교육을 하고 있다. 훈련은 5일 동안에 일어난 일과 실제 CBRN 사건의 반응 요구 사항을 고려하고 있다. 중급자 수준의 코스와 마찬가지로 피교육자팀은 다양한 사람들로 구성된다.

교육장소의 위치는 앨버타 주 suffield시의 국방연구소(DND)에서 실시하고 있다.[29]

지금 까지 살펴본 바와 같이 캐나다 CBRN 교육은 몇 가지 특징이 있다는 것을 알 수 있다.

첫째, 교육 참여는 의무사항이 아니고 권장사항이다. 교육에 참여하는 사람들은 국가와 사회에 봉사할 수 있는 특별한 능력을 가진 사람으로 인식되는 문화가 정착되어 있다는 점이다.

둘째, CBRN 교육은 공무원뿐만 아니라 민간인도 희망할 수 있고 사이버교육을 통해 교육기회가 열려 있다는 점이다. 심지어 인지과정, 기초과정의 경우는 외국인도 교육에 참여할 수 있도록 개방되어 있다는 점이 특이하다.

셋째, CBRN 교육에 따른 고가의 교육장비 구입비용 문제로 재난관리대학에서 교육을 전담하고 있다는 점이다. 특히 CBRN 유관분야 각 부서가 공동으로 교육 프로그램을 개발하고 이를 팀 훈련으로 실습하고 있기 때문에 사건 현장에서 책임소재가 분명하게 가려질 수 있도록 배려하고 있다는 점이다.

넷째, 중급과 고급과정의 경우 CBRN 현장 대응 능력을 제고시키는 데 교육의 중점을 두고 있기 때문에 교육의 실효성이 제고되고 사건 처리 매뉴얼의 수정보완이 용이하다는 점이다.

전반적으로 캐나다의 CBRN 교육은 재난관리대학에서 전문화된 교육프로그램을 운영하고 있으나 일반 국민도 쉽게 접근할 수 있도록 개방된 교육을 실시함으로써 국민적 관심을 유지하고 있다는 것을 알 수 있었다.

---

29) http://www.publicsafety.gc.ca/prg/em/cemc/04pgc_02-eng.aspx#a04

제3절 일 본

　일본은 지질학적으로 태평양 환구 화산대에 위치하여 화산활동과 지진 발생이 빈번하고 대류기단의 영향으로 기후변화가 심하며 집중호우와 태풍의 잦은 내습으로 지리적으로나 기상적으로 자연재해에 취약한 형편이다.

　더욱이 우리와 같은 도시화가 진전하고 인구급증과 산업화로 인한 생활양식의 변화 등에 따라 자연재해뿐 아니라 인위적인 재난의 유형이 더욱 복잡, 다양화되고 사고발생의 영향도 광범하다. 재난사례를 보면 근래의 우리 주위에서 일어난 대형 사고가 10년 전에 발생한 점으로 비추어 일본의 재해대책(재난관리)을 좀 더 많이 분석할 필요가 있다.

　이와 같이 일본은 국토조건이 자연재난을 당하기 쉬워 일찍이 우리의 「재난관리법」과 「자연대책법」을 합친 「재해대책기본법」등 관련법을 제정하여 재난을 예방하고 재해·대형사고 시 응급대책 등 종합적인 방재계획을 수립하고 있다.

　방재계획은 1885년 전국적인 대재해의 발생을 계기로 그 체계를 마련하기 시작하였고 1960년 이세완 태풍에 의한 재해 때 「재해대책기본법」이 제정되었는데 그동안의 빈번했던 지진·태풍의 경험을 통해 비교적 잘 정비된 방재관리체계를 갖추었다.

　또한, 종합적인 방재행정을 위해 재해대책을 조정, 결정하는 기관인 중앙방재회의가 있고 재해 발생 시 대응하기 위한 각급 재해대책본부를 지자체에 두고 있다.

　중앙방재회의는 국가방재대책의 종합성·계획성을 확보하기 위해 설치된 행정조직으로 방재기본계획의 작성과 실시 및 방재기본방침, 방재시책 조정, 비상재해에 즈음한 조치 등에 관하여 총리대신을 자문하는 총리부의 부속기관이다. 그러나 단순한 자문기관이 아니고, 방재기본계획을 작성하여 추진하는 실시기관의 성격을 갖는다. 주요 업무로는 방재기본계획의 작성과 실시, 비상재해에 대한 긴급조치계획의 작성 및 실시, 내각총리의 자문에 따른 방재에 관한 중요사항의 심의 등이 있다.

　그리고 재해 발생 시 일반적으로 시정촌이 일차적인 대응을 하지만, 필요에 따라 정부, 관계성·청, 지방공공단체가 긴급재해대책을 강력하게 통일적으로 행할 필요가 있는 경우에는 각급 재해대책본부를 설치한다.

　또한 재해의 비상재해가 발생하여 재해응급대책을 실시해야 할 경우 규모를 감안하여 총리부에 비상재해대책본부를 설치하고 종합적인 응급대책을 추진하며 피해상황에 따라 「재해구조법」이나 「재해조위금의 지급 등에 관한 법률」을 적용한다. 본부의 명칭, 소관구역, 설치장소, 설치기간은 각의에서 결정한다.

　지진·풍수해 등 재해로부터 국토 및 국민의 생명과 신체 및 재산을 보호하기 위한

「재해대책기본법」은 방재에 관한 조직으로 국가에 중앙방재회의, 도도부현에는 도도부현 방재회의, 시정촌에는 시정촌방재회의를 설치하도록 하고 있다. 이들 방재회의는 행정기관 외에 일본적십자사 등 관계 공공기관을 참가시켜 재해예방 재해응급대처 및 재해복구 등 각 상황에 따라 유효 적절히 대처하기 위한 방재계획의 작성과 이를 원활히 추진하는 것을 목적으로 하고 있다. 이를테면 중앙방재회의에서는 일본의 국가방재의 기본이 되는 방재기본계획을 각 지정행정기관 및 지정공공기관에서는 그 소관사무 또는 업무에 관한 방재업무계획을 지방방재회의에서는 지역방재계획을 각각 작성하도록 하고 있다.

또 내각부에는 특명담당대신으로 방재담당대신이 설치되어 있고 내각부 정책총괄관(방재담당)이 대신을 보좌하고 방재에 관한 기본적인 정책에 관한 사항 및 대규모재해 발생 시 등의 재해대처에 관한 사항에 관한 기획입안·종합조정 등을 관장하고 있다. 또 재해 등 발생 시의 정보수집 등의 긴급대응을 내각관방과 긴밀히 연대하여 대처하고 있다. 내각부에서는 국가 방재정책 전반을 관장하여 각 중앙부처의 방재정책을 총괄하고 총무성소방청은 지방자치단체의 방재를 총괄 조정하는 역할을 담당하고 있다.

비상재해대책본부는 국가의 경제, 공공의 복지에 영향을 미치는 중대한 재해가 발생한 경우 재해긴급사태를 포고하고 총리부에 비상재해대책본부를 설치한다.

지방정부의 재해대책은 일차적으로 시정촌을 중심으로 이루어지며 각 도도부현에서 중앙정부의 정책을 반영하여 총괄관리하고 있다.

평소 도도부현의 자치단체는 방재계획 및 행정, 시정촌의 방재행정 전반 지도·조언 등의 업무를 수행하고 재해 발생 시에는 소방무선시설을 이용하여 긴급대책, 복구대책 업무를 수행하고 자주방재조직을 육성·지도하고 있다.

이와 같이, 재해, 사고 시 중앙과 지방은 방재 관계기관과 도도부현은 재해대책을 원활하게 수행하기 위해 방재 정보시스템을 구축하고, 대규모 재해 시에 효과적인 통신수단이 될 수 있는 무선통신시설을 정비해 나가고 있다. 재해대책용 무선망으로는 중앙방재무선망, 소방방재무선망, 도도부현 방재행정무선망, 시정촌 방재행정무선망, 방재상호통신용 무선망 등이 있고 각 지방의 상황에 맞는 방재시스템이 구축되어 있다.

이 밖에도 경찰청, 방위청, 해상보안청, 기상청, 건설성 등의 지정행정기관과 일본전력, 전신전화(NTT), 일본은행 등의 지정공공기관 등은 업무의 원활한 운영을 위해 전국적인 통신망을 정비하고 있다.

앞으로는 위성통신, 화상통신 등의 이용을 비롯한 기능의 고도화를 꾀하고 대규모 재해가 발생했을 경우 정보수집·전달기능을 강화하기 위해 각 기관이 정비하고 있는 방재시스템이 호환될 수 있는 상호연계를 적극적으로 추진하고 있다.

일본은 국토교통성, 건설성, 소방청 그리고 지자체의 동경도에서 방재센터를 주축으로 운영되고 있다.

동경도 방재센터의 경우 재난·재해 발생 시 재해대책본부를 중심으로 각 방재기관과 유기적인 협력체계를 구축하여 상황파악 및 복구 지원에 필요한 각종 정보의 입수가 유무선 통신망을 통해 원활하게 이루어지고 있다.

1 재난의 개념과 범위

국민의 생명과 신체 또는 재산에 중대한 피해발생, 또는 발생할 우려가 있는 긴급사태, 대규모 자연재해, 중대사고·사건, 그 외 긴급사태를 말한다.

- 대규모자연재해: 지진, 풍수해, 화산재해, 설해 등
- 중대사고: 선박·항공기 등 교통기관의 사고, 대규모화재, 폭발사고, 원자력사고, 독극물 등의 대량유출사고
- 중대사건: 대규모 폭동, 패닉, 하이제크, 대량살상형 테러사건
- 기타 긴급사태: 무력공격, 치안출동·해상경비활동을 요하는 사태 등

2 중앙정부의 재난관리체제

일본은 재해로부터 국토를 보전하고 국민의 생명과 재산을 지키기 위하여 중앙정부, 도도부현, 시정촌 및 주민이 일체가 되어 종합적인 재난체제를 구축하고 있다. 재난대처를 위해 중앙재난회의를 정점으로 재난기본계획을 수립·실시하고, 각 성청 등 지정행정기관, 일본 전신전화(주), 전력회사 등 지정공공기관이 담당업무와 관련한 재난업무계획을 수립하여 구체적인 대책을 시행하고 있다.

또한, 미국의 연방위기관리청(FEMA)과 같은 전담조직은 없고, 각 성청에서 소관업무에 재해·재난 대책을 시행하는데 정책 면에서는 국토교통성, 건설성이, 집행 면에서는 지방정부가 예방·복구업무를 맡고, 구조업무는 소방, 경찰, 군(자위대)이 중심이 되어 수행하고 있다.

한신·아와지 대지진 이후에 추진하고 있는 각 성·청의 재난대책을 ≪時の動き≫에 게재된 내용을 참고로 하여 다음과 같이 기술한다.

1) 내각부에 방재담당대신 설치

2) 내각관방에 '내각재난관리감' 설치
- 재난관리를 전문으로 담당하는 내각재난관리감(특별직) 신설(1998.4.1)
 - 설치배경: 1995년 1월17일 고베지진 이후 내각의 재난관리기능 강화 필요
 - 설치근거: 「내각법」 제15조
 - 임무: 평상시에는 국내 전문가 등과 네트워크 형성, 재난 유형별로 대응책 연구 등을 수행하고, 긴급사태 시는 필요한 조치에 대하여 1차적 판단 및 초동조치에 대해 관계성·청에 연락·지시, 총리대신 보고, 관방장관 보좌 등 수행

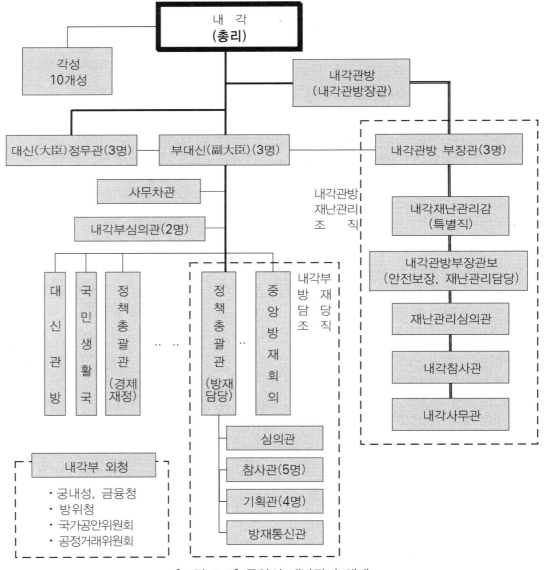

[그림 3-8] 중앙의 재난관리 체제

※ 내각관방은 내각의 수상인 총리를 직접 보좌·지원하는 기관으로 내각의 서무, 내각의 중요정책의 기획입안·종합조정, 정보수집·조사 등을 담당함.

※ 내각위험관리감(內閣危機管理監): DEPUTY CHIEF CABINET SECRETARY FOR CRISIS MANAGEMENT

1) 국토교통성

재난업무를 총괄하는 국토교통성의 기능은 앞에서 언급하였으므로 여기에서는 재해업무를 담당하는 조직에 대해서만 간략히 언급하고자 한다. 국토교통성 재난국의 각 과별 주요업무는 다음과 같다.

〈표 3-7〉 국토교통성 재난국 각 과(課)별 주요업무

과	주 요 업 무
재난기획과	• 국(局)사무의 총괄조정 • 재해에 관한 정책의 기획, 입안, 추진 및 조사 • 관계 행정직원의 재해에 관한 사무조정 • 「재해대책기본법」의 시행 • 격심재해 및 이에 적용할 수 있는 조치의 지정 • 태풍 상습지대의 재난에 관한 특별 조치법의 시행
재난조정과	• 재해의 예방에 관한 정책의 기획, 입안, 추진과 조정 • 관계행정기관의 재난에 관한 사무조정 • 「재해대책기본법」의 시행에 관한 사무 중 관계행정기관의 사무조정
복구대책과	• 재해복구 • 재해로 인한 재건사업
진재(震災)대책과	• 진재 및 화산재해에 관한 정책의 기획, 입안, 추진 및 조사 • 관계 행정직원의 진재 및 화산재해에 관한 사무조정 • 활화산대책 특별조치법의 시행 • 대규모 지진대책특별법의 시행 • 지진대책 기금조성사업에 관계되는 나라의 재정지원을 위한 특별조치에 관한 법률시행
재난업무과 (통신실)	• 재난 시의 관계행정기관의 재난에 관한 사무조정 • 심한 재난 및 그것에 적용할 수 있는 조치의 규정을 위하여 필요한 관계 행정기관의 사무조정 • 총괄적이니 재난훈련에 관계되는 관계 행정기관의 사무조정 • 재난에 관계되는 통신시설의 건설, 유지 및 관리

2) 과학기술청

재난대책을 보다 효율적으로 추진하기 위해서는 과학기술의 지식을 활용하는 것이 중요하기 때문에 과학기술청에서는 재난과학기술연구소를 두어 재난에 관한 과학기술의 연구·개발을 종합적으로 추진하고 있으며, 총리부 지진 조사연구추진본부(본부장: 과학기술청장관)의 방침하에 지진에 관한 기반적 조사관측 등을 추진하고 있다.

① 방재과학기술연구의 추진

재난과학기술연구소는 지진, 호우, 화산폭발, 대설 등의 천재지변과 그 외의 자연현상에 의해 발생하는 재해를 방지하고, 이들 재해가 발생할 경우에는 피해확대를 막고 재해 복구를 위해 과학기술을 관측시설 설비와 실험설비 등에 이용하여 그것들의 기반적인 연구·개발 등을 종합적으로 추진하는 과학기술처의 부속 시험연구기관이다. 특히 지진재난에 대해서는 한신·아와지 대지진의 경험을 되살려, 지진 시 구조물과 지반의 파괴가 일어나는 단계까지 재현하여 지진에 의한 피해를 최소화하기 위한 연구시설인 '실제 3차원진동파괴실험시설'을 정비하고 있다. 또, 지진조사연구추진본부가 추진하는 기반적 지진관측망의 정비계획 가운데 '고감도지진계'(전국에 약 20km 간격으로 설치), '광대역 지진계'(전국에 약 100km 간격으로 설치), '강진계'(전국에 약 25km 간격으로 설치)에 대해서는 전국의 실시기관에서 역할을 맡고 있다. 1999년도에는 재난연구 데이터센터를 신설하여 각종 지진관측 데이터, 토사재해 연구데이터, 눈사태 연구데이터 등을 광범위하게 수집·정비하고 재난연구를 볼 수 없는 일반인들에게도 인터넷 등을 이용하여 자료를 제공하고 있다. 혼쇼에 설치한 대형내진실험시설, 대형강우실험시설 그리고 신장설빙재난연구지소에 설치된 설빙재난실험시설은 외부연구자도 사용하고 있다.

② 지진조사연구의 추진

한신·아와지 대지진의 교훈을 거울삼아서 지진에 의한 화재로부터 국민의 생명, 신체 또는 재산의 보호를 위해서 지진재난대책을 꾀하는 것을 목적으로 한 「지진재난대책 특별조치법」이 제정되었고, 동법에 기초해 1995년 7월 모든 총리부에 지진조사연구추진본부를 설치하였다. 동 본부는 지진에 관한 조사연구를 국가에서 일원적으로 추진하기 위해 정비된 것이다.

우선, 추진본부에는 '정책위원회'와 '지진조사위원회'가 있다. 정책위원회의에서는 종합적·기본적 시책 입안, 예산 등 사무의 조정, 조사관측계획 작성, 홍보 등에 관한 조사심의를 수행하고, 지진조사위원회에서는 조사연구기관으로부터 수집된 관측데이터의 분석 및 평가를 하고 있다.

또, 위원회의 여러 가지 업무를 원활히 수행하기 위하여 부회(部會) 등의 하부조직이 설치되었다. 관계행정기관에서는 지진조사연구추진본부의 지침 아래 각 기관의 행정목적에 맞추어서 각종 지진관측시설・지각변동 관측시설의 정비와 활단층의 조사 등을 통해 얻은 다양한 관측데이터 및 조사결과를 지진조사연구 추진본부에서 모으고 있다. 지진조사위원회는 매월 1회에 걸쳐 정례회를 개최하여 전국의 지진활동 상황을 평가하고 있으며, 피해를 주는 주목할 만한 지진활동이 발생할 경우에는 임시회를 개최하여 이에 대응하고 있다. 또, 지금까지의 후지산 하천하구 세 개의 단층대에 대해서 평가를 하고 그 결과를 인터넷 등에 공개하고 있다. 지진조사위원회를 개최한 후에는 지진조사연구 추진본부와 기자회견을 열고, 지방공공단체와 공공기관에게 설명회를 개최하는 등 홍보에도 노력하고 있다. 1999년 4월에 지진조사연구추진본부는 향후 10년 정도의 지진조사연구를 추진하기 위한 종합적이고 기본적인 시책을 결정하였다. 그 이후에는 동시책에 기초해서 지진조사연구와 지진동예측지도 작성 등의 당면과제를 정부가 추진하고 있다.

과학기술 청에서는 동 본부의 총괄 업무 외에 기반적 지진관측망의 정비를 추진하기 위해 고감도 지진관측시설, 광역지진관측시설 등의 정비를 전국적으로 추진하고 있다. 또, 도도부현 등이 수행하고 있는 활단층 조사 등에 대하여 지진관계 기초조사교부금을 교부하고 있다. 그 외에 지방공동단체가 정비하는 지진관측설비에 대해서 보조금을 교부하고 그 활동을 지원하고 있다.

앞으로도 과학기술청에서는 관계성청과 연계하여 지진조사연구를 일원적이고 전국적인 체제로 전환하는 데 주력하고 있다.

3) 후생성

후생성은 의료, 보건, 복지, 생활위생 등의 각 분야에서 여러 가지 재난대책사업을 실시하고 있다.

① 재해구호법에 관한 재난대책

「재해구조법」은 일정규모 이상의 재해가 발생할 경우 피해자의 보호와 사회질서의 보존을 도모하기 위하여 국가가 지방자치단체, 일본적십자사 등의 협력 하에 응급구조를 실시하는 것을 목적으로 한다. 구조의 내용은 피난소의 설치, 응급가설주택의 제공, 식료품의 공급, 생활필수품의 제공 등이지만, 실제로는 시정촌이 행하는 경우가 많고 국가와 현이 그 비용을 부담하고 있다.

또, 구조의 정도와 기간에 따라 일정기준이 정해져 있지만, 그 기준으로 대응이 불가능할 경우에는 후생성 장관과 협의해 특별기준을 정한 것이 가능하다.

② 의료에 관한 재난대책(광역의료후송, 재해의료체제 등)

후생성의 재해의료체제는 한신·아와지 대지진을 계기로 1996년 5월 10일에 『재해시 초기구급의료체제의 강화에 관하여』를 발간하여 재해거점병원과 광역재해·구급의료정보시스템을 정비하고 재해 시 소방기관 등과 연계를 강화하기 위한 시책을 구상하고 있다.

재해거점병원은 1999년 10월 현재 520개 병원이 지정되어 있다.

또, 재해 시 중증환자의 광역후송에 관해서도 국토교통성을 중심으로 관계성청과 연계하여 검토하고 있다.

③ 사회복지시설의 재난체계

1998년 8월 말 호우재해의 경험을 토대로 도도부현의 위험구역에 소재되어 있는 사회복지시설에 대한 재점검을 지시하였고, 1999년 1월에 사회복지시설의 지역소방기관, 지역주민 등이 참가하는 피난훈련을 실시하여 지역연계체제에 기초한 재난체제를 확립하였다. 그리고 관계기관과 조정하여 토사재해 위험지역과 산지재해위험지역에 소재한 사회복지시설의 정보를 지역재난계획에 기재함으로써 시설에 대한 지원체제를 구축하는 종합적인 토사재해대책을 구상하고 있는 중이다.

④ 수도시설에 관한 재난체계

1995년 한신·아와지 대지진의 경우 수도시설이 큰 피해를 받아 단수가 장기간에 걸쳐 생활에 커다란 타격을 주었다. 그 경험을 수도행정시책에 반영하여 내진성이 높은 수도관로의 정비, 광역적 수도시설의 정비 등 수도시설의 내진화와 기술개발을 적극적으로 추진하고 있다.

또, 1999년에 「수도의 내진화 계획책정지침(안)」을 작성하여 도도부현에 주지시켜 여러 가지 수도의 특성에 대응한 내진화 목표의 설정, 응급급수와 복구 작업 등의 응급대책 강화, 시설의 내진화를 추진하고 있다.

후생성의 재난대책의 대부분은 도도부현을 시작으로 하여 각 사업체가 실시하는 사업에 대한 보조가 주 업무이지만, 각종 사업의 정비를 추진하여 향후 대규모 재해가 발생할 경우에는 재해를 극소로 줄일 수 있도록 노력하고 있다.

4) 기상청

1995년 1월 17일 한신·아와지 대지진은 6,000명 이상의 사망자를 내는 등 근년에 있어서 보기 드문 대지진이었다. 그 지진을 계기로 기상청에서 새롭게 추진하고 있는 시책과 사업을 소개한다.

① 지진관측망의 구축

지진 발생 직후의 지진정보, 특히 진도정보를 신속하고 정확히 제공하는 것이 불가하다는 것이 재인식되었다. 정부는 각료회의에서 '진도'를 재해응급대책 등에서 중요한 초동정보로 생각하고, 그것에 비추어 기상청에서는 다음과 같은 시책을 실시하였다.

가. 전국적인 지진관측망 구축(1996년도)

전국 약 300개소의 지진관측점을 2배 정도 늘려서 전국 약 20km 간격으로 약 600개소의 진도관측망을 구축

나. 진도 7의 자동계측, 속보(1996년도)

지진 발생 후 현지조사에 의해 판정된 '진도 7'을 진도계에 의해 자동적으로 관측해 신속히 보도

다. 정지기상위성 '히마와리'를 이용한 통신 루트의 2중화(1996년)

진도5 弱以上을 관측한 경우에는 지상통신회선 장애 시를 대비해 정지기상위성 '히마와리'를 경유하는 이중의 전송 루트를 확보

라. 진도 속보의 발표(1995년 4월)

진도 3 이상의 지진이 발생할 경우에는 약 20분내 그 지역을 「진도 속보」로서 발표

5) 진도단계의 개정(1995년 4월)

발생한 피해상황의 폭이 확장되는 것 때문에 '진도 5'와 '진도6'을 '강', '약'의 2개로 나누어 지진단계를 8에서 10단계로 개정하였고, 새로운 지진단계에 맞추어서 진도계의 관측된 진도와 실제로 발생한 현상 및 피해의 대응을 설명한 「기상청 진도단계 관련해설표」를 작성·공표

① 지방공공단체의 지진계 네트워크의 데이터 이용

도도부현이 자치소방청의 보조사업으로 전 구시정촌(全區市町村)에서 정비한 진도계의 데이터를 소방청 및 도도부현과 연계·협력해서 기상청의 진도정보에 포함시켜 1995년 10월부터 발표하였다.

1999년 11월 현재 30개 부현의 약 1,700 개소와 기상청의 것을 합쳐서 약 2,300 개소의 진도정보를 발표하였다.

② 새로운 조직

가. 지진 발생 직후의 즉시적 정보(나우키스토지진정보)

지진 발생 직후에 그 발생을 진원지 부근에서 즉시 포착해서, 진원지로부터 떨어져 있는 장소에 커다란 지진동이 도착하기 전에 예상되는 지진동 세기 등의 정보를 전달하는 것이 가능하다면, 지진피해의 방지 및 경감의 큰 효과가 기대된다. 기상청에서는 그 정보를 '나우키스토 지진정보'라고 이름 붙여 실용화를 검토 중에 있다.

나. 면적에 대한 진도분포의 추계

한신·아와지 대지진에서는 진도 7의 지역이 약 1~2km의 간격으로 분포하였다. 관측 지점의 진도로서는 이러한 피해분포를 파악하는 것이 곤란하여 정확한 재난대응을 취하는 것이 어렵다는 것을 알고 있었다.

그것을 극복하기 위해 국토교통성과 협력하여 지진의 발생장소와 지반상태를 고려, 진도를 면적으로 추계하는 것을 검토하고 있다. 현재 대체로 1km 사방의 진도분포와 피해상황을 추계하는 방법의 개발이 끝나고, 추계의 정밀도를 높여 이러한 발표를 할 것인지 검토하고 있다.

6) 국토교통성

국토교통성에서는 보다 신속하고 효과적인 재해대책을 위한 여러 가지 시책을 실시하여 재난대책의 강화를 꾀하고 있다.

① 국토교통성 재해업무계획의 개정

1997년 6월 3일에 국가의 재난기본계획이 전면 개정되었고, 건설성 재난업무계획은 1998년 3월에 개정되었다.

새로운 재난업무계획에는 최근 발생한 재해사례에 기초하여 재난대책상의 과제와 재난대책의 새로운 전개를 위해서 도로재해 대책편, 수질사고재해 대책편, 대규모화재 등 재해대책편 그 외 재해에 공통되는 대책 편을 추가한 것 이외에도 초동대응의 강화, 관계기관 등의 제휴 등에 관하여 새롭게 규정하였다.

② 도로재해대책

도로구조물의 재해 등에 의한 다수의 사망, 부상자 등이 발생된 재해에 대해서 재해의 발생방지를 위한 대책과 발생 후의 응급대응 등에 관하여 규정하고 있다.

③ 수도사고 재해대책

유해물질의 유출에 의한 하천수질오염의 대응과 해역에서의 유출사고 발생 시 관계기관과 연계한 재난조치 등에 관해서 규정하고 있다.

④ 대규모 재해 등 재해대책

대규모화재, 위험물의 누설·유출, 폭발 등에 의한 공공토목시설과 건축물 등에 화재가 발생하여 다수의 사망, 부상자가 발생한 재해에 대해서 재해의 발생방지를 위한 대책과 발생 후의 응급대응 등을 규정하고 있다.

또한, 이러한 재해대책편에 추가해서 재해 발생 시의 초동단계에 와서 건설성이 보유한 헬리콥터 등을 활용해 신속한 정보를 수집하는 것 등을 규정하였다. 그 외에 경찰, 자위대 등 관계기관의 연계, 재해위험장소를 주민들에게 알리는 체제의 강화 등 소프트 대책의 충실에 관해서도 규정하였다.

⑤ 재난 전문가 및 자원봉사단 제도

피해를 입은 공공토목시설 등의 피해정보를 신속하게 수립하기 위해서 자원봉사를 활용한 「재난 에키스-파토」제도를 1996년 1월에 창설하였다.

지금까지 전부 지방건설국과 북해도 개발국 등에 본 제도가 발족해 약 5,000명이 재난 에키스-파토로서 등록되어 있다. 등록원들은 재해 발생 시 과거의 경험을 바탕으로 정확한 정보와 민간의 기술력 등을 활용하여 피해상황 파악, 응급복구 등에 활용하고 있다.

국토교통성에서는 앞으로도 신속하고 확실하며 효과적인 재해대응을 실시할 수 있는 재난체재 강화에 노력하고 있다.

7) 소방청

일본에는 자치성 소방청과 동경도 소방청이 있다. 여기에서는 자치성 소방청의 자료를 소개한다.

한신·아와지 대지진의 교훈 등을 비추어 볼 때 앞으로 가장 중요한 과제의 하나는 재난대책의 강화이다. 소방청에서는 지역의 안전성을 높이기 위한 기반정비, 자주적 재난활동의 추진, 재난정보통신체제 등의 소방·재난체제 강화 등에 중점을 두어 재난대책을 한층 더 강화하고 있다.

① 지방의 안전성을 높이기 위한 기반정비

지역의 안전성을 높이기 위한 재난기반 정비를 추진하기 위해 소방청의 보조사업에 추가해, 긴급재난기반 정비사업과 재난거리(구획) 만들기 사업 등의 지방사업의 활용을 도모하고, 공원·녹지와 도로·거리 등의 정비, 공공시설 등 내진화의 강화, 재난거점의 정비 등을 추진하고 있다.

② 자주적 방재활동의 추진

'재난과 자원봉사 주간'등의 기회를 만들고 각종의 홍보매체를 이용해 재난에 관한 정보를 적극적으로 공개·제시하여 주민 1인의 재난의식 제고와 의사소통으로 연대감 형성에 주력하고 있고, 자주재난을 위한 기자재와 커뮤니케이션 재난활동거점의 정비와 연수·훈련의 실시 등에 관한 재정조치 등을 구상하는 등 자주재난조직의 육성에 노력하고 있다. 그 외에 금년도 재해 시 자원봉사활동의 전국적인 연락협의회를 설치하여, 핵심이 되는 인재의 육성 및 등록, 광역적인 활동의 원활화를 위한 시책을 검토 하고 있다.

③ 지역방재계획의 재검토

한신·아와지 대지진 이후, 그 교훈에 근거하여 지역재난계획의 긴급점검 실시를 요청하여 재난기본계획의 수정을 통해서 도도부현에서는 전 단체가 재점검을 마쳤고, 시정촌에서도 대부분의 단체가 재점검을 착수해 약 반수의 단체가 재점검을 마쳤다.

④ 광역협조체계

소방의 광역협조체계를 강화하기 위하여 1995년에 「소방조직법」을 개정해 소방의 협조에 대해서 긴급 시 특례를 창설한 것 외에 동년 6월에 발족한 긴급소방단 조직의 충실을 꾀하고 있다.

소방 이외의 재난대책에 대해서도 지역공공단체 간의 광역협조협력 체결을 촉진하고 헬리콥터 운행상황 등의 데이터베이스화 등을 추진하여 광역적인 협조체제의 강화를 도모하고 있다.

⑤ 재난정보통신체계의 강화

위성계의 정비 등에 의한 통신수단의 다중화·다양화를 꾀하고, 재해에 강한 정보네트워크의 형성에 노력하고 있는 가운데 새로운 정보처리기술의 발달에 대응해서 재난정보의 데이터베이스화와 긴급정보의 전달 등에 도움이 되는 정보시스템에 충실을 기하는 등 정보시스템의 고도화를 추진하고 있다.

3 지방자치단체의 재난관리체제

지방정부의 재해대책은 일차적으로 시정촌을 중심으로 이루어지며 각 도도부현에서 중앙정부의 정책을 반영하여 총괄관리하고 있다.

평소에 도도부현의 자치단체는 재난계획 및 행정, 시정촌의 재난행정 전반 지도·조언 등의 업무를 수행하고 재해 발생 시 무선시설을 이용하여 긴급대책, 복구대책업무를 수행하고 있으며 자주재난조직을 육성·지도하고 있다.

1) 도도부현의 재난관리 조직

도도부현에서 방재·소방·재난관리 (이하 '재난관리'라고 함) 업무는 총무·기획부(국) 또는 생활환경부(국)에서 관장하고 있으며 방재주관과가 총무·기획부(국)에 설치되어 있는 곳이 가장 많으나, 시즈오카현의 경우 방재를 전문적으로 담당하는 '방재국'이 설치되어 있고, 효고현의 경우는 방재감(防災監, 특별직)이 있어 지사를 보좌하여 재난관리를 총괄하고 있는 등 다른 도도부현과는 상이한 형태의 재난관리 조직을 설치하고 있다.

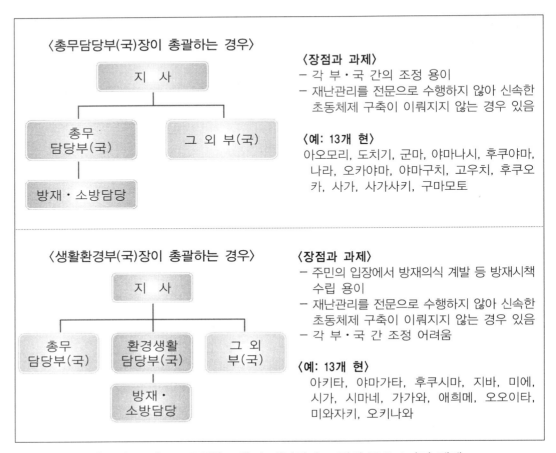

[그림 3-9] 도도부현(47개)의 재난관리 조직의 주요 2가지 체제

2) 시구정촌의 재난관리 조직

대부분의 시정촌에서는 총무과 등에 방재담당계를 두고 있으나 방재담당계 없이 다른 업무를 겸하고 있는 방재담당직원만 두는 경우도 있다.

그러나 정령지정도시[政令指定都市, 「지방자치법」제252조의 19(대도시에 관한 특례)에서 정한 인구 50만 이상의 시]의 경우, 6개 지자체가 소방국을, 5개 지자체가 시민생활국을, 1개 지자체가 총무국을, 1개 지자체가 건설국을 재난관리를 담당소관과로서 설치하고 있다.

동경도의 재난, 특히 지진대책 등은 별도로 소개하기로 하고 여기에서는 조직과 운영체제만을 소개하기로 한다.

[그림 3-10] 동경도의 재난관리 조직

① 재난회의(방재)

일반적으로 동경도 재난회의 조직 및 담당사무는 [그림 3-11]과 같다.

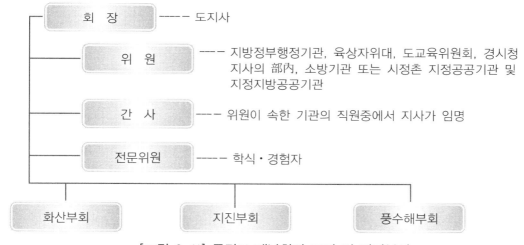

[그림 3-11] 동경도 재난회의 조직 및 담당부서

가. 담당업무

「재해대책기본법」 제14조의 규정에 의거하여, 동경도의 區구역 내에 있어서 재난행정을 종합적이고 계획적으로 이행하기 위하여 동경도에 설치된 부속기관이다. 주로 다음과 같은 게재하는 사무를 처리한다.

① 동경도 지역재난계획의 작성 또는 사무를 처리한다.
② 재해에 관한 정보의 수집
③ 재해응급대책 및 재해복구에 대하여 도, 시정촌, 지정지방행정기관, 지정공공기관 및 지정지방공공기관 상호간의 연락 조정
④ 비상재해에 관하여 긴급조치에 관한 계획작성 및 그 실시의 추진
⑤ 재해대책본부의 설치에 대하여 지사에 의견 보고

② 재난상황실(방재센터)

동경도에서는 안심하게 생활할 수 있는 도시 실현을 목표로 재해에 대처할 수 있는 도시정비를 계획적이고 적극적으로 추진하고, 모르는 재해가 발생하더라도 신속하고 적절한 응급활동이 이루어질 수 있도록 19991년에 동경도 방재센터를 개설하였다.

대규모 재해가 발생할 경우, 동경도민의 생명과 재산을 보호하기 위하여 이곳에서는 모든 재난활동의 지령탑 역할을 한다. 피해상황의 파악과 각 재난기관과의 정보교환이 신속하게 이루어지도록 최신 시스템을 도입하여, 만일의 사태에 대비하여 언제라도 신속 대응할 수 있도록 직원들을 훈련시키고 있다.

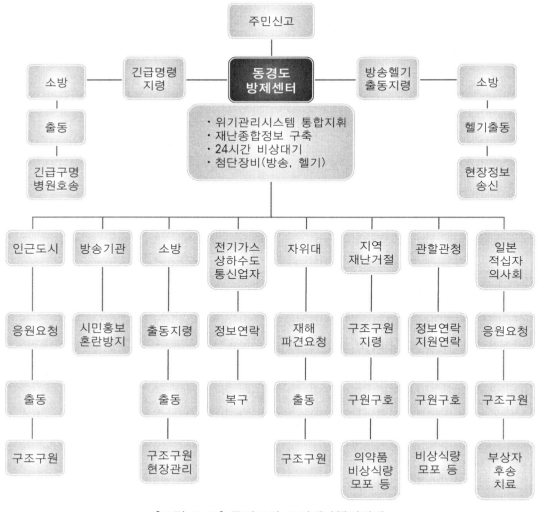

[그림 3-12] 동경도의 도시재난행정체제

③ 방재센터 주요 부서 및 기능

운영주체는 총무국 재해대책부 재난계획과에서 운영하며, 과 정원은 50명으로 이중 12명이 상황근무자로 4명이 1조가 되어 24시간 재난센터를 운영하고 있다.

그리고 재난센터 근무자를 포함하여 재해대책에 필요한 필수요원들은 도청사 인근 기숙사에 의무적으로 거주하고 있으며, 재난 발생 시를 대비한 재해대책본부 요원 200여 명은 비상근으로 비상소집이 용이한 장소에 거주하고 있다. 각 부서별 주요 기능은 다음과 같다.

가. 재해대책본부실

200인치 스크린, 지구별 재해표시판, 재해상황표시판을 비치하고, 도지사주재회의 개최, 응급대책 결정 및 지원

나. 재난기관 연락실

재해본부에 소집된 재난기관(국가, 동경도, 구시정촌, 경찰, 소방, 일본적십자 등 재난 활동을 수행하는 기관) 직원들이 제각기 소속하고 있는 직장과 상호 연락기능 수행

다. 야간재난연락실

야간재난연락원 4인 1조 3개반을 편성하여 야간 및 휴일 24시간 근무

라. 통신실

재난행정무선통신으로 각 재난기관과 연락을 하고, 일반전화 회선이 단절되어도 통신이 가능하도록 설계되어 있으며 오가사와라제도(小笠原諸島)와 연락은 위성회선을 사용

마. 지령정보실

- 재해대책본부 결정사항을 각 재난기관에 전달
- 피해정보수집 및 응급대책 강구
- 재해정보시스템, AV시스템, 지진피해 판독시스템, 지진계 네트워크시스템 등으로 구성, 방재센터의 중추적 역할

바. 옥상 헬리포트

도청사 옥상에 헬리포트를 설치해서 긴급 시 활용

④ 방재센터시스템

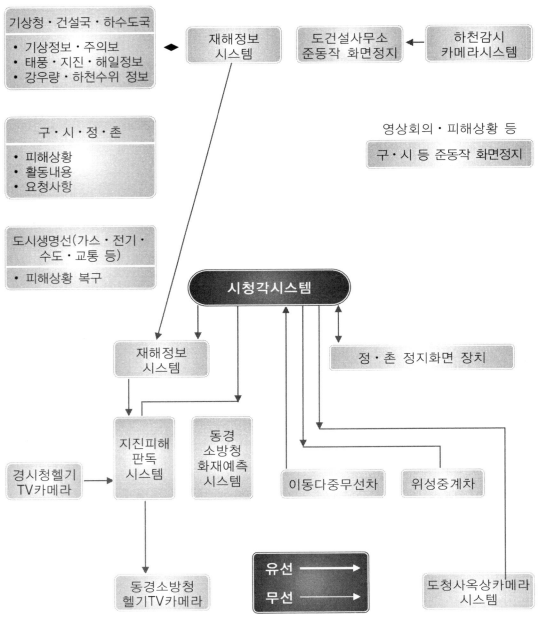

[그림 3-13] 재난상황실(방재센터)시스템 개요도

⑤ 재해대책본부 설치

재해 발생 시 각 재난기관과 정보를 교환하여 정보를 수집·분석한 후 지사에게 전달·분석된 정보에 따라 지사가 재해대책본부의 설치를 결정한다.

가. 구성

- 본부장: 지사
- 부본부장: 부지사, 출납장, 경시총감
- 국장: 국장
- 본부원: 국장, 본부장이 지명하는 자
- 지방대원: 지청장
- 본부 파견원: 다음의 기관의 장·대표자
  ① 지정지방행정기관
  ② 자 위 대
  ③ 구시정촌
  ④ 지정공공기관, 지정지방공공기관

나. 임무: 재해대책본부에서는 다음 사항을 심의하고 대책을 강구한다.

- 재해 정보수집 전달
- 소방활동, 구급·구조, 의료구호, 경비, 교통규제, 주민의 피난보호, 상호응원협력, 파견요청, 긴급수송
- 음료수, 식료품, 생필품의 확보와 공급
- 쓰레기 분뇨 등의 처리
- 응급조지대책
- 라이프라인 공공시설의 복구
- 다른 피해경감대책 강구
- 주민생활의 안정에 관한 모든 사항

⑥ 소방청

동경은 일본의 수도로서 정치, 경제의 중심지뿐만 아니라 세계 도시로서 역할을 하고 있다. 따라서 도시구조상 생활환경의 변화에 따라 재해 역시 다양화·복잡화되어 가고 있다.

더욱이 고베 지진에서와 같이 직하형(수직) 지진 등의 자연재해가 발생할 위험성이 상존하는 곳으로 소방청에서 여러 양태의 위험성으로부터 도민생활의 안전을 확보하기 위하여 지진대책·고령자대책을 중요한 과제로 삼고 화재진압, 구조·구급 등의 소방활동에 충실하게 임하고 있다. 그 외에 소방단의 활동능력 향상을 도모하고 지역재난 활동능력을 향상시키기 위하여 화재예방대책을 강력히 추진해 나가고 있다.

금년은 공식적으로 소방제도가 탄생한 지 119년이 되는 해로 안전한 생활도시 동경을 목표로 전력을 기울이고 있다.

가. 조직

동경소방청은 1948년 3월 7일 자치소방으로 발족되어 재해로부터 도민의 생명과 재산을 지키는 일에 종사한다. 관할구역은 특별구 23구와 소방에 관한 사무를 위탁하는 다마(多摩)지역의 25시 3정 1촌이 된다.

- 본부직제: 8부, 1학교, 1연구소, 30과 7실 1공장, 1항공대
- 방면본부: 9방면 본부(1계, 2구조기동부)
- 소방서: 79소방서(3과 10계), 1분서 208출장소

나. 임무

가) 구조활동

화재·교통사고·수난사고·산악사고 등에서 인명을 구조하기 위하여 고도의 전문적 지식과 구조기술을 익힌 특별구조대, 수난구조대, 산악구조대, 소방구조기동부대가 언제나 신속한 활동을 할 수 있는 체제를 유지하고 있다.

나) 화학재해 위험배제 대책

위험물, 독극물, 방사성물질 등의 화학재해에 대비하여 가스분석장치 등의 최신 기자재를 적재하여 전문적 화학지식·기술을 가진 화학기동중대가 언제라도 출동할 수 있는 체제를 유지하고 있다. 또한 시민들의 생명에 영향을 끼칠 수 있는 환경이나 재해요인을 없애는 활동도 강구하고 있다.

다) 수방대책

집중호우 시 가옥의 침수가 예상되거나 하천의 범람으로 수해가 예상되는 장소에 소방직원과 소방단원을 비상소집하여 피해를 최소한으로 줄이기 위해 경계체제에 돌입한다.

라) 재해활동 지원

동경소방청 관할구역 외에 대규모 재해가 발생할 경우 소방대를 파견하고 재해활동을 지원한다. 한신·아와지 대지진을 계기로 지진 등의 대규모 재해 시 인명구조활동을 효과적으로 수행하기 위하여 1995년 6월에 긴급 소방원조대가 발족되었다. 해외의 재해에 국제소방구조대를 파견하는 등 국제적 구조활동에 공헌하고 있다.(콜롬비아공화국 지진재해 파견)

마) 하늘의 소방

항공대는 화재나 수해 시 공중에서 소화, 인명구조, 정보수집, 홍보활동 등이나 인원, 기자재의 운송을 하고, 동경도 내 및 도서지역의 구급환자의 수송 등 광범위한 활동을 한다.

바) 바다의 소방

소방정은 동경항의 안전을 지키기 위하여 선박이나 해안의 화재경계, 화재예방사찰, 소화활동, 인명구조 등을 한다.

사) 구급활동

고령화와 질병구조의 변화에 대응하여 신속 정확한 구급서비스를 제공하기 위해 구급대에 구급구명사를 비치시키고, 재해구급 정보센터에 구급대 지도의사가 상주하여 구명효과를 향상시키는 고도의 구급 활동체제를 갖추고 있다.

아) 지진대책(Earthquake Preparedness)

동경소방청에서는 도민을 지진으로부터 보호하기 위하여 다음의 지진대책을 최우선과제로 하고 소방구조기동부대(애칭: 하이퍼 구조대), 소방활동이륜차(애칭 Quick Attackers)의 정비, 재해 시 지원자원봉사자의 육성 등을 종합적으로 추진하고 있다.

- 지역의 재난성 향상대책
- 화재방지대책 및 초기소화대책
- 화재확대방지대책
- 구조구급대책
- 재해정보대책과 피난복구대책

자) 소방수리(水利, Firelighting water sources)

지진 발생 시 수도관의 단절로 소화관 사용의 불가능이 예상되어 내진형의 방화 수조를 만들고 시민의 협조로 지진에 대비한 지하 물탱크를 만들어가고 있으며, 한신 아와지 대지진의 대규모 시가지 화재 등에 대비하여 하천, 바다, 대용량의 저수시설 등을 이용하여 소방수원과 소방수리에 활용하려는 노력을 하고 있다.

차) 소방단(Volunteer Firecorp)

소방단은 지역주민이 주체가 되어 조직한 소방기관이다. 화재나 지진현장에 소화나 인명구조, 응급구호 등의 활동을 하고 있으며, 화재예방활동, 초기진화, 구조구급활동을 지도하고 있다.

〈표 3-8〉 각급 소방단 현황

구 분	단 수	단 원 수
특 별 구	57단	16,000인
다마 지구	수탁지구 29단	8,502인
	수탁지구 외 2단	371인
섬 지구	10단	1,470인

카) 재해예방 도민교육

학습, 체험, 육성의 기치 아래 보고·듣고·체험하는(see, hear and do it) '소방 재난 자료센터(소방박물관)'와 방화·재난에 관한 지식·기술로 대처능력을 제고시키기 위한 '재난체험 학습시설'(3개소: 池袋 防災館, 本所 防災館, 立川防災館)를 운영하고 있다.

또한 소방기술자의 양성을 위하여 각종 시험과 강습을 외부기관과 제휴하여 실시한다.

〈표 3-9〉 각종 시험·강습

시 험 명	실 시 기 관
위험물 취급자 시험	(재) 소방시험연구센터
소방설비사 시험	
자위소방기술 시험	동경소방청
위험물 취급자보안 강습	(재)동경재난지도협회
소방설비사 강습	
방화관리자 자격강습	
재난센터 기술강습	(사)동경소방시설보수협회
재난센터 실무강습	

119 응급전화

119번을 걸면 재해구급센터에 접수되어 가까운 소방서에 출장지령하게 되어 재해현장에 소방대가 출동한다. 또한 소방에 대한 의견이나 상담을 실시하는 소방전화서비스를 운영한다.

이상과 같이 동경도 소방청에 관한 일반적인 사항을 개략적으로 살펴보았으나, 하는 일이나 운영체제는 우리 서울시와 비슷하다.

다른 것이 있다면 일본의 소방기관들은 자치단체에 소속되어 자치단체장의 지휘통제를 받고 있다는 점이다. 동경소방청은 동경도 23개구에 있는 소방기관들을 대표하는 성격으로 동경도지사의 모든 권한 하에 운영되고 있다는 점이다.

자치성에도 소방청이 있으나 우리나라와 달리 소방에 대한 제도 등의 연구, 소방기술의 개발 보급, 장비의 개발 등 주로 지원업무를 담당하고 있으며, 자치단체에 대한 국고보조형식의 재정지원이 있기 때문에 다소의 영향력을 행사하고 있을 뿐이다.

서울시의 경우 행정안전부에서 과장급 이상의 승진 및 전보의 인사권을 장악하고 있고, 소방서도 기초자치단체인 구청과는 별도의 기관으로 운영되고 있다. 그러나 일본의 자치단체에 있는 소방기관은 구시정촌의 자치단체에서 지휘통솔하고 있다.

신속 정확한 체제유지라는 초동대처 능력을 시험해 보기 위해서 비상소집을 시행해 본 결과, 소방직원 18,000명 중 ▶ 1시간대: 3,100명 ▶ 2시간대 6,800명 ▶ 3시간대 8,800명 ▶ 4시간대 10,000명 ▶ 5시간대 11,000명이 각각 응소했고, 7시간이 지나서 응소한 경우도 많았다고 한다. 18,000여 명의 직원이 많지 않느냐는 질문에 각 자치단체에서 운영되던 인원을 모두 수용하다 보니 거대조직이 되었다고 우회적으로 답변하였다.

원인을 분석해 본 결과 50% 이상이 동경도 이외의 지역에 거주하기 때문에, 사실상 2분의 1에 해당하는 직원들을 유지해야 될 이유가 있는지 의문을 제기하는 사람이 많

〈표 3-10〉 응급전화

구 역	통 보 선	소 재 지
23구내	재해구급정보센터	千代田區大千町
다마지구	다마재해구급정보센터	立 川 市

〈표 3-11〉 전화서비스

	23 구내	다 마 지 구
의료기관안내, 구급상담	03-3212-2323	042-521-2323
재해정보안내, 소방상담	03-3212-2119	042-521-2119

다는 이야기를 들었다.

동경은 동서로 길게 되어 있고 많은 도서지역을 포함하여 교통시설이 좋아 평상시에는 별일이 없을 것 같으나, 대중교통이 다니지 않는 새벽에 비상소집할 시에는 교통수단이 용이하지 않아 응소율이 저조하다. 그러한 이유로 비상시에는 자전거, 오토바이 등을 이용하기도 하고, 직장 부근에 주택을 얻는 방법도 연구해 볼 가치가 있다고 한다.

초동단계를 재해발생 1시간 이내 초기를 한나절, 중기를 하루, 후기를 3일로 보고 인명구조 등은 늦어도 72시간 내에 이루어져야 한다.

현재와 같은 체제가 유지된다면 한신·아와지 대지진의 경우라도 70% 정도는 진화했을 거라고 자신을 하고 있었다. 결국 모든 재난을 효율적으로 대처하기 위해서는 ▶ 재난장소에 대한 정보의 파악의 중요성 ▶ 구조대원들의 가족에 대한 안심할 수 있는 체제 구축 ▶ 지원부대의 신속한 지원, 시스템화 ▶ 구조 후 사회복귀까지의 관리대책 ▶ 인명탐사에 필요한 장비개발 착수 등이 매우 중요하다는 데 인식을 같이하고, 앞으로 일본의 과학기술, 한국의 과학기술을 융합하여 재해에 대한 기술을 개발하기 위해 실무자급 교류의 필요성에 대해서도 토론을 했다.

다. 임무

일본의 도도부현 재난회의 및 시정촌 재난회의 주요업무는 중앙재난회의의 기능에 준하여 관계기관의 협의나 조정을 위해 설치되며, ▶ 지방재난계획의 작성과 실시 ▶ 재해에 관한 정보의 수집 ▶ 재해 발생 시 관계기관의 연결 및 조정의 임무수행 ▶ 비상재해 시 긴급조치에 관한 계획 작성 및 실시추진 등의 업무를 담당하고 있다.

라. 재해 시 조직체계

가) 조직의 설치

비상재해가 발생한 경우, 재해의 규모, 기타 상황에 따라 종합적인 재해응급대책을 실시할 필요가 있을 때에는 임시로 총리부에 비상재해대책본부(또는 긴급재해대책본부)를 설치하여 각종 기관의 재해응급대책의 종합조정 등 재난대책에 임하고 있다. 또 실제로 재해가 발생하거나 또는 발생할 우려가 있을 경우에 재해응급대책을 중심으로 하나 재난활동을 강력하게 통일적으로 추진할 필요가 있을 때는 도도부현 또는 구시정촌이 임시로 재해대책본부를 설치하여 지역재난계획에 따라 재해대책을 실시한다.

나) 지방방재회의

도도부현 구역 내의 재난사무에 관하여 도도부현의 기관, 중앙정부의 지방지분부국, 지정공공기관과 같은 관계기관들 간의 연락조정을 수행하고 종합적이고 계획적인 재난행정을 위해 도도부현 재난회의를 설치하고 있다.

지방재난회의(도도부현 재난회의)는 지역재난계획의 작성과 실시, 재난에 관한 정보의 수집, 재난 발생 시 관계기관의 연락조정 등의 업무를 담당하고 있으며, 재해예방, 재해 응급대책 및 재해복구의 각 단계에 유효하게 대처하기 위하여 재난계획의 수립과 원활한 실시를 추진한다.

또한 시정촌 재난회의는 시정촌 재난계획의 작성과 실시를 담당하는데, 시정촌은 공동으로 시정촌 재난회의를 설치할 수 있다. 조직이나 소관업무는 도도부현 재난회의와 유사하다.

다) 지방재해대책본부

재해가 발생 또는 발생할 염려가 있어 재해대책을 일괄적으로 시행할 필요가 있는 경우, 도도부현 지사, 시정촌장은 지방재난회의 의견을 듣는 재해대책본부를 설치할 수 있으며, 재해대책본부는 지사 또는 시정촌장을 본부장으로 하는 지방재난회의와 긴밀한 협조 하에 지역재난계획이 정하는 바에 따라 재해예방 및 재해응급대책을 실시한다.

중앙정부의 비상재해대책본부는 재해 발생 후 필요에 의해 설치되는 반면, 지방자치단체의 재해대책본부는 재난예방 측면에서 재난 발생 전에도 설치할 수 있도록 되어 있다.

3) 지방자치단체의 재난관리 조직 발전방향

대규모 재난 발생 시에는 재난관리담당부·국뿐만 아니라 도도부현 전 청 내 모든 실과와 시정촌간 지원·조정 등 서로 다른 조직이 협력하여 효율적으로 재난에 대응하게 위해서는 1) 일본에서도 ICS제도를 도입하여 조직과 용어를 표준화 할 필요가 있다. 미국의 경우 ICS(Incident Command System)제도를 통하여 서로 다른 단체에 있어 재난관리 관련 조직형태 및 사용용어를 표준화(용어 통일, 조직형태 표준화, 정보시스템 통일, 지휘명령계통 통일 등)하였다. 2) 또한, 방재주관 부서외의 실과에서도 평상시 방재시책에 대해 책임감을 갖고 재해예방활동, 응급대책, 복구·부흥대책을 위하여 방재책임자를 둘 필요가 있다.

4 중앙과 지방의 비상근무체제

〈표 3-12〉 중앙과 지방의 비상근무 체제

중 앙 〈 내각부 〉	지 방 〈 도도부현 및 시정촌 〉

• Ⅰ단계 : '비상재해대책본부'설치
  – 본부장: 방재담당대신
  – 근거: 「재해대책기본법」 24조 제1항
  – 설치기준: 국가가 특별히 '재해응급 대책'을 추
    진할 필요가 있을 때
⇓
• Ⅱ단계: '긴급재해대책본부'설치
  – 본부장: 내각부총리대신
  – 근거: 「재해대책기본법」28조의 2 제1항
  – 설치기준: 재해가 매우 극심할 경우
	• '재해대책본부' 설치
	  – 본부장: 도도부현지사, 시정촌장
	  – 근거: '재해대책기본법' 23조 제1항
	  – 설치기준: 재해가 발생할 우려가 있거나
	    발생했을 때 지역방재계획에 따라 지역방
	    재회의와 결정
	※ '재해대책본부'의 명칭은 개별사건에 따라
	    다를 수 있으며 지방자치단체에 따라 '재
	    난관리대책본부'라고 하기도 함

※ 단, 「대규모지진대책특별조치법」에 의거하여 경계발령이 내려진 경우 중앙과 지방에는 '지진재해경
계본부'를 설치하고, 「원자력재해대책특별조치법」에 의거하여 원자력 긴급사태가 발령된 경우에는
중앙과 지방에 '원자력재해대책본부'가 설치 됨.

- 재해대책본부 설치 기준: 재해의 규모에 따라 본부장이 판단하여 설치

5 재난 발생시 신고·연락체제

- 대규모 자연재해: 지진, 풍수해, 화산재해, 설해 등
- 중대사고: 선박·항공기 등 교통기관의 사고, 대규모화재, 폭발사고, 원자력사고, 독극물 등의 대
량유출사고
- 중대사건: 대규모 폭동, 패닉, 하이제크, 대량살상형 테러 사건
- 기타 긴급사태: 무력공격, 치안출동·해상경비활동을 요하는 사태 등

6 일본 재난시스템

1) 개 요

일본은 재난이 발생했을 때는 각 지자체의 피해지 면적이 확대되고 시시각각 정보가

변화됨에 따라, 정보처리에 지도와 컴퓨터를 사용하여 정부 재난관계기관과 네트워크 공통시스템을 준비, 재난발생 시의 대응을 효율적으로 추진하고 있다.

또한 국토교통성에서는 지형·지반상황과 인구, 건축물, 재난시설 등의 정보를 컴퓨터 상의 디지털지도와 관련되어 있는 지리정보시스템(GIS) 이용에 착안하여, 1995년도부터 지진재난정보시스템(DIS)의 정비를 착수, 지금은 모든 재난 유형에 도입하고 있다.

DIS는 재해 발생 전 '사전준비', 발생 후 '응급대책', '복구·부흥'의 3단계로 정확한 의사결정을 지원하는 것을 목적으로 시스템을 구축하고 있으며, 현재 가동하고 있는 시스템은 다음과 같다.

① 지진재난 조기평가시스템(EES)

EES는 기상청에서 보내온 지진정보를 가지고 지진피해(건축물, 인적피해 등)의 규모를 지진 발생 후 약 30분 이내에 자동적으로 추정하는 시스템이며, 재해 직후의 현지 피해정보 파악이 불가능한 상황에서도 신속하고 정확한 초동대응이 가능하다.

② 응급지원시스템(EMS)

EMS는 디지털 지도 위에 재난관련시설의 정보와 재난 발생 후에 입수된 현지의 피해 및 활동정보를 표시하여 응급대책활동을 지원하는 시스템이다. 초동대응의 단계에서는 EES의 추계결과를 가지고 진도 6 이상의 지역에 있는 시설을 알아냄으로써 피해상황의 추측이 가능하고, 정보입수단계에서는 현지로부터 수집된 피해정보와 활동정보를 입력해서 지도 위에 표시·검색함으로써 각종 피해정보와 활동상황을 파악할 수 있다. 또한 이들의 정보를 활용함으로써 응급대책 활동계획의 신속한 입안이 가능하다.

③ 향후 계획

DIS에 정비·축적된 각종 정보 분석결과는 국토교통성뿐만 아니라 관계성청, 지방공공단체 등도 유익한 정보가 될 수 있다는 생각을 가지고 DIS네트워크를 이들 관계기관까지 확대하여 필요한 정보를 유통시킬 수 있는 조직을 구축하고 있다. 또한 재난의식의 향상과 피해 발생 시의 대응지원 향상을 위해 평상시 또는 피해 발생 시에 DIS에 축척되어 있는 정보를 국민에게 제시할 수 있는 조직에 대해서도 정비하고 있다. 앞으로도 관계기관과 연계를 강화하면서 DIS의 지속적인 정비를 추진함으로 재난대책을 한층 더 충실히 하기 위해 노력하고 있다.

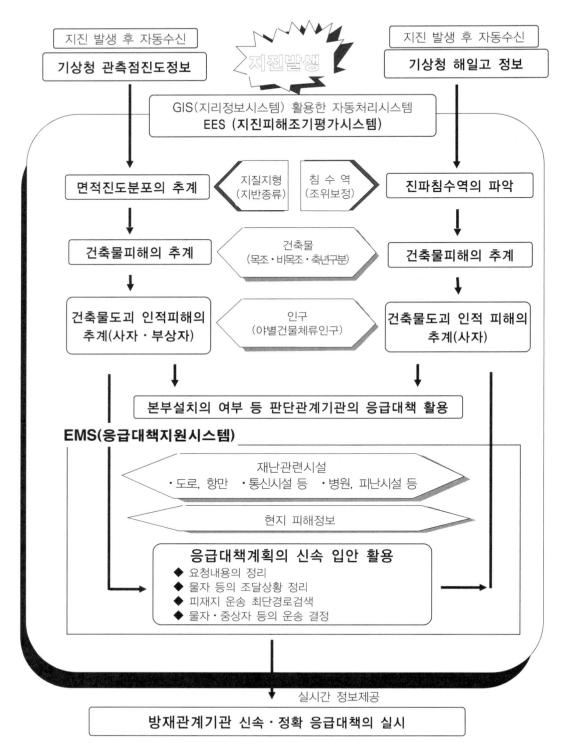

[그림 3-14] DIS(지진재난정보시스템)

2) 중앙재난무선망의 정비

① 중앙재난무선망의 정의

중앙재난무선망은 대규모 지진 등의 재해 시에 NTT 등 공중통신망 파손과 전화의 폭주로 인해 통신이 두절될 때에도 비상재해대책본부와 수상관저를 포함한 지정행정기관, 지정공공기관과 재해정보수집・전달을 위하여 통신수단을 확보하는 것을 목적으로 한다. 현재에는 지정행정기관 등 33기관과 지정공공기관 49기관 중 37기관을 연결하고 있다.

중앙재난무선망은 동경도 내에 소재하는 재난기관 상호 간을 연결하는 '고정통신계', 고정통신계로 접속이 곤란한 지정공공기관과 연결하는 '위성통신계', 공용차와 재해대책본부요원의 집을 연결하는 '이동통신계'로 구성되어 있다.

그 외에 대지진 등에 의에 고정통신계가 사용 불능인 경우를 대비해서 '수도직하형 지진대응 위성통신회선'이 있고, 남관동지역의 지정행정기관 등 26개 기관에 준비되어 있다. 또한 대규모 재해 발생 직후에 공중통신회선이 폭주 등으로 이용할 수 없는 상태가 되더라도 재해가 발생한 도도부현의 재해대책본부 사이에 긴밀한 연락을 취하고, 보다 빠른 재해대응이 가능할 수 있도록 건설성 회선을 이용하여 긴급연락용 회선을 정비하고 있는데, 이는 47개 도도부현 재해대책본부등과 연락을 확보하기 위해서이다.

② 화상전송기능의 정비

화상정보는 재해지역의 피해상태를 파악하는 데 매우 효과가 있고, 특히 재해 발생 직후 정부의 초동체제를 강화하는 데 중요한 역할을 하고 있다.

국토교통성에서는 중앙재난무선망을 경유해서 방위청, 경찰청, 소방청, 해상보안청, 건설성의 헬리콥터 탑재카메라로 촬영한 재해지역의 화상정보를 수상관저를 포함한 지정행정기관에 전송하고, 수상관저, 방위청, 경찰청, 소방청, 해상보안청, 건설성간의 고품질 화상 전송회선을 정비하여 대재해 발생 시에 현장으로부터 보내온 재해현장의 상태를 실시간으로 파악할 수 있는 것이다.

그것에 의해서 대재해 발생 시의 피해상황을 명확히 파악할 수 있게 됨과 동시에 응급대책 실시 등의 신속한 판단에 기여하는 것이다.

③ 타치가와 광역재난기지 내의 고정통신계 정비

국토교통성에서는 도쿄도 타치가와 시의 타치가와광역재난기지 내에 재해대책본부에 비시설을 설치하여 만일 국토교통성 재해본부시설의 사용이 불가능한 경우에도 정부 차원의 재해대책을 수행할 수 있도록 하고 있다.

그 재난 기지 내에는 국토교통성 이외에 국립방재의료센터, 동경소방청 타마사령실, 경시청 타마종합청사 등의 재난관계기관의 시설이 설치되어 있다.

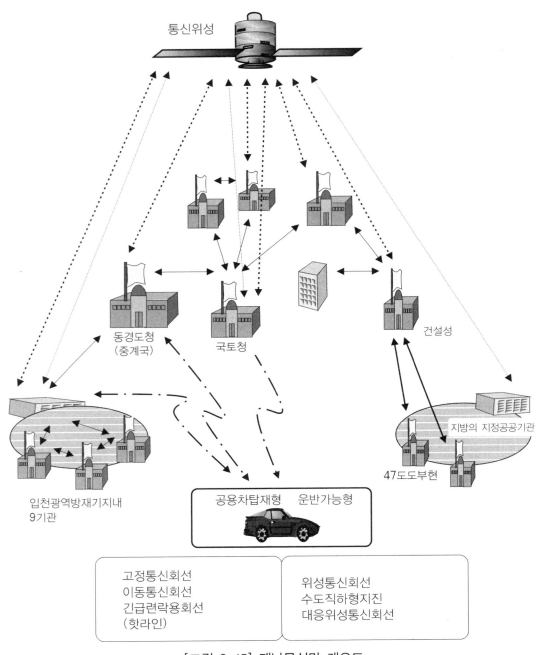

[그림 3-15] 재난무선망 개요도

3) 일본 재난관련 기능별 매뉴얼의 종류

일본의 재난계획상에 나타난 매뉴얼을 기능적으로 구분하면 의료, 검시, 복지, 피난, 대중구호, 복구, 기타로 나누어 살펴볼 수 있다.

〈표 3-13〉 일본 재난관련 기능별 매뉴얼

분 야	매 뉴 얼
의료서비스	• 재난 시 의료구호활동매뉴얼 • 재난 시 치과의료구호활동매뉴얼 • 재난 시 투석의료활동매뉴얼 • 병원에서의 방재훈련 매뉴얼 • 병원의 시설, 정비 자기점검 체크리스트 • 피해지 내의 후방의료시설활동매뉴얼
검 시	• 의료구호 활동 및 검시검안 등에 관한 각종 매뉴얼 지침 및 개발
복 지	• 재난피해자 약자방재행동매뉴얼 • 재난피해자 약자대책매뉴얼
피 난	• 피난소관리 표준매뉴얼 • 피난소관리운영매뉴얼 • 학교방재매뉴얼
대중구호	• 재난 시에 피난소 등의 위생관리 매뉴얼
복구·부흥	• 생활부흥매뉴얼 • 도시부흥매뉴얼
기 타	• 재난 시의 행동매뉴얼 • 개인 방재매뉴얼 • 사업소 비상계획 및 비상용 매뉴얼 • 초기소화매뉴얼

앞에서 기술한 매뉴얼 외에도 기업이나 사업소, 전기·가스·통신·상하수도 등과 관련되는 기관에서도 각 방재계획과 매뉴얼을 작성하고 있는 것으로 파악되고 있다. 특히 동경도의 경우 도지사가 지정하는 재난대책상 중요한 시설에 대해서는 방재계획과 대책, 그리고 매뉴얼 작성 등을 의무화시킬 수 있도록 「동경도 진재(震災)대책조례」 제11조에 규정하고 있다.

4) 일본의 재난안전체험관

① 사람과 방재미래센터

	실내 교육장		
소재지	고베 시 중앙구 와키노하마 가이간도리 1-5-2		
총 공사비용(원)	건설비(체험시설 포함) 60억엔: 정부지원30억엔＋효교현30억엔		
설립연도(년)	제1기시설(2002년 4월), 제2기시설(2003년 4월)		
교육대상	전 국민(초・중・고 학생/일반인)		
공원 면적(평)	제1기시설(연면적 8,200㎡), 제2기시설(연면적 10,200㎡)		
1회수용인원	1팀 120인1, 1일 3,000명		
연간이용객	제1기시설(연간26만명), Total 약 50만명		
홈페이지	www.usj.co.jp		
교육이용료 유무	구 분	개 인	단체(20인 이상)
	어 른	500엔	400엔
	고교・대학생	400엔	320엔
	초중・중학생	250엔	200엔
운영주체	고베 시		
재정지원	정부 50% 지방비 50%		
운영예산(원)	총 5억엔 ＝ 정부지원2.5억엔＋효교현2.5억엔		
직원현황 / 관리직	총인원 25인＝ 효고현 직원 파견(5인)＋국토교통성(1인:부 센터장)		
직원현황 / 교육지도자	교육, 안내(20인: 위탁 및 자원봉사)		
직원현황 / 기타	전문 연구자는 불포함(현재 각 분야에 총 6명)		
시설현황	제1기 시설(방재 미래관)		제2기 시설(사람과 미래관)
	1.17시어터, 지진재해 직후의 거리 모습, 대지진 홀, 바코드 네비게이터, 지진재해에서 부흥까지의 코너, 지진재해를 전해주는 코너, 방재정보 컨테이너, 방재 워크숍 연구실		마음의 극장, 아시아 방재센터, 지진방재 프런티어 연구센터, 국제연합 지역개발센터, 국제연합 인도문제조정사무소, 효고현 휴먼케어 연구기관
시설 기타	기계실, 수장고, 인재육성 세미나실		
교육시간	오전 9:30 ～ 1오후 6:30		
1일 교육회수	1팀 1hr		

② 시설개요

사람과 방재미래센터는 한신·아와지 대지진 재해의 경험과 교훈을 후세에 계승하며 또한 재해로 인한 국내·외의 피해를 경감시키는 데 공헌하기 위한 시설이다.

센터 내에는 한신·아와지 대지진 재해의 발생 직후부터 부흥사업이 진행 중인 현재까지의 모습을 박력 있는 영상과 그리고 재난 피해자들로부터 제공받은 귀중한 자료를 바탕으로 소개하고 있다. 또한, 방재에 관련된 종합적·실천적인 인재 육성과 조사 연구에 노력하며 더욱이 재해 발생 시에는 재해 관련의 해당 전문가를 재해 지역에 파견하여 전문적인 조언과 지원을 실시할 예정이다. 그리고 생명의 고귀함과 서로 도우며 살아가는 공생의 아름다움을 체험할 수 있다.

[그림 3-16] 전 경

③ 위령비

[그림 3-17] 위령비

사람과 방재미래센터를 둘러싼 수반(水盤)의 한가운데에 대지진재해의 희장자 전원의 이름을 새긴 위령비 설치

④ 시설현황

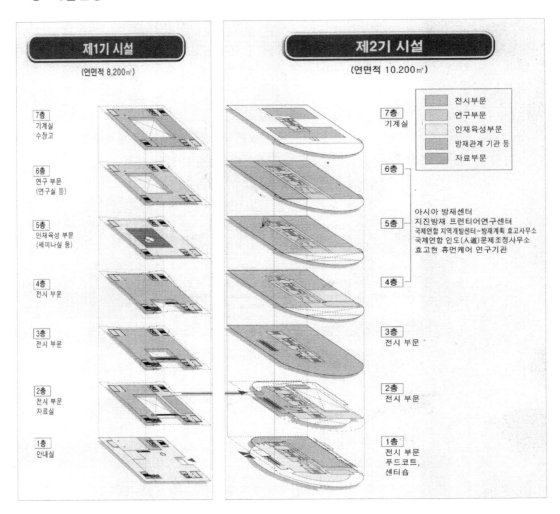

⑤ 광역지원

대규모 재해 발생 시, 실제적인 노하우와 풍부한 재해대응 경험을 갖춘 전문가들을 신속하게 재난지역에 파견하여 재난지역의 피해대책본부 등에 대한 전문적인 조언을 실시한다.

가. 지원분야

- 재해대책 행정대응: 재해대책본부 체제, 국가·관계 기관과 연대 방향 등
- 응급피난 대응: 피난자 지원, 응급가설주택 대책 등
- 인명구조·구급대응: 재해 의료 등
- 2차 피해 대응: 여진 대책, 토사 피해 등
- 자원동원 대응: 물자기지 운영, 교통 대응 등
- 정보 대응: 정보수집·분석·제공, 보도 등
- 자원봉사 대응: 자원봉사 코디네이터 등
- 인프라 대응: 라이프 라인, 주택 등
- 재난자 지원 대응: 지원 내용, 원호가 필요한 사람에 대한 지원 등
- 지역경제 대응: 피해액 산정, 영업 재개 지원 등

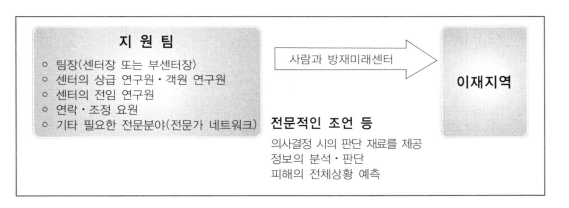

⑥ 인재육성

가. 전임연구원의 육성

대학원 석사과정 수료자 및 재해대책 업무에 정통한 자 등을 전임 연구원(상근)으로서 3~5년간의 임기로 채용, 체계적인 연구 지도를 통해 종합적이며 실제적인 방재 전문가로 육성한다.

| 한신·아와지 대지진 재해의 검증 결과를 학습 | 방재 전반에 관한 체계적인 지식을 습득 | 재해 대책에 관한 조사연구 | 현장조사 | 위탁연구 공동연구 |

나. 재해대책 전문연수

코스명	대 상 자	연수기간	내 용
톱매니지먼트 코스	도도부현지사, 시정촌장 등	1 ~ 2일	자치단체의 책임자로서 위기관리 의식과 대응능력의 향상을 꾀한다. 대규모 재해 발생 시의 톱매니지먼트에 중점을 둔 커리큘럼을 진행한다.
매니지먼트 코스(후기)	지방공동단체, 정부 관련기관, 공공기관의 관리직원으로서 재해 발생 시 긴급 대응의 지휘자가 될 수 있는 자 및 장래의 후보자 등	2주일 (4일×2주)	실제적인 면을 중시한 교육훈련 커리큘럼에 의한 연수, 재해 발생 시의 방재사무 책임자로서 필요한 능력을 습득한다.
매니지먼트 코스(전기)	위의 대상자 가운데 경험 연수가 적은 자 등	3주일 (5일×3주)	재해대책을 실시하기 위해 필요한 기본적인 지식·기술을 체계적으로 습득함으로써 방재 능력의 향상을 꾀한다.

⑦ 조사연구

[그림 3-18] 연구실

향후 재해 발생 시의 긴급대응, 복구 및 부흥에 활용할 수 있는 실제적인 대책과 시스템에 관해 실천적인 면을 중시한 종합적인 연구를 실시하고 국내·외의 재해대책의 추진 및 피해의 경감에 공헌한다.

⑧ 교류 및 네트워크

방재에 관한 전문가와 정보를 교류할 시스템을 구축함과 동시에 국내·외의 방재 관련기관과 교류 및 네트워크 구축의 거점이 된다.

- 세미나 및 심포지엄 등을 개최함으로써 각각의 분야에 한정되지 않고 폭넓은 연구자들과 교류 및 네트워크 구축
- 인터넷 등을 활용한 열려 있는 정보 네트워크를 구축

⑨ 자원 수집 및 보존

한신·아와지 대지진 재해에 관한 서적과 실물자료를 수집·보존한다. 자료실에서는 이들 자료 등을 열람할 수 있다.

⑩ 전시시설

1층: 안내시설

[그림 3-19] 안내센터

[그림 3-20] 전자팔찌 사용방법 설명

2층: 미래의 방재에 관한 내용 소개

[그림 3-21] 방재정보 컨테이너

현재 발생 중인 재해의 상황은 물론 시민과 행정 당국의 노력 등 재해와 방재에 관련된 최첨단 정보를 제공한다.

- 방재정보 사이트

[그림 3-22] 방재정보 사이트

인터넷으로 정보검색이 가능하다.

- 방재 워크숍

[그림 3-23] 방재 워크숍

재난·방재에 관한 실제적인 지식을 실험과 게임을 통해 체험하며 학습할 수 있다.

● 자료실

[그림 3-24] 자료실

지진에 관한 자료와 도서를 열람할 수 있다.

3층: 한신·아와지 대지진 재해를 실물자료와 상세한 데이터로 소개

● 바코드 네비게이터

[그림 3-25] 바코드 네비게이터

전시물의 해설과 그에 관한 체험담 등을 알려주는 휴대용 단말기를 빌려준다.

● 지진 재해에서 부흥까지의 코너

[그림 3-26] 지진재해에서 부흥까지

지진 직후부터 부흥 작업에 힘을 쏟고 있는 사람들의 생활과 거리의 모습 가운데에서 몇 가지 토픽에 관한 내용을 그래픽과 모형을 통해 해설한다.

● 지진재해를 전해 주는 코너

[그림 3-27] 지진재해를 전해주는 코너

지진재해에 관련된 사람들이 비디오에 출연해 자신들의 체험담을 육성으로 전해주고 있다. 방문자 역시 자신들의 감상 등을 메시지 보드에 남길 수 있다.

● 대지진의 기억을 남기는 코너

시민들의 협력을 통해 수집된 지진재해 관련 자료를 자료 제공자의 체험담과 함께 소개한다.

● 대지진에서 배우는 코너

대지진에 관한 다양한 데이터를 당 센터의 상급연구원 등의 연구자들의 해설과 함께 제공한다.

4층: 한신·아와지 대지진 재해를 영상으로 소개

● 시어터

[그림 3-28] 시어터

지진 발생으로 붕괴된 빌딩과 고속도로의 모습을 대형 영상을 통해 소개한다.

● 지진재해 직후 거리 모습

[그림 3-29] 지진재해 직후의 모습

지진재해 직후 파괴되어 버린 거리의 모습을 디오라마 모형으로 재현한다.

● 대지진 홀

[그림 3-30] 영상 체험

[그림 3-31] 3D 체험

지진재해에서 다시 일어나 복구 및 부흥 작업을 펼치고 있는 거리의 모습을 다큐멘터리 영상으로 소개

[그림 3-32] 견학 및 체험 설명

[그림 3-33] 구조실습

ⓒ 구조

기관명	개관 년도	소재지	면적 (평)	총사업비 (엔)	년 간 방문객	직원 수	구성 체험 시설	
혼조도 민방재 교육 센터	1995	일본 동경	2,000	210억	7만2천	31	★3D입체영상극장 · 소화코너 · 연기탈출코너 · 지진체험코너 · 구조구급코너 ★멀티미디어사료실	★풍수해체험코너 ★어린이소방서 · 신고코너 · 자기평가코너 · 탁상실험실습실 · 시청각실
이케 부끄로 도민방재 교육센터	1986	일본 동경	650	25억	5만	20	· 소화코너 · 연기탈출코너 · 지진체험코너 · 구조구급코너 · 시청각실	★소방설비 · 신고코너 ★빌딩방재 · Q&A코너
타치가와 도민방재 교육센터	1995	일본 동경	1,600	920억 시설 128억	5만	30	★방재미니극장 ★지역위험코너 · 연기탈출코너 · 지진체험코너 · Q&A코너	· 소화코너 ★생활속의 위험코너 · 신고코너 · 구급코너 · 시청각실
요코하마 시민방재 센터	1983	일본 요코 하마시	1,800	시설 27억	4만	37	★수해체험코너 ★소화코너 · 연기탈출코너 · 구조구급코너 ★백화점 방재설비 · 시청각실	· 위험낙하물코너 · 신고코너 · 지진체험코너 ★고층주택의지진피해 ·Q&A코너
시즈 오카현 지진방재 센터	1989	일본 시즈 오카현	955	87억	4만	10	★해일체험코너 · 소화코너 · 연기탈출코너 · 지진체험코너	· Q&A코너 · 구조구급코너 · 신고코너

제4절   스위스

　스위스는 유럽국가 중 인구의 80% 이상이 다국적이며 재난관리에서 민간방재 즉 민 방위체제를 이끌고 있는 나라로 전시나 평시에도 여러 종류로의 재해·사고로부터 일반 민중과 시·촌을 지켜나가는 것에서 시작되었다. 이것은 스위스의 국토방위상 빼놓을 수 없는 부분으로 임무 수행을 할 때 전시나 평상시에도 구별 없이 군의 지역방위대의 원조를 받고 있다.

　민간방재조직은 비군사적 조직으로 시·촌 등이 자주적으로 설치되어 특정의 관청이 이것을 지휘하고 있다. 스위스의 민간방재조직은 법무 경찰청의 관할 하에 있으나 무장 을 하지 않기 때문에 전투임무를 수행하지는 않으며 민간방재조직은 여성과 징병의무가 없는 남자로서 그 훈련은 수일간의 단기간 코스로 이루어진다.

　대규모 재난으로 인해 일반구민을 구조하기 위해서는 민간 방재조직 외에 고도의 구 호자재를 가지고 있으며 군사적으로 훈련된 강력한 부대인 국방군 대공방위대가 조직되 어 재난 발생 시 각 지역에 소속된 동원 가능한 예비인원으로서 피해지역에 출동하게 되어 있다.

　국방군의 지역방위대는 국방군과 관청, 민간 간의 연락 역할을 하고 있으며 특정의 지역의 방위도 담당하고 있다. 주요 업무는 중요한 건물의 경비, 기상예보, 정보와 경보 의 전달, 물자확보, 기업 활동의 제한, 교통규제, 피난민의 수용 등 다방면을 담당한다.

　이러한 지역민방위대는 지금 현 우리 민방위대와 같은 맥락이 많으나 요즈음 중요시 되고 있는 환경문제, 즉 공기, 우박, 홍수 등에 포함되어 있는 방사능 등을 상시 검출해 위험수위에 달하며 주민에게 경보하여 대처하는 조직력은 우리의 민방위본부가 주도하 여야 할 민간인 참여의 업무에 대해 참고가 된다.

　스위스는 유럽중부에 위치한 영세중립국으로 군사방위, 경제방위, 심리전방위 등을 유 기적으로 연결하여 총력방위체제를 확립하고 있는 민방위제도의 모범국가이다.

　스위스는 근대 산업화 이전에는 산악지대의 소국으로 특별한 부존자원이 없고, 강대 국들에 의해 둘러싸인 지정학적 위치로 불리한 여건을 가지고 있지만, 30년 종교전쟁, 제1, 2차 세계대전, 냉전 등 수많은 국가적 위기와 외침 속에서도 총력방위를 기반으로 영세 중립국의 지위를 견지(1815년 11월 이래)하고 있다. 현재에도 국민개병제와 민방 위를 중심으로 강력한 안보체제를 확립하고 있다. 스위스인들 스스로가 그들의 독립은 징병제도를 위시한 완벽에 가까운 방위태세 덕분이라고 자부하고 있다.

　스위스 민방위제도는 1959년 「연방헌법」 제22조가 승인되면서 출발하여, 1992년에는 재난 구호를 위한 민방위업무가 추가되어 무력 충돌 시 민방위업무가 군인업무와 동일한 수준으로까지 발전하였다. 2003년부터 시행된 '국민보호를 위한 지침(guiding principle for protection of the population)'에 따라 전. 평시 위협과 재난으로부터 국민을 보호하는 종합 시스템으로 체계화되었다.

　스위스 민방위당국은 현재 자국에 미치는 다양한 위험을 인식하고, 위험의 종류에 따라 각기 다른 해결책을 동원하여 해결하고자 노력하고 있다. 스위스의 안보정책은 외교정책을 필두로 국방, 정보, 그리고 민방위의 개념을 포함하고 있으며 에너지, 환경, 보건 등에 관한 상황도 중요하게 다루어지고 있다. 특히 국가안보 차원의 민방위의 역할은 경제, 생태, 사회적으로 영향이 증대하고 있는 인위 및 자연재해의 범위까지 확대되고 있는 실정이다.

① 민방위제도 및 조직

1) 민방위 조직체계

● 행정기구

− 총력방위체제는 연방내각 직속의 총력방위본부에서 수행하고 전·평시 민방위는 연방사법경찰청 산하 연방민방위청에서 총괄하고 있다.
− 민방위대 조직·운영 책임
  • 시정부에서 임명한 민방위대장에 의해 통솔, 전국 약 1,500개
  • 기본 조직편제는 지역 여건에 따라 다름
− 스위스는 주정부(Canton)가 행정의 주무관청이며 연방정부는 주정부의 행정을 지원하는 형태
− 민방위지휘부(Commandar)가 민방위 재난업무를 총괄 지휘
  ※ 주정부의 Commandar는 장관급 공무원, 자치단체의 Commandar는 민방위대원 및 일반 국민 중 의회에서 선임

2) 민방위 교육

　스위스 민방위 대원은 간부 명령 복종의무, 장비의 올바른 사용, 직책수락의 의무 등이 있다. 의무와 더불어 평시 각종 교육과 훈련의 혜택을 받게 되며 또한 민방위대원으

로 동원될 경우 수당, 필요할 경우의 숙식, 공공교통의 무료이용, 월급 보상, 세금감면, 보험제공 및 파산 등 경제관련 민사소송 시 일시 보류 등의 혜택을 받는다. 또 민방위 신입대원으로 편성되면 하루 동안의 의무교육에 참가하여야 하며 이때 대원의 특성에 따라 임무가 주어진다.

신규편성 대원의 교육은 1주일간(5일) 실시하고 있으며, 간부는 12일간 교육을 실시 한다.

일반 민방위대원의 교육훈련은 없고 간부요원(Chief Manager)은 교육 프로그램에 따라 2일간 분야별 교육(Commandar)을 주관하고 있다. 그리고 교육훈련 통지서를 교육개 시 1년 전에 통지하고 대상자는 8주 전에 교육 일정 및 수강과목 등 참여계획을 제출 한다. 교육 참여 및 동원에 따른 인건비 지급은 연방정부에서 20%, 취업기관(기업체)에 서 80% 부담하고 있다. 또한 교통비 등 실비는 별도로 지급하고 있다(5~30프랑 정도).

교육 불참 및 동원 불응 시의 조치로는 벌금 30만 원 정도 또는 징역형을 부여하고 있다.

3) 교육내용

민방위 교육 시간은 비교적 짧다. 적절한 장소에 적절한 사람이라는 의식에 따라 민 방위 의무 이행자들은 일정 기준에 따라 효과적으로 분배된다.

뒤를 이어 도입 코스는 최장 5일이 소요되고 전문 분과별로 시행되는 기초 교육에도 많은 도움이 된다. 군대에서는 민방위로 부서를 이동한 사람과 군에서 민방위 업무를 수행하는 사람에 대해서는 단축된 기초교육으로 종료된다.

간부나 전문가들은 도입 코스 외에도 최장 12일간의 전문가 코스를 추가적으로 수료 해야 한다. 하지만 이 과정에서도 상당한 지식이 있다고 인정되는 경우에는 훈련기간을 단축할 수 있다.

간부와 성인남자들은 반복 과정에서 고급훈련을 받는다. 이과정은 기초교육에서 얻은 지식, 특히 지휘와 부대형성에서 얻어진 지식들을 보충하고 심화하여 실제 상황에 적용 하기 위한 것이다. 이 과정에서는 소방대나 민간구호단체 그리고 구조대가 함께 합동으 로 훈련을 받는다. 반복과정은 종종 사고현장에 투입된다.

4) 교육대상

스위스 민방위 조직은 현재 군대 및 공무원으로 활동하고 있지 않는 20세에서 50세 까지의 모든 남성을 대상으로 하고 있고 소방대원 등 공무를 수행하고 있는 사람은 민방위 복무의무가 면제된다. 육체적·정신적으로 문제가 없는 남성들은 의무적으로 봉사하여야 하고, 여성과 외국인은 자원봉사자의 형태로 민방위조직에 참가할 수 있다.

5) 교육훈련시설

취리히 시에서 운영하고 있는 민방위 교육훈련본부는 사실과 똑같은 상황을 연출한 체험교육을 시킬 수 있도록 다양한 유형의 실전 훈련시설을 갖추어 놓았다.

대표적인 훈련시설로는 건축물 붕괴 유형별 현장체험 훈련시설, 가스폭발 실전체험 훈련시설, 비상사태 대비자가 급식제조 훈련시설, 충돌차량 실물구조훈련 시설, 제방축조 훈련시설, 각종 구조장비 , 목재 소화훈련 시설, 장애자 및 부상자 휠체어 이송훈련 기구 및 시설, 화생방 훈련시설 등 갖추고 있다.

실전에 대비한 생활 민방위 훈련을 실시할 수 있도록 완벽한 시설을 갖추고 있으며 소화, 인명구조, 화생방훈련 등 모든 과정이 소수인원으로 조를 편성하여 완전히 숙달이 되도록 철저하게 체험 위주의 실전 훈련을 실시하여 유사시에 실제로 활용되는 산교육을 실시하고 있다.[30]

6) 민방위의 특징

다른 나라와는 달리 스위스 민방위는 문화유산(문화재)보호를 주요 임무 중의 하나로 인식하고 있다. 스위스 민방위 당국은 일반적인 위험(도굴, 테러, 부식, 무관심 등), 재난(화재, 홍수, 지진, 폭풍, 산사태 등), 그리고 무력충돌(폭발, 파괴, 화재, 약탈 등)의 위협으로부터 문화재를 보호하는 의무를 담당하고 있다.

스위스 민방위의 원칙은 한마디로 '현장에서 보호, 지원 및 구조'로 표현된다. 스위스 당국은 성공적인 민방위 운영을 위해서는 몇몇 전문가들만의 활동으로는 불가능하다는 점을 인식, 국민 대다수가 자원봉사자로 참가할 수 있도록 노력하고 있다. 시민과 가장 가깝고 효율적으로 호흡할 수 있는 시(市)정부가 민방위 운영의 근간이며 자체적 책임을 지고 있다. 취리히 시에서 운영하고 있는 민방위 교육훈련본부의 특성은 사실과 똑같은 상황을 연출한 체험교육을 시킬 수 있도록 다양한 유형의 실전 훈련시설을 갖추어 놓는 점이다.

또한 스위스의 피난장소인 대피소(shelters)는 스위스 민방위의 기본이 되고 있으며, 국민 모두가 빠짐없이 가까운 거리에서 대피할 수 있도록 대피소 마련에 목표를 두고 있다. 위험이 닥치면 정부의 명령에 따라 대피소를 이용하고, 평상시에는 비워둔다. 「민

---

30) 서울특별시, 「비상·민방위 업무 담당자 선진체험 해외연수 결과 보고서」, p.55.

방위 기본법」이 1995년에 수정됨에 따라 전쟁과 같은 비중으로 재해 및 재난에 대한 대피도 그 중요성이 인식되고 있으며 지역 단위별로 각각의 필요성에 따라 민방위 활동이 독립적으로 보장된다. 민방위 활동의 일환으로 문화유산을 보호하는 활동을 비중 있게 다루는 것은 스위스 민방위제도의 특징이라고 할 수 있다.[31]

7) 민방위 시설장비 확보

① 대피시설

스위스의 대피시설은 화생방 방호가 가능한 지휘부용 대피시설과 일반 주민대피용 시설을 구분하여 설치운영하고 있으며, 전국 650만 석을 설치하였다. 이는 전 국민의 95% 수용이 가능하다(군인제외). 또한 문화재 대피시설 269개소도 설치하여 비상사태 시 사용할 수 있다.

② 대피소 운영

경제활동을 하는 일부 주민들은 그들의 작업장 소재지에 설치하여 운영하고 있고, 평상시에는 보관소나 창고 또는 놀이공간 등으로 활용 가능하다. 24시간 이내에 민방위 대원들이 즉시 사용할 수 있는 상태를 유지하고 있다. 또한 새 건물이나 중요한 부속 건물의 소유주는 그 건물 소재지에 대피소를 설치, 그렇지 않을 경우 해당 시나 주정부의 결정에 따라 대체 분담금을 납부할 의무가 있다.

스위스의 대피시설은 임시 피난장소가 아닌 비상사태 극복을 위한 생활공간 및 전쟁수행 장소의 개념으로 만들어지고 있다. 설치대상으로는 개인용, 공공용, 지휘용, 의료용이 있다.

개인 보유시설에 대하여는 사태 발생 시 8시간 이내에 대피 시설로 전환 사용할 수 있도록 평시 조건부 사용 조치하고 있다.

연방정부는 민방위국을 중심으로 전국적인 민방위 조직을 총괄하고, 고급간부 및 관리자를 양성하기 위해서 슈바이첸부르크에 위치한 연방교육기관에서 교육을 실시하고 있으며, 민방위 정책 및 프로그램을 연구 개발하고 있다.

주 정부는 민방위 부서를 중심으로 연방정부가 정한 정책을 시행하고 중간관리자 및 전문가에 대한 교육훈련을 실시하며 시(지역)정부를 지원하고 주정부 관할 구역에 대하여 종합적인 구조대책을 수립한다.

---

31) (재)희망제작소 재난관리연구소·충북대 국가위기관리연구소, 『재난관리의 수요자 중심 접근과 재난』

〈표 3-14〉 대피시설 종류 및 정부 지원

구분	내용	정부지원
개인용	아파트, 주택 공연장, 학교, 교회, 공장	개　인: 50% 연방정부: 50%
공공용	개인용이 미비한 지역 상업중심지, 교통요충지	지방정부: 70% 연방정부: 30%
지휘용	민방위 지휘기구, 통신, 공기정화, 제독, 급수, 화장실	지방정부: 70% 연방정부: 30%
의료용	병원: 의료행위 요건 구비 기타: 응급처치소 역할	지방정부: 잔여 연방정부: 30~70%

③ 민방위 장비

민방위대의 임무수행을 위해 사용되는 기본물품은 연방정부가 제공, 시정부는 필요에 따라 이러한 물품들을 보충할 의무가 있다.

특히, 압착기, 정찰 조명기구, 윈치(winch), 삽, 곡괭이, 라디오, 삼각대, 위생용품 등은 민방위대와 보건위생국 건물 안에 보관하고 있다.

민방위대는 재해 발생 시 필요에 따라 건설현장의 기계와 같은 특수 장비들을 빌려서 사용, 적극적 활동(전시)의 경우에는 이러한 물품들을 징발해서 사용 가능하다.

민방위대원들은 자신의 역할에 상응하는 작업복을 사전에 지급받고 있다.[32]

〈표 3-15〉 기관별 역할 분담

구　분	연　방	주(Canton)	시(지역) (Municipality)
일반업무	법규의 비준과승인 집행(시행)감독 육성과 발전 기본계획	연방의 법규 집행 이웃 접지역의 구조 등의 지원	상급 정부 조치시행 시민 보호 민방위 조직구성 민방위대 투입
교육 · 훈련	고위간부 및 관리직 교관양성 프로그램 연구개발	중간 관리자 재교육 운영	신규대원 및 하위직 기초 교육훈련
시설, 물자	표준화가 필요한 설비 확보	연방정부에 의해 확보된 시설, 장비의 시 정부 배분	시설, 장비의 확보 비축 및 자산관리 (자체 및 연방지원) 소모품 보충
대피소	계획 및 인가 재정부담	대피소 등급 확정 공습 대피소 운영	대피소 유지 관리
보호의무 수행 공간	건축주 및 각 가정에서 대피소를 설치·유지함		

---

32) http://www.busan.go.kr/04_life/07_defense/01_03.jsp

〈표 3-16〉 민방위 시설 확보 의무

구 분	연 방	주	시(지역)	가정(개인)
의무적 대피공간				●
교육, 공공대피소, 경보	●	●	●	
공공 대피소 유지			●	●
장비 및 물자	●	● (경우에 따라)	●	
개인 및 관리비용	●	●	●	
화생방 대피소 및 장비(방독면)	● (의무화)	●	●	● (의무화)

※ 민방위 대피 공간은 1966년 법제화로 모든 건축물 지하에 설치를 의무화함.

2 스위스의 대비체계

1) 비상대비업무 체계

① 엄브렐라(umbrella, 포괄적) 시스템

시민보호체계는 지휘, 보호, 구조 및 피해경감을 제공하는 통합된 엄브렐라 시스템이다. 이러한 엄브렐라 시스템 내에서 해당기관(경찰, 소방대, 공중보건부서, 기술지원부서, 보호지원대)은 소관분야의 업무를 수행하고 서로 협조한다. 연합기관이 기획 및 대비업무를 조정하고 재난이나 비상사태 시 투입될 경우 작전통제권을 행사한다. 필요한 경우 지원업무를 수행하기 위하여 기타 기관(사회서비스 제공 조직), 민간기관(사마리아인 협회, 적십자), 민간기업(임업, 건축, 수송기업)이나 군도 동원할 수 있다. 캔톤(州, 주)과 시·군·구는 해당 지역의 필요와 위험에 적합하도록 시민보호 조직을 구성한다.

② 비상대비업무와 목적

정부의 2000년도 안보정책에 관한 보고서에 규정된 안보정책의 목적에서 비롯된 시민보호 임무는 재난이나 비상시뿐만 아니라 무력 충돌 시에 국민과 필수 자원을 보호하는 것이다. 시민보호업무는 지휘체계를 제공하고, 보호 및 구조를 담당하며 피해경감업무를 수행한다. 시민보호업무 체계는 피해를 예방하고 최소화하고 관리하는 데 도움이 된다. 시민보호업무는 다음과 같은 임무를 수행함으로써 이러한 목적을 달성한다.

- 위험에 대한 정보뿐만 아니라 보호 가능성과 보호조치에 대한 정보를 국민에게 제공한다.
- 국민에게 경보를 발령하고 행동요령을 공포한다.
- 지휘체계를 제공한다.
- 협조기관의 준비와 투입을 조정한다.

유럽에서 무력충돌이 발생할 가능성이 낮기 때문에 군사적 충돌을 관리하기 위한 작전태세의 중요도는 떨어지고 있다. 재난과 비상사태가 현재의 계획을 규정하는 주요한 위험요소가 되고 있는 것이다.

일반적으로 재난과 비상사태뿐만 아니라 전쟁의 시초가 될 수 있는 무력충돌도 스위스를 위험에 처하게 하지는 않는다. 이로 인해 시민보호자원을 지역단위, 캔톤 단위로 기획하고 배치할 수 있으며 인력과 장비를 절약할 수도 있다.

③ 협조기관 및 책임구역

각각의 협조기관에 역할을 명확히 정해 주는 것은 아주 중요하다.

전체적인 시민보호시스템의 일부로서 경찰, 소방대, 공공보건 및 기술담당부서들은 사태 발생 시 즉각 투입할 수 있도록 사전에 계획을 수립하고 있다. 이와는 달리 보호지원대(P&S)는 대규모 재난이나 비상사태 시에 사용되는 2차적 수단이다.

- 경찰: 시민보호시스템 내에서 경찰은 안전과 질서유지 임무를 담당한다. 캔톤과 기초단체의 경찰은 실제 작전에 투입된다. 인력 및 물자가 최대로 필요할 때에는 보호지원대를 소집할 수 있다.

- 소방대: 소방대는 구조업무와 화재진압을 포함하는 피해지역 관리역할을 담당한다. 소방대는 캔톤 단위로 운영된다. 화학, 석유, 방사능보호 등과 같은 특별한 임무는 특별 장비를 갖춘 훈련된 특수소방대가 수행한다.

- 공중보건부서: 공중보건부서는 모든 상황에서 국민에 대한 최선의 건강관리를 책임진다. 이러한 건강관리에는 예방조치와 심리치료도 포함된다. 공중보건부서도 캔톤 단위로 운영된다. 대규모 환자(예를 들어 전염병 발병, 지진 발생, 방사능 누출 등)

나 무력충돌 시에 필요한 연방 차원의 의료조정위원회, 비축 의약품, 의료시설도 준비되어 있다.

- 기술지원부서: 공공조직과 민간기관을 불문한 기술지원부서는 산업핵심기반시설 및 물자의 기능이 원활하게 유지되도록 한다. 이러한 기술지원 분야에는 전기, 물, 가스 공급, 전기통신, 쓰레기 처리, 도로유지 등과 관련되어 있다. 최대로 필요한 경우를 대비하여 기술지원 분야는 민간기업과 다른 협조기관의 자원을 보강할 수 있다.

- 보호지원대: 보호지원대는 국민에게 경보를 제공하고, 대피소가 필요한 사람들을 돌보고 문화유산을 보존하기 위한 보호시설과 물자를 제공해야 한다. 보호지원대는 필요한 경우에 수일에서 수주 또는 한 달까지 지속되는 장기 작전을 통하여 다른 협조기관을 지원하기도 한다. 보호지원대는 2차적인 피해를 예방하기 위하여 복구작업도 수행하고 지원인력 및 물자를 보강한다. 보호지원대의 지방조직 및 다른 협조기관의 협력관계는 연방법 내에서 캔톤이 조정한다.

④ 조직권한

재해나 긴급구조 필요시에는 시정부나 주정부의 소관으로 소집명령을 내릴 수 있다. 하지만 방사능오염사고와 같이 광역 사고 시에는 연방정부도 민방위대 소집명령을 내릴 수 있다. 전시에는 적극적으로 활동을 하기 위해서 민방위대의 소집명령은 연방정부에서 소관을 한다. 그리고 주정부도 역시 자기 주의 민방위대 소집명령을 내릴 수 있다.

2) 비상대비 조직체계

① 지휘 및 관리

시민보호 엄브렐라 시스템의 전체적인 책임은 해당 지방정부(시·군·구, 캔톤)에 있다. 재난이나 비상사태가 발생하면, 지휘책임은 해당기관의 직원, 행정참모부서의 직원, 협조기관의 부서장들로 구성되는 조직이 담당한다.

이런 조직의 역할은 발생한 위협의 분석, 기획, 재난이나 비상사태 발생 시 협조기관의 투입 등을 총괄·조정하는 것이다. 행정지원 업무에는 정보, 통신, 화생방 보호 및 자원의 조정 등을 포함한다.

② 기초단위 조직, 준비태세 강화, 인력 증강

협조기관은 기초단위 조직에 마련된 자원을 이용함으로써 사건을 처리하게 된다.

기초단위 조직은 일상적인 사건에 중점을 두고 있고 배치된 자원은 사건의 성격과 규모에 따라 추가적으로 보강하게 된다.

현행 협조기관과 특히 경찰, 소방대 및 공중보건부서의 즉각 투입 인력 및 자원의 협조는 일상적인 사건을 처리하는 데 충분하다.

일상적인 사건이 발생하면, 이러한 수단이 현장에서 일정한 절차에 의해 작전을 통제하게 된다.

시·군·구나 그 지역의 여러 협조기관 또는 모든 협조기관의 투입을 필요로 하는 재난이나 비상사태가 발생할 수도 있다.

협조기관은 추가적인 인력 및 자원을 증강하거나 예비자원을 활용할 수 있다. 또한 민간조직과 기업 및 군을 소집할 수도 있다.

예를 들어 위협이 증가하면 연방정부, 캔톤 및 시·군·구는 자신의 관할구역 내에서 즉시 대응할 수 있는 조치를 취하게 된다.

③ 캔톤과 연방 간의 임무 분담

시민보호는 연방당국과 캔톤이 공동으로 책임진다는 개념을 근간으로 하고 있다.

연방의 영역으로 남겨진 특수한 분야를 제외하고, 캔톤은 일반적인 시민보호에 대한 책임이 있다.

캔톤은 특히 재난 및 비상사태를 관리할 책임이 있다. 캔톤은 적절한 지휘체계를 수립하고 협조기관 운용 시 준비태세를 유지하도록 해야 한다.

이렇게 함으로써 캔톤은 각 사태에 적합한 효율적인 대비 및 대응 체계를 갖추게 되는 것이다.

연방정부는 주로 방사능오염, 댐 붕괴, 전염병, 무력충돌 등 일반적으로 규모가 큰 특수한 재난과 비상사태를 관리한다. 연방 법령 하에서 연방은 시민보호에 대한 근본적인 문제를 관리하고 보호시설에 대한 기준 등을 설정한다. 여러 캔톤, 국가 전체 또는 인접 국가에 영향을 미치는 사태가 발생할 경우에는 연방정부가 총괄·조정 역할을 수행하게 된다.

④ 조정 및 협조

• 연구개발: 국민보호는 연구개발을 통하여 대안을 도출함으로써 점진적으로 개선되어

야 한다.

연구개발은 주로 기존의 과학지식을 이용하고 위험 평가와 비상대비계획에 근거를 둔 위험 분야에서 복잡한 상호관계를 구체화하는 것을 포함한다. 연구개발은 연방정부에서 수행하고 경비를 제공하며 캔톤의 의견을 수렴한다. 연구개발은 장기적으로 수행해야 할 업무이고 지속적으로 유지되기 위해서는 수년에 걸친 계획이 필요하다.

• 예방업무 담당 조직: 시민보호 엄브렐라 시스템은 예방조치와 사태 발생 시 투입 및 즉각적인 보수작업을 수행하기 위한 조직이다. 복구나 예방 분야의 조직은 이러한 엄브렐라 시스템에 직접적으로 통합되어 있지는 않다. 사건 분석과 비상대비계획 수립을 위하여 이러한 조직과 긴밀한 협조가 중요하다.

포괄적이고 균형 있는 안보정책 수립은 준비, 대응 및 복구 분야의 모든 것을 포함해야 한다.

⑤ 군과의 협력체계

비상사태 발생으로 인하여 인력과 물자가 최대로 필요할 때와 대규모 재난 및 비상사태 시에 시민보호자원이 고갈되거나 이용하기 어려운 경우에 정부당국이 군의 지원을 요청하면 군은 지원하게 된다. 군 인력 및 물자의 투입은 보조원칙을 기반으로 행하게 된다. 이것은 군 지원을 요구하기 전에 주와 캔톤의 시민보호 자원이 우선 투입되어야 한다는 것을 의미한다.

작전의 전반적인 책임은 행정기관에 있고 군 지휘관은 군 지휘에 대한 책임만이 있는 것이다 [33)

3) 재난 및 비상사태 시 대응 체계

① 단계별 대응 활동

스위스에서는 재난이나 비상사태 발생 시 즉각 출동에서 제3단계 대응에 이르기까지 민방위대와 소방 등 구조대의 출동단계가 체계화되어 있다.

즉각 출동 단계는 소방대와 경찰 그리고 구급차 및 의사들이 현장에 도착하여 상황을 수습하고 인명구조를 수행한다.

• 제1단계는 1차 출동한 인력과 장비로 대응이 어려울 경우 인근 지역의 소방대가 추가 지원되고 아울러 지역 민방위대가 가동된다.

---

33) 인터넷 자료 스위스(Switzerland) 행정안전부 대학생 인턴 안전행복 블로그.

- 제2단계는 해당지역의 지방정부는 물론 근접한 인근 지역 정부에서도 소방대와 민방위대를 투입하게 되며 구조장비를 포함한 생필품, 의료품 등의 물자를 지원한다.
- 제3단계는 연방정부의 개입이 불가피한 경우로 군대를 투입하여 대응작전을 수행하고 있다.
- 민방위 사태 시 공조체계를 갖추어야 할 조직은 소방, 경찰, 지방공무원, 국가경제 지원기관, 의료기관 및 보건관계자 등 총 45,000명 정도이다.

② 시간대별 활동내역

- 1시간 이내: 필수요원 투입 - 관리책임자, 구조요원, 공급품(병참)
- 6시간 이내: 기타 대원 투입 - 지원, 보급 및 구호활동 전개
- 24~36시간 이내: 급박한 복구 작업 전개
- 2일 이내: 민방위대 소집(시민과 문화재의 우선적 보호, 보호구역 내 청소 및 정돈)
- 6일 이내: 민방위대 완전투입(장기간 체류할 보호소 정리·정돈)

③ 비상사태 발생 시 민방위 활동

- 재난 및 응급상황 발생 시
- 봉사형태: 재난현장 출동과 긴급구조
- 원칙: 단순성, 신속성 및 협동성
- 시간적 소요: 재난 등 발생 수분 이내 활동
- 계획 및 준비: 민방위활동을 위한 각종 자원이 즉각 지원되도록 하고, 유관 조직과 공조체계를 유지하도록 한다.
- 방위준비: 6시간, 24시간, 36시간 단위로 설정
- 동원명령: 방사능오염 등 사고 발생 시
- 동원절차: 재난 규모에 따라 주 또는 시에서 결정
  ·무력 충돌 시
- 봉사활동의 활성화
- 치유보다 방어가 우선
- 사전 경고
- 지역이동 명령이 주어졌을 때, 적합한 방어를 취할 수 있는 기일은 2일이 소요되며, 확장된 방어를 위해 6일 정도가 소요된다.

4) 대응부서

스위스 국가비상상황실(NEOC)[34]은 정부 각 기능을 통합 운영할 수 있도록 정부 차원에서 조직한 기관으로, 국방·체육·민방위부의 차관 직속으로 운용하고 있다.

① 임무

방사능 사고(국내·외 원자력발전소, 방사능 실험실 및 방사능 물질 이동 간 사고, 원자탄 폭발/테러사고 등), 화학물질사고, 댐붕괴사고, 인공위성의 자국 내 추락사고 등에 대한 대비

② 협조체제(방사능 사고 시)

- 원자력발전소, 주(州)경찰서 상황실, 각 방송국 등과 통신체계를 갖추고 있으며 NEOC와 연방정부 간의 화상회의 시스템을 구축하고 있음
- 정부기관인 보건청, 에너지청, 스피츠 화학실험실, 수자원관리소, 기상대 등은 물론 주(州) 정부기관인 민방위본부, 경찰, 소방서와 긴밀한 협조 체제를 구축하고 있음
- 비상대기는 스위스 기상대의 최초 경보(즉시)비상대비 근무자 2명을 15분 내 소집
- NEOC 근무자 20명 소집(1~2시간), 민병지원자 200명 소집(4~6시간)체제를 갖추고 있음

가. 민간방재조직법 규정

- 국방군에 징집되지 않는 남자는 20-60세까지 민간방재조직에 참가해야 하는 의무가 있다(제34조 35조).
- 여성은 16세에서 민간방재조직에 자원할 수 있다(제37조).
- 민간방재조직에 참가하는 자는 보수나 수입의 감소에 대한 보상, 재해보험, 건강보험, 생명보험 등에 관한 청구권이 있다(제46~49조).

---

34) 서울특별시, "비상·민방위 업무 담당자 선진체험 해외연수 결과 보고서" 인용.

나. 지역방재조직

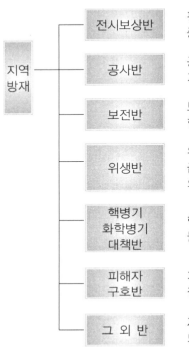

전시보상반	평시에는 시·촌의 소방단으로 역할을 다하고 전시에는 그에 상응한 중요 업무를 수행한다.
공사반	공사반은 파괴 가옥이나 토사붕괴 등에 의해 매몰된 사람을 구조하거나 토사붕괴에 의해 불통된 도로 복구공사에 종사한다.
보전반	보전반은 공공시설 보전직원과 협력해 수도의 보전, 수리 등에 종사한다.
위생반	위생반은 중경상자와 환자의 간호와 수송을 담당한다. 중상자는 응급처치를 받으나 구나 시·촌 등의 구호소에 운반된다. 여기에서는 의사가 있어 긴급수술을 할 수 있다.
핵병기 화학병기 대책반	핵병기와 화학병기에 의한 위험을 탐지해 방사능의 제거 또는 독성물을 제거하는 일을 담당한다.
피해자 구호반	피해자에 대하여 숙소 제공과 급식 배분을 담당하나 시·촌 등의 관청과 연락해 친척이나 친지에게 연락하는 등의 업무도 담당한다.
그 외 반	재난의 크기에 따라 설치되지만 운송반, 급식반, 보급반 등이 추가되어 후방에서 지원하는 역할을 한다.

지역방재

3 지역 경보발령센터

스위스 전국에 있는 20개 이상의 경보발령센터는 방공감시에 근대적 기술을 첨가해 비교적 적은 경비로 자국과 전 지역 그리고 인접국가의 국경에 대해 감시할 수 있다. 특히 댐의 제방은 수방 경보분대가 감시하고 있어 상시 이상의 유무를 확인하고 있다.

군과 민간의 핵병기, 화학병기 방재부대는 핵병기나 화학병기로부터 위험을 감시하기 위해 공중의 방사능을 감시하거나 탐지한다. 위험은 지역적으로 발생하는 경우가 많아 그 지역 특성에 맞게 경보발령센터와 협력해 임무를 수행한다. 경보발령은 평시와 비상시로 나뉘어져 통상의 전화통화가 중단되었을 경우 상정해 행해진다.

이 경보발령은 특히 제방이나 댐 등의 파괴에 의해 대규모 사고나 재난이 발생할 염려가 있을 경우에는 수방경보센터에서 경보발령센터로 연락해 지역단위로 이루어진다.

세계 각국과 우호관계의 스위스는 국민 한사람 한사람이 국토방위라는 구체적 문제에 직면하면서 준비하는 것은 매우 늦다는 것을 역사의 교훈에서 배우고 있다. 이러한 점에서 우리는 기본적으로 그 반대의 성향을 띠고 있다. 가스폭발, 성수대교, 삼풍백화점 붕괴 그리고 항공사고 등 우리의 눈앞에 일어난 사고 등 사례에 대한 무관심과 위험에 대한 대응은 하고 있지만 장래 일어날 수 있는 위험 재난에 대해서는 무방비 상태라 할 수 있다. 그러므로 세계 재난의 역사를 통해 살펴보면 앞으로 일어날 수 있는 사고 로는 지하공간과 테러 그리고 원자력 등의 화학물질에 의한 사고를 들 수 있다. 이에 대한 대비를 위하여 체계적으로 재난을 대응하기 위한 종합프로그램을 개발할 필요가 있다.

제5절 독 일

「독일연방기본법」(연방헌법)에 연방과 각주의 역할과 기능에 대해 명시하고 있다. 즉 연방정부는 외교, 국방, 전쟁 등을 담당하고 각 주는 주민의 복지 등 실생활과 관련된 일반적인 행정업무를 담당하도록 규정하고 있다.

독일의 재난관리체계는 각 주마다 다르며 주의 특성에 따라 재난관련 법령의 규정이 상이하다. 연방과 주 사이의 의견 조율이 제대로 이루어지지 않는 경우도 있다. 프랑스의 경우와 같이 연방정부의 지침에 따라 재난관리 업무가 통일되게 진행되는 것과는 달리 자치권이 강한 독일에서는 그러하지 못하다.

냉전체제 이후 전쟁에 대비한 인력과 장비는 현격히 줄고 있으며 전염병과 같은 보건문제, 비행기 사고 등 대형 사고와 화학물질에 의한 사고 등 각종 재난사고와 홍수, 지진 등 자연재해에 대한 관심이 증대하고 있다.

독일의 재난관리체계는 1990년 10월 3일 역사적 통일 이후 그 역할과 내용에 일부 수정이 이루어졌다. 네 개의 정부 단위로 나뉘어 운영되는데 연방(Bund)정부, 주(state)정부, 지방자치단체로서 지역정부 및 시정부 등이다.

대규모 재난 및 전시에는 연방정부(민방위청)가 책임지나 평시 응급상황관리는 주정부가 담당하고 있으며, 중앙 또는 연방 민방위는 연방정부 내무성 산하에 설치된 민방위청에서 전담하고 민방위청은 다시 관리부, 민간방위부, 재해통제부, 경제활동부 등으로 구성되어 있다.

1997년 「민방위기본법」 개정을 통해 자위, 경보, 대피소 보호, 인구이동 통제, 재난관리, 보건대책 등의 민방위업무를 재정립한 바 있으며, 민방위 연방계획에 의거 정부기능의 연속성 보장, 국민보호, 물자조달, 정규군 지원 등 위기상황에서 사회기능을 유지할 수 있는 체제를 갖추고 있고 지방정부는 주정부, 지역정부 및 시정부에서 평상시 재난에 대비한 지원 및 소방당국과 긴밀한 협조체계를 유지하여 재난에 대비하고 있다.

독일 연방공화국의 국가 재난관리체계는 연방 차원 및 주정부 차원으로 이분되는데, 연방내무성하의 시민보호·재난관리청(Bundesamt fur Bevolkerungssceutz Katastrophilfe, BBK) 제5국, 연방기술지원단(Technisches Hilfswerk, THW), 그리고 민간방위 아카데미(Akademie für Krisenmanagement, Notfallplanung und Zivilschutz, AKNZ)로 구성되는 조직체계를 갖추고 있다.

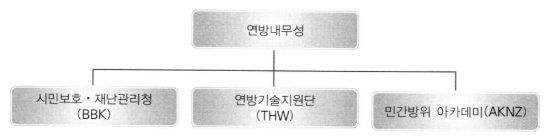

[그림 3-34] 독일의 국가 재난관리 체계

제6절　영 국

　영국은 튼튼한 지방자치제도로 각종 재난관리 면에서 초기 단계부터 지방자치단체가 주관하는 특이한 형태를 가지고 있다. 미국과 같은 강력한 재난관리 조직을 두고 있지는 않지만, 치안경찰·소방·재난·범죄와 교정행정·이민 등의 업무를 수행하는 내무성이 재난관리 조직으로서 그 기능과 역할을 한다.

　중앙정부는 전·평시와 자연재해로 인한 비상 상황 시 총체적인 관리를 시행하는 중앙부서 없이 각 부서별로 고유 업무를 수행하고 있으며 국방성과 내무성에서는 정책입안 및 행동지침을 제정하고 지방정부는 지역비상위원회와 런던의회, 주와 구의 비상운영센터, 소방 등을 중심으로 실질적인 재난집행업무를 수행하고 있다.

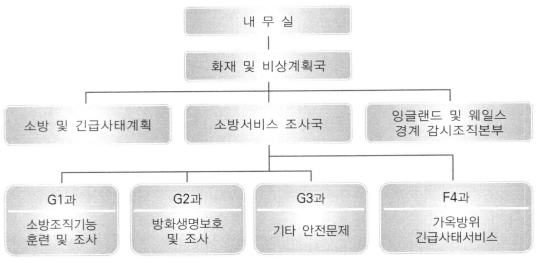

[그림 3-35] 영국의 내무성 산하 재난관련 조직

제4장

단계별 재난관리

재난관리란 사전에 재난을 예방하고 재난에 대비하며, 재난 발생 후 그로 인한 물적·인적 피해를 최소화하고 본래의 상태로 시설을 복구하기 위한 모든 측면을 포함하는 총체적 용어로 재난의 잠재적 원인(위험)과 재난의 진행 그리고 재난으로 인한 결과(피해)를 관리하는 것을 말한다.[35]

또한 재난관리의 목표는 여러 가지 위험요소를 사전에 관리하여 재난이 일어날 확률을 최소화하는 예방적인 정책과 행동을 평가, 선정 및 구현하는 일련의 과정이다. 또 위험요소를 최소화하거나 완화시키기 위해 취할 여러 행동을 평가하고 적절한 대응책들을 선정하며 그리고 재난감소에 노력을 극대화하기 위해 통합된 형태로 이것들을 구현하는 과정이다.

재난관리에 대한 연구는 상황에 따라 여러 단계로 나뉠 수 있으나 일반적으로 예방, 준비, 대응, 복구의 4단계 국면을 중심으로 논의가 전개되어왔다. 그렇기 때문에 재난관리는 위기예방, 준비, 대응, 복구와 관련된 활동들을 개발하고 집행하는 과정으로 구성되어 있다.

이는 재난이 발생하지 않도록 사전에 예방하고, 그에 대한 준비와 대응장비, 인력들의 준비, 그리고 재난이 발생할 경우 신속한 대응, 피해상황 등에 대한 복구 등 즉 재난으로 인한 손실을 최소화하기 위한 활동을 의미한다. 이들 단계 중 완화와 준비단계는 재난이 발생하기 전에 이루어지고 미연에 예방한다는 의미가 강하여 적극적 재난관리라 부르기도 하고 재난이 방생한 후에 수습과 복구에 치중하는 것을 소극적 재난관리라 부르기도 한다. 그러나 이들 네 단계는 따로따로 떨어져서 독립적으로 존재하는 것이 아니라 상호 밀접하게 연관되는 유기적인 관계를 유지하고 있다.[36]

즉 네 가지 과정은 상호 단절된 과정이 아니라 상호 순환적 성격을 갖고 있으며 예방·준비·대응·복구 등의 과정은 각 과정이 개별적으로 이루어진 것이 아니라 시간적 활동 순서이고 각 과정의 활동결과 및 내용은 다음 단계의 활동에 영향을 미치며 최종 복구활동의 결과 및 내용은 다음 단계의 활동에 영향을 미치며 최종 복구활동의 결과 및 노력 그리고 경험은 최초의 완화단계의 활동에 환류 되어 장기적인 재난관리 능력을 향상시키는 데 도움을 주게 된다. 따라서 이러한 재난관리 제 과정이 하나의 관리체제 속에서 각각의 고유한 기능을 가지고 있는 하위체제로서 작용하게 되고 이 네 가지 과정이 통합 정리될 때만이 효과적인 재난관리가 이루어질 수 있다. 또한 이러한 네 가지 과정의 통합만이 아니라 재난관리의 총체성으로 인해 여기에 참여하는 각종 기관, 각 수준의 정부의 조정과 통제 등 필요한 활동체제를 갖추는 노력 또한 재난관리에 필수적인 요소이다.[37]

---

35) 김상현, 『재난 및 응급무선통신 실무: 정보통신 기본 개념부터 재난통신까지』, 2008, p.14.
36) 박광욱, 『체세포 복제기법을 이용한 형질전환 가축 생산』, 2008, p.9.

합리적인 재난관리 계획은 재난의 종류와 성격에 따라 다양하게 이루어진다. 가장 중요한 것은 재해의 발생시점에 따라 사전재난관리와 사후재난관리로 구분하여 각각에 해당하는 적합한 수단과 과정을 수립하여야 한다는 것이다. 1990년대 이후 발생하여 막대한 인명과 재산의 피해를 초래한 대부분의 사고들은 대체로 예방이 가능했음에도 불구하고 사전에 이에 대비하지 않음으로서 문제를 악화시켰다. 그것은 우리나라의 방재관리체계가 주로 사후관리에 더욱 역점을 두었고 재난의 관리를 단순히 법집행의 과정으로만 이해하려는 속성을 가지고 있었기 때문이다.[38]

재난관리는 각 단계별로 특성이 존재하는 것은 사실이므로 각 단계별의 특성을 고려하여 사고할 필요가 있다. 재난관리 단계별 활동내용은 <표 4-1>과 같다.

〈표 4-1〉 재난관리 단계별 활동내용

단계	재난관리 단계별 활동내용
예방단계	장기적 계획의 마련과 화재방지 및 기타 재난으로 인한 피해를 축소하기 위한 건축기준 법규의 마련, 위험요인과 지역을 조사하여 위험지역을 표시한 위험지도의 작성, 수해상습지구의 설정과 수해방지시설의 공사, 안전기준의 설정
준비단계	재난상황에 적절한 계획을 수립하고 부족한 대응자원에 대한 보강작업을 하며 비상연락망과 통신망을 정비하여 유사시 활용할 수 있는 경보시스템 구축, 일반국민에 대한 홍보 및 대응요원에 대한 훈련과 재난발생시 실제적인 대응활동을 통한 현장대응상의 체제보완
대응단계	준비단계에서 수립된 각종 재난관리계획 실행, 재난대책본부의 활동개시, 긴급대피계획의 실천, 긴급 의약품 조달, 생필품 공급, 피난처 제공, 이재민 수용 및 보호, 후송, 탐색 및 구조 등의 활동
수습 및 복구단계	방역, 재난으로 발생한 폐기물, 위험물의 제거, 실업자에 대한 직업소개, 임시주민시설마련, 주택과 시설의 원상회복 등 지역의 개발사업과 연계시켜 복구활동

---

37) 임송태, 1997.
38) 김영주, 1993.

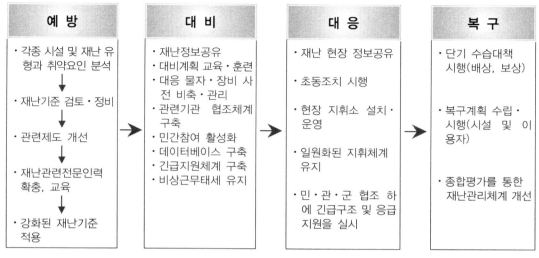

예 방

· 각종 시설 및 재난 유형과 취약요인 분석

↓

· 재난기준 검토 · 정비

· 관련제도 개선

↓

· 재난관련전문인력 확충, 교육

↓

· 강화된 재난기준 적용

대 비

· 재난정보공유
· 대비계획 교육 · 훈련
· 대응 물자 · 장비 사전 비축 · 관리
· 관련기관 협조체계 구축
· 민간참여 활성화
· 데이터베이스 구축
· 긴급지원체계 구축
· 비상근무태세 유지

대 응

· 재난 현장 정보공유

· 초동조치 시행

· 현장 지휘소 설치 · 운영

· 일원화된 지휘체계 유지

· 민 · 관 · 군 협조 하에 긴급구조 및 응급지원을 실시

복 구

· 단기 수습대책 시행(배상, 보상)

· 복구계획 수립 · 시행(시설 및 이용자)

· 종합평가를 통한 재난관리체계 개선

[그림 4-1] 재난관리 체계의 흐름도

제1절 예방단계

예방(prevention)은 예방활동이라고도 하며 위기완화는 위기가 실제로 발생하기 전에 위기 촉진 요인을 미리 제거하거나 위기요인이 가급적 일어나지 않도록 억제 또는 완화하는 과정을 의미한다. 다시 말해 재난 발생 이전에 재난의 피해를 경감시키려는 모든 활동으로서, 각종 재난으로부터 인간의 생명과 재산에 미치는 장기적인 위험의 정도를 감소시키려는 활동을 의미하는 것으로 지역사회가 미래에 직면하게 될 재난을 극복할 수 있는 능력을 배양시키는 데 초점을 두되 위기종류에 따라 목표가 다소 다르다. 따라서 재난이 실제로 발생하기 전에 재난 촉진 요인을 미리 제거하거나 재난 요인이 가급적 표출되지 않도록 억제 또는 예방하는 활동을 의미한다. 또한 이 단계는 재난 발생 이전에 재난의 피해를 경감시키려는 모든 활동으로서 재난 발생의 위험 요인을 사전에 미리 줄여서 재해 발생의 가능성을 낮추거나 재난충격의 완화를 위해 그 발생기회를 감소시키거나 원인을 제거하려는 것이 주목표이며, 그에 대하여 취해지는 제반활동을 의미한다.

이 단계에서 주로 행하여지는 활동으로는 재난관리를 위한 장기적 계획의 마련과 화재방지 및 기타 재난으로 인한 피해를 축소하기 위한 건축기준 법규의 마련, 위험요인과 지역을 조사하여 위험지역을 표시한 위험지도의 작성, 수해상습지구의 설정과 수해방지시설의 공사, 안전기준의 설정 등이 있다. 또한 미래에 발생할 가능성이 있는 재난을 사전에 예방하고 재난 발생 가능성을 감소시키며, 발생한 재난의 피해를 최소화시키기 위한 활동을 말한다. 즉 사회와 구성원의 건강, 안전, 복지에 대한 위험이 있는지 알아보고 위험요인을 줄여서 재해 발생의 가능성을 낮추는 활동을 수행하는 예방 차원의 단계이다.

예방단계에서 재해분석과 더불어 재해관리능력의 평가도 포함된다. 재해분석이란 재해의 종류에 대한 지식과 피해를 입을 개연성이 있는 지역사회에 관한 제반사항을 연구함으로써 재해 발생에 대한 사전지식을 획득하는 과정이며 재해관리능력의 평가는 대부분의 위기상황관리에 요구되는 기능, 예를 들면 재해관리조직, 비상활동계획, 자원관리, 지시와 통제, 커뮤니케이션과 P·R, 예방활동이 요구된다.[39]

재난 발생 완화는 다음과 같이 세 가지 주요 목표를 추구하는 전략으로 이해할 수 있다.

첫째, 둑이나 방파제 등의 구조물을 설치하여 재난 발생을 억제하거나 약화시키는 전략이다. 둘째, 건물의 높이를 규제하거나 홍수 방지 시설의 설치를 통해 위해(危害) 지역에 거주하는 주민과 시설을 보호하려는 전략이다. 셋째, 토지 사용 및 인구 집중을

---

39) 장태현, 2004, p.20.

규제함으로써 위험 지역에 대한 이용을 제한하려는 전략이다.

이들 중 첫 번째 전략의 목표는 재난의 성질을 변화시키려는 것이고, 두 번째는 손실 우려가 있는 취약성을 감소시키려는 것이다. 그리고 세 번째는 재난에 대한 주민들의 노출을 감소시키려는 것이다.

이러한 재난 완화 활동은 장기적이고 일반적인 재난 감소 문제를 다루는 활동이기 때문에, 주로 지역사회가 장래 직면하게 될 재난을 극복할 수 있는 능력을 증진시키는 데 초점을 두고, 재난의 종류에 따라 목표가 변화한다는 특징이 있다.

예를 들어, 재난의 경우 완화는 위기에 대한 사전 조치를 함으로써 그 발생 기회를 감소시키거나 원인을 제거하는 데 목표를 둔다.

완화전략은 각종 재난으로부터 인간의 생명과 재산에 대한 위기피해의 정도를 감소시키려는 보다 일반적이고 장기적인 전략으로 지역사회가 미래에 직면하게 될 재난을 극복할 수 있는 능력을 배양시키는 데 초점을 두되 위기종류에 따라 목표가 다수 다르다. 즉 자연재난의 경우에는 구조·구급과 인간 활동에 대해 필요한 조치를 취함으로써 재난노출지역에 대한 주기적 영향으로부터 재난을 감소시키려 하며, 인위재난의 경우에는 위기에 대한 적절한 조치를 통해 사전에 그 발생기회를 감소시키거나 원인을 제거하려는 것이 주목표이다.[40]

이러한 예방 활동은 복구 과정을 통해 개발된 정책이나 사업 계획들에 의해 개선될 수 있으며, 따라서 준비, 대응, 복구 단계와 직·간접적인 관련성을 지니고 있다고 볼 수 있다.

1 교육 및 훈련

소방방재청 산하 재난연구·개발 기능을 관장하는 국립방재연구소와 민방위교육 전담 기관인 민방위교육관이 통합하여, 재난관리전문가 양성을 위해 민방위교육관에서 2006년 개편한 '국립방재교육연구원'(www.nema.go.kr/civil)을 개원하였다. 소방방재청은 교육 및 연구 개발 기능을 관장하는 2개 소속기관을 통합해 국립방재교육연구원을 신설한 것으로, 앞으로 재난관리 공무원의 전문성을 강화해 방재전문가로 육성하고, 대국민 안전의식을 확보하기 위해 재난안전 전문교육 및 연구를 강화하고 있다.

방재 및 재난관리행정에 관한 '국민의식조사'(한국갤럽조사연구소)에서, 실습·체험중심의 대국민 교육·홍보 강화를 가장 시급한 것으로 조사되어 선진형 자율책임 안전의

---

40) 주효진, 1999에서 재인용.

식 정착을 위한 범국민 방재전문 교육을 실시하기 위한 전략을 수립한다. 교육대상자의 방재지식 정도에 따라 교육훈련 내용을 선택할 수 있도록 교육 대상자에 따라 수준에 맞는 내용을 교육하여 방재에 대한 지식을 높이고, 재해에 능동적으로 대처할 수 있는 시민을 육성하기 위한 교육을 실시한다. 또한 전문교육기관 설립과 방재교육전담부서의 신설, 대학·연구소·학회·협회를 통한 방재 전문 인력 교육체계를 구축하여 전문 인력 육성 및 지식확산의 기회를 확대하고, 방재·위기관리 연구체계 개선과 연구·기술 개발 예산 증액으로 전문지식 축적 및 활용능력을 개선하기 위한 전략을 수립하여 재난 유형·상황·규모별 다양한 재난전개시나리오에 의한 훈련체계, 훈련 지원체계 및 평가 체계를 구축하여 교육·훈련 등을 통한 공공·민간·관련기관의 방재역량을 강화한다.

〈표 4-2〉 범국민 안전교육 실시 내용

교육과목	교육 내용
현대사회의 위험요소와 안전의식	• 사회구조의 다양화로 인한 대형사고 발생의 가능성과 우리주변에 산재해 있는 각종 위험요소를 제대로 인식하여 안전사고의 불안감 해소를 위한 방안을 살펴봄
현대사회 대형 사고와 대처방안	• 대형사고 발생 과정을 통해 과거의 사고사례를 통해 미래의 대형 사고를 예방 방안에 대하여 알아본다.
화재안전교육	• 건축, 방재시설, 화재발생시 행동요령, 화재예방 일반상식 등의 소방상식과 화재예방법을 교육
가스안전교육	• 가스안전관리요령, 가스안전사용 및 점검방법, 가스 누출시 응급조치 등에 관한 내용을 살펴봄
지하철안전교육	• 전동 차내 화재발생 등, 긴급 상황 발생 시 대처요령, 대피요령, 전동 차내 소화 장비 등에 관한 내용을 교육
화생방안전교육	• 방사능, 유독가스, 화학가스 등 화생방 발생 시 행동요령 소개 및 응급조치 방법에 관하여 교육
전기안전교육	• 전기시설 및 안전점검방법을 소개하고 누전차단기 이용 등 전기안전요령을 소개

2 위험성 평가

1) 재난위험요소 발굴

주5일제 근무 시행 등에 따른 생활환경 변화와 기상이변에 의한 다양한 재난위험 요소가 잠재하고 있다. 2000년대 이후 사망원인을 살펴보면, 질병과 자살로 인한 사망이외 운수사고, 추락, 익사, 기계적 사고 등 안전사고 미비로 인한 사망원인이 증가하고

있는 추세이며, 국민들이 항상 위험(Risk)요소에 노출되어 있기 때문에(<표 4-3>) 안전관리 영역의 위험 요소와 같이, 재난관리 범위에 안전관리의 요소를 포함하는 포괄적인 차원에서 재난관리를 수행한다.

〈표 4-3〉 안전관리 영역의 위험요소

구분	위험요소	구분	위험요소
교통사고	자동차사고	갈등요소	갈등(폭력)
	철도사고		파업(폭력)
	지하철사고		폭동
	선박사고	조직	사이버테러(업무중지)
	비행기사고		통신서비스 중단
시설안전	시설물파괴	개인	사생활침해
	엘리베이터 사고		인터넷범죄(사기)
	에스컬레이터 사고	에너지	가스누출
산업재해	질병		전기감전
	손상		석유유출
	사망	식품	유해식품
			유통기한

2) 재난위험요소 해소

재난위험요소 해소 방안은 위험에 대한 정의로부터 위험요소인지에 대한 평가를 통해 체계적인 관리방안을 수립한다.

위험요소인지에 대한 평가는 [그림 4-2] 재난 위험요소 발굴절차와 같이, 국민이 사회적·문화적·경제적으로 공감할 수 있는 위험요소를 정의하여 정책에 반영하여 관리한다.

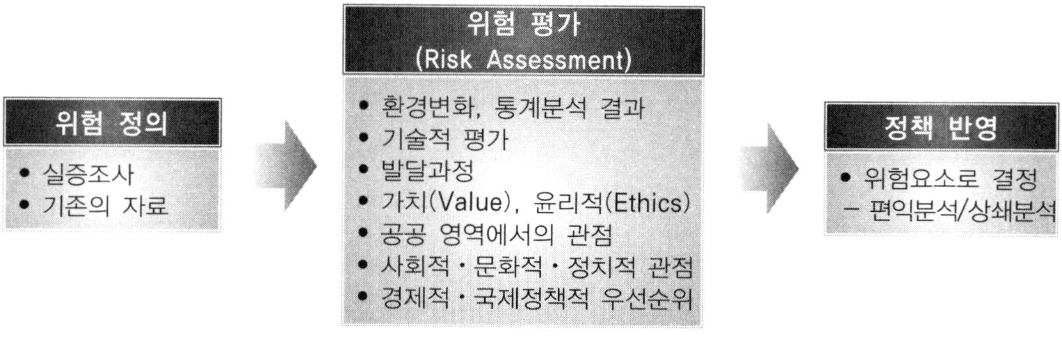

위험 정의
- 실증조사
- 기존의 자료

위험 평가
(Risk Assessment)
- 환경변화, 통계분석 결과
- 기술적 평가
- 발달과정
- 가치(Value), 윤리적(Ethics)
- 공공 영역에서의 관점
- 사회적·문화적·정치적 관점
- 경제적·국제정책적 우선순위

정책 반영
- 위험요소로 결정
  - 편익분석/상쇄분석

[그림 4-2] 재난 위험요소 발굴절차

3 법, 제도 개선

예방(prevention)은 재난으로부터 인간의 생명과 재산에 대한 장기적인 위험의 정도를 감소시키려는 활동을 의미한다. 따라서 재난이 실제로 발생하기 전에 재난 촉진 요인을 미리 제거하거나 재난 요인이 가급적 표출되지 않도록 억제 또는 예방하는 활동을 의미한다.

재난 발생 완화는 다음과 같이 세 가지 주요 목표를 추구하는 전략으로 이해할 수 있다.

첫째, 둑이나 방파제 등의 구조물을 설치하여 재난 발생을 억제하거나 약화시키는 전략이다. 둘째, 건물의 높이를 규제하거나 홍수 방지 시설의 설치를 통해 위해(危害) 지역에 거주하는 주민과 시설을 보호하려는 전략이다. 셋째, 토지 사용 및 인구 집중을 규제함으로써 위험 지역에 대한 이용을 제한하려는 전략이다.

이들 중 첫 번째 전략의 목표는 재난의 성질을 변화시키려는 것이고, 두 번째는 손실 우려가 있는 취약성을 감소시키려는 것이다. 그리고 세 번째는 재난에 대한 주민들의 노출을 감소시키려는 것이다.

이러한 재난 완화 활동은 장기적이고 일반적인 재난 감소 문제를 다루는 활동이기 때문에, 주로 지역사회가 장래 직면하게 될 재난을 극복할 수 있는 능력을 증진시키는 데 초점을 두고, 인적 재난의 종류에 따라 목표가 변화한다는 특징이 있다.

예를 들어, 재난의 경우 완화는 위기에 대한 사전 조치를 함으로써 그 발생 기회를 감소시키거나 원인을 제거하는데 목표를 둔다.

이러한 예방 활동은 복구 과정을 통해 개발된 정책이나 사업 계획들에 의해 개선될 수 있으며, 따라서 준비, 대응, 복구 단계와 직·간접적인 관련성을 지니고 있다고 볼 수 있다.

예방단계에서 주로 사용되고 있는 도구나 기법에는 계획, 개발 규제, 조세제도, 자금 지출 계획, 보험 그리고 재난 정보 체계 구축 등이 있다. 이들 접근법들은 기술적·정치적 과정을 통해 활용하게 된다. 위기 완화 활동의 효과적인 집행을 통해 얻을 수 있는 편익으로는 인명의 구조와 부상의 감소, 재산상의 손실 예방이나 손실의 감소, 경제적 손실의 감소, 사회적 혼란과 스트레스의 최소화, 농작물 손실의 최소화, 중요 시설물의 유지, 사회 기반시설 보호, 정신적 건강 보호, 정부와 공무원의 법적 책임 감소, 정부 활동을 위한 긍정적인 정치적 결과의 제공 등이 있다.

제2절 대비단계

예방단계의 제반활동에도 불구하고 재난발생 확률이 높아진 경우 재난 발생 후에 효과적으로 대응할 수 있도록 사전에 대응활동을 위한 운용계획을 구성하고 재난의 발생에 대한 대응능력을 유지시키는 등 운영적인 준비 장치들을 갖추는 단계이다.

재난이 발생하였을 때 그에 대한 대비를 어떻게 할 것인지에 대한 계획수립과정을 보다 개선시키고 재난 이후의 활동을 평가할 수 있다면 미래에 발생할지 모르는 재난을 피할 수 있을 뿐 아니라 적어도 재난이 주는 충격을 완화할 수 있을 것이다.

준비(preparedness)는 재난 발생 시의 재난 대응을 위한 운영 능력을 개발시키려는 활동으로 정의할 수 있다. 준비 단계는 구체적으로 다음과 같은 활동들로 구성되어 있다.

첫째, 재난 발생 시 위기 대응을 집행하는 과정에서 활용하게 될 중요 자원들을 미리 확보한다. 둘째, 재난 발생 지역 내외에 있는 다양한 재난 대응 기관들의 사전 동의를 확보한다. 셋째, 재난으로 인한 재산상의 손실을 줄이고 주민들의 생명을 보호할 재난 대응 활동가들을 훈련시킨다. 넷째, 재난 대응 계획을 사전에 개발하고 재난을 관리하는 데 필요한 계획이나 경보 체계 및 다른 수단들을 준비하는 일련의 활동이다.

즉 각 재난상황에 적절한 계획을 수립하고 부족한 대응자원에 대한 보강작업을 하며 비상연락망과 통신망을 정비하여 유사시 활용할 수 있는 경보시스템 구축, 일반국민에 대한 홍보 및 대응요원에 대한 훈련과 재난발생시 실제적인 대응활동을 통한 현장대응상의 체제보완 등이 준비계획 단계의 활동에 속한다.[41]

따라서 인력, 조직, 재정, 물자를 관리하며 구체적으로는 자연재해의 경우 여러 운영계획의 작성과 집행, 재해운영센터의 점검, 재해정보연락망의 조직과 운영, 다른 단계에서 필요한 활동들에 대한 사전교육·훈련 필요한 시설·장비·물자의 준비와 관리활동이 이루어진다. 뿐만 아니라 인위재해에 대하여도 예기치 못하는 사고에 대응할 조직을 마련하고 정보전달연락망을 조직 운영하게 된다. 계속적인 안전검사와 배출허용기준의 규제활동, 그리고 이를 운영할 행정능력의 보충이 필요하다.

이러한 준비단계에서 중요한 것은 대비훈련인데 예를 들면 풍수해대응훈련, 산화 예방진화훈련, 설해대비훈련, 해난대비훈련, 지진대비훈련, 농업피해대비훈련과 소방훈련, 공업재해에 대비한 유독성가스 방재훈련 등을 실시한다. 뿐만 아니라 준비계획들은 재난이 발생하였을 경우 그 실효성이 확보되어야 하기 때문에 계획과정에 재 상황과 여러 가지 제약요인을 고려한 상활접근계획이 되어야 한다. 그리고 항상 새로운 상황에 적응

41) 한상대, 3004, p.14.

할 수 있도록 융통적이어야 하며 최상의 준비상태를 유지하여야 한다.[42]

준비 단계에서 특히 주의해야할 영역으로는 재난이 발생하기 이전에 각 재난관리 분야 간의 조정과 협조를 이루는 것이 필요하다는 점이다.

이와 더불어 효과적으로 준비 단계의 활동을 수행하기 위해서는 먼저, 준비 활동에 대한 지역 주민들의 적극적인 지지와 참여를 유도하고, 사전에 재난 관리 계획을 수립하여 이에 의한 준비를 하는 것이 필요하다.

1 조직체계점검

인적 재난의 경우 재난관리 구조는 [그림 4-3]의 인적 재난 관리 종합 체계과 같으며, 대통령을 중심으로 인적 재난이 발생한 지자체 단체장까지 관리체제가 형성되어 있다.

인적 재난 관리 종합 체계의 인적 재난 관리구조체제는 2003년 대구지하철 화재 참사 등의 대형 인적 재난 발생 시 해당 지자체에서 중앙재난안전대책본부, 중앙안전관리위원회를 거쳐 대통령에게 보고되는 체제이다.

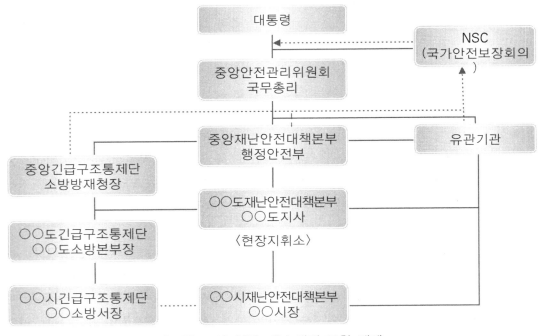

[그림 4-3] 인적 재난 관리 종합 체계

42) 장태현, 2004, p.21.

　　지역긴급구조 통제단은 지역별 긴급구조에 관한 사항의 총괄·조정, 당해 지역에 소재하는 긴급구조기관 및 긴급구조지원 기관간의 역할 분담과 재난현장에서의 지휘·통제를 담당하며, 지역긴급구조 통제단의 단장은 해당지역의 소방본부장 또는 소방서장이 담당한다. 중앙긴급구조 통제단의 지휘통제 담당은 소방방재청장이며, 지역긴급구조 통제단과 연계하여 작용한다.

　　지역재난안전대책본부는 해당 지역에서 인적 재난의 예방/대비/대응/복구 등에 관한 사항을 총괄 조정하고 필요한 조치를 취하기 위해 구성, 운영하며 중앙재난안전대책본부는 대규모 재난에 대해 구성 및 운영된다.

　　지역재난안전대책본부의 본부장은 지자체장이 담당하며, 중앙재난안전대책본부의 경우 행정안전부장관이 본부장을 담당한다.

　　중앙재난안전대책본부는 재난 및 안전관리의 정책, 업무의 심의, 협의·조정, 재난사태 선포 및 특별재난지역 선포 건의 심의 등을 위해 관계부처 장관으로 구성되며, NSC는 국가위기 예방·관리 대책의 기획 및 조정을 담당한다.

　　[그림 4-4]의 도단위에서의 인적 재난관리구조 는 도 단위의 재난안전대책본부에서의 인적 재난 관리 구조도이며, 대부분의 지자체에서 다음과 같은 체계로 인적 재난이 관리되고 있다.

[그림 4-4] 도단위의 인적 재난관리구조

2 현장 및 상황실 점검

1) 상황실 설치·운영

재난 상황 시에 행정안전부장관과 시·도지사 및 시장·군수·구청장은 재난정보의 수집과 전파 그리고 신속한 지휘 및 상황관리를 위하여 종합상황실을 설치·운영하도록 한다. 또한 재난 상황에서의 보고체계는 시장·군수·구청장은 그 관할 구역 안에서 재난이 발생 및 발생할 우려가 있는 때에는 지체 없이 재난 상황과 응급조치 및 수습 내용을 시·도지사에게 보고하고 시·도지사는 행정안전부장관 및 관계 중앙행정기관의 장에게 보고한다.

2) 상황실 운영관리

상황실의 운영방법으로는 다음과 같다. 운영체계로는 중앙과 시·도 그리고 시·군·구로 나뉘는데 먼저 중앙에서는 중앙재해대책(재난·재해)상황실과 중앙긴급구조상황실로 분리 운영하고 있다. 시·도에서는 먼저 서울, 충북, 전북, 전남 등 4개 시도에서는 재난 상황실을 운영하고 있고, 부산, 대구, 인천, 광주, 경북, 제주 등 6개의 시도에서는 재난·재해 상황실을 운영하고 있다. 또한 대전, 울산, 경기, 충남, 경남 등 5개의 시도에서는 재난·소방 상황실을 운영하고 있으며, 강원에서는 재난·재해·소방상황실을 운영하고 있다. 시·군·구에서는 재난상황실 43개, 재난·재해상황실 189개 시·군·구에서 운영하고 대부분 상황실 업무를 사무실에서 병행하여 운영하고 있다. 그리고 야간에는 당직 근무자가 당직실에서 상황관리를 하고 있다.

시·도에서의 근무인원으로는 상황실장(5급)1명, 반원(6급 이하)2명의 전담 인력으로 1일 24시간을 근무하고 있다. 하지만 서울, 대전, 강원, 제주는 적정하게 운영되고 있으나 타 시도는 상황실장의 직급이 낮거나 전담근무자를 적게 운영하고 있는 것이 문제시되고 있다. 시·군·구에서는 상황실 근무자는 상황실장(6급)1명, 7급 이하 1 ~ 2명이 근무하고 있으며, 야간에는 당직근무자 중에서 인력을 지원 받아 상황근무자를 지정하여 운영하고 있다. 이곳에는 상황실 근무 전담인력이 없으며, 주간에는 사무실에서 야간에는 당직 근무자가 재난상황을 관리하고 있다.

서울시 등 16개 시·도가 종합상황실을 설치·운영하고 있다. 또한 종로구 등 173개 시·군·구는 종합상황실 설치하고, 기타 시·군·구는 사무실과 상황실을 병행하여 근무하고 있다.

종합상황실에는 재난발생 시 신속한 사고 수습을 위해 상황판, 비상연락망, 근무수칙, 상황보고체계도, 유관기관 상황전파체계도, 관내도 등을 비치하고 있다. 또한 시도 및 시·군·구 상황실에서 확보해야할 장비는 영상보고시스템, FAX, 전화기, TV, VTR 등을 비치하고 있다.

③ 지역 간 네트워크 가동(장비 및 인원)

거버넌스 네트워크는 중앙부처 행정기관과 한국전력, 한국도로공사 등 공공기관에 산재돼 있는 재난정보를 범정부적으로 공동 활용하기 위한 범정부 재난관리 네트워크와 동시에 효율적인 재난관리 통신체계를 구축하는 것이다.

국가 통합지휘무선통신망 프로젝트는 전국 1,440여개 재난관련 기관 간에 일원화된 지휘통신체계를 확보하기 위한 사업으로, 현재 진행상황은 주요기능을 검증하고 사업효과를 분석하기 위해 서울·경기 일부지역에 시범사업을 추진하고 있으며, 2006년 서울·경기 전 지역을 대상으로 하는 확장 1차 사업과 2008년 전국에 국가 통합무선망을 구축 계획이다. 재난관리 관련 기관 간 재난정보 공동 활용 네트워크를 구축해 국가안전관리정보시스템(NDMS)의 활용성을 높여 나가고, 재난현장에서 통합지휘가 가능한 무선통신망(TRS) 구축사업을 1차로 서울·경기 전 지역을 대상으로 추진하고, 250개 지방자치단체에서 중앙 행정기관까지로 확대하기 위한 전략을 수립한다.

〈표 4-4〉 재난 현장 중심의 국가안전관리시스템 고도화 추진 계획

구분	주요 기능
지방자치단체 재난관리 정보인프라 대폭 확충	• 대형재난시 신속한 서비스의 안정적 제공 • 주요 장비 이중화 및 주요 관문구간에 보안시스템 설치
공간영상정보시스템 구축 사업	• 광범위한 재난현장의 위성·항공영상, 차량영상 확보·제공 • 구축된 GIS를 이용한 정보표출 및 GIS와 재난예측 시뮬 레이션으로 지형 및 주요시설물 공간영상정보를 제공
재난현장 상황 실시간 모니터링 기능 구현	• 현장 위성영상중계장비(SNG) 지자체 확대 도입 • 경기, 충북 등 기 도입 사례 참조, 최적의 장비표준 마련
통합정보관리센터 (사·도＋소방본부) 구축	• 재난발생시 소방방재의 일원화된 지휘체계 마련을 위한 상황실 통무중단 서비스와 재난복구가 가능한 시스템 운영기반 마련
지자체 상황대응 시스템 고도화	• 향후 5년간 전국 시군구의 상황관제 기반인프라 완료 • 주요시설에 대한 관측장비의 확충 및 실시간 상황실 연계

제3절 대응단계

아무리 재해위험을 제거하고 만반의 준비를 갖추었다 하더라도 재난과 그로 인한 피해는 발생하게 마련이다. 대응(response)은 실제로 인적 재난이 발생한 경우 재난관리기관들이 수행해야 할 각종 임무 및 기능을 적용하는 활동 과정으로 파악할 수 있다. 대응 단계는 완화 단계, 준비 단계와 상호 연계함으로써 제2의 손실이 발생할 가능성을 감소시키고 복구 단계에서 발생할 수 있는 문제들을 최소화시키는 인적 재난 관리의 실제 활동 국면을 의미한다. 이 단계에서는 준비단계에서 수립된 각종 재난관리계획 실행, 재난대책본부의 활동 개시, 긴급 대피계획의 실천, 긴급 의약품 조달, 생필품 공급, 피난처 제공, 이재민 수용 및 보호, 후송, 탐색 및 구조 등의 활동이 포함된다.

대응단계에서는 재난관리 행정체제의 영역이 크게 확장되며 다수의 이질적인 기관이 참여하므로 지휘체계와 참여기관들 간의 팀워크가 매우 중요하다. 이에 따라 재난 발생 시 구조구난의 효율화를 위해 사건규모에 따라 각급 긴급구조통제단과 현장지휘소를 두어 지휘체계를 일원화하였다.[43]

대응단계는 재난관리의 전 과정 중에서 시간적으로 가장 짧지만(대개 72시간 이내) 이 활동을 위해서 오랜 시간 완화와 대비의 노력을 기울인 것이므로 중요한 단계라 할 수 있다. 이러한 응급대응이 보다 효과적이기 위해서는 총체적 비상관리나 통합관리체제가 필요한데 그 이유는 재해가 발생하면 응급 대응하여야 할 일차적 책임이 있는 정부가 미리 응급대응전략을 수립하고 대비하여야 한다.

이것이 작동되면 많은 계획들이 많은 계획들이 수정·보완되면서 각 요소들이 행위를 통합·조정할 수 있기 때문이다. 이렇게 함으로써 응급대응과정에서 파기되는 문제점으로서 분파성, 표준절차의 결여, 참여단위의 다양성, 단편성 등을 극복하기 위한 제도적 장치이다.[44]

대응 단계의 활동을 효과적으로 집행하기 위해서는 우선, 대응 단계의 효율적인 의사결정 구조의 문제와 조직 구성원들의 역할 문제를 살펴보아야 한다.

즉 인적 재난에 대해 좀 더 효율적으로 대응하기 위해서는 집권화되고 공식적인 의사결정 구조보다는 유연한 의사결정 구조를 유지하는 것이 효과적이다.

그리고 이와 함께 조직 구성원들의 대응 활동에서의 구체적인 역할을 사전에 부여해 놓는 것이 필요하다. 특히, 인적 재난관리 업무를 일상 업무로 수행하고 있거나 관련이

---

43) 한상대, 2004, p.15.
44) 장태현, 2004, p.22.

있는 조직보다는 관련이 없는 조직의 경우에 인적 재난에 대비해 조직 구성원 각자의 업무를 정의하는 것이 더욱 필요하다. 또한 효과적인 인적 재난 대응을 위해서는 조직적 측면, 재난에 대한 형태적 대응, 대응의 일반 기능, 그리고 재난 관리자의 역할 변화라는 관점에서 살펴보는 것이 필요하다.

인적 재난 대응을 위한 조직 측면에서는 재난관리 기관 간의 활동을 조정하기 위한 의사 결정의 중심장소로서의 인적 재난 운영센터를 활용해야 한다. 둘째, 인적 재난에 대한 형태적 대응에서는 재난 희생자와 인적 재난관리 인력들이 일상적인 재난 대응 유형에 익숙해지는 것이 필요하다.

이를 통해 재난 대응 시간을 줄이고 신속하게 상황 관리에 초점을 둘 수 있기 때문이다. 셋째, 인적 재난 대응 국면에서는 여섯 가지 일반 기능이 필수적으로 요구된다. 즉 경보, 소개(evacuation), 대피, 응급의료, 희생자 탐색·구조, 재산 보호 기능이야 말로 대응 과정에서 필수적인 기능이다. 마지막으로 인적 재난 관리자의 역할과 관련하여 오늘날 발생하고 있는 많은 위기 유형들은 지역 주민들의 생명과 재산에 대해 심각한 영향을 미칠 수 있는 것이기 때문에, 이를 관리하고 대응하기 위해서는 지방정부가 감당할 수 없는 많은 자원을 필요로 한다. 그러므로 인적 재난 대응에 필요한 자원을 확보하고 주민들의 지지를 획득하는 과정에서 다른 누구보다도 재난 관리자의 재난관리 정책 결정에 대한 통찰력이 필요하다.

① 피해지역 초등 초치

피해지역의 초동조치로는 우선 재난의 예측·예보 및 정보 전달 체계를 구축하고 재난 위험시설을 점검하며 사태수습에 필요한 자원의 파악관리와 국민행동요령 계도 활동 등을 전개한다. 그리고 재난상황을 신속히 전파시키고 구조구난 요원을 긴급히 현장에 출동시켜 사상자의 응급처치 및 병원이송, 긴급구조구난기관 및 자원봉사자에게 임무를 부여하고, 현장통제 및 질서유지를 담당한다.

사고대책본부를 가동하여 상황관리를 총괄하고 사고수습 복구를 위하여 장비를 투입하고, 이재민 수용 및 응급구호, 사상자 관리 등 의료구호 활동을 전개하면서 피해조사 및 피해보상 등 사후 수습조치를 취하도록 한다.

2 특별재난지역 선포 및 구조, 구급

특별재난지역은 자연재해를 제외한 화재, 붕괴, 폭발, 교통, 화생방, 환경오염 등 국민의 생명과 재산에 피해를 줄 수 있는 사고로서 이러한 재난의 규모가 커지게 되면 특별재난지역으로 선포하게 된다.

특별재난의 범위로는 대규모재난(정부차원의 종합적 대처가 필요한 재난 등)이나 재난이 발생한 당해 시·도의 행정능력이나 재정능력으로는 재난의 수습이 현저히 곤란하다고 인정되는 재난, 그리고 당해 재난으로 인하여 피해를 입은 주민·기업 또는 기관·단체에 대한 정부차원의 행정·재정 및 세제상의 지원이 필요하다고 인정되는 재난이 있다. 마지막으로 사회 안녕질서 및 산업경제활동에 중대한 영향을 미치는 재난의 경우에는 특별재난으로 선포할 수 있다.

〈표 4-5〉선포 절차

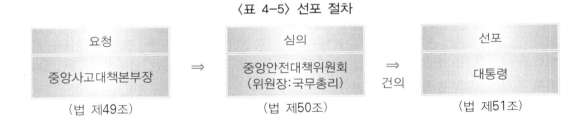

선포 시에는 재난의 사실과 특별재난지역의 범위 그리고 특별지원에 관한 사항에 대한 것을 선포한다. 특별재난지역에 대한 지원의 범위는 응급대책 및 재난구호와 복구에 필요한 행정·재정·금융·세제상의 특별지원과 그 재난을 수습하는 지방자치단체의 재정 능력과 피해의 규모를 감안하여 당해 지방자치단체가 행하는 피해보상지원에 소요되는 비용의 일부를 지원한다. 또한 특별재난으로 인한 사망 또는 부상자의 보상금에 관한 지원 등이 있다.

3 관련기관 동원

현장밀착형 국민보호 기능을 강화하기 위해 국민이 원하는 위험요소를 발굴하여 해소해 나갈 수 있는 계획을 수립한다. 현장밀착형 그물망점검시스템은 국민의 안전을 위한 응급구조·구급, 방재자원 및 시설물 관리를 통한 재난 발생 가능성 최소화, 지방자치단체 차원에서의 재난관리 역량 강화 계획을 수립한다. 첫째, 응급구조·구급 분야는 의료 구조·구급 수요에 기동성 있게 대처함은 물론 구조·구급 서비스의 고품질화를 추진하기 위하여, 원격 화상진료시스템을 시범적으로 도입하여 의료 분야의 효율적인 응급처지가 가능하도록 한다. 국민의 안전취약 계층 증대에 따라 안전복지 개념을 도입한 국민 중심의 안전관리 방안 계획도 수립한다. 국민의 안전관리 영역은 지방정부와 민간을 대상으로 현장밀착 관리시스템의 개념을 도입한 것으로 재난취약 계층과 시설을 대상으로 사회복지사와 같은 안전복지사제도를 도입하는 등 생활밀착형 국민보호 사업을 확대하기 위한 전략을 수립하는 것이다. 중앙정부와 지방정부 간의 공감대를 더욱 강화할 수 있도록 권역별 재난정책 자율포럼을 구성·운영하기 위한 전략을 수립한다.

둘째, 방재자원관리를 위한 최신 기술을 적용 등 체계적인 방재자원관리 전략 계획을 수립한다. 방재자원관리는 <표 4-6>의 소방방재청에서 파악하고 있는 방재자원 현황과 같이, 소방방재청에서 분기별 혹은 반기별로 재난관리 자원을 지방자치단체를 통하여 파악하고 있다.[45]

〈표 4-6〉 소방방재청에서 파악하고 있는 방재자원 현황

구 분	내 역	상세 내역
인력자원	전문기술인력	• 토목, 건축, 환경, 전기, 가스, 통신, 방사능 등
	전문기능인력	• 전기공, 기계공, 통신공, 착암공, 절단공, 용접공, 철근공, 중기운전 등
특수, 봉사단체, 기타자원	특수단체 및 개인	• 의용소방대, 산악구조대, 수중구조대, 아마추어무선봉사대 등
	봉사단체 및 개인	• 적십자봉사대, 새마을부녀회, 해병전우회, 모범운전사회, 여성단체협의회
물자자원	구호물자	• 천막, 취사도구, 모포, 침구류, 의류, 양곡, 기타생필품, 의약품, 예산확보
	방재물자	• 오일휀스, 유흡착제, 흡착률, 유처리제, 중화제, 황토반토, 소석회, 활성탄, 가성소다, 분말염소
장비자원	민간장비	• 사다리차, 구조공작차, 배연차, 헬기, 매몰자탐지기, 구조용로프, 구명보트, 구명환, 구명동의, 산소호흡기, 잠수세트, 유압잭, 에어백
	복구장비	• 크레인, 굴삭기, 불도저, 덤프, 로우더, 견인차, 청소차
	산불진화장비	• 진화용헬기, 동력톱, 방화복, 등짐펌프, 헬기용물바켓, 물갈퀴, 불털이개, 무전기
	기타장비	• 용접기, 콤프레샤, 양수기, 발전차, 천공기, 착암기, 절단기, 화학차, 전기복구차량, 가스복구차량, 통신복구차량, 제독차

---

45) 소방방재청, 국가안전관리 BPR/ISP, 2005.

〈표 4-7〉 국가 재난자원관리 주요 업무 내용

구분	부처별 국가 방재자원 현황
국방부	• 예비군 동원인력, 장비
행정안전부	• 공무원 동원인력, 행정장비
방송통신위원회	• 통신안전지원 정보(인력, 장비 및 물자)
보건복지부	• 응급의료기관 정보(의료장비 및 당직의사정보)
건설교통부	• 자동차 동원자원, 건설기계 동원자원
경찰청	• 동원인력 및 구조장비
산림청	• 산불진화장비
해양경찰청	• 동원 인력·장비, 구조/방재 장비·물자
한국철도공사	• 지원인력, 장비
농업기반공사	• 수방자재, 한해장비
한국가스안전공사	• 가스안전 기술인원, 가스안전 장비
한국전력공사	• 전기공급복구 인력, 장비
한국전기안전공사	• 전기안전설비 기술인력, 전기안전설비 장비
한국환경자원공사	• 공사인력, 공사장비
한국수자원공사	• 복구인력, 장비
한국도로공사	• 도로안전 인력, 장비, 물자
인천국제공항공사	• 한국공항공사: 인력, 장비

유관기관에서 보유하고 있는 방재자원관리는 "비상대비자원관리법 시행규칙"에 근거하여 <표 4-7>의 국가 재난자원관리 주요 업무 내용과 같이, 각 유관기관별 방재자원을 관리하고 있다.

효율적인 방재자원관리를 위해서 RFID 기술을 활용한 자원DB시스템 구축사업을 추진하여, 재난대응계획, 표준행동요령(SOP)를 구현할 수 있도록 내장된 RFID 칩을 개발해 긴급구조기관 및 지원기관에 장착 현장지휘관에게 정확한 상황판단을 지원하기 위한 전략을 수립한다. RFID 기술의 적용으로 방재자원의 현황 파악은 물론 재난관리 담당자의 위치, 방재자원의 시간한계를 투입시점에서부터 체크해 체계적으로 관리하는 시스템으로, 이와 관련한 표준시스템을 개발, 구축하고 장기적으로는 시·도 소방본부 및 소방서, 긴급구조지원기관에도 보급하는 전략을 수립한다. 셋째, 재난관리를 통한 국가 경쟁력 확보 및 지역 균형발전을 유지한다. 재난관리를 통한 재난 피해로부터 국가 핵심기반과 지역 경제기반의 안정성을 유지하는 것이다. 특히 자연 및 인적 재난으로 거주인구·기업수가 적어지거나 지역기업의 경쟁력이 위험수위에 도달한 한계 지자체에서 발생할 경우 공공·민간시설의 파손·붕괴와 경제활동의 위축으로 거주인구·기업이 타 지역으로 이주하거나 기업이 파산하여 지역 균형발전을 저해하는 것을 최소화하기 위한 전략 계획을 수립한다.

제4절 수습 및 복구단계

복구(recovery)는 인적 재난이 발생한 직후부터 피해 지역이 재난 발생 이전의 원상태로 회복될 때까지의 장기적인 활동 과정인 동시에, 초기 회복기간으로부터 그 지역이 정상적인 상태로 돌아올 때까지 지원을 제공하는 지속적인 활동이다. 인적 재난 복구단계의 활동은 피해 지역이 원상 복구를 하는 데 필요한 원조 및 지원 활동으로 전형적인 배분정책의 영역에 속하는 활동으로 볼 수 있다.

즉 복구단계는 재난으로 인한 혼란상태가 상당히 안정되고 응급적인 인명구조와 재산의 보호활동이 이루어진 후에 재난 전의 재정 상태로 회복시키기 위한 여러 활동을 말한다.

이러한 재난으로 인한 위기상황과 혼란을 신속하게 정상상태로 회복시키는 것이 복과정이다. 이와 같은 복구과정은 크게 단기적인 응급복구와 장기간에 걸친 항구복구로 나누어진다(Mushkatel & Weschler, 1985, p.50). 즉 재난으로 인한 피해자와 재선에 대한 단기적·임시적 응급복구와 장기적·항구적 원상회복 또는 개량복구를 행하는 단계라고 할 수 있다. 단기적·응급적으로는 주민들이 최소한의 생활을 영위해 나갈 수 있도록 회복시키는 것이고 장기적이며 항구적으로는 방역, 재난으로 발생한 폐기물, 위험물의 제거, 실업자에 대한 직업소개, 임시주민시설마련, 주택과 시설의 원상회복 등 지역의 개발사업과 연계시켜 복구활동을 수행한다.

재난관리는 재난으로 인한 피해자에게 우선 복구관리를 통하여 최소한의 생활수준을 유지하도록 함으로써 스스로 복구하겠다는 의지를 심어주고 궁극적으로는 재난 이전의 상태로 원상 회복시켜 줌은 물론이고 재해의 요인을 제거하거나 줄이는 방향으로 이루어진다. 복구관리에 있어서 복구자는 원칙적으로 피해당사자가 행하는 것이 원칙이지만 그 피해가 커서 피해주민의 능력을 벗어나는 경우에는 정부가 재해복구를 위한 각종 직·간접적 지원뿐만 아니라 정당·언론 등 피해지역 외에 주민과 단체의 지원 등 총체적 복구 노력을 하게 된다.[46]

또한 복구단계에 속하는 구체적인 활동에는 생존 지원 체계인 전력망 수리, 임시 가옥·식량·의복 제공 등이 포함된다.

---

46) 이종민, 2008, p.18.

1 의료 지원 및 피해자 케어

　모든 국민은 성별, 연령, 민족, 종교, 사회적 신분 또는 경제적 사정 등을 이유로 차별받지 아니하고 응급 의료를 받을 권리를 지니며(응급의료에 관한 법률 제3조), 응급의료기관 종사자는 응급환자에 대하여는 다른 환자에 우선하여 상담, 구조 및 응급 처치를 실시하고 진료를 위하여 필요한 최선의 조치를 하여야 한다(동법 제8조 제1항)고 규정하고 있다.

　응급의료체계란 일정 지역 내에서 응급환자 치료를 위해 양질의 응급의료 서비스를 제공하는 데 필요한 인력, 장비, 자원 등의 모든 요소를 효과적으로 운영하기 위해 조직화한 체계를 말한다.

　우리나라의 응급의료체계의 구성은 다음과 같이 세 단계로 나눌 수 있다.

① 병원에 오기 이전의 단계(prehospital phase)
② 환자 후송 단계(transportation phase)
③ 병원에 도착하여 진료와 그 밖의 의료 서비스를 진단받는 단계(hospital care phase)

　응급환자 발생 시 실제로 국민들이 어려움을 많이 겪을 뿐 아니라 제대로 대응하지 못하는 단계는 병원 전 단계로서 응급의료 체계에서 대단히 중요한 의미를 지닌다. 응급의료 통신망 체계는 응급의료정보센터에 대한 환자 발생 신고에서부터 지역 구급차나 응급의료기관에 대한 구급차 출동 요청, 출동한 구급차와 응급의료기관의 병원 전 처치 단계에서의 긴급연락을 위해 꼭 필요한 요소로서 질병 상담, 병원 안내, 구급차 출동 등 적절한 사전 서비스를 제공하는 응급의료 전산망과 정보센터와 병원, 병원과 구급차, 구급차와 의사간을 이어 주는 유·무선 통신망체계를 말한다.

　그동안 우리나라 응급의료 체계는 긴급구조 체계의 일환으로 보건복지부, 행정안전부의 소방국, 민방위국, 재난관리국 등에 분산·관리되어 왔으나 2004년 3월 2일 재난관리 전담기구인 소방방재청 신설과 관련된 정부조직법 개정안이 국회에서 통과됨으로써 행자부 요청으로 소방방재청을 신설하여 각종 재난에 대한 예방, 대응 및 복구 기능을 강화하고 효율적인 안전관리 체계를 구축하는 업무를 전담하도록 했다. 이에 따라 긴급구조 체계의 핵심적인 한 부분인 응급의료 체계 역시 2004년 6월 1일부터 설립된 소방방재청이 중앙행정 단위의 역할을 하며 도 단위의 광역단체에는 소방본부를 설치하고 시·군 단위에는 소방서를 설치하여 119전화로 통합 관리하고 있다.

2 피해 평가 및 보상, 보험

재난에 대한 피해 평가와 피해 복구는 재난관리책임기관의 장에 의하여 평가 및 보상이 시행된다. 재난 피해복구의 기능은 재난이 발생한 때에는 재난상황에 대한 조사와 유사한 재난의 방지를 위한 예방대책, 소관 시설에 대한 복구계획 수립의 기능을 한다. 또한 지역사고대책본부에서는 합동으로 조사단을 편성하는 때에는 관계재난 관리책임기관의 장에게 재난 상황의 조사에 관하여 전문능력 소속공무원 또는 직원파견을 요청한다. 그리고 재난상황에 대한 전문적인 조사를 위해 필요한 경우 관계전문가를 참여시키도록 한다.

3 피해 지역 복구

복구는 재난이 발생하기 전의 정상적인 상태로 회복하기 위한 활동이다. 단기적·임시적인 응급복구와 장기적·항구적인 원상복구 또는 개량복구의 형태가 있다. 단기적인 응급복구는 이재민들이 최소한의 생활을 영위해 나갈 수 있도록 하는 식량, 식수, 비상구호품 등의 지원을 말한다. 또한 구조적인 복구 외에 사망 또는 부상 피해자 유가족과 재난 대응 활동에 참여한 공무원의 정신적·심리적 상처를 치유하는 미국 NIMH(National Institute of Mental Health)의 지원과 같은 대책이 강구되어야 한다.

재난관리 사례연구

1 자연재난

1) 태풍 매미

2003년 9월에 한반도에 막대한 피해를 입힌 태풍이다. 우리나라에서 기상관측을 실시한 이래 중심부 최저기압이 가장 낮은 950hPa(헥토파스칼)을 기록했다. 인명피해 130명, 재산피해 4조 7810억 원이 발생했다. 2003년 9월 6일 발생해 9월 14일 소멸한 중형급 태풍으로, 태풍 이름은 북한에서 제출한 것이다. 제14호 태풍이라고도 한다. 9월 6일 처음 발생했을 때는 중심 기압이 996hPa, 중심 최대 풍속이 18m로 열대성 폭풍에 지나지 않았으나 이후 서쪽으로 이동하면서 점차 태풍으로 발달해 한반도에 상륙하여 남해안에 도달했을 때 중심 기압이 950hPa(태풍은 중심 기압이 낮을수록 힘이 세진다)로 강해졌다.

① 발생원인

제14호 태풍 매미는 2003년 9월 12~13일 동안 한반도 남부지역 강타를 시작으로 동해 쪽으로 지나갔으며, 우리나라에서는 전형적인 9월 태풍, 9월 6일 괌 섬 북서쪽 약 400km 부근 해상에서 저기압형태로 발생했으며, 9월 12일 18시경 제주도 성산포 동쪽 해상을 거쳐 동일 21시경에 경상남도 사천시부근 해안으로 한반도에 상륙했다. 이후 북북동진하여 경상남도 함안을 거쳐 13일 03시경에 경상북도 울진을 거쳐 동해상으로 통과해 지나갔다.

이어 북태평양 고기압을 타고 한반도로 북상하기 시작해 11일에는 일본 미야코 섬 기상관청 기록에 따르면 2003년 발생한 태풍 가운데 가장 강한 중심 기압 910hPa의 강력한 태풍으로 변모하였다. 북위 25°를 넘으면서 차츰 약해지기는 했지만, 여전히 중형급의 강한 위력을 유지한 채 같은 날 16시 제주도를 거쳐 20시에는 경상남도 삼천포 해안에 상륙하였다. 그 뒤 7시간 만에 영남 내륙지방을 지나 13일 03시 무렵에는 경상북도 울진을 거쳐 동해안으로 진출하면서 약해지기 시작한 뒤, 14일 06시 일본 삿포로[札幌] 북동쪽 해상에서 태풍으로서의 일생을 마쳤다.

[그림 5-1] 태풍 매미의 일기도와 피해

출처: 위키백과(http://ko.wikipedia.org)

② 피해 및 복구

우리나라에서 약 7시간 가량 머물면서 전국적으로 4조 7,810억원의 재산피해(이 중 사유시설 피해액 1조 5,170억 원)와 10,975여 명의 이재민이 발생했다.

태풍 '매미'로 의한 인명피해는 132명(사망 119, 실종 13, 부상 366)에 달하였으며, 사망의 원인별로는 산사태, 절개지 붕괴 18명, 건물 붕괴 12명, 하천급류 27명, 침수 18명 등이었고, 지역별로는 경상남도 63명, 경상북도 19명, 부산 16명, 강원 13명, 전라남도 12명, 대구 4명, 제주 2명 등으로 경상남도 지역에서 많은 인명피해가 발생하였다.

재민은 총 4,089세대 10,975명으로서, 지역별로 경상남도 2,330가구 6,428명, 경상북도 15가구 1,346명, 부산 511가구 1,552명, 강원 335가구 922명, 전라남도 157가구 358명 등으로 경상남도 지역에서 발생한 이재민은 전체 중 58%로 가장 많았다.

〈표 5-1〉 인적 피해

구성	내용
사망자	119명
실종자	13명
부상자	366명

[그림 5-2] 태풍 매미에 의한 피해

출처: 위키백과(http://ko.wikipedia.org)

침수피해는 주택 26,799동과 농경지 37,986ha에서 일어났는데, 주택은 경상남도 11,067 동, 강원도 3,474동, 부산 2,966 동, 대구 943동, 경상북도 2,093동, 제주 472동 등이었 고, 농경지는 경상남도 16,129ha, 경상북도 9,281ha, 전라남도 3,732ha, 강원도 8,844ha 등 이었다.

재산피해는 총 4조 7,810억 원에 달했는데, 공공시설이 약 3조 2,640억 원, 사유시설 이 약 1조 5,170억 원이었다. 공공시설의 피해현황은 도로 2,278개소와 교량 90개소, 하천 2,676개소와 소하천 3,685개소(수리시설 27,547개소), 사방시설 1,204개소(1,477ha) 와 임도 397개소(360㎞) 등이 유실되었다. 사유시설은 건물 6,513동(전파 1,556동, 반파 4,957동), 선박 5,833척(전파 2,666척, 반파 3167척), 비닐하우스 2,110ha가 파손되고, 농경지 5,067ha 등이 유실, 매몰되었다.

그 외 총 1,477천호에서 정전이 발생하였고(부산 33, 대구 20, 전남 16, 경상남도 52, 제주 14, 충청북도 등 12), 원자력발전소 5기(고리1·2·3·4호기, 월성 2호기)가 가동 중단되었으며, 부산 월래정수장 등 23개 시와 군 47개 정수장이 가동 중단되어 가구에 식수공급이 이루어지지 않았고, 항만 컨테이너 크레인 11기(전도 8기, 궤도이탈 3기)가 파손되는 등 다양한 형태의 피해가 발생했다.

③ 복구 및 대책

[그림 5-3] 태풍 매미 발생 시 돌풍으로 날아온 바위와 위령석

출처: 네이버 이미지 검색(www.naver.com)

대책으로는 기초지자체에 방재관련 상설기구를 설치하여 평상시에는 재난예방을 위한 활동을 수행하고, 재난 발생 시에는 피해상황 파악 등 각종 재난복구업무를 수행해야 한다.

방재관련 각종 행정을 효율적으로 수행하기 위해서는 현재 관행적으로 운영되고 있는 복수직에 대한 운영방침을 재고해야 하고, 실시설계보고서가 작성되면 어떠한 형태이든 심의기구를 구성하여 제대로 된 보고서를 작성할 수 있도록 해야 한다.

태풍에 대비한 송전탑의 강도보강 및 공급계통의 다중화, 지중화가 필요하고 염해피해 방지를 위한 지속적 감시실시, 그리고 태풍 등 재해대비 라이프라인 시설을 설치해야 한다.

2) 태풍 루사

태풍 루사는 2002년 8월 말에 한반도에 상륙했던 태풍이다. 당시 최대 순간풍속은 초당 39.7m, 중심 최저기압은 970hPa이었으며 강원도 동부에 많은 강수를 내리면서 많은 피해를 남겼다. 124명이 사망하고 60명이 실종되었으며 총 5조 4696억 원의 재산피해를 냈다. 그 이름은 말레이시아반도에 사는 사슴과의 일종에서 따온 것이다.

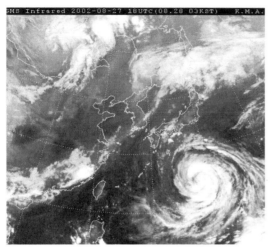

[그림 5-4] 태풍 루사의 일기도와 피해

출처: 위키백과(http://ko.wikipedia.org), 네이버 이미지 검색(www.naver.com)

① 발생원인

제15호 태풍 루사는 2002년 8월 30일에서 9월 1일까지 우리나라에 피해를 입혔다. 2002년도에는 남해상의 해수온도가 평년보다 높아 지속적으로 수증기가 유입되면서 제 15호 태풍 루사가 우리나라에 접근하였다. 경로는 제주도 동해상을 거쳐 8월 31일 18시경 전남 고흥군으로 상륙하였고, 9월 1일 15시경 동해 속초지역을 지나가면서 열대성 저기압으로 약화되어 소멸되었다. 강릉지방의 경우 연평균강수량의 62%인 870.5mm가 하루 만에 내렸으며, 대형 태풍인 루사의 관통은 역대 강우관측기록을 경신하는 국지성 집중폭우를 기록하였다.

② 주요 사건 및 사고 내용

태풍 루사는 한반도를 관통하며 전국적으로 사상 초유의 피해를 남겼는데, 특히 강원도의 영동지역은 지역적인 영향으로 기상관측 이래 일 최대강우량을 기록하기도 하였으며, 하천이 범람하고 도심의 저지대가 침수되고, 제방, 도로, 교량 등이 유실되는 등 그 피해가 다른 지역보다 극심하였다.

지방 2급 및 소하천 상류부의 피해가 심하였으며, 집중호우로 인한 외수범람과 내수 배제 불량으로 도심지 저지대를 중심으로 대규모 침수피해가 발생하였다.

[그림 5-5] 태풍 루사에 의한 피해

출처: 네이버 이미지 검색(www.naver.com)

③ 피해 및 복구

태풍 '루사'가 휩쓸고 간 강릉지역에서는 3일 당시 30명이 급류에 휩쓸리거나 산사태로 목숨을 잃었고, 16명이 실종돼 생사조차 확인되지 않는 등 태풍이 지나간 뒤에도 희생자 가족의 피해와 수재민의 피해는 매우 컸다. 또한 강한 바람을 동반한 태풍 상륙으로 시가지의 입간판 피해와 과수원의 낙과피해와 연안의 방파제 및 수산중·양식 시설 등의 피해가 극심하였고, 산사태로 인한 인명피해가 많이 발생하였다.

전국적인 피해규모는 인명피해 321명, 이재민 21,318세대 63,085명, 주택침수 27,562, 농경지 유실이 17,749ha이며 재산피해가 5조 1,479억 원이 발생하였다.

〈표 5-2〉 인적 피해

구성	내용
사망자	209명
실종자	37명
부상자	75명

④ 대책 및 복구

대형 태풍 '루사'로 인한 큰 피해 발생에 대하여 지적된 문제점은 급변하는 수문기상 특성에 적응하여 치수관련 설계기준 조정, 하천 및 도시의 치수체계 재정비가 미비하였다는 점이 지적되었다.

[그림 5-6] 태풍 루사에 의한 피해복구

출처: 네이버 이미지 검색(www.naver.com)

그에 대한 대책으로는 방재분야에 대한 과감한 투자와 적절한 대책을 시행하고, 지역적인 특성에 맞는 치수정책 재검토, 홍수에 대해서 매년 지속적인 투자를 통하여 보다 안전한 사회기반시설을 유지해야 한다. 또한 교량이나 보의 철거 혹은 개선과 같은 하천시설의 정비, 중요한 시설이나 지역을 보호하기 위해 다른 지역으로 홍수를 유도하는 대비책을 마련하고 수해를 가상한 대비훈련을 실시해야 한다. 항만 건설 등으로 인한 해양환경 변화가 우려될 경우에는 특히 방파제 등 매립 또는 준설 후 인공구조물을 설치할 경우에는 해양환경 변화에 대해 철저한 사전 검토를 수행해야 한다. 관련 구조물이 설치될 지역에서는 시공 후의 지속적인 유지관계가 중요하다. 평상시의 관리를 통해

[그림 5-7] 태풍 루사 극복기념관과 피해 전후의 복구

출처: 네이버 이미지 검색(www.naver.com)

방파제나 해안의 이탈된 피복석을 정비하고 내부 사석이 유실되었는지 확인해야 한다. 지방 어항의 소규모 방파제에 대한 설계지침을 강화하고 재검토해야 한다. 평상시 중요 시설 인근의 해역에서는 해황(조위, 파랑 등)에 대한 관측을 철저히 하고, 국민과 관련 공무원의 자연재해에 대한 이해를 위해 방재교육과 계몽이 절실히 필요하다.

3) 홍성지진

① 발생원인

1978년 10월 7일 오후 6시 21분부터 약 3분 9초간 진도 5.0의 지진이 충청남도 서북부지방에서 발생하여 홍성군 홍성읍 일대에 큰 피해를 주었다.

② 주요 사건 및 사고 내용

피해 내용을 살펴보면, 인명피해로는 부상 2명과 홍성군청을 중심으로 건물 파손 100여 채, 건물 균열 1,000여 채와 성곽 붕괴, 일시 정전, 전화불통이 있었고, 지면 균열 현상이 관찰되었다고 한다. 이러한 홍성지진의 피해로 인하여 우리나라의 지진 안정성 문제가 크게 사회적으로 부각되었다.

대형 트럭이 콘크리트 벽을 들이받을 때 나는 쾅 하는 소리와 비슷한 폭음이 들리면서 내습한 지진으로 2명의 상점 점원이 떨어지는 병에 맞아 부상을 당하였고, 여고생 4명이 지진으로 갈라진 방 틈에서 새어 나온 연탄가스에 중독되기도 하였다. 홍성읍 오관리 6구 한전출장소 앞 포장도로(8m폭) 약 20m가 너비 1cm 가량 균열되었고 홍성경찰서의 높이 10m의 굴뚝이 완전히 무너졌으며 서장실 등 2층 건물 10곳도 1~3cm

[그림 5-8] 홍성지진에 의한 건물의 파손

출처: 네이버 이미지 검색(www.naver.com)

너비로 금이 갔다.

　지진은 홍성읍 서쪽과 동쪽 일대인 오관리 1, 2, 3, 4, 7구 지역에 심한 피해를 주었으며, 홍성 근처 지방인 서산, 당진, 보령, 지방에서는 유리창이 흔들릴 정도의 약진이 있었다.

③ 피해 및 복구

　홍성군청을 중심으로 반경 500m 내에 심한 피해가 집중되었다. 큰 굉음과 함께 홍성읍 주민 모두가 공포에 떨 정도의 진동이 있었으며, 이는 탱크가 지나가는 듯한 소리가 났다는 보고와 땅바닥이 바닷물처럼 파도를 쳤다는 보고가 있었다.

　피해내용은 건물파손 100여 동으로 112동 또는 117동이며, 기상청공식에 따르면 118동이다. 건물균열 1,000여 개소, 성곽붕괴 90m 그리고 상품, 가구 및 담장 등의 부속구조물 파손이 670여 건, 부상 2명의 인명피해가 있었다. 또한 일시 정전 및 전화불통 현상이 있었다. 지면에는 폭 1cm, 길이 5~10cm 정도로 최대 60m라는 과학자들의 보고가 있었고, 균열현상이 관찰되었고, 총 피해액은 199,955천 원으로 피해당시 화폐가치로 환산하면 약 2억 원 가량이며, 복구 소요액은 약 4억 원인 것으로 보고되었다.

④ 대책 및 복구

　정부는 피해가 발생한 직후 10월 7일 오후 7시 각종 매스컴을 통하여 기옥을 점검하고 가스가 새는지 여부를 확인하도록 계도하고 재해대책본부를 설치, 기능별로 반을 편성하여 피해조사와 긴급복구에 임하도록 조치하였으며, 홍성국민학교와 홍성중학교의 6개 교실에 대하여는 학생 출입을 통제하였다.

　10월 8일, 홍성읍 민방위 3개 대 135명은 파손가옥과 지방문화재(1972. 10. 14 지정)인 홍주 성곽 위험부위를 수리하였다. 곧이어 경찰서 등 15개 주요 기관에 대한 안전진단을 실시하였고 가옥 반파피해를 입은 방경호 씨에게 백미 서 말을 전달하여 위로하였다. 10월 9일에는 홍성읍 민간안전대책위원회(회장 전용섭 외 20명)를 구성, 민방위대원 150명이 홍주성 주변 잡목 제거 및 상부 비닐 덮개 씌우기, 상수도, 배수로, 축대 보수, 성곽 주변 위험가옥 거주자 20세대 104명을 대피시켰다. 또한 성곽 주변 도로를 차단하고 위험표지관 등을 설치하여 피해 확산 방지에 주력하였다.

[그림 5-9] 지진대비 설계와 홍성에서 실시한 지진대비 훈련

출처: 네이버 이미지 검색(www.naver.com), 연합뉴스(www.yonhapnews.co.kr)

중앙재해대책본부는 10월 10일부터 중앙합동조사반을 편성, 조사를 실시하여 부상 2명, 재산피해 301백만 원을 확정하였다. 공공시설은 해당부서 자체예산으로 복구하고 민간시설인 전파, 반파 주택은 정부의 지원기준에 의거 지원함을 원칙으로 하여 총 복구비 657백만 원의 복구비를 지원하였다. 복구비 지원내용을 보면 학교시설 149동에 188백만 원, 경찰서, 전화국 등 공공시설 6건에 10백만 원, 성곽 주변 위험가옥 이주 및 보수에 273백만 원, 일반 건물 1,849건에 85백만 원, 101백만 원 등이었다.

4) 2004년 중부지방폭설

① 발생원인

2004년 3월 4일 부터 5일 동안 중부・경상북도지방에 10~49㎝의 폭설이 내려 축사, 비닐하우스 등 6.734억 원의 피해가 발생하였다.

4일 오후부터 서울 등 중부지방에 100년 기상관측 이래 최대의 3월 폭설이 쏟아지면서 밤늦게까지 서울 시내 모든 도로가 사실상 전면 마비되는 사태가 벌어졌다.

② 주요 사건/사고 내용

4일 밤 11시, 서울 18.5㎝를 비롯해 문산 23.0㎝, 동두천 18.2㎝, 양평 17.8㎝, 인천 12.7㎝, 원주 12.0㎝, 수원 11.3㎝ 등 중부지방에 많은 눈이 내렸다. 서울・경기・강원지역에 오후 5시부터 대설주의보가 내려졌다. 1904년 우리나라에서 기상관측을 시작한 이래 서울에 내린 3월 눈으로는 1991년 3월 8일 12.8㎝가 최고 기록이었다.

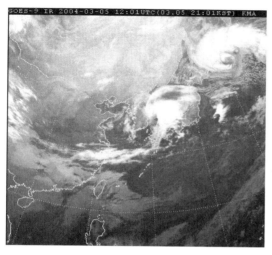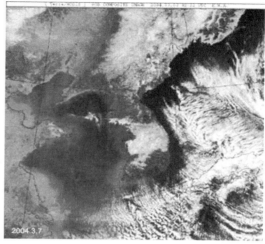

[그림 5-10] 중부지방폭설 당시의 일기도 및 기상도

출처: 위키백과(http://ko.wikipedia.org)

중부지방 폭설로 인하여 경부고속도로가 27시간 동안 차량소통 마비되었고, 트러스 구조로 설계된 개폐형 축사 및 공장 지붕이 붕괴되었다.

비닐하우스(단동식, 연동식)의 구조물(원호)과 인삼재배사(연동식, 단동식)가 붕괴되었다.

또한 고등학교 체육관의 지붕(원더빌딩) 및 공장지붕(트러스)이 붕괴되었으며, 자치단체 관할 도로 제설시의 인력 및 장비 부족으로 교통이 마비되었다.

당시 문제점은 기상예보의 부정확한 폭설보도로 피해가 확대되었고, 충청남·북도, 경상북도지역에 대한 대설주의보발령이 늦었으며, 적설량 예측이 크게 빗나감(충청남·북도, 경상북도지역에서는 3월 4일 24시 전후 강설)으로써 피해가 확대되었다.

③ 피해

폭설로 인한 재산피해액은 과거 최대 폭설피해액인 6,590억 원을 넘어선 6,734억 원(사유시설 6,620억 원, 공공시설 114억 원)이 발생하였다. 이 중 충청남도 3,526억원, 충청북도 1,918억 원, 대전 670억 원, 경상북도 등 617억원의 재산피해가 발생하였다.

이재민은 7,117세대의 주 생계수단 상실로 인한 이재민 포함 25,145명이 생겼으며, 충청남도 3,734세대/13,196명, 충청북도 2,714세대/9,653명, 경상북도 510세대/1,761명, 대전 등 159세대/535명의 이재민이 발생하였다.

[그림 5-11] 폭설과 그로인한 교통 혼란

출처: 네이버 이미지 검색(www.naver.com)

④ 대책 및 복구

기상예보에 대한 정확성을 향상시키기 위하여 기상청의 폭설 예측 역량을 강화할 필요가 있으며, 고속도로 등의 국가기반시설을 위한 재해응급 대응체제를 위한 매뉴얼 작성이 필요하다. 또한 도로 등에 폭설 시 도로교통을 통제하는 교통통제기준 확립 및 제설요원들이 사용할 제설대기소를 확충할 필요가 있다.

경부고속도로가 27시간 동안 차량소통이 마비되었지만 자치단체 관할 도로 제설 시의 인력 및 장비 부족으로 부분적으로 교통이 마비되었다. 그러나 제설장비를 시·군·구 또는 읍·면·동에서 완전 구비하는 것은 매우 어려운 실정이므로 현실을 고려하여 일반 영농장비에 부착 가능한 제설날을 읍·면·동에 보관 후, 폭설 시 농민들의 장비(트렉터 등)를 활용하여 도로의 제설을 실시한 후 정부에서 유류대 등을 지급하는 방안을 활성화할 필요가 있다.

축사도 트러스 구조로 설계된 개폐형 축사(우사)지붕이 붕괴되었기 때문에 구조물 축조 시 설계지침에 적합한 구조물을 축조할 필요가 있으며, 트러스 수평재의 보강 및 트러스 수직재의 보강이 필요하다. 또한 트러스의 중심부에 수직지지대를 위치시켜야 하며, 각 자치단체에는 농림부에서 작성한 표준설계도가 작성·보급되어 있으나 농민들은 경제적인 이유로 표준설계도에 따르는 시설물 건축을 기피하는 경향이 있으므로 표준설계지침을 지도할 필요가 있다.

비닐하우스의 상부구조물이 과대한 적설하중으로 인하여 상부가 붕괴되었기 때문에 상부 지지대의 간격, 굵기, 형상 등을 개선해야 하고, 내부 및 외곽구조물 지지대의 강도도 증대할 필요가 있다.

인삼재배시설은 차광이 목적이므로 시설물의 낮은 쪽 이음부에 대한 강도를 증대할 필요가 있으며, 이러한 시설물은 다년간 활용시설이므로 시설자재를 나무에서 철재 등으로 개선할 필요가 있다. 비닐하우스에 작용하는 적설하중을 고려하여 표준설계도에 반영하기 위한 '지역별 확률적설량에 관한 연구'가 필요하다.

또한 재해유형 중 폭설상황에 대처하기 위한 '폭설 재해유형에 따른 매뉴얼 작성 연구'가 필요하다.

5) 강원도 양양산불

① 발생원인

양양 산불은 2005년 4월 4일 23시 53분경 양양군 양양읍 군도 1호선 도로변에서 원인 미상으로 발생한 대형 산불이다.

최초 발화지역에서 최대풍속 24m/sec의 강풍으로 동쪽 또는 다른 방향으로 급속도로 확산되었으나, 야간에 발생된 산불인 관계로 초동 진화에 어려움을 겪었다. 양양군은 많은 인력과 예산을 들여 예방활동을 강화하여야 하지만 동해안지역은 포고 현상으로 바람이 강하게 불어 진화에 어려움을 겪었다.

특히 산불은 발생하면 특성상 일반화재와 다르게 매우 빠르게 확산되고, 강풍으로 인해 불씨가 비화를 동반하면서 단시간에 급속도로 확산된다. 양양 산불의 경우 진화인력을 21,181명(공무원 3,467, 군경 15,108, 주민 2,606) 투입하여 진화에 전력을 다하였으나 강한 바람으로 진화에 한계를 느끼고 헬기(57대)진화에 의존할 수밖에 없었다.

② 주요 사건 및 내용

양양 산불은 강현면 사교리 일대 야산에서 발생하여 초속 10~20m, 순간 최대 풍속 32m의 강한 바람을 타고 급속히 번졌다. 산불은 양양에서 속초 방면 8㎞ 지점, 옛 속초공항~관동대학교 사이에서 강풍을 타고 낙산해수욕장과 낙산대교 사이 바닷가 쪽으로 확산됐다.

[그림 5-12] 양양 산불사진

출처: http://blog.naver.com/mahayean/130034863298

사교리에서 북동쪽인 사천리와 감곡리 방면으로 10㎞ 가량 불길이 번지고 오전 9시경 파일리 쪽으로 번지며 조산리 동명서원을 비롯해 사천리와 금풍리, 기정리 등지에서 가옥 16채, 창고 1채, 펜션 1채, 방앗간 1채 등 20여 채가 불에 탔다.

불길이 번지며 대부분 주민들이 가재도구와 소 등의 가축을 논이나 밭 등으로 옮기고 집을 빠져 나와 인명피해는 발생하지 않았지만 오전 7시경에는 불길이 강한 바람을 타고 4차선인 7번 국도를 뛰어 넘어 낙산해수욕장 내 소나무 단지에 옮겨 붙어 낙산해수욕장 입구에서 거평프레야콘도 1㎞ 구간의 울창한 송림이 크게 훼손됐다.

대형 산불로 인해 하루아침에 낙산사 주변의 송림으로 번지면서 낙산사 서쪽 일주문을 태우고 원통보전에 옮겨 붙으면서 천년고찰인 낙산사를 전소시켰고, 소중한 산림이 한 줌의 재가 되었으며, 주택과 부속사 등이 타면서 이재민이 발생하였다. 산불 발생 시 타 지역에서 지원된 소방차가 진화작업에 큰 도움을 주지 못하였으며, 비상상황 발생 시 신속한 대처가 급선무이나 타 지역에서 지원된 소방차량들은 지리를 잘 몰랐다.

특히 낙산사는 건물 20여 채 가운데 보타전, 원통보전과 이를 에워싸고 있는 원장, 홍예문, 요사채 등 목조건물과 보물 479호인 '낙산사 동종' 등의 문화재를 잃었다.

상황실에서 집결지 현장에 출동한 시간, 도착시간에 관심이 많고 실제 현장 투입에는 오랜 공백과 상황유지만을 하고 있었으며, 작은 마을에 소방차 10대가 들어가면 도로소통도 원활하지 못해 기동성에서 제약을 받는 문제점이 발생하였다.

③ 피해

[그림 5-13] 산불로 인한 낙산사와 주변의 피해

출처: 네이버 이미지 검색(www.naver.com), 경향신문(www.khan.co.kr)

④ 예방 및 복구

소방본부는 인근 소방대에 지원을 요청 할 때는 현장 여건을 고려하여 요청하는 것이 필요하며, 영동지역은 산불 초동 진화할 때에는 반드시 대형 헬기가 필요하다.

[그림 5-14] 헬기를 이용한 산불공중진압과 전국에서 모인 소방차

출처: 네이버(www.naver.com), 연합뉴스(www.yonhapnews.co.kr)

그리고 대형 헬기는 영동지에 전진 배치해야 하며, 당시 많은 차량이 지원되었으나 도로 여건, 소화전 여건, 지휘소의 통제체제 등이 현장 여건에 맞지 않아 앞으로 재검토가 필요할 것으로 판단된다.

[그림 5-15] 군 병력의 대대적인 산불진압 작전 투입

출처: 네이버(www.naver.com), 연합뉴스(www.yonhapnews.co.kr)

[그림 5-16] 전소 후 화마에 의한 피해

출처: 네이버(www.naver.com), 연합뉴스(www.yonhapnews.co.kr)

[그림 5-17] 낙산사와 주거지 복구

출처: 네이버(www.naver.com), 연합뉴스(www.yonhapnews.co.kr)

6) 강원도 지역 수해

① 발생원인

경기도 및 강원지역 수해는 1996년 7월 26일에서 7월 28일 3일간 경기도 및 강원 북부지역(총 4개시·도 36개시·군·구)에서 발생하였다.

수해가 발생한 원인은 서해상에서 고온다습한 수증기가 유입되어 경기, 강원북부지방 의 찬 공기와 부딪치며 집중호우가 발생하여 임진강, 한탄강 유역의 파주시, 연천, 철 원, 화천군 등에 많은 피해가 발생하였다.

② 주요 사건 및 사고내용

철원·화천지방의 군부대 막사는 전시 대비 산계곡이나 평야부에 위치하여 집중호우 시 강한 강우강도에 의한 산사태로 매몰되고 또한 철원 이북지역의 홍수가 남쪽으로 유 입되면서 침수·유실되는 피해가 발생하였다.

피해 발생 시간이 심야시간대로 미처 대피할 여유가 없어 60여 명의 군인이 사망· 실종되고 탄약고의 지뢰 등 폭발물이 유실 되어 수거에 많은 어려움이 따랐다.

장곡댐의 가제방은 설계빈도 20년 빈도로 1일 최대강우량 271.37mm로 설계 시공하 였으며, 1996년 홍수기의 1일 최대강우량 489mm의 집중호우가 발생하여 가제방이 일 부 유실·매몰되었다. 특히, 상류 산사태로 떠내려 온 토석재, 잡목 등이 가배수터널의 일부를 막아 배수에 지장을 주었으며, 산사태로 떠내려 온 토석재, 잡목 등이 교량, 제

[그림 5-18] 강원도 지역 수해 (1)

출처: 네이버(www.naver.com), 세계일보(www.segye.com)

방에 걸려 통수단면의 축소를 가져와 댐터 하류 지역의 하천제방이 유실되고 농경지가 매몰되는 등 강원도 지역에 극심한 피해가 발생하였다.

연천댐의 홍수 시 물을 가득 채우고 있다가 집중호우로 불어난 강물을 감당하지 못하고 우측 댐의 일부가 무너지는 사고가 발생하였다. 따라서 우안 토사댐 약 50m가 유실되고, 좌안 진입로 약 20m가 유실되었으며, 발전설비 및 건물, 숙소가 완전 침수되었다. 또한 하류지역의 주민 10,000여 명이 긴급 대피하였다.

연사흘간 내린 집중호우로 문산천이 범람, 고층 아파트와 고지대를 제외하고 주택가와 농경지 대부분이 침수되는 피해로 많은 이재민과 재산피해가 발생하였다.

특히 임진강유역은 총 8,128㎢로 우리나라에서는 네 번째로 큰 하천유역이나 이 중 2/3가 북한에 위치하여 하천유량분석 등 치수관련 자료가 미흡한 상황에 북한지역의 폭우까지 겹쳐 임진강 수위가 급격히 불어났을 뿐만 아니라 서해안 만조시점과 맞물려 배수처리가 불가능함에 따라 임진강, 한탄강 지류의 차탄천, 문산천, 동문천 등의 범람으로 연천읍, 문산읍 등이 침수되었다.

강원도 철원, 화천 산간지대에 3일간의 집중호우로 산사태가 발생하여 다수의 인명피해와 하천 제방붕괴 및 유실이 농경지의 매몰로 이어지면서 많은 재산피해가 발생하였다.

호우기간 동안의 강우량은 연천 687mm, 철원 527mm, 화천 427mm이었으며, 시간당 최대강우량은 철원 43mm(7.26 07:00-08:00), 강화 49mm(7.27 01:00-02:00), 1일 최대 강우량은 철원 268mm를 기록하였다.

③ 피해

수해로 인한 인명피해는 29명(사망 25명, 실종 4명)이며, 피해 유형별로는 하천급류

24, 산사태 2, 기타 3곳이 발생하였다. 시·도별로는 서울 2, 경기 12, 강원 13, 인천 2 지역이 피해를 입었으며, 군 인명피해는 60(사망 57, 실종 3)명이 발생하였다. 총 이재민 수는 4,258세대, 16,933명 발생하였다.

재산피해는 427,531백만 원(경기 163,156원, 강원 262,443원, 인천 등 1,932원)이 발생하였다.

〈표 5-3〉 강원도지역 피해규모

구성	내용
사망자	82명
실종자	7명
경상자	85명
피해규모	4천 200억 추정

[그림 5-19] 강원도 지역 수해 (2)

출처: 네이버 이미지 검색(www.naver.com)

④ 예방 및 복구

[그림 5-20] 강원도 지역 수해 (3)

출처: http://cafe.naver.com/daecheong3680/132

2 인적 재난

1) 부천 LPG충전소 폭발사고

부천 LPG 충전소 폭발사고는 1998년 9월 11일 오후 2시 14분쯤 경기도 부천시 오정구 내동 대성에너지 LPG 충전소에서 액화 석유가스가 폭발하는 사고가 발생, 1명이 숨지고 96명이 발생하였다.

[그림 5-21] 가스 폭발 화재현장

출처: 네이버 이미지 검색(www.naver.com)

① 사고 개요

부천 대성에너지 LPG 충전소 폭발사고의 주요 원인은 안전점검을 위하여 투입한 질소 가스를 배출시키기 위하여 밴트밸브를 열어놓은 상태에서 탱크로리 가스를 지하 탱크에 충전시키면서 누출된 가스가 명확하지 않은 점화원에 의해 점화되면서 인근 가정용 프로판 충전용기를 가열하여 폭발하면서 탱크로리가 폭발하는 등 2차 및 3차 대형 폭발로 이어진 것이다.

간접적인 원인은 안전과 거리가 있는 법 규정이나 안전관리 및 교육 소홀, 빈약한 안전의식 등으로 꼽을 수 있다.

② 사건 내용

부천 LPG충전소 폭발사고는 사고 당일인 1998년 9월 11일 오후 2시 14분쯤 부천소방서에 주민신고가 접수, 오후 2시 20분경 시·구 재난상황요원이 현장에 출동, 현장 지휘소를 설치하였다. 그리고 오후 2시 30분에 경기도 상황실로 상황보고가 이루어졌으며, 오후 3시에는 사고대책본부가 시 재난상황실에 설치되었다.

초동 대처 관련사항으로 1,265명(소방서 392명, 경찰 423명, 군인 45명, 공무원 194명, 의용소방대 124명, 기타 87명)의 인원과 177대(헬기 4대, 소방차 90대, 구조차 7대, 구급차 13대, 기타 63대)의 장비가 투입되었다.

교통통제나 질서유지는 부천 중부경찰서에서 담당하였으며, 사고현장 경비는 육군 제103여단 48관리대대가 담당하였다.

〈표 5-4〉 부천가스폭발사고로 인한 피해 규모

구성	내용
사망자	1명
중상자	11명
경상자	85명
건물 전파	20동
피해 규모	약 120억 원의 재산피해

③ 예방 및 복구

1998년 부천 및 익산 충전소 가스폭발사고를 계기로 LPG충전소의 안전관리 종합평가제가 도입되었으며, LPG 판매업 종사자의 영세성이나 취약성으로 인한 소비자 피해

구제책의 부재문제를 개선하기 위해 액화 석유 가스 안전공급계약제를 도입하여, 피해 보상체계를 전면 개편하였다.

2) 삼풍백화점 붕괴

① 사건개요

삼풍백화점 붕괴사고는 1995년 6월 29일 오후 6시경 서울특별시 서초구 서초동에 있던 삼풍백화점이 붕괴된 사건으로, 건물이 무너지면서 1천여 명 이상의 종업원과 고객이 다치거나 사망했다. 그 후 119 구조대, 경찰, 시, 정부, 국회까지 나서 범국민적인 구호 및 사후처리가 이어졌다.

② 주요 사건 및 내용

1995년 4월, 건물의 5층 남쪽 천장 가에서 균열이 발견되기 시작했다. 이후 취해진 조치는 최고층에 있던 상품과 상점들을 지하로 옮기는 것뿐이었다.

1995년 6월 29일, 균열의 수가 상당히 많이 늘어났음이 발견되었고, 관리자들은 5층을 폐쇄하고 에어컨을 껐으며 토목 공학자들을 불러 구조물 진단을 실시했다. 간단한 검사 결과 건물이 붕괴할 위험이 있다고 결론지었다.

붕괴 5시간 전, 백화점 고객의 일부가 감지할 정도의 큰 파음이 5층에서 몇 차례 들려왔다. 이는 옥상의 에어컨 진동으로 인한 것이었는데, 이로 인해 균열은 더욱 커져갔다. 백화점 고객 일부가 이 진동을 신고한 후, 에어컨의 작동을 정지시켰으나 옥상의 균열은 이미 10cm나 벌어진 상태였다.

[그림 5-22] 삼풍백화점 붕괴

출처: 네이버 이미지 검색(www.naver.com)

　오후 5시 경, 4층의 천장이 가라앉기 시작하자 백화점 직원들은 고객들이 4층으로 가는 것을 제한하였다. 하지만 백화점은 붕괴 52분 전에도 고객들로 가득했는데, 관리자들은 백화점 폐쇄 조치 등을 취하지 않았다. 건물이 붕괴되는 소리가 들리기 시작했던 오후 5시 50분경이 되어서야 비상벨을 울리고 고객들은 대피하기 시작했다.

　오후 5시 57분경, 옥상이 완전히 무너졌으며, 에어컨은 이미 제한 하중을 초과한 5층으로 떨어졌다. 이 충격으로 이미 에스컬레이터 설치로 약해져 있었던 건물의 주 기둥이 무너지기 시작했고, 곧바로 건물의 남쪽 부분이 완전히 붕괴하였다. 약 20초 만에 건물의 모든 기둥이 무너졌고 약 1,500명이 잔해 속에 묻혔다. 삼풍백화점 붕괴사고와 관련하여, 「특정경제범죄가중처벌등에관한법률」 위반(업무상횡령)·업무상과실치사·업무상과실치상·수뢰후부정처사·뇌물수수·부정처사후수뢰·「뇌물수수에의한특정범죄가중처벌등에관한법률」 위반·뇌물공여·허위공문서작성·허위작성공문서행사의 혐의로 기소된 피고인은 25명이다.

③ 피해

　붕괴 사고 이후 대한민국의 경제 호황 시기였던 1980년대와 1990년대 초에 지어진 건물들에 대한 공포와 회의적 시각이 확산되었다. 이로 인해 대한민국 정부는 전국의 모든 건물을 상대로 안전 평가를 실시했고 그 결과는 다음과 같다.

－ 전체 고층 건물의 1/7(14.3%)은 개축이 필요한 상태다.
－ 전체 건물의 80%는 크게 수리할 부분이 있다.
－ 전체 건물의 2%만이 안전한 상태다.

〈표 5-5〉 피해규모

구분		내용
인명피해	사망자	501명 (남 105명, 여 396명; 사망확인 471명, 사망인정 30명)
	부상	937명
	실종	6명
재산피해	부동산 양식	R/C조 5/4층 73,877㎡ 전체 붕괴
	부동산 건물	900억 원(추정)
	부동산 시설물	500억 원(추정)
	동산 상품	300억 원(추정)
	동산 양도세	1,000억 원(추정)
	총 피해액	2,700억 원(추정)

④ 예방 및 복구

정부는 삼풍백하점 붕괴사건을 계기로 이 지역을 특별재난지역으로 선포하였다. 또한 이 사고를 계기로 긴급구조구난체계의 문제점이 노출되어 119중앙구조대가 서울·부산·광주에 설치되었다.

가. 피해보상액

<표 5-6> 피해보상액

구 분	내 용
인적 피해보상비	2,971억원(추정) 보상비: 1억 4천 5백만 원
물적 피해보상비	820억 8천5백만 원 (추정)
기타	주변 아파트 피해 등

[그림 5-23] 복구 후 새로 지어진 주상복합 아파트 및 위령탑

출처: 네이버 이미지 검색(www.naver.com)

3) 대구지하철 화재참사

① 사고 개요

대구지하철 화재참사는 2003년 2월 18일 대구지하철 1호선 중앙로역에서 방화로 일어난 화재이다. 이로 인해 2개 편성 12량(6량×2편성)의 전동차가 모두 불탔으며 192명이 사망하고 148명이 부상했다.

범인인 김대한(당시 56세)의 방화사유는 지적장애로 생긴 판단력 상실 때문인 것으로 알려졌다. 하지만, 지병으로 인한 울분을 방화로 토한 사건이라는 분석도 있어 방화사유에 대한 의견은 아직도 분분하다.

[그림 5-24] 지하철 화재 당시 내부 및 승강장

출처: 네이버 이미지 검색(www.naver.com), 연합뉴스(www.yonhapnews.co.kr)

② 주요 사건 및 사고내용

용의자 김대한은 2003년 2월 18일 오전 9시 53분 12초경, 대곡역에서 안심역 방향으로 운행하던 제1079열차(제18편성)의 5호차에서 경로석에 앉아 있다가 중앙로역에 열차가 진입하고 있을 때 라이터와 페트병 2개에 나눠 담은 휘발유 2리터로 불을 질렀다. 당시 주위 승객들이 위험을 감지하고 몸싸움까지 벌이면서 그를 제지하였으나 그는 불이 붙은 페트병을 그대로 내던져 차 안에 불이 붙었다.

[그림 5-25] 지하철 화재로 인한 현장과 DNA 검취

출처: 네이버 이미지 검색(www.naver.com)

당시 1079열차는 대구 중구 남일동 대구지하철 1호선 중앙로역 구내에 정차 중이었으며, 불은 순식간에 퍼졌으나 대부분의 승객들은 열려 있던 출입문을 통해 대피하였고 당시 1079열차의 기관사도 화재를 감지하고 대피하였다. 그러나 기관사는 지하철 사령에 화재 사실을 즉각 보고하지 않았고, 아무런 보고도 받지 않은 사령에서는 화재경보가 울리고 있는데도 오작동으로 여기고 이를 무시해 버려 운행 중지 조치 등을 취하지 않았다. 그 사이에 정상 운행 중이던 대곡행 제1080열차가 중앙로역에 도착, 정차하였고, 1079열차의 불은 정차한 1080열차에도 옮겨 붙었다. 피해를 더욱 부채질한 것은 뒤늦게 화재 상황을 파악하는 동안 운행을 멈춘 사령의 조치로, 사령에서 상황을 파악하고 1080열차에 떠나라는 지시를 내렸을 때에는 이미 화재로 역내 전기가 끊겨 전동차가 떠날 수도 없었고 역 안 전등도 모두 꺼진 뒤였다.

사령에서는 다시 급전을 시도하였으나 급전되지 않았고, 화재는 그 사이에 1080열차에 맹렬히 번져 사령에서는 1080열차 기관사에게 출입문 개방과 승객에 대한 대피 유도를 지시했으나 최상열은 공황 상태에 빠져 승객의 안전을 확보·확인하지 않은 채 마스터 키를 빼들고 탈출해 버렸고, 출입문이 닫히면서 열차 안에는 142명의 승객이 갇히게 되고 말았다. 차량에는 출입문의 비상 개방 장치가 갖춰져 있었으나 위급한 상황 속에서 사용할 줄 아는 승객이 없었을 뿐만 아니라, 차내에는 그 사용법이 명확히 적혀 있지도 않아 차내에 있던 많은 승객이 유독가스에 질식하거나 불에 타 사망하였다. 그나마도 마침 1080열차에 타고 있던 철도청 직원이 비상 개방 장치를 취급하여 문을 열고 주위 승객들을 대피시켜 피해를 다소나마 줄일 수 있었다.

실제로 불이 난 제18편성보다, 불이 옮겨 붙은 제5편성에서 더 많은 사상자가 나와 1080열차에 대한 운행 중지 조치만 빨리 이루어졌어도 사고의 규모는 많이 줄어들었을 것이라는 의견도 있다. 또한, 화재로 인하여 차량이 타 들어가고 있는데도 사령의 지시만을 기다리면서 별다른 조치를 취하지 않은 1080열차의 기관사 최상열도 '복지부동'이라는 비난을 받았다.

이와 더불어 경찰을 비롯한 정부 당국에 의해 주도적으로 사건이 축소·은폐되었으며 현장의 시신 및 유류품을 마대에 넣어 폐기하고 사고현장을 물청소하는 등 정부 당국의 심각한 직무 유기가 문제시되었다. 애초에 전동차량에 난연 자재가 쓰였다면 예방이 가능한 사고였던 것이다.

③ 문제점 도출과 예방 및 복구

가. 안전 관리상의 문제점

가) 초기 대응의 미흡

방화 시도 의도가 파악된 뒤 주변 사람들의 적극적인 제지가 미흡했다. 열차가 중앙로역에 도착하기 전(주행상태)에 점화 시도를 하였으나 반대편의 50대 남자가 이를 목격하고 고함을 질러 1차로 제지되었다. 중앙역 도착 후 문이 열리고 승객들이 하차하는 도중에 2차 점화 시도를 하였고 주변에서 뒤늦게 한두 명이 제지하였으나 휘발유 통이 바닥에 떨어지면서 발화되었지만, 객차 내 비치된 2개의 소화기를 사용하려는 승객이 없었다.

나) 지하철 공사의 안전 관리 시스템 부재

사령실은 화재 발생 후 4분간의 부실한 대응과 늑장 조치로 인해 수많은 인명피해를 야기시켰다. 화재 발생 신고를 받고도 안이한 지시(주의 운전)를 내렸고 사실 확인에 시간을 소비하였다. CCTV에 화재 장면이 2번이나 잡혔으나 사령실은 이를 목격하지 못하였다. 또한 사고 발생 30초 만에 CCTV의 작동이 멈췄다. 화재로 인한 안내방송 또한 없었으며, 맞은편 기관사 간에 교신이 불가능한 통신체계였다. 원인불명의 전원 차단으로 맞은편 차량의 탈출 기회가 상실되었고 이로 인해 피해가 더욱 컸다.

다) 후진적인 소방기술

초기 신고자를 상대로 현장상황에 대한 정보를 파악하려는 시도가 전혀 없이 무작정 현장으로 출동하였다. 절박한 신고자에게 "출동했다.", "예, 갑니다."라는 말만 되풀이하였다. 또한 지하철 화재진압 기술 및 대비가 거의 없는 형편이었다. 분진 마스크, 방독면, 산소통, 방열 소방복, 연기 강제배출 장비 등이 절대 부족하여 소방차 84대, 소방관, 경찰 등 3,200명이 출동했지만 사고 발생 후 3시간 이상이나 구조대 현장에는 진입이 불가능한 상태였다.

라) 사고관리 시스템 부재

사고 발생의 원인을 구조적 문제와 같은 근본 원인보다는 하위직의 개인 실수에서 찾아 처벌하려고 하였다. 또한 사망자, 실종자 파악, 현장수습, 유가족 대책수립과 행정처리 절차가 미흡하였다. 결정적으로 현장 보존에 실패하였다. 소방관의 진화, 구조 활동에 의한 훼손, 취재 기자들에 의한 훼손방치, 고위 정치인의 익일 현장방문에 대비하여 군 병력을 투입하여 물청소를 실시하여, 현장을 훼손하고 뚫린 창문에 대한 응급조치도 없이 소실된 전철 차량의 이동 등 사고 관리에 있어서 많은 문제점들이 있었다.

마) 부실한 사회안전망과 저질 전동차

대중교통수단인 전철의 객차가 화재에 매우 취약한 가연성 재질로 구성되었다는 점이 문제였다. 특히 시트가 불타면서 치명적인 유독가스를 유발하였다. 당시 열차 차량에 대한 소방안전대책은 전무한 실정이었다. 고작 소화기를 비치한 것이 전부였고 객차의 경우「건축법」,「소방법 및 전기사업법」의 적용을 받지 않고 있었다. 결과적으로 기관사와 종합사령실 관계자 몇 명 정도만 과실과 직무유기로 처벌되는 수준으로 매듭되었다. 또한 1993년 대구지하철공사에서 매입한 전동차량의 단가는 1량당 5억 원 수준으로 선진국에 수출하는 전동차의 단가는 약 17억, 서울지하철 단가는 약 8억이었던 것에 비해 무척 싼 가격이었다. 그나마도 낙찰 이후 예산 부족을 이유로 대금을 더 삭감하였다. 이는 전동차를 부실한 재질로 제작하게 만드는 요인이 되었다.

바) 안전의식 결여

사고열차 내 승객들은 화재의 목격으로 인하여 대피를 하였지만, 주변 열차의 승객들은 열차 내 방송에 의지한 채 자구책을 발생하지 않은 채 대피시간을 잃어 사고의 피해를 확산하였다.

나. 사고수습

가) 관련자 처벌

방화 용의자는 사고 발생 2시간 뒤 대구 북구의 병원에서 치료 중 경찰에 붙잡혔다. 4월 23일에는 대검 특별 수사본부를 해체하고, 방화범을 현존 전차 방화 치사·상죄로, 기관사, 관제사, 역무원, 시설 책임자 등 지하철 직원 8명을 업무상 중과실 치사상·죄로 각각 구속 기소하고, 2명을 업무상 과실죄로 불구속 기소했다.

[그림 5-26] 사고 현장 외경 및 내부

출처: 네이버 이미지 검색(www.naver.com)

나) 유족 및 피해자 후유증

희생자들과 유족들은 지금도 이 사고를 잊지 못하고 있으며, 생존자들은 대부분 사고의 후유증에 시달리고 있다. 충격으로 자살하거나 정신 이상을 일으킨 사람, 울화병으로 사망에 이른 사람 등도 적지 않았다. 현재 매년 2월 18일에 추모 행사를 열고 있다.

4) 태안기름유출사고

2007년 서해안유출사고 혹은 삼성-허베이 스피리트 원유유출사고는 2007년 12월 7일 충청남도 태안군 앞바다에서 홍콩 선적의 유조선 '허베이 스피리트'(중국어: 河北精神號, Hebei Spirit)와 삼성물산 소속의 '삼성 1호'가 충돌하면서 유조선 탱크에 있던 총 12,547킬로리터의 원유가 태안 해역으로 유출된 사고이다.

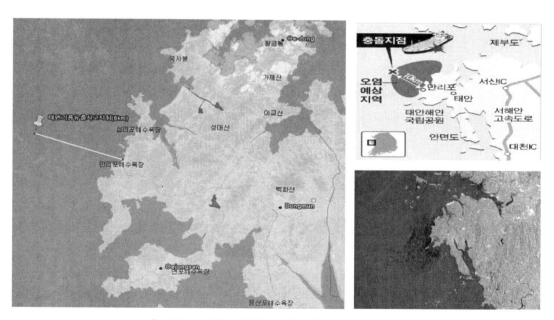

[그림 5-27] 기름유출 사고현장과 위성사진

출처: 네이버 이미지 검색(www.naver.com), 위키백과 (http://ko.wikipedia.org)

① 발생 원인

서해안기름유출사고라고도 한다. 2007년 12월 7일 서해안의 태안 앞바다에서 유조선 허베이스피리트호와 해상 크레인이 충돌하여 대량의 기름이 유출된 해양오염 사고를 말한다. 삼성 예인선단 2척이 인천대교 건설공사에 투입되었던 삼성중공업의 해상크레인을 쇠줄에 묶어 경상남도 거제로 예인하던 도중에 한 척의 쇠줄이 끊어지면서 해상크레인이 유조선과 3차례 충돌을 일으킴으로써 발생하였다.

이로 인하여 총 1만 2,547kl에 이르는 원유가 유출되었는데, 이는 종전까지 한국 해상의 기름유출 사고 가운데 최대 규모로 알려진 시프린스호 사건보다 2.5배나 많을 뿐아니라, 1997년 이후 10년 동안 발생한 3,915건의 사고로 바다에 유출된 기름을 합친 1만 234kl보다 훨씬 많다. 유출된 기름으로 형성된 짙은 기름띠가 사고 당일 만리포·천리포·모항으로 유입되었고, 9일 근소만 입구의 안흥항과 가로림만 입구의 만대까지 확산되었다. 10일에는 천수만 입구까지 확산되었으며, 11일에는 옅은 기름띠가 안면도까지 유입되었다. 또 기름이 덩어리져 굳어버린 '타르 볼'도 광범위하게 확산되어 2008년 1월 1일에서 2일에는 전라남도 진도·해남과 제주도의 추자도 해안까지 퍼진 것으로 보고되었다.

이 사건은 예인선이 기상악화 예보를 무시함과 더불어 지역 해양청의 충돌위험 무선 경고까지 무시하고 무리하게 운항하다가 빚어진 인재(人災)였으며, 사고 후에 무선 경고를 받은 적이 없는 것으로 항해일지를 조작하기까지 하였다.

[그림 5-28] 기름유출 사고현장과 자원봉사자들

출처: 네이버 이미지 검색(www.naver.com)

② 피해

원유 유출로 바닷물이 혼탁해지고 용존 산소량이 줄어들면서 인근 양식장의 어패류가 대량으로 폐사하였다. 또한 어장이 황폐화되면서 해당 지역의 생업에 영향을 미쳐 지역 경제에까지 영향을 미쳤다. 지역 경제의 정상화를 위해선 빨라야 10년 정도가 걸리는 것이 보통이며 길게는 20~30년 걸릴 것이다(1995년 7월 23일, 전남 여천 앞바다에서 일어난 시프린스호 원유 유출 사건의 경우, 사건 후 10년이 지난 2005년에도 침몰해역의 밑바닥에서 기름띠가 발견된 것으로 확인하였다). 또한 해양생태계의 원상 복귀를 위해서 최장 100년 이상의 시간이 소요될 것이라는 예상이 나오고 있다.

[그림 5-29] 기름유출로 인한 생태계 피해

출처: 네이버 이미지 검색(www.naver.com)

〈표 5-7〉 태안기름유출로 인한 피해규모

구 분	내 용
피해규모	35,000ha
피해금액 (잠정적 피해 제외)	4천200억 원 규모로 (추정)

원유가 뭉친 타르 덩어리는 태안에서 점차 빠르게 확산되어 12월 30일 전라남도에서도 발견되었으며, 2008년 1월 3일, 타르 덩어리는 급기야 제주도 북쪽 추자도에서도 발견되었다. 이 발견으로 그동안 염려하던 남해안 확산 우려가 현실로 다가왔지만 정부는 현실적인 대응 방안을 내놓지 못하였다. 전문가들은 타르 덩어리가 이렇게 빨리 확산된 이유는 조류, 강풍 등의 기상 악화 원인도 있지만 관계 당국이 저지선 구축에 소홀했기 때문이라고 한다. 1월 7일 당시, 해경 방제대책본부는 '해안오염지도'를 제작하여 해안 오염 특성에 따른 전문 방제 작업을 할 예정이라고 했다. 2008년 12월 10일에는 1심에서 무죄가 선고됐던 유조선 선장 및 당직항해사, 법인에 대해 항소심에서는 유죄가 선고됐다.

③ 예방 및 복구

행정안전부는 충청남도 태안군, 보령시, 서천군, 서산시, 홍성군, 당진군을 특별재난지역으로 선포하였다. 이후, 타르 덩어리로 인한 2차 피해로 인해, 전라남도는 신안군, 영광군, 무안군에 대해서도 특별재난지역으로 지정해 줄 것을 행정안전부에 건의하였다.

또한 국민적인 자원봉사활동을 권유해서 대략 100만여 명의 봉사자가 태안을 방문하였으며, 특히 자원 봉사를 하고자 하는 사람들이 많아 주말 같은 경우는 해당 지역을 향한 차량 소통이 정체되는 현상이 빚었다.

가. 관련자 처벌

태안 해경은 원유 유출의 직접적 계기가 된 삼성중공업 소속 해상크레인 선장 등 관련자 5명에 대한 사건 일체를 검찰에 송치했다. 삼성중공업 해상크레인 선장, 허베이 스피리트 주식회사, 허베이 스피리트 측 선장과 1등 항해사는 불구속 기소했다.

나. 공판 과정

- 1심 선고

삼성 측 예인선장은 각 징역 3년, 벌금 200만 원과 징역 1년(법정구속)이 선고되었고, 삼성 측 해상크레인 선장은 무죄 판결을, 삼성중공업은 벌금 3,000만 원이 부과되었다. 허베이 스피리트 주식회사, 허베이 스피리트 측 선장, 1등 항해사는 무죄를 선고받았다.

- 2심 선고

2008년 12월 10일 대전지법 제1형사부는 항소심 선고공판에서, 1심에서 무죄가 선고됐던 홍콩 선적 허베이 스피리트호의 선장에게 금고 1년 6월 및 벌금 2,000만 원을, 유조선 1등 항해사에게 금고 8월 및 벌금 1,000만 원을 각각 선고하고 법정 구속하였다. 유조선사인 허베이스피리트선박주식회사에는 벌금 3,000만 원을 선고했다.

또한 재판부는 1심에서 무죄였던 삼성중공업 해상크레인 선장 김 모 씨에 대해서도 징역 1년 6월을 선고했다. 반면 1심에서 징역 3년 및 벌금 200만 원을 선고받았던 예인선단 선장 조 모 씨는 징역 2년 6월 및 벌금 200만 원으로, 징역 1년을 선고받은 보조 예인선 선장 김 모 씨는 징역 8월로 각각 감형했다. 또한 재판부는 1심에서 벌금 3,000만 원을 선고받았던 삼성중공업의 항소를 기각하였다.

또한 국제유류오염보상기금(IOPC)에서는 2008년 6월에는 2008년 2월보다 피해규모를 더욱 확대하여 추정하였다.

조업활동 정상화가 지연되고 수산물의 안전성에 대한 불확신으로 관광소비가 예상보다 더 줄어든 데 기인하였다. 또한 사고 초반 예상보다 피해 기간이 길어지고 피해범위가 확산될 수 있다는 것을 인정한 결과라고 볼 수 있다.

5) 숭례문 화재사건

① 발생

2008년 2월 10일 오후 8시 40분경, 서울특별시 중구 남대문로 4가 29번지에 있는 숭례문 2층 누각에서 화재가 발생하였다. 소방차 32대와 소방관 128명이 출동하여 진화 작업을 전개하였으나 자정을 넘긴 오전 0시 25분경에 2층 전체가 화염에 휩싸였고, 12시 58분경 2층이 붕괴한 뒤 1층까지 옮겨 붙어 오전 1시 54분에는 누각을 받치고 있는 석축(石築) 부분만 남긴 채 전소하고 말았다.

[그림 5-30] 숭례문 방화 전·후

출처: 네이버 이미지 검색(www.naver.com)

② 주요 사건 내용

2월 10일 오후 8시 50분경 소방 당국은 화재 장면을 목격한 택시기사의 신고를 받고 소방차 32대와 소방관 128명을 현장에 출동시켜 진화 작업에 들어갔다. 타오르던 불길이 발화 40여 분 만에 사그라지면서 소방관들은 한때 불이 잡힌 것으로 착각했으나 기와 안쪽에 남아 있던 불씨가 남아 있다가 곧 맹렬한 기세로 번지기 시작하면서 초기 진화에 실패하고 말았다. 소방 당국은 문화재청에 숭례문 일부를 훼손시키는 데에 대한 협조를 얻어내기까지 오랜 시간을 지체하는 바람에 앞서 진화 작업을 위해 뿌린 물이 얼어붙어 접근조차 어려움을 겪었다. 그 사이 불길은 더욱 확대되었고 결국 발생 5시간 만인 오전 1시 54분경에 진화 노력도 헛되이 누각 2층과 1층 대부분이 무너지면서 소방관이 닿지 않던 공간에 소방을 함으로써 진화작업을 완료하였다.

사건의 주요 원인은 방화로 밝혀졌으며, 이번 숭례문 화재사건은 2월 10일 오후 8시

45분경 노숙자로 보이는 50대 남자의 사회에 대한 불만으로 인한 방화로 인해 국보 제 1호 숭례문에 화재가 발생한 것으로 공식적으로 밝혀졌다.

③ 사고 예방 및 복구

방화범은 경기도 고양시에 거주하던 채종기로, 자신이 소유한 토지가 신축 아파트 건축부지로 수용되면서 토지보상에 대한 불만을 품고 범행을 벌였다. 그는 화재가 발생한 지 23시간 만인 2월 11일 오후 7시 40분경에 인천광역시 강화군의 이혼한 전처 집에서 검거되었으며, 2008년 4월 25일 서울중앙지방법원에서 징역 10년형이 선고된 뒤 그해 10월 9일 대법원에서 10년형이 확정되었다.

이 방화사건은 화재건물이 국보 1호라는 점을 지나치게 의식하여 소방 당국이 적극적으로 진화작업을 펼치지 않은 것과 문화재청의 안이한 대처로 인하여 초기진화에 실패하고 큰 화를 초래하였다는 문제점이 지적되었다. 화재가 발생한 지 40여 분 만에 불길이 잡혀 연기만 나는 '훈소상태'가 되자 진화에 성공한 것으로 오판하여 내부를 확인하는 과정에서 남아 있던 불씨가 다시 번져 결국 전소하고 말았다.

또 2006년 3월 서울특별시가 숭례문을 시민들에게 개방한 뒤 화재감지기나 경보시설도 없이 야간에는 경비용역업체에게 일임하는 등 관리를 소홀히 한 점도 방화를 초래한 한 가지 요인으로 지적되었다. 더욱이 관리책임을 맡은 중구청은 무료로 경비관리를 해주겠다는 경비업체와 계약하면서 전기 누전과 방화 등으로 인하여 발생한 손해에 대해서는 책임을 묻지 않는다는 면책 조항까지 두어 논란을 빚었다.

사건 직후 숭례문 복원작업에 착수하였는데, 실측 도면이 있어 기술적으로 원형을 복원할 수는 있으나 주요 부분들이 불에 타버렸기 때문에 원래의 모습을 되찾기는 어렵

[그림 5-31] 숭례문 복구현장 전 후

출처: 네이버 이미지 검색(www.naver.com)

다. 2층 문루 정면에 걸려 있던 숭례문 현판도 안전하게 떼어내는 과정에서 지면으로 떨어져 전체에 크고 작은 금이 가는 등 심하게 손상되었고, 일부 파편은 유실되었다. 목재를 건조하여 사용하는 데만도 3년 이상이 소요되기 때문에 전문가들은 원형 복원은 적어도 5년 이상이 걸릴 것으로 전망하였다.

③ 사회적 재난

1) 쌍용자동차 사태

① 사건개요

쌍용자동차 노조원 평택공장 점거 농성 사건 또는 쌍용차 사태는 2009년 5월 22일부터 8월 6일까지 약 76일간 쌍용자동차 노조원들이 사측의 구조조정 단행에 반발해 쌍용자동차의 평택 공장을 점거하고 농성을 벌인 사건으로 민주노총 쌍용차 지부의 지부장인 한상균을 비롯한 64명의 노조원들이 구속되었다. 농성을 진압하기 위한 최루액 및 테이저건 사용 등 경찰의 과잉진압 문제와 함께, 노조 측이 경찰의 진압에 대응하는 과정에서 사용한 새총 등에 대해서도 비판이 있다. 이 사태로 인해 쌍용자동차는 경영 악화에도 불구하고 사측이 모든 책임을 근로자들에게 떠밀고 고통분담을 하지 않았다는 지적과 함께 사측이 농성을 와해하기 위해 실시한 단전 및 단수 실시와 식료품 및 의료진·약품의 반입 금지 행위가 농성 노조원들의 인권을 심각하게 침해했다는 논란도 있다.

〈표 5-8〉 쌍용노조 파업으로 인한 피해규모

구 분	내 용
부상자 (경찰)	121명
부상자 (노조)	280여 명(추정)
자산피해규모	20억 원(추정)
쌍용예상수입 피해규모	4천억 원(추정)

② 주요 사건 내용

쌍용그룹은 본래 1970년대에서 1980년대에 10대 재벌에 속할 정도의 대기업이었다. 그러나 1990년대 말 경제위기로 어려움을 겪으면서 쌍용그룹의 핵심 계열사 중 하나였던 쌍용자동차가 1997년의 IMF 구제금융사건 이후, 그룹 정상화를 위한 구조조정 과정에서 1998년 1월 9일 대우그룹에 팔렸다. 1999년에 들어 대우그룹마저 해체 수순을 밟으면서, 당시 대우자동차 아래에 소속되어 있던 쌍용차 역시 기업개선작업으로 워크아웃에 들어가 2000년 4월 15일을 기해 대우자동차로부터 완전히 분리되었다.

그로부터 3년 이후 채권단은 쌍용차를 매각하기 위한 공개 경쟁입찰을 공고하였고 결과적으로는 무산되었다. 이후 몇 차례의 실사 후, 2004년 1월 28일 최종적으로 상하이차가 5900여억원에 쌍용차의 지분 48.9%를 인수하는 조건으로 채권단과 상하이차 간 쌍용차 매각 본 계약이 체결되었다.

그러나 이후 지속되는 판매부진과 경기 악화로 쌍용자동차의 유동성이 악화되자, 노조와 경영진은 주택융자금·학비보조금 등 일체의 복지혜택을 사측에 반납하는 한편 2008년 12월 17일부터 약 2주간 공장가동을 중단하기로 합의하였다. 그러나 이제까지 유동성 공급을 약속하던 상하이차가 12월 23일 돌연 노조 측의 구조조정 거부를 명분으로 철수를 시사하였다. 결국 법정·관리에 들어간 쌍용자동차 노조가 21일 정리해고 계획 철회를 요구하며 근로자들을 전원 철수시키고 업무 중단과 함께 총파업에 돌입했다.

이러한 파업은 결국 노조 간의 분쟁으로 번졌으며, 공권력 투입으로 인한 큰 분쟁을 낳게 되었다.

[그림 5-32] 노사 간의 분쟁과 그에 따른 쌍용노조에 투입된 공권력

출처: 노컷뉴스(www.nocutnews.co.kr),네이버 이미지 검색(www.naver.com)

2) 물류대란

① 발생원인

화물연대파업의 초기 발생은 화물연대 포항지부와 경상남도지부 소속 차주와 운전사 400여 명이 2003년 5월 2일부터 포항에서 경주 간 7번 국도변인 경상북도 포항시 남구 연일읍 유강리 관문주유소 앞에 차량 300여 대를 주차시켜 놓은 채, 16개 사항을 요구하며 파업에 돌입하였다. 화물연대 포항지부와 화물차량 운전사들에 따르면 지난해 6월부터 건설교통부를 비롯한 정부관계 기관과 제품을 생산하는 업체에 대해 지입 차주의 노조원 자격 인정, 다단계 알선 근절, 사업용 자동차에 부과하는 경유세 인하, 고속도로 통행료 인하, 운송요율 40% 인상 등을 건의하여 왔다. 그러나 포항지역 정부관계 기관과 포항지역 생산업체는 지입제 철폐와 유가인하 등 16개 사항의 요구조건 중 12개항은 중앙부처에서 담당할 사항이라며 화물연대와 적극적으로 대화를 하지 않는 등 해결방법을 모색하지 않아 결국 포항지역의 화물연대파업이 발생한 것이다. 포항지역에서 해결할 수도 있는 4개 사항의 요구조건은 불법 다단계 운송알선 행위에 대한 단속 강화, 포스코에서 시행 중인 전자입찰 확대 금지, 화물운송의 적자로 인한 비용 운송요율 40% 인상, 포스코 관계자 면담 등이었다.

또한 포항지방노동사무소 등 정부관계 기관은 화물연대 조합원들이 노조원이 아닌 개인차주이기 때문에 운전자들과 직접적으로 대화를 할 수 없어 적극적인 대처를 하지 않았다. 그리고 포스코는 그동안 대안통운, 천일, 삼일 등 5개 운송회사와 화물운송 계약을 체결하였다는 이유로 화물연대 운전사들과 직접 대화를 기피하여 왔다.

그러나 물류대란의 핵심이었던 화물연대 부산지부의 파업은 포항지부와 경상남도지부와의 파업과는 내용에 있어 차이점을 보인다. 포항지부의 요구 조건은 운송요율 인상에 중점을 둔 반면에 부산지부는 운송요율 인상분만으로는 실질적인 처우개선이 어렵다고 주장하였다. 따라서 부산지부는 고속도로 통행료 인하, 연료비 지원, 특수고용 노동자 3권 보장 등에 중점을 두고 협상을 벌였다. 이러한 갈등 발생 원인의 중점사안 차이로 인하여 2003년 5월 9일 포항지부와 광주·전남지부 등은 협상이 동시에 타결되었으나 부산은 독자적인 파업을 벌이게 되는 양상을 보였다.

② 주요 사건 및 사고 내용

화물연대파업으로 인한 경제적 피해는 크게 포항·파업과 부산지부의 파업으로 나누어 전개된다. 포항·파업은 철강업체와 관련한 경제적 피해가 가장 컸다. 산업자원부에 따른 1일 출하 차질액을 살펴보면 포스코는 110억 원(20,000톤), 동국제강은 24억 원(6,000톤), INI스틸은 44억원(9,000톤) 등 약 178억 원(35,000톤)으로 잠정 집계되었다.

[그림 5-33] 부산 물류대란으로 인한 물류대란

출처: 네이버 이미지 검색(www.naver.com)

이로 인하여 포항지역 가공업체에서 철강재를 공급받는 가전업계도 원재료 확보에 어려움을 겪었다. 또한 냉연강판 등을 공급받는 자동차업계도 파업의 장기화에 따른 생산차질을 우려하였다. 그리고 철근 공급이 수요를 따라가지 못했던 건설업계도 화물연대파업으로 인한 철근 부족 현상이 나타났다.

가. 피해

화물연대 부산지부의 파업은 부산항의 마비를 가져와 전자·화학·등 주요 수출업체들에게 경제적 피해를 초래하였다. 이들 전자제품업계, 석유화학제품업계, 타이어업계 등은 전국 각지에서 생산한 제품들의 상당량을 부산항으로 운송하고 있는데 부산항이 마비됨에 따라 큰 타격을 입었다.

그리고 부두 운영사들에 따르면, 하역작업이 중단되면 부산항은 하루 100억 원이 넘는 피해를 보게 되며 부산항을 이용하고 있는 외국 선사들이 일본과 대만 등 외국 항만으로 기항지를 변경할 가능성이 높아 부산항이 주변 항으로 전락하는 결과를 초래할 수 있다고 밝혔다.

〈표 5-9〉 물류대란으로 인한 피해 규모

구 분	내 용
포스코	110억 원(20,000톤)
동국제강	24억 원(6,000톤)
INI스틸	44억 원(9,000톤)
총합	178억 원(35,000톤)

출처: 네이버(www.naver.com)

제2절 해외사례

1 자연재난

1) 쓰촨성 대지진

① 사고내용

쓰촨성 대지진(四川省 大地震, 사천성 대지진) 또는 원촨 대지진(汶川 大地震, 문천 대지진)은 2008년 5월 12일 오후 2시 28분(중국 표준시, UTC+8), 중국 쓰촨성 지방에서 발생한 리히터 규모 8.0의 큰 지진을 말한다. 미국 지질조사국에서 처음으로 보도했다. 지진이 발생하자 후진타오 주석은 현지에 인민해방군 파병을 지시하였다.

[그림 5-34] 지진발생 지역과 붕괴된 건물 사고현장

출처: 위키백과, 네이버 이미지 검색(www.naver.com)

[그림 5-35] 인민해방군의 구호활동

출처: 네이버 이미지 검색(www.naver.com)

〈표 5-10〉 USGS의 진앙에 관한 지도지역 집계된 사망자 수

지역 집계된 사망자 수		
쓰촨성	쓰촨 성 미엔양	21,963
	아바 티베트족 창족 자치주	20,256
	더양	17,120
	광위엔	4,821
	청두	4,276
	난충	30
	예안	28
	수이닝	27
	지양	20
	메이산	10
	바중	10
	가오즈 티베트족 자치주	9
	러산	8
	네이장	7
	다저우	4
	량산 이족 자치주	3
	지공	2
	루저우	1
	광안 1	1
간쑤성 365		365
산시성 122		122
충칭 18		18
허난성 2		2
구이저우성 1		1
후베이성 1		1
후난성 1		1
윈난성 1		1
총 사망자 수: ≥69,130		≥69,130

출처: 위키백과

② 주요 사건 내용

진앙은 청두로부터 북서쪽으로 90km 떨어진 아바 티베트족·창족 자치주의 원촨 현(汶川县)이었고, 주 진동은 2008년 5월 12일 14:28:04.1 CST(06:28:04.1 UTC)에 발생했다. 지진 규모에 대한 초기 보고는 7.5에서 8.0까지의 범위에 있었고, 주 진동이 있은 후 24시간 동안 지진 규모 5.0에서 6.0까지의 여진이 이어졌다. 청두의 사무실 직원들은 '약 2~3분 동안 계속되는 진동'으로 많은 사람들이 사무실 밖으로 뛰쳐나갔다고 보고했다.

[그림 5-36] 지진직후 부상자 및 사망자들

출처: 네이버 이미지 검색(www.naver.com)

③ 피해

쓰촨성 베이촨 현에서만 5,000명 가까운 사망자가 나왔으며, 두장옌, 더양, 스팡 등에서도 각각 수백 명씩 사망하였다. 청두는 도시 기능이 마비되었고, 베이징과 상하이 등에서도 휴대폰이 불통되었다. USGS는 "이번 지진은 2007년 9월 인도네시아에서 발생한 리히터 규모 7.8의 강진 이후 가장 강력하다."고 밝혔다.

구출되어 목숨을 건진 10만여 명에 달하는 부상자들도 의약품과 의료 기구 부족으로 인해 제때 치료를 받지 못하고 있는 상황이었으며, 집을 잃고 임시 대피소로 피난해 온 이재민들도 식량과 식수 부족, 위생 문제들로 인해 고통을 겪었다.

④ 복구 및 예방

중국정부는 지진 발생 후 군 병력을 포함해 10만여 명의 구조대원과 의료진, 자원봉사자들을 현지로 급파해 구호 활동을 진행하였으며, 세계 각국에서도 지원금과 구호인

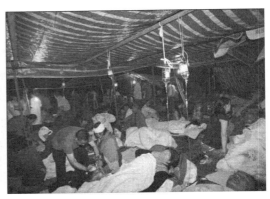

[그림 5-37] 사고 후 구호 활동 중인 모습

출처: 네이버 이미지 검색(www.naver.com)

력을 지진 피해 지역으로 보냈다. 대한민국 정부는 5월 17일에 소방방재청 소속 119구조대원 44명을 쓰촨성 스팡현으로 파견해 22일까지 구조 활동과 사체 발굴 작업을 지원했다. 기업과 시민단체는 구호물품이나 구조 활동에 필요한 각종 장비들을 지진 피해 지역에 제공하고 성금을 모금하였으며, 21일에는 민간 의료단체에서 파견한 의료진 17명이 안 현의 이재민구호소에서 의료봉사 활동에 착수했다. 5월 24일 당시 중국정부는 구조작업 위주의 구호 활동에서 재건과 복구 작업에 비중을 두기 시작하였으며, 사실상 거주 기능을 상실한 베이촨 현의 경우에는 피해 복구를 포기하고 인근 지역에 새로운 도시를 건설할 예정이다. 그러나 전문가들은 피해 상황이 상당히 심각하여 복구 작업 완료에 수년이 소요될 것으로 분석하였으며, 지진으로 매몰된 방사능 물질의 회수도 아직 완료되지 않고 있어 불안이 가중되었다. 이외에도 지진으로 형성된 자연호수가 범람

[그림 5-38] 사고현장 및 생존자 수색

출처: 네이버 이미지 검색(www.naver.com)

혹은 붕괴 위험에 놓여 있어 추가 재해 가능성도 우려되었으며, 중국정부는 인민해방군 폭파반을 동원해 유사시에 대비하는 한편, 피해 예상 지역의 주민들을 안전지대로 피신 시켰다.

2) 동남아시아 지진해일

① 사고내용

2004년 12월 26일 인도네시아 수마트라섬 서부 해안의 해저 40km 지점에서 발생해 30만 명 이상의 목숨을 앗아간 초대형 해저지진으로 지진으로 인한 파장은 바다 수면 에서의 깊은 파랑으로 해일을 발생하여 피해를 확산시켰다.

② 주요 사고내용

2004년 12월 26일 오전 7시 59분, 인도네시아 자카르타에서 북서쪽으로 1,620km 떨 어진 북수마트라섬 서부 해안의 해저 40km 지점에서 발생하였다. 규모는 리히터 규모 8.9로, 수소폭탄 270개, 일본 히로시마[廣島]에 떨어진 원자폭탄 266만 개의 위력에 해 당한다. 1995년에 발생한 일본 고베 대지진과 비교하면 1,600배 규모로, 이는 1900년 이후 전 세계에서 발생한 지진 가운데 5번째로 큰 규모이다.

[그림 5-39] 인도양연안 해일 피해지역

출처: http://blog.naver.com/dearsky79

지진은 환태평양지진대 중 1,000km에 걸친 안다만 단층선에 균열이 생겨, 유라시아판과 인도판이 충돌하면서 일어났다. 초강력 해저지진이 일어나는 것과 동시에, 지층이 바다 밑바닥에서 수평·수직으로 이동하고, 이 여파로 바닷물 전체가 통째로 일렁이면서 일명 쓰나미로 불리는 초대형 지진해일로 발전하였다.

③ 피해

쓰나미로 발전한 초강력 파도를 동반한 지진해일은 소리 없이 남아시아 전 지역 해안으로 빠르게 뻗어나가, 먼저 진앙지로부터 멀지 않은 수마트라섬 북부 아체 주(州) 해안을 급습하였다. 이어 최대 시속 900km에 달하는 지진해일은 진앙지로부터 160km 떨어진 타이 남부의 세계적 휴양지 푸껫(켓)섬과 말레이시아, 1,000km 떨어진 싱가포르, 2,000km 떨어진 타이 방콕과 미얀마·방글라데시를 거쳐, 수천 킬로미터 떨어진 인도 동부 및 스리랑카 해안은 물론, 몰디브까지 밀어닥쳤다. 멀게는 아프리카 동부 해안까지 급습해 탄자니아에서 10명, 케냐에서도 1명이 사망하였다.

이 지진해일로 총 30만 명 이상이 사망하거나 실종되었다. 국가별 사망자 수는 인도네시아 24만 명 이상, 스리랑카 4만여 명, 인도 1만 5,000여 명, 타이 5,400여 명 등이다. 특히 세계적 휴양지인 푸켓과 몰디브 등에는 세계 각지에서 찾아온 관광객들로 붐비고 있어서, 수천 명의 외국인이 죽거나 실종되었다. 한국인도 16명이 죽고, 4명이 실종되었다. 또 500만 명의 이재민이 발생하였는데, 국제연합이 추정한 재건비용만도 120억 달러에 달한다.

[그림 5-40] 해일이 밀려오는 장면과 해일이 지나간 지역

출처: http://blog.naver.com/dearsky79, 네이버 이미지 검색(www.naver.com)

〈표 5-11〉 지진해일로 인한 인명피해

피해국	사망/실종	이재민
인도네시아	128,645/37,063	532,898
스리랑카	31,147/4,115	519,063
인도	10,749/5,640	647,599
몰디브	82/26	21,663
태국	5,395/2,845	N/A
말레이시아	68/6	8,000
미얀마	61	2,592
소말리아	150	5,000
세이쉘	3	40가구
총계	사망: 176,300 실종: 49,695	1,736,815[47]

자료: USAID(2005.7.7)
출처: 네이버 뉴스 검색(www.naver.com)

〈표 5-12〉 지진해일로 인한 재산피해

피해국	피해현황
인도네시아	약 45억 달러 - 주택 14.4억 달러 - 인프라 8.8억 달러 - 농수산업 7.3억 달러
스리랑카	약 10억 달러(CDP)의 4.5% - 주택 3.4억 달러 - 관광 2.5억 달러 - 인프라 2억 달러
인도	약 10억 달러 - 어업부문의 피해가 심각하여 5.7억 달러 기록 - 주택 2.3억 달러
몰디브	4.7억 달러 (CDP의 67%) - 인프라와 87개 리조트 중 46개 피해 입음

출처: 네이버 백과사전 검색(www.naver.com)
자료: Joint Needs Assessment by WB-ADB-UN System

---

47) 1) 세이쉘 40가구, 태국 이재민 수는 불포함.
   2) 인도네시아, 스리랑카, 인도, 몰디브, 태국, 미얀마는 각국 정부 발표.
   3) 말레이시아, 소말리아, 세이쉘은 OCHA(UN Office for the Coordination of Humanitarian Affairs) 발표 자료.

④ 원인 및 복구

인명피해가 특히 심했던 것은 남아시아 지역에서 지진해일이 일어난 적이 없어, 해당 국가들이 지진해일 조기경보 체제를 구축하지 않았기 때문이다. 지진해일은 해안에 가까울수록 속도는 느려지는 대신, 파도는 훨씬 강도가 높아져 사람들이 직접 보고 피하려 할 때는 이미 늦어 다른 방책이 없었기 때문에 미리 대피하지 못하고 지진해일에 휩쓸려 목숨을 잃었다.

지진 피해가 알려지면서 세계적으로 구호사업이 시작되어, 2005년 2월까지 40억 달러의 국제구호성금이 국제연합에 전달되었다. 한국도 1억 5000만 달러를 지원하였다. 같은 해 1월 6일에는 26개국 쓰나미 정상회담이 열리고, 20일에는 고베 국제재난회의에서 2006년 말까지 지진해일 조기경보 체제를 구축하기로 합의하였다.

일명 지구촌 쓰나미 대참사로 불리는 이 지진으로 푸켓과 방콕이 각각 32㎝, 9㎝씩 남서쪽으로 이동하고, 지구의 자전축이 흔들려 자전주기가 $2.68\,\mu s$(마이크로초) 짧아졌다.[48]

3) 허리케인 카트리나

① 주요 사건 내용

허리케인 카트리나(Hurricane Katrina)는 2005년 8월, 미국 남동부를 강타한 초대형 허리케인이다. 허리케인 카트리나는 플로리다 주 내소 군 동쪽 약 280 킬로미터의 열대성 저기압으로부터 발생했다. 마이애미-데이드/브라우워드 군의 육지에 상륙하기 전에 1등급 허리케인으로 커졌다. 플로리다를 가로질러 남서쪽으로 움직인 후 멕시코 만으로 빠져나갔고 2005년 8월 28일 꼬박 하루 동안 그곳에 머무르며 5등급에 도달하였다. 2005년 8월 29일 시속 225킬로미터의 강풍과 함께 3등급 허리케인으로 루이지애나 버라스-트라이엄프 육지에 2차 상륙했다. 미국 동부 시간으로 8월 31일 오후 11시, 캐나다와의 국경에서 소멸하였다.

---

48) 네이버 백과사전(www.naver.com)

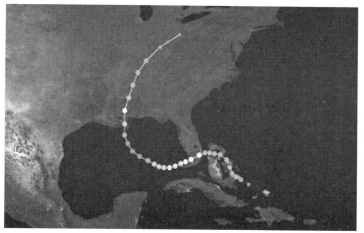

[그림 5-41] 카트리나의 일기도

출처: 네이버 이미지 검색(www.naver.com)

② 사고 예방 및 복구

허리케인 카트리나로 인해 가장 큰 피해를 입은 지역은 미국 뉴올리언스이다. 8월 30일 허리케인으로 인해 폰차트레인 호수의 제방이 붕괴되면서 이 도시 대부분의 지역에 물난리가 일어났다. 뉴올리언스는 지역의 80% 이상이 해수면보다 지대가 낮아 2005년 9월 초 들어온 물들이 빠지지 못하고 그대로 고여 있었다.

〈표 5-13〉 카트리나로 인한 희생자

주	지역 (군)	확인된 사망자	직접 사망자	보고된 실종자
앨라배마	Washington	2	0	
플로리다	Broward	6	3	
	Miami-Dade	5	1	
조지아	Carroll	2	2	
켄터키	Christian	1	1	
루이지애나	Caddo	11	0	
	East Baton Rouge	39	2	
	Iberia	6	?	
	Jefferson	152	20	

주	지역 (군)	확인된 사망자	직접 사망자	보고된 실종자
루이지애나	Livingston	1	1	
	Orleans	154	154	
	Plaquemines	3	3	
	St. Bernard	68	67	
	St. Charles	3	?	
	St. Landry	1	0	
	St. Tammany	6	6	
	Tangipahoa	4	0?	
미시시피	Adams	2	2	
	Forrest	7	?	
	Harrison	85	?	584
	Hancock	48	?	
	Hinds	1	1	
	Jackson	11	?	
	Jones	12	?	
	Lauderdale	2	2	
	Leake	1	1	
	Pearl River	17	17	
	Simpson	1	1	
	Stone	1	1	
	Warren	1	1	
오하이오	Jefferson	2	0	
기타	Evacuees	57	0	
합계		712+	286+	2,576+

이 지역에 살고 있는 주민 중 2만 명 이상이 실종된 상태이며, 구조된 사람들은 인근 슈퍼돔에 6만 명 이상, 뉴올리언스 컨벤션 센터에 2만 명 이상 수용되었다. 두 수용시설은 전기가 끊긴 상황에서 물 공급 및 환기마저 제대로 되지 않아 이재민들의 불만을 더욱 키웠다. 또한 수용시설과 폐허가 된 시가지에서 약탈·총격전·방화·강간 등 각종 범죄가 지속적으로 증가하였으며, 이재민의 대부분을 차지하는 흑인과 백인 간의 인종갈등 조짐까지 보여 주정부 및 연방정부는 이 지역에 군 병력을 투입하는 등 대책을 마련하였다. 또한 고인 물에서 세균 및 박테리아의 발생하여 추가 피해까지 보는 상황에서 이재민들 간의 난동을 염려하여 미국 연방정부는 피해 복구에 대해 국제사회에 지원을 요청하는 한편, 이라크 지역에 파견된 군 병력 일부를 피해 지역에 추가 투입하였다.

[그림 5-42] 카트리나 통과 전과 후의 항공 사진

출처: 네이버 이미지 검색(www.naver.com)

2 인적 재난

1) 9·11 건축물 붕괴

9·11 테러(September 11, 2001 attacks)는 2001년 9월 11일, 이슬람 무장테러 단체인 알카에다의 테러리스트들이 납치한 4기의 여객기가 미국 뉴욕의 세계무역센터와 워싱턴의 미국 국방부 청사인 펜타곤에 자살 충돌한 사건을 말한다. 4기 중 2기는 뉴욕의 세계무역센터 2개 동에 각각 충돌했으며, 1기는 워싱턴의 펜타곤에 충돌했다. 4기 중 나머지 비행기는 미국 동부의 펜실베이니아에 따로 추락하였다. 이러한 동시 다발적인 테러 공격으로 총 2974명이 사망했다. 이 사건은 뉴욕 시민과 미국 국민들은 물론 전

세계에 큰 충격을 주었으며, 이후 미국 조지 W. 부시 정부는 서아시아의 테러리스트들과의 전쟁을 공식적으로 선포했다.

 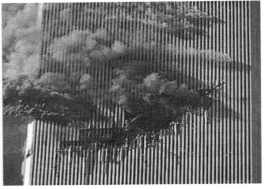

[그림 5-43] 9·11 붕괴현장

출처: 네이버 이미지 검색(www.naver.com)

〈표 5-14〉 9·11사건 시간대별 진행현황

사고발생 시각 및 관련 사건(2001.9.11)		
뉴욕시각	한국시각	사고내용
오전 8:45	오후 9:45	세계무역센터 북쪽 타워에 첫 비행기 충돌
오전 9:06	오후10:06	세계무역센터 남쪽 타워에 두 번째 비행기 충돌
오전 9:15	오후10:15	세계 주식시장 모든 선물·옵션거래 중단
오전 9:30	오후10:30	국방부 건물 폭발 발생
오전 9:45	오후10:45	팔레스타인 해방민주전선(DFLP) 테러 혐의 부인
오전 9:55	오후10:55	백악관, 국무부, 재무부 대피령
오전 10:00	오후11:00	세계무역센터 타워 첫 번째 붕괴
오전 10:05	오후11:05	미국 내 모든 공항 비행기 이륙 전면 중단
오전 10:10	오후11:10	미 의사당 건물에서 폭발 발생
오전 10:15	오후11:15	국방부 건물에 비행기 충돌
오전 10:15	오후11:15	뉴욕 유엔 본부빌딩 대피령
오전 10:25	오후11:25	모든 미국행 비행기 캐나다로 돌림
오전 10:30	오후11:30	세계무역센터 타워 두 번째 붕괴
미국 아프칸 공습(2001.10.8)		
오후 12:00	오전 1:00	공습 시작

출처: 위키백과

① 희생자 집계

〈표 5-15〉 구역별 희생자

구 분		인 원
뉴욕 시	세계 무역 센터(WTC)	실종 4972명, 사망 152명
	아메리칸항공 AA11편 탑승객	사망 92명
	유나이티드항공 UA175편 탑승객	사망 65명
워싱턴 D.C.	미국 국방부 청사	사망 또는 실종 125명
	아메리칸항공 AA77편 탑승객	사망 64명
펜실베이니아 주	유나이티드항공 UA93편 탑승객	사망 44명

출처: 위키백과

[그림 5-44] 9 · 11 테러 후 빌딩 붕괴와 발화

출처: 네이버 이미지 검색(www.naver.com)

② 예방 및 복구

[그림 5-45] WTC고철로 만든 군함, 추모비

출처: http://cafe.naver.com/dalme/13281, 네이버 이미지 검색(www.naver.com)

세계무역센터의 이전자리에는 그라운드 제로(Ground zero)라는 명칭으로 공터와 추모관이 구성되어 있으며 세계무역센터 프리던 타워라는 명칭으로 장소를 이전한 채 2010년 완공을 예정으로 공사 중에 있다. 또한 매년마다 추모행사를 열고 있으며, 이러한 추모행사는 국가적인 기일로서 미국인들에게 기억되고 있다.

[그림 5-46] 세계무역센터 현재의 재건 모습

출처: 네이버 이미지 검색(www.naver.com)

2) 바드다드 테러사건

① 1차 폭탄테러

가. 사건개요

2009년 8월 19일 폭탄 트럭이 바그다드의 중심부에 있는 외무성과 재무성 건물 앞에서 터졌다. 이번 사건은 바그다드 시내에서 보안이 가장 철저하고 안전하다는 '그린존'에서 폭탄 및 박격포 공격이 10여 차례 잇따라 최소 95명이 숨지고 563명이 부상을 입었다. 이에 이라크 정부의 자체 치안능력에 대한 불안감이 확대되었으나, 미군은 이미 지난달 30일 이라크의 통제권을 본국에 양도했다.

② 주요 사건내용

이라크 당국은 20일, 수도 바그다드(Baghdad)에서 19일에 발생해 95명의 희생자를 낳은 2건의 연쇄 폭탄 테러를 둘러싸고 검문소의 태만을 이유로 보안당국 간부 11명을 구속했다. 또한 검문검색 강화 및 거동수상자 색출과 함께 테러용의자 검거 및 체포로서 다음과 같은 사고를 미연에 방지하도록 조치하였다.

[그림 5-47] 바그다드 내 폭발직후(1차)

출처: 네이버 이미지 검색(www.naver.com)

③ 2차 폭탄테러

25일 오전, 무장 세력의 차량폭탄 테러가 발생한 이라크 바그다드 법무부 청사 인근에 시민들이 모여 있었다. 이날 바그다드에서는 법무부와 바그다드 주정부 청사를 겨냥한 차량 폭탄 공격 두 건이 발생해 130여 명이 숨지고 600여 명이 다쳤다.

이라크 바그다드 정부 시설을 대상으로 하는 차량폭탄 테러가 연이어 발생해 올해 최악의 사상자가 발생했다. 바그다드 심장부를 노린 무장 세력의 대담한 테러로 이라크 정부의 치안 관리 능력은 미군으로의 재양도를 거론할 정도이다.

[그림 5-48] 바그다드 내 폭발직후(2차)

출처: 네이버 이미지 검색(www.naver.com), 네이버 뉴스

④ 주요 사건 및 내용

25일 오전 이라크 바그다드에서는 법무부와 바그다드 주정부 청사를 겨냥한 차량 폭탄 공격 두 건이 발생해 바그다드 주정부 직원 25명을 포함한 최소 136명이 사망했다. 하지만 부상자 600여 명 가운데 중상자가 다수인 터라 사망자 규모는 계속해서 증가할 것으로 예견되었다. 이라크 내무부는 이날 "공격을 주도한 무장 세력이 8월 폭탄테러와도 연관이 있는 것으로 조사됐다"고 입장을 표명하고, 이번 테러는 8월 테러 이후 이라크 당국이 경계 태세 강화를 천명한 가운데 발생하여 더 큰 혼란이 일어났다. 당시 재무부, 외무부 청사 등 10여 곳에서 동시 다발적으로 발생한 테러로 101명이 사망하면서 누리 알 말리키 이라크 총리는 이라크 군·경의 치안 시스템에 대한 재점검을 지시하는 한편 이라크 당국은 주요 도시에 병력을 추가 배치하는 등 치안을 강화했다.

하지만 이러한 이라크 정부의 치안강화에도 불구하고 불과 두 달여 만에 미국 대사관과 이라크 총리실이 있는 그린존에서 불과 수백 미터 떨어진 수도 한 가운데서 테러가 발생하면서 지난 6월 미국과 이라크 간의 안보협정에 따라 미군이 지방으로 철수한 이후 현재 도심 지역의 치안은 이라크 군경이 전담하고 있는 가운데 이라크의 독자적 치안 유지 능력이 의문시되고 있다.

치안 악화와 함께 내년 1월 16일 실시되는 총선에서 재선을 노리는 말리키 총리는 난관에 봉착했다. 한동안 잠잠하던 종파 간 갈등이 가열되면서 총선이 가까워 올수록 무장세력 활동은 더욱 활개를 칠 것이라는 예견도 있어 이라크 내의 혼란은 더욱 가중될 전망이었다.

3) 보팔시 독성 가스 누출

① 사건개요

1984년 12월 3일 인도 보팔 시에 있는 유니언 카바이드 사의 비료공장에서 다량의 메틸 이소시안염(M.I.C: Methyliso-cyanate)이 누출되는 사고가 일어났다. 40여 톤에 달하는 메틸 이소시안염은 순식간에 보팔시 전체로 퍼져 나갔으며 이로 인해 많은 인명피해가 발생하였다. 메틸 이소시안염은 무색무취의 독성물질로, 호흡기 장애, 중추신경 장애, 면역체계 이상, 실명 등의 치명적인 피해를 일으키는 화학물질이다.

누출 사고의 원인은 저장탱크 속의 압력이 높아지면서 밸브가 파열된 것으로 밝혀졌다. 다국적 기업인 유니언 카바이드 사는 이 사고에 대한 보고서에서 운전원의 실수로 인한 사고로 추정하였다. 그러나 밸브 파열에 대비한 안전장치가 되어 있지 않았고, 안전관리가 소홀하였던 것도 주된 사고원인 중 하나로 알려지고 있다. 더욱이 조기경보체제가 작동하지 않아 더 큰 사고를 야기하였다.

이 사고로 하룻밤 사이에 약 2,000명의 주민들이 사망하고 600,000명의 부상자가 발생하였으며, 그중 5만 명은 영구적인 장애자가 되었다. 인구 75만 명의 보팔시 시민 대부분이 이 유독물질의 피해를 입은 것이다. 또한 피해를 입은 보팔 시민들은 유니언 카바이드 사를 상대로 30억 달러의 민사소송을 제기하였으나 유니언 카바이드는 1989년 4억 7,000만 달러의 보상금을 지불하는 조건으로 합의를 하였으며, 형사책임을 끝까지 회피함으로서 국제사회의 지탄을 받았다.

[그림 5-49] 가스 참사 이후 사망자들의 모습

네이버 이미지 검색(www.naver.com)

② 예방 및 복구

가. 피해

이 사건으로 인하여 2,800명의 사망자가 발생하였고, 60만 명의 부상자가 발생하였다. 그 중 영구적인 장애자가 5만여 명이나 된다. 이에 대하여 유니언 카바이드 사는 4억 7,000만 달러를 지불하였다.

나. 사건 발생 이후의 향로

• 1985년 4월, 인도 정부는 유니언 카바이드 사를 상대로 미국의 맨해튼 지방재판소에 제소
• 1986년 5월, 인도의 재판소에 관할권이 있다는 판결
• 1989년 2월, 인도 최고재판소는 배상 청구액 33억 달러에 대해 4억 7,000만 달러

의 배상금을 지불하라고 명령

- 1989년, 인도대법원은 유니언 카바이아드 사의 간부직원들을 처벌할 수 있는 형사 재판은 기각
- 1989년말에 성립된 V.P.싱 정권은 이 판결을 무효화하고 재차 보상금 교섭을 하여 잠정 조치로 피해자 50만 명에 대해 36억 루피의 구제금을 방출명령
- 2001년, 다우 케미컬은 유니언 카바이드 사를 인수함. 그 결과 유니언 카바이드사의 자산과 채무는 모두 다우 케미컬에 귀속. 그러나 다우 케미컬 사는 현장을 정화하거나 필요한 사람들에게 안전한 식수와 의료 도움 제공할 것을 거부
- 2004년, 보상비 분배 과정의 최종 국면을 맞이하였는데 보상 신청한 56만 6,786건 중 약 95퍼센트가 최소금액인 500달러를 지급받기로 함. 불과 1퍼센트만 2,000에서 3,000달러를 받았음. 사망 보상신청 2만 2,149건 가운데 1만 5,100건만 보상됨

　현재까지도, 보팔 주민들은 다우 케미컬에 장기적인 건강관리 제공과 독성물질 제거, 경제적·사회적 지원 제공을 요구하지만 다우 케미컬은 이런 주민들의 정의를 향한 투쟁을 거부하고 있음

다. 예방법

가) 위험물질 주입구에 내용물 표시

저장탱크 등 화학설비에 원재료를 공급할 때에는 오조작에 의해 화재 폭발 누출사고를 방지하기 위해 근로자가 보기 쉬운 곳에 해당원재료의 명칭 및 종류, 공급대상 설비명 등을 법적인 규제로서 표시하도록 하여 위험물에 대하여 취급이나 보관 시 상당한 주의를 하여야 한다.

나) 근로자 안전보건교육 철저

유해 화학물질 취급 작업자는 취급물질에 대한 위험성 및 안전작업요령을 숙지할 수 있도록 안전보건 교육을 실시하여 한다. 위험물질 취급 시 온도 및 유동으로 인한 안전사고의 발생을 방지하기 위함이다.

다) 광센서 등의 현대기술적인 가스누출 탐지센서 활용

광센서 등의 가스센서와 가스경보기 및 차단기의 개발 및 구비로 인한 활용이 필요하다. 인력경비 측면에서의 경비도 필요하지만 국가기반체제의 혼란의 가능성이 있는 주요시설인 만큼 보다 정확한 기계적 측면의 경비시설을 확충하여야 한다.

③ 사회적 재난

1) SARS

① 발생

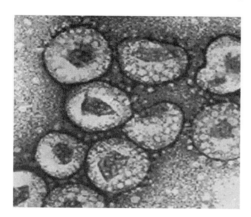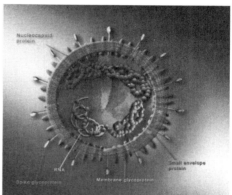

[그림 5-50] 사스(SARD)균

출처: http://blog.naver.com/ashikorea?Redirect=Log&logNo=140056833223

사스의 공식적인 명칭은 중증급성호흡기증후군(重症急性呼吸器症候群)이며, Severe Acute Respiratory Syndrome의 약자이다.

사스(SARS)가 공식적으로 알려진 것은 2003년 2월 11일 중국 보건부에서 2002년 11월 16일에서 2003년 2월 9일의 기간 동안 중국 광동성에서 클라미디아 감염증으로 추정되는 급성호흡기증후군 환자가 305명 발생하여 5명이 사망했다고 보고하면서부터였다. 새로운 인플루엔자의 출현 가능성 때문에 아시아 지역에서 감시 활동을 강화하던 WHO는 2003년 3월 12일 전 세계에 경보를 내리고, 본격적인 국제적 질병 감시와 활동에 들어갔으며, 2003년 3월 15일 국제적 질병 감시와 활동에 들어갔으며, 2003년 3월 15일 국제적 질병 전파의 위험성을 고려하여 여행 자제 권고안을 긴급 발표했는데, 이는 전례로 보아 대단히 드문 경우로서 사태의 심각성을 보여주는 바이다.

현재까지 연구 및 분석의 결과로 사스의 기본 전파 경로는 전 유행 기간에 걸쳐 감염성 호흡기 비말이나 개달물에 눈, 코, 입 등의 점막이 직접 노출됨으로써 발생하는 것으로 보고 있다. 대면 접촉자나 환자의 진료를 담당했던 의료인이 주요 전파 대상자였다는 점은 이러한 사실을 지지한다.

환자에게 증상이 있는 경우 사회생활의 일상적인 접촉에 의해서도 타인에게 전파시킬

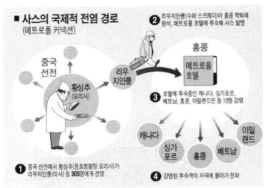
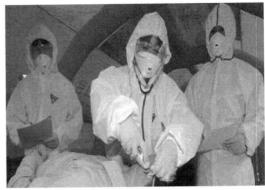

[그림 5-51] 사스관련 공항 응급의료소 설치

출처: 네이버 이미지 검색(www.naver.com), 연합뉴스(www.yonhapnews.co.kr)

가능성이 있다. 비행기나 택시, 직장에서 감염된 사례가 있으며, 홍콩의 위생국이 관리한 접촉자의 발생률을 보면 19,386명의 접촉자 중 223명(1.2%)이 발생했다. 특히 비행기 내에서의 감염은 사스 유행의 초기에 각국의 전파에 중요한 역할을 했다.

② 주요 사건 및 사고 내용

2003년 2월 12일 각 시·및 검역소에 방역 강화 지시를 내린 이후 3명의 추정 환자와 17명의 의심 환자가 발생했다. WHO에 공식 보고된 추정환자 3명 중 2003년 4월 28일 발견된 첫 번째 추정환자는 중국 베이징에서 장기 체류한 40대 남성으로 국립인천공항 검역소의 입국 검역 과정에서 발견되었고, 두 번째 추정환자는 미국 국적의 80대 필리핀계로 마닐라를 출발하여 미국 샌프란시스코에 가던 도중 국립인천국제공항의 환승객 검역 과정에서 발견되었으며, 세 번째 추정 환자는 타이완 단기 여행 후 귀국한 20대 남성으로 일선 보건소의 위험 지역 입국자 추적 과정에서 발견되었다.

사스가 처음 알려진 2003년 2월 초부터 WHO 자료 등을 통해 발생 추이를 감시하던 중 국가적인 방역 대책이 필요하다고 판단하여 2003년 2월 12일 전국에 사스 등 방역 강화 지침이 시달되었고, 2003년 3월 16일 WHO의 전 세계 사스 경계령 발표와 동시에 우리나라도 사스 경보를 발령하고 방역 시스템을 총력 가동했다.

국내의 사스 비상방역은 국립보건원을 중심으로 13개 국립검역소, 16개 시·도 및 242개 보건소 등 전국 모든 보건 기관이 24시간 비상근무 체제를 유지하고 전국 권역별 격리 치료 병원 41개소(총 138병상)를 지정·조기 발견, 치료의 방역 체계를 구축했으며, 우선 공항, 항만을 통한 위험 지역 입국자에게 체온 측정, 검역·등을 실시하고 사스 위험 지역 입국자에 대한 추적 조사를 실시하여 감염 의심자 발견 시 즉시 후송,

격리 및 치료할 수 있는 시스템을 마련했다. 또한 접촉자 추가 격리 조치 등 사스의 유입 및 확산 차단에도 집중 노력했고 사스의 국내 유입을 방지하기 위해 위험 지역에 대한 여행 자제 및 여행 주의 조치를 시행하였다.

사스와 관련하여 국제적인 현황은 다음과 같다. 홍콩의 사스는 2003년 3월 11일 나타나기 시작했고, 홍콩의 상황은 그 후 계속 악화되었다. 2003년 4월 7일까지 총 883명이 사스에 감염되었고 이 중 23명이 사망했다. 중국은 사스 환자가 가장 먼저, 그리고 가장 많이 발병한 지역이다. 사스는 당초 2002년 11월 중국 광동성에서 발생, 2003년 3월부터 아시아, 유럽, 미주 등 전 세계 30개국으로 번져 8,300여 명이 감염되고 이 중 약 840명의 목숨을 잃어 치사율 11%를 기록했다. 싱가포르는 사스 사례가 3번째로 많이 보고된 국가이다. 싱가포르는 2003년 4월 7일까지 106명의 환자가 발병, 6명이 사망했다고 보고했다. 싱가포르에서 발생한 최초의 환자는 홍콩을 여행한 사람으로, 결국 싱가포르의 사스는 홍콩으로부터 전염된 것으로 판명이 났다.

베트남에서는 2003년 2월 병원에 입원한 한 초기 환자로부터 사스가 번지기 시작했다. 2003년 4월 7일 하노이에서 보고된 사스 발병 사례는 62건에 사망이 4건이었다. 타이완에서는 2003년 4월 7일까지 21명의 사스 환자가 발생했으나 사망자는 없었다. 태국에서는 2003년 3월 151건의 사스 사례가 발표되었다. 2003년 4월 7일까지 7명이 감염되고 2명이 사망했다.

캐나다에서는 2003년 4월 7일까지 217건의 사스 추정, 혹은 사스 의심환자가 발생했다. 미국의 경우, 2003년 4월 6일까지 총 148명이 사스에 감염되었으나 이 중 사망 사례는 한 건도 보고되지 않았다. 2003년 4월 7일까지 사스의 영향을 받은 유럽 국가들은 프랑스, 독일, 이탈리아, 아일랜드 공화국, 스페인, 스위스 및 영국이나 사망 사례는 1건도 보고되지 않았다. 이들 사스 의심 및 추정 환자들은 모두 아시아 지역을 다녀온

[그림 5-52] 사스로 인한 전국적인 위생관리

출처: 연합뉴스(www.yonhapnews.co.kr)

사람들이었다. 스위스는 2003년 3월 1일 이후 중국, 홍콩, 싱가포르, 베트남에서 도착한 사람들의 바젤 세계 시계 및 보석 박람회 출품과 이들에 대한 고용을 금지했다.

2) 조류 인플루엔자

① 발생 원인

조류인플루엔자(AI)란 닭이나 오리에서 생기는 바이러스성 질환으로 주로 철새의 배설물에 의해 전파된다. 인플루엔자 바이러스의 표면에는 hemagglutinin(HA)과 neuraminidase(NA)라는 두 가지 단백질이 있는데, HA는 15종이 있고 NA는 9종이 있으므로 이론상으로는 15×9=135종류의 인플루엔자 바이러스가 존재한다. 조류에서의 인플루엔자 감염은 주로 H5형이나 H7형과 관련성이 있는 반면, 3종류의 HA(H1, H2, H3)와 2가지 형태의 NA(N1과 N2)만이 인간에서 인플루엔자 감염을 일으키므로 원칙적으로는 인간은 조류인플루엔자에 감염되지 않는다.

[그림 5-53] 조류독감으로 인한 조류 매몰폐기

출처: http://blog.naver.com/gezunt?Redirect=Log&logNo=40022507983

가. 조류의 조류인플루엔자 감염

조류인플루엔자는 바이러스에 감염된 조류의 콧물, 호흡기 분비물, 대변에 접촉한 조류들이 다시 감염되는 형태로 전파되고, 특히 인플루엔자에 오염된 대변이 구강을 통해 감염을 일으키는 경우가 많다. 따라서 조류의 호흡기 분비물이나 대변 등에 오염된 기구, 매개체, 사료, 새장, 옷 등은 조류인플루엔자 전파에서 중요한 역할을 한다.

나. 인간의 조류인플루엔자 감염

조류인플루엔자의 유형 중 H5형이나 H7형은 일반적으로 사람에게 감염되지 않지만 드물게 사람에게 감염된 사례도 있다. 감염경로는 조류인플루엔자 바이러스에 감염된 가금류 또는 그 배설물로 오염된 물체와 직접적인 접촉이 주된 것으로 판단되고 있다.

2003년 겨울부터 아시아 지역에서 유행하고 있는 H5N1 인플루엔자의 경우, 1997년에 이미 홍콩에서 인체감염을 일으켜 감염자 18명 중 6명이 사망하였고, 2006년 7월 당시 세계적으로 229명이 감염되어 그 중 131명이 사망하였다고 알려져 있다. 그러나 H5N1 인플루엔자에 감염된 사람은 주로 닭이나 오리 등의 가금류와 밀접하게 접촉하여 감염되었다. 또한 조류인플루엔자 바이러스는 75℃ 이상에서 5분 이상 가열할 경우 죽기 때문에, 닭이나 오리를 충분히 익혀 먹는다면, 먹어서 조류인플루엔자에 감염될 가능성은 없다.

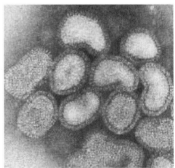

Avian influenza

[그림 5-54] 조류독감 확산발생지역 소독과 발생균

출처: 연합뉴스

② 주요 사건 및 사고 내용

가. 주요 발생기록

주요 발생기록으로는 2003년 12월 12일 한국에서 조류독감 발생했고, 2004년 1월 9일 UN 조사단이 조류독감 발생 확인을 위해 베트남에 급파되었으며, 2004년 1월 11일 베트남에서 6명의 피감염자 조류독감으로 첫 사망자가 확인되었다. 2004년 1월 12일 일본에서 조류독감 발생되었고, 2004년 1월 15일 대만에서 변형된 조류독감을 확인하였으며, 2004년 1월 21일 라오스에서 닭콜레라 발생 의심 및 베트남에서 바이러스에 노출된 90만 마리의 닭이 시장에 유통되었다고 확인되었다. 2004년 1월 23일 태국에서 인간에 조류독감 감염사실 확인 및 캄보디아 닭에서 조류독감 발생이 확인되었다. 2004년 1월 25일 인도네시아 조류독감 발생확인 및 태국에서 여러 주 동안 조류독감이 발생한 사실을 시인하였고 중국, 태국, 캄보디아에서 가금류 수입 금지조치가 취해졌다. 2004년 1월 26일 태국에서 조류독감으로 첫 사망자가 발생했고, 파키스탄에서 조류독감이 발생했다. 2004년 1월 27일 라오스에서 조류독감 발생이 확인되었다. 중국의 남서지방에서 조류독감 발생을 시인했고, 2004년 1월 30일 중국의 후난성과 후베이 성에 조류독감이 확산되었다. 2004년 2월 1일 WHO는 베트남에서 사람 간의 감염 환자 추정을 발표했고, 중국 10개 지역에서 3명의 감염자와 8명의 의심환자를 공식 확인했다. 2004년 2월 3일 베트남에서 추가감염자 3명 중 1명이 사망했고, 2004년 2월 4일 태국에서 6세 감염자 1명이 사망했으며 중국, Gansu, Shaanxi 지역으로 조류독감이 추가 확산되었다. 1994년 2월 5일 베트남에서 각각 16세, 17세 여성 감염자 2명이 추가 사망으로 확인되었다.

[그림 5-55] 조류독감 감염 범위

출처: 네이버 이미지

나. 조류인플루엔자의 예방

닭이나 오리를 사육하는 사람은 작업할 때 장갑과 마스크 등을 착용하고 작업이 끝난 뒤에는 반드시 목욕을 해야 한다. 또한, 항상 사육장을 청결히 하고 자주 소독을 하며 사육 중인 닭이나 오리가 이상 증상을 보이면 즉시 방역 당국에 신고해야 한다.

조류인플루엔자가 발생했던 농장에서 일한 사람이나 가금류의 처분에 참여했던 사람이 조류인플루엔자에 감염된 가금류에 최종적으로 노출된 후 7일 이내에 고열이 나거나 기침, 인후통, 호흡곤란 등의 호흡기 증상이 있으면 즉시 보건소에 신고해야 한다. 마찬가지로 조류인플루엔자가 유행하는 지역을 여행했던 사람이 여행 후 7일 이내에 열이 나거나 기침, 인후통, 호흡곤란 등의 호흡기 증상이 나타나면 즉시 보건소에 신고해야 한다.

다. 조류인플루엔자의 진단과 치료

38℃ 이상의 고열이 나면서 기침을 하거나 목이 아프거나 숨이 차는 등, 호흡기 증상을 가진 환자가 증상 발생 전 7일 이내에 조류인플루엔자가 발생한 농장에서 일을 했거나 조류인플루엔자가 유행하는 지역을 여행한 적이 있다면 '조류인플루엔자의사환자'로 분류하고 필요한 진단검사를 실시한다. 진단검사를 위해 혈액과 인후도찰물을 채취하고 신속항원검사(Rapid Antigen Test), RT-PCR, 혈구응집시험법(HA), 혈구응집억제시험법(HAI) 등을 실시한다. 조류인플루엔자에 감염된 사람을 치료할 때는 oseltamivir 등과 같은 항바이러스제를 사용하나 어느 정도 한계가 있다.

3) 신종인플루엔자

① 내용

2009년 인플루엔자 범유행(2009 flu pandemic)은 2009년 3월부터 전파되기 시작한 A형 인플루엔자바이러스 H1N1 아종의 변종에 의해 발생했다. 최초 발병은 멕시코 베라크루스 주를 포함한 3개 주에서 발견됐으며, 몇 주 후 미국에서도 발견됐다. 또한 이 바이러스는 빠른 속도로 유럽과 아시아로 확산되었다.

전 세계적으로 80,000명 이상의 의심 환자가 있는데, 이 환자들이 어떠한 독감 바이러스에 감염됐는지 각각 조사하는 것은 불가능하기 때문에, WHO는 이러한 환자들을 모두 신종 인플루엔자 의심 환자로 지정했다.

새 변종은 조류독감처럼 인플루엔자 바이러스 A(H1N1 아형)의 일부와 돼지 인플루엔자의 두 변종 일부에서 파생되었다. 4월 WHO와 미국 질병 관리본부(CDC)는 새로운 변종에 대해 심각한 우려를 표했는데, 이는 외관상으로 인간 대 인간으로 쉽게 전파되며, 독감 대유행의 가능성이 있기 때문이었다.

2009년 4월 25일 WHO는 '임상적 특징, 역학적, 보고된 사례와 믿을 수 있는 결과에 대한 바이러스학'에 관한 지식 부족으로 인해 국제적 건강 위기를 선포했다. 세계의 보건 국들은 사태에 대한 주의를 표하고 사태를 면밀히 주시하였다. 본래 2009년 4월 사태가 본격화되기 시작할 무렵, 이 병을 부르는 명칭은 조류 독감과 대비되는 돼지 독감, 돼지 인플루엔자 또는 SI가 널리 통용되었다. 하지만 돼지가 역학 관계상 어떠한 역할을 하는지 명확히 밝혀지지 않은 상태에서 이러한 명칭을 사용하는 것은 크게 문제가 있다는 시각이 전 세계적으로 있었다.

이에 WHO는 돼지와의 연관관계를 알 수 없다고 보고, 이 병의 명칭을 H1N1 인플루엔자 A라고 결정하였다. 하지만 학계는 돼지와 관련성이 명백히 존재한다며 이러한 주장에 반대하였다. 한편, 대한민국은 WHO의 결정 이후, 정식 명칭 이외에도 편의상 신종인플루엔자 혹은 신종플루라고 부르기로 하였으며, 언론 등에서도 이 명칭을 따르고 있다. 현재 세계적으로는 감염환자가 260,000명이 넘어섰으며, 감염에 의해 죽은 사망자는 20여 개국에서 나타났다. 감염환자가 나타난 나라는 129여 개국이다.

한편 홍콩에서는 신종플루 치료에 쓰이는 항바이러스제인 타미플루에 내성을 보이는 환자가 처음 확인됐다. 홍콩 위생서는 지난 6월 11일 미국 샌프란시스코에서 귀국한 16세 소녀에게서 타미플루 내성 바이러스가 검출됐다고 7월 4일 발표했다.

가. 변종

브라질에서 신종플루의 변종 바이러스가 처음으로 출현했다. 2009년 6월 17일 브라질 상파울루 주정부 산하 아돌포 루츠 세균연구소는 한 환자의 몸에서 신종플루 바이러스의 변종을 추출하고 '인플루엔자 A/상파울루/H1N1'로 명명했다.

나. 타미플루 내성 인플루엔자 A 바이러스 서브타입 H1N1

2009년 9월 11일(한국 시간), 미국 노스캐롤라이나 주에서 10대 소녀 2명이 타미플루에 내성을 가진 인플루엔자 A 바이러스 서브타입 H1N1에 감염되었다고 미국 질병통제예방센터(CDC)가 밝혔다. 질병통제예방센터에 따르면 소녀 2명은 지난 7월 미국 노스캐롤라이나 서부의 한 여름캠프에서 같은 숙소를 사용했다. 캠프 이후에 참가자 600명은 모두 타미플루를 복용했으나 검사 결과 소녀 2명은 A형 인플루엔자바이러스 변종 바이러스에 감염된 것으로 나타났다. 다행히 두 소녀는 심각한 증상을 보이지 않고 회복한 것으로 전해졌다. 이 사건 이전에 중국, 일본, 캐나다, 이스라엘 등에서도 타미플루 내성 A형 인플루엔자바이러스가 나온 바는 있었으나, 이번 바이러스는 사람 간 감염이 의심되는 경우여서 보건당국에 긴장감을 주었다. 미국 질병통제예방센터에 따르면 해당 바이러스는 '1223V'로 기존의 신종플루에서는 발견되지 않던 종이다. 이와 함께 이스라엘 바이러스 감염 중앙 연구소도 신종플루 완치 환자의 표본을 검사한 결과, 신종플루 바이러스에 타미플루 내성 요소가 있는 것으로 확인됐다고 밝혔다.

다. 대한민국의 상황

현재 대한민국에서는 1만 명 이상이 감염된 가운데 사망자는 40명을 넘었다(2009년 11월 01일 기준).

이에 보건복지부 중앙인플루엔자대책본부는 서울·부산·대구·충청남도·충청북도·전라남도·전라북도·경상남도·경상북도·제주 등 16개 지역에 거점약국 567곳과 거점치료병원 455곳 등 총 1,000여 곳을 지정하는 한편 전국의 치료 거점병원과 거점약국을 공시하여 확산을 방지하고 감염자를 치료코자 하였다. 또한 대한민국에서 해외에 다녀온 학생들은 1주일간 등교가 금지되고, 해외에 다녀온 직업인들은 1주일간 출퇴근이 금지 조치하였으며 학교에 휴교령 기준을 내려 집단 간의 확산을 방지하고 있다.

② 예방 및 복구

- WHO가 추천하는 신종인플루엔자 A(H1N1) 예방 수칙

신종인플루엔자를 예방하고 각종 전염병으로부터 건강을 유지하려면 다음과 같이 하십시오
- 화장실에 다녀온 후, 재채기 또는 기침을 한 뒤에는 반드시 비누와 물로 손 씻기
- 손 세정제를 사용해서도 손 위생 실천
- 아픈 사람과 접촉을 피하기
- 잘 먹고 규칙적으로 식사하며 자주 운동하기
- 만약 당신이 아픈 사람을 간호하고 있다면, 마스크 착용하기

신종인플루엔자에 감염되면 어떻게 될까요?
대부분의 환자들은 단지 가벼운 증상만 있을 뿐, 항바이러스제와 같은 특별한 치료 없이도 회복됩니다. 그러나 특히 기왕에 다른 질환을 앓고 있거나 임산부, 65세 이상 어르신들의 경우에는 중증으로 진행할 수 있습니다.
중증으로 진행할 가능성이 있는 경우에는 항바이러스제 투여나 입원 치료가 필요합니다.
만약 신종인플루엔자에 걸렸다고 느낄 때 일반적인 주의사항은 다음과 같습니다.
- 기침이나 재채기를 할 때 휴지로 코와 입을 가리고 쓰고 난 휴지들은 주의해서 버리기
- 직장이나 학교 또는 사람이 많이 모이는 곳 피하기

- 만약 증상들이 지속된다면, 의료기관에서 진료받기
- 일단 편히 쉬고, 많은 양의 수분 섭취하기
- 다른 사람에게 전염을 막기 위해 마스크 착용하기
- 확진환자는 적어도 7일, 또는 증상이 지속되면 7일이 지났어도 증상이 없어진 후 하루를 더 자발적 격리하기

타미플루는 어떤 경우에 사용하나요?
- 타미플루는 의사들이 처방이나 보건소장의 판단에 의해서만 됩니다.
  신종인플루엔자에 걸렸을 때 합병증을 유발할 가능성이 큰 위험집단에 해당하는 경우는 어떤 경우인가요?
- 천식, 기관지염, 폐기종을 포함한 만성 호흡기계 질환을 가진 사람
- 심장병, 당뇨병, 만성적 대사질환, 신장이나 신경계, 혈액계에 질환이 있는 사람
- 면역이 억제된 환자(예를 들어, 암이나 에이즈 환자)
- 임산부(특히 2개월에서 3개월 된 임산부)
- 비만인 사람
- 흡연자

- 신종인플루엔자 A (H1N1) 2009에 대한 응답

신종인플루엔자에 어떻게 감염되나요?
- 감염된 사람이 기침이나 재채기를 할 때 입에서 배출되는 신종인플루엔자바이러스를 가진 작은 물방울들이 보통 1~2미터 이내를 날아가서 직접 다른 사람의 손에 묻거나 호흡기, 눈을 통해서 감염됩니다.
  또한 신종인플루엔자 바이러스가 묻은 물체의 표면에 다른 사람의 손이 닿고, 다시 손에 묻은 바이러스가 호흡기, 눈으로 들어가서 전파되기도 합니다.

신종인플루엔자 증상은 무엇입니까?
- 일반적인 계절인플루엔자와 비슷합니다. 발열, 기침, 두통, 근육과 관절통, 목 아픔, 콧물 등의 증상이 나타납니다.
  또한 일부 사람들은 구토와 설사 증상이 나타나기도 합니다.

해외여행자들은 어떻게 해야 하나요?
- 현재 질병이 있는 사람들은 회복될 때까지 국제 여행을 미뤄야 합니다.
- 신종인플루엔자 위험집단에 해당하는 직원들은 해외출장을 자제하여야 합니다.
  꼭 필요하지 않은 국제회의는 진행하지 않거나 참석하지 않도록 합니다.
  그러나 일단 국제회의에 참석한 경우, 회의기간 중에 몸이 안 좋으면 호텔이나 집에서 쉬도록 하고 회의 주최자에게 알리도록 합니다.

신종인플루엔자 위험집단에 해당하는 사람은 어떻게 하여야 하나요?
- 만약 신종인플루엔자 의심 증상이 나타났거나 환자와 가까이 접촉한 후에는 즉시 의료기관에서 진료 받으시고 의사의 판단에 따라서 타미플루를 투약 받게 됩니다.
 만약 타미플루를 투약 받게 될 경우, 증상이 시작된 후 40시간 내에 또는 감염자와의 접촉 후 48시간 내에 복용하는 것이 가장 좋습니다.

위험집단에 해당되지 않는 건강한 어른들의 경우는 어떻게 하여야 하나요?
- 신종인플루엔자 바이러스는 대개 가벼운 병을 유발하기 때문에 항바이러스제는 필요 없습니다.
 증상들이 사라질 때 까지 집에서 쉬면서 진통제를 먹고, 많은 양의 수분을 섭취하십시오. 그러나 증상이 나타나고 3일이 지나도 열이 내리거나 증상이 호전되지 않으면 즉시 의료기관에서 진료를 받으십시오. 의사의 진단과 검사 결과에 따라서 타미플루를 투약 받을 수도 있습니다.
 어른에서 다음과 같은 증상이 나타나면 중증으로 진행할 수 있으니 즉시 의료기관에서 진료 받으십시오.
- 열이 떨어지지 않고 지속되는 경우
- 가슴 부위가 아플 때
- 숨쉬기가 곤란할 때
- 어지럽거나 의식을 잃는 경우
- 음식이나 물을 먹지 못하고 토하거나 탈수 증상이 나타날 때

위험집단에 해당되지 않는 건강한 소아청소년들의 경우는 어떻게 하여야 하나요?
- 신종인플루엔자 바이러스는 대개 가벼운 병을 유발하기 때문에 항바이러스제는 필요 없습니다.
- 엄마나 아이가 몸이 좋지 않다고 하더라도 모유 수유는 지속될 수 있습니다.
- 18세 이하 소아청소년들에게 아스피린을 진통제로 사용해서는 안 됩니다.
- 신종인플루엔자 증상이 시작된 후 7일간 또는 7일이 지나도 증상이 있을 경우에는 증상이 사라진 후 1일간은 소아청소년들은 학교에 가지 말고 집에 있어야 합니다.
- 아이들은 탈수를 막기 위해 충분한 양의 수분을 섭취해야 합니다.
 소아청소년들에서 다음과 같은 증상이 나타나면 중증으로 진행할 수 있으니 즉시 의료기관에서 긴급하게 진료를 받으십시오.
- 열이 떨어지지 않고 지속되는 경우
- 가쁘게 숨을 쉬는 경우
- 탈수, 경련, 과도한 졸음 상태를 보이는 경우

[그림 5-56] 확산방지를 위한 항공기 내 소독

출처: 연합뉴스

[그림 5-57] 확산 방지를 위한 각 건물 내 열측정기구 및 개인 마스크 착용

출처: 연합

[그림 5-58] 다중운집시설 소독 및 개인위생관리

출처: 연합뉴스

[그림 5-59] 예방포스터

출처: 보건복지부 국민건강보험공단

제**6**장

미래의 재난환경과 신재난관리체계

<table>
<tr><td>제1절</td><td>발생 가능 재난사고</td></tr>
</table>

1 기후 및 환경이상

1) 기상이변의 정의

기상이변(氣象異變, earthshock)이란, 지리학 용어로 보통 1년부터 30년 전까지의 시간 차이를 두고 말한다. 한마디로 지난 30년간의 날씨보다 악천후이거나 괴이한 기상현상이 생길 때 이 말을 쓴다. 천재지변에 속하는 것으로 알려져 있다.

세계기상기구(WMO)는 기온과 강수량을 대상으로 정량적 통계분석에 의한 이상기상의 발생수와 변화를 취급하는 경우에는 월평균기온이나 월강수량이 30년에 1회 정도의 확률로 발생하는 기상현상을 '이상기상'이라고 정의하였다. 또한, 월평균기온이 정규분포인 경우 평균값으로부터 편차가 표준편차의 2배 이상 차이가 있을 때를 '이상고온' 또는 '이상저온'이라 하고, 월강수량이 과거 30년간의 어떤 값보다 많은 때를 '이상다우', 적을 때를 '이상과우'라고 하고 있다.

2 기상이변의 원인

1) 지구온난화

지구 표면의 평균온도가 상승하는 현상이다. 땅이나 물에 있는 생태계가 변화하거나 해수면이 올라가서 해안선이 달라지는 등 기온이 올라감에 따라 발생하는 문제를 포함하기도 한다.

2) 대기오염

인위적 발생원에서 배출된 물질이 생물이나 기물에 직접적으로 해를 끼칠 만큼 다량으로 대기 중에 존재하는 상태이다. 오염은 오염원으로 인하여 인간 및 동식물의 생활에 영향을 미치는 상태를 의미한다. 그러므로 옥외의 대기에 인위적·자연적으로 방출된 오염물질이 과다하게 존재함으로써 대기의 성분 상태가 변화하고, 그 질이 악화되어 인간과 동식물의 생활 활동에 나쁜 영향을 줄 때 대기가 오염되었다고 한다.

3) 오존층 파괴

지상으로부터 15~30km 높이의 성층권에 있는 오존층의 오존이 파괴되어 그 밀도가 낮아지는 현상을 오존층 파괴라고 한다. 남극과 북극의 오존층 파괴에 가장 큰 영향을 주는 주된 물질은 염화플루오린화탄소(CFCs)이며 오존층이 파괴되면 지구에 도달하는 자외선이 많아져 오존홀이 생기는데, 남극에서 봄에 해당하는 10월경에 성층권의 오존 농도가 평상시의 반 정도까지 급격히 감소하는 현상이다. 주위의 농도에 비해서 구멍이 뚫린 것처럼 농도가 낮은 장소가 생기기 때문에 붙여진 이름이다. 오존홀의 발생은 극 지방 빙하의 해빙으로 환경에 큰 변화를 초래하였다. 오존홀은 1985년 말에 그 존재가 발표되었는데, 이것은 먼 미래의 일이라고만 여겼던 오존층의 파괴가 현실화된 것으로 큰 충격을 주었다

③ 기상이변의 종류

1) 엘리뇨

남아메리카 페루 및 에콰도르의 서부 열대 해상에서 수온이 평년보다 높아지는 현상을 뜻한다. 이 '엘니뇨'라는 단어는 스페인어로 남자아이 또는 아기 예수를 의미하는데, 이는 크리스마스를 전후하여 나타나기 때문에 붙여졌다.

남미 연안은 평상시 페루 연안에서 부는 남동무역풍에 의해 표층해류가 호주 연안으로 이동하므로 심층으로부터 찬 해수가 용승하는 세계적인 용승 지역으로 연중 수온이 낮아 좋은 어장을 형성하고 있다. 그런데 알 수 없는 원인에 의해 무역풍이 약해지게 될 때가 있는데, 이로 인해 용승이 줄어들며 페루 연안에서 엘니뇨가 발생한다.

엘니뇨의 영향으로 페루 연안은 태평양 적도 부근의 따뜻한 해수가 밀려와 표층 수온이 평년보다 0.5℃ 상승하는데, 심할 때는 7~10℃ 정도 높아지게 된다. 높아진 수온에 의해 영양염류와 용존 산소의 감소로 어획량이 줄어 어장이 황폐화되고, 상승기류가 일어나 중남미 지역에 폭우나 홍수의 기상이변이 일어난다. 이는 태평양 반대쪽인 호주 일대에 가뭄을 가져와 태평양 양쪽 모두에 이상 기상을 초래하고 농업과 수산업 전반에 큰 피해를 입히는 원인이 된다.

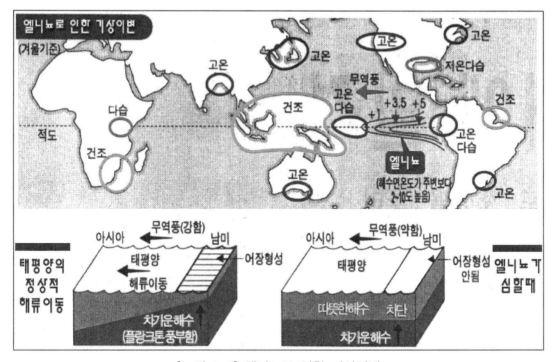

[그림 6-1] 엘니뇨로 인한 기상이변

출처: 네이버 이미지 검색(www.naver.com)

2) 라니냐

동태평양에서 엘니뇨와는 반대로 평년보다 0.5도 낮은 저수온 현상이 5개월 이상 일어나는 이상해류현상이다. 세계 각 지역에 장마, 가뭄, 추위 등 각기 다른 영향을 끼친다. 그러나 발생과정, 활동주기 등에 대해 뚜렷하게 밝혀진 것은 없다.

라니냐(La Niña)는 에스파냐어로 '여자아이'라는 뜻이다. 엘니뇨의 반대현상이 동일한 지역에서 일어나는 것으로 동태평양의 해수면 온도가 5개월 이상 평년보다 0.5도 이상 낮아지는 경우를 말한다. 이 현상이 발생하면 원래 찬 동태평양의 바닷물은 더욱 차가워져 서진한다. 이렇게 차가워진 바닷물이 태평양 주변 기압골과 공기 흐름을 바꾸고 또 점차 서쪽으로 움직이면서 여러 지역에 이상기후를 초래하는 게 라니냐 현상이다. 예를 들어 남미 쪽 태평양 해수면 온도가 낮아지면 상대적으로 따뜻한 동남아시아 지방에 평년보다 훨씬 많은 적란운(소나기구름)이 발생해 폭우가 쏟아지는 식이다.

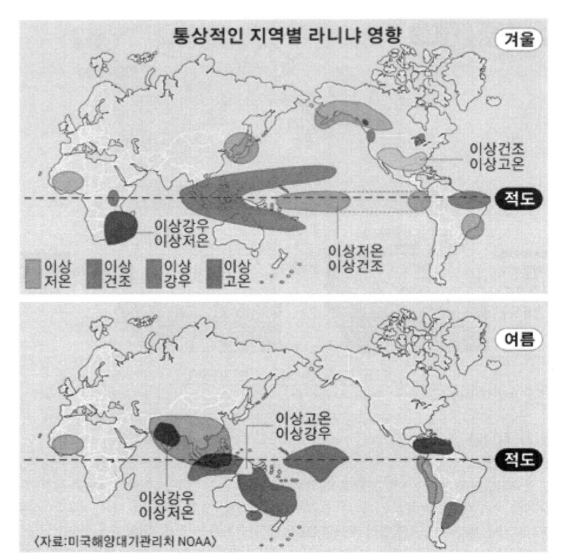

[그림 6-2] 통상적인 지역별 라니냐 영향
출처: 네이버 이미지 검색(www.naver.com)

따라서 인도네시아, 필리핀 등의 동남아시아에는 격심한 장마가, 페루 등 남아메리카에는 가뭄이, 그리고 북아메리카에는 강추위가 찾아올 수 있다. 그러나 현재까지 이 현상의 발생과정, 활동주기, 기상에 미치는 영향 등에 대하여 뚜렷하게 밝혀진 것이 없다.

기상청에 따르면 라니냐가 발생한 1967년과 1973년 한반도의 평균기온은 평년보다 1.1에서 2.2도 낮았으며, 강수량도 40.3~65.7mm가 적고 춥고 건조한 날씨였다고 한다.

핵전쟁

핵전쟁은 교전국의 쌍방 또는 일방이 핵무기를 사용하는 전쟁을 말한다.

핵폭발에 따르는 폭풍(爆風)·열선(熱線)·방사선(放射線)의 세 가지 효과에 의해서 종래의 고성능폭약을 사용하는 재래형의 전쟁과는 그 양상을 달리하며, 그 파괴력과 살상력은 광대한 지역에 미친다. 핵무기의 사용규모에 따라서는 단지 1국의 괴멸뿐만이 아닌 전 세계의 파괴까지도 가져올 가능성이 있다. 또 핵폭발에 의하여 생성되는 방사성물질은 지표로 강하하여 광대한 지역을 오염시키고, 게다가 잔류효과(殘留效果)로서 장기간에 걸친 방사선 오염으로 인한 막대한 피해가 예상된다.

1) 전면(前面) 핵전쟁

핵보유국 및 그 동맹국이 핵무기를 전면적으로 동원·사용하는 전쟁을 가리키며, 그 특성은 각 교전국의 본토에 대한 핵공격이 이루어지는 점에 있다. 전면핵전쟁에는 대륙간 탄도미사일(ICBM)·잠수함발사탄도미사일(SLBM)·중거리탄도미사일(IRBM) 및 장거리 폭격기 등이 사용되며, 여기서는 메가톤급의 전략용 핵무기가 투입된다.

특히 ICBM급의 핵무기는 지구상의 어느 지역이라도 단시간에 도달하여 순식간에 대파괴를 달성할 힘을 지니고 있어 이에 대처하는 시간적 여유는 거의 없는 것과 같다. 이에 대비하는 탄도요격미사일(ABM)을 주체로 하는 방위망은 충분한 것이 못 되며 기술상으로도 어려운 면이 있다. 미국이나 러시아와 같이 전략용 핵무기를 대량으로 보유하는 국가 간에 전면 핵전쟁이 발발한다면 서로 도시의 대파괴와 1억 전후의 방대한 인명의 피해가 예상되어 상호 자살행위의 결과가 될 뿐만 아니라, 그 전화(戰禍)는 전 세계에 파급되어 급기야는 세계 인류의 파멸로 이어질 가능성이 있다. 따라서 현재 전면 핵전쟁의 발생은 강한 억제하에 있어 그 가능성도 희박하다는 전망이다.49)

2) 제한(際限) 핵전쟁

핵무기의 사용에 있어서 지역·목표 및 핵무기의 사용규모(위력 및 사용수량)에 어떤 제한이 가해진 형태에서 수행되는 전쟁을 말한다. 그러나 전면 사용과 제한 사용과의 차이는 상대적인 것으로 그 사이에 명확한 구별을 둘 수는 없다. 특히 야전(野戰)에 있어서는 처음에는 소위력의 핵무기를 사용하더라도 전쟁의 확대에 따라 점차 대위력의

49) www.naver.com(네이버 백과사전)

핵무기가 동원되어 끝내는 전면전으로 이어질 위험성이 언제나 존재하고 있다. 현재 재래식 무기와 전술용 핵무기 사이에는 분명한 구별이 있고 재래식 전쟁에서 제한핵전쟁으로의 이행이 대체적으로 억제되는 경향이 있는 것은 사실이지만 그렇다고 전혀 발생하지 않는다는 보장은 없다. 예를 들어 방어용(방공·대잠수함·지뢰용 등) 핵무기의 사용, 또는 긴박한 전황 하에서의 소위력의 핵무기사용(비록 그것이 실수로 인한 것이라 해도) 등에서 제한핵전쟁으로 발전할 공산이 없다고는 할 수 없다.

3) 핵무기[50]

오늘날 테러 집단은 자신들의 목적을 달성하기 위해서는 수단과 방법을 가리지 않고 있으며, 생화학 무기를 이용한 테러, 컴퓨터망을 이용한 테러 등 갖가지 신종 테러가 발생하고 있고, 특히 핵무기를 이용한 테러리즘 발생 가능성을 전문가들은 가장 크게 우려한다. 대형 테러리즘 가운데서도 핵무기 테러리즘은 가정할 수 있는 최악의 상황을 야기할 수 있는데 아무리 조잡한 수준의 핵폭탄이라 할지라도 1~2만 톤에 이르는 TNT의 폭발력으로 수십만 명의 생명과 주요 시설물에 대해 일시에 막대한 피해를 끼칠 수 있다.

5 초고층 건물 재난

1) 초고층 건물

초고층 건물은 높은 층수의 건물을 뜻한다. 정확히는 세계초고층협회는 초고층의 기준을 높이 200m 이상 또는 50층 이상인 건물이라고 정의하고 있으며, 한국에서는 40층 이상을 초고층으로 분류한다. 건축종사자는 높이로 인해 계획, 설계, 시공 및 사용에 강하게 영향을 미치는 건물을, 구조엔지니어는 높이 때문에 바람이나 지진과 같은 활하중이 구조설계에 큰 영향을 끼치는 건물로 '초고층건물'을 정의한다. 1900년대 초의 사람들은 높은 건물을 인간의 정신을 높인다는 뜻으로 마천루(摩天樓)라고 불렀다. 이러한 초고층 건축물은 도심재생이라는 사회적 화두와 맞물려 여러 분야의 관심을 유발시키고 있다.

그러나 우리나라에서 50층 100미터 이상의 초고층 건축물이 실제로 계획 및 신축되는

---

50) 이창용, 『전게서』, 2007, pp.123-125.

상황에서 부동산의 가격상승과 도시인구의 과밀화, 환경 및 교통문제 유발 등의 사회적인 부정적 인식과 더불어 법과 제도적 규제의 활성화에 한계점이 있는 것이 현실이다.

① 초고층 건물 화재의 위험성

초고층 건물은 다른 건물보다 높은 층수를 확보하기 때문에 같은 면적의 저층건물보다 많은 인원이 유입된다. 이는 사고인원의 증대를 뜻하며, 비상시 출구는 대부분 같을 것이라는 정의 속에 대피시간의 장기화를 뜻한다. 초고층 및 지하연계 복합 건축물 사고의 경우 일반적인 건물에 비해 몇 가지 특성이 있다. 고층 업무용 사무실의 경우 공간마다 화재하중이 매우 높으며 특히 플라스틱 계통의 가연물 연소 특성상 연소 확대 속도가 매우 빠르다. 그리고 엘리베이터, 전기, 공조, 배관 등의 수직 연결공간은 초고층 건물의 높이에 비례하여 굴뚝효과(연돌효과)를 발생시켜 연소범위의 확대를 유발한다. 또한 Flashover 등이 발생하게 되면 고온의 열과 압력에 의하여 창문이 파괴되며, 분출된 화염과 고온의 연기는 상층창을 파괴하고 발화시켜 화재를 상층방향으로 전파하여 상층에서 하층으로 내려와야 하는 고층건물의 대피특성에 장애를 초래하여 대부분의 대피로를 막게 된다.

고층부에서의 강풍에 의하여 화염이 몰아쳐 연기가 복도 측으로 밀려 연소 확대가 이루어질 가능성이 있으며, 계단실 등의 Draft효과가 커서 상승기류에 의하여 방화문 등의 개폐 및 연기의 제어상 장애가 일어날 수 있다.

또한 일반빌딩보다 난방과 화재 시 발생 열로 인해 외기보다 온도가 높아지면서 건축물의 내부와 외부 온도차이로 인해 공기가 유동현상인 굴뚝효과 현상이 더 크다는 점이 있으며 이는 계단 및 엘리베이터 문 틈새와 화재실의 철문 부분에 실내외의 온도차로

〈표 6-1〉 건축법상 피난 관련 규정

구 분	대상층	근 거
옥상 광장 설치	5층 이상(문화 및 집회시설 등 일부 유형에 한함)	시행령 40조
피난계단 설치	5층 이상	시행령 35조
특별 피난계단 설치	11층 이상(공공주택의 경우 16층)	시행령 35조
특별피난계단 설치	11층 이상(공공주택의 경우에는 16층)	시행령 35조
헬리포트 설치	11층 이상(11층 이상 바닥면적의 합계가 1만㎡ 이상인 경우)	시행령 40조
비상용 승강기 설치	높이 41m 이상	시행령 90조
특별시장 또는 광역시장의 허가	21층 이상	시행령 8조

인해 생기는 온도의 불균형은 틈새의 압력차로 인하여 연기가 분출하거나, 배관류와 같은 틈새로 확산가능한 점을 뜻한다.

6 지하공간재난(대심도)

1) 우리나라 지하도시공간의 시설기준

우리나라에서 지하도시공간과 관련한 분류로는 지하건축물, 지하도로, 지하광장 등이 있으며, 일반 지하건축물에 대한 규정은 대부분의 사항을 「건축법」에서 규정하고 있다. 지하도로, 지하광장에 대해서는 도시계획시설의 결정·구조 및 설치기준에 관한 규칙에서 규정하고 있다.

① 지하건축물

지하건축물에 대한 규정은 건축법 제44조(지하층)와 건축법시행령 제35조(피난계단의 설치), 제46조(방화구획의 설치), 제56조(건축물의 내화구조), 제61조(건축물의 내부마감재료)에서 규정하고 있다.

현행 건축법에서 규정하고 있는 지하공간시설에 대한 규정은 지상 층의 건축에 따른 지하층의 설치에 관한 규정으로 일반건물의 지하층에 적용되는 기준이라고 할 수 있으며, 지하공간시설에 대한 전반적인 기준을 제시하고 있지는 못하다.

② 지하도로·지하광장·지하주차장

지하도로·지하광장의 결정, 구조 및 설치기준에 대해서는 도시계획시설의 결정·구조및설치기준에 관한 규칙(2002년 12월 30일 제정)에서 규정하고 있다.

지하도로는 지상교통의 원활한 소통을 위하여 토지를 입체적으로 이용할 필요가 있는 지역, 주변 토지이용계획상 인구집중이 예상되는 지역 등에 교통의 원활한 처리를 위하여 설치하며, 장래의 도로 확장 가능성 등을 고려하여 지하·지상 및 공중의 도로망에 대한 도시관리 계획을 수립한 후 이에 따라 설치하도록 규정하고 있다.

지하주차장 설치와 관련된 법규로는 주택건설지준 등에 관한 규정이 있다.

〈표 6-2〉 주택건설지기준 등에 관한 규정

분류	법규	조항
지하건축물	건축법	제44조(지하층)
	건축법시행령	제35조(피난계단의 설치) 제46조(방화구획의 설치) 제56조(건축물의 내화구조) 제61조(건축물의 내부마감재료)
	주택건설기준등에관한 규정	제11조(지하층의 활용)
지하도로 지하광장 지하주차장	도시계획시설의 결정·구조 및 설치기준에 관한 규칙	제16조(지하도로 및 고가도로의 결정기준) 제17조(지하도로 및 고가도로의 구조 및 설치기준) 제50조(광장의 결정기준) 제51조(광장의 구조 및 설치기준)
	주택건설기준등에관한 규정	제27조(주차장)

③ 우리나라 도시지하공간 이용실태

- 국내 지하공간 이용은 1967년 지하 개발을 효시로 원유·가스 등의 지하비축시설 등 국한적인 활용이 시작
- 1970년대에는 지하철 1호선(1974)과 남산 1, 2, 3호 터널 등 도시교통시설 확충을 위한 지하개발이 본격화되었으며, 지하철 역사 내의 지하상가, 지하도 등이 활발하게 개발됨
- 1980년대에는 지하철 2, 3, 4호선의 개발 및 지하철 2, 3호선의 각 역사 연결구간의 지하가연계사업(시청 ~ 을지로 구간 등), 신도시 개발에 따른 공동구의 체계화 (목동, 개포동, 가락동 등) 등이 이루어짐
- 1990년대 이후에는 지하철 5, 6, 7, 8호선의 건설에 따른 지하 환승역, 지하상가, 기존건물로의 지하연결통로 및 지하주차장, 지하차도 등 다각적인 지하공간 이용이 진행
- 최근에는 도시지역의 각종 건설수요를 지상부분만으로 감당하기에는 토지이용상의 한계가 있으며, 지하공간개발에 대한 사회적 수요는 지속적으로 증가

④ 도시지하공간 개발추세

- 도시교통난의 가중은 대중교통수단으로서 지하철건설을 본격화하고 있으며, 도시계획 차원에서는 지하철역을 중심으로 한 역세권 개발의 필요에 따라 도시건축물의 지하층과 지하철 역사를 연계하는 지하도시공간 개발이 활발히 추진

- 지하철역을 중심으로 개발된 대부분 지하상가 및 지하보행자도로들은 지하철과 지상교통수단을 연결하는 통행로의 기능을 수행할 뿐만 아니라 지하상가, 지하광장, 지하주차장 등의 지하시설들을 중심으로 한 역세권을 형성하여 지상부의 상업·유통기능의 상당부분을 수행

2) 대심도 도로

대심도 도로는 지가 급등, 지상 설치시설 등으로 도심에서 추가 용지 확보가 갈수록 어려워지면서 주목을 받고 있는 신개념 도로이다. 터널공법(TBM)으로 30~60m까지 땅을 파 지하도로를 건설하는 방식이다. 보상비가 들어가지 않아 건설비를 많이 줄일 수 있다. 다만 다수의 환기설비가 필요하고, 화재 등 재난 대비에는 취약하다. 이런 단점을 보완하기 위해 통상 두 개의 터널을 뚫어 한쪽 터널에서 화재가 발생했을 때 다른 쪽으로 대피할 수 있도록 하고 있다. 미국 보스턴 '빅딕(Big Dig)', 노르웨이 세계 최장 터널(24.5km) 등 일부 국가에서 대심도 도로를 건설해 활용하고 있다.

3) 대심도철도

대심도 철도는 지하 40m 지하공간에 직선 철도노선을 건설해 운영 시간을 일반 교통보다 2배에서 3배 빠르게 하는 지하 철도로, 대심도 지하급행철도라고도 한다. 한국에서는 흔히 지하철로 명칭 되며, 철도가 지니고 있는 신속성·정확성·안전성·대량수송성·쾌적성·저공해성·저렴성 등 많은 특성을 지니고 있다. 도시의 지상기능 및 미관을 살리고 소음방지, 용지(用地) 확보의 용이성 등을 이유로 대한민국을 포함한 세계 여러 나라에서 대중교통의 한 가지 수단으로 채택하고 있다.

지하철이 수송하는 인원은 하루 평균 630만 명으로서, 서울메트로 2,909천 명, 서울도시철도공사 1,623천 명, 한국철도공사 1,599천 명, 인천지하철공사 148천명 이다.[51]

4) 대심도 공간 화재의 위험성

이러한 대심도 공간에서는 지하 공간에서는 환기가 잘되지 않아, 화재발생 시 사람에게 유해한 유독가스 등을 발생하고 이로 인한 시야 확보의 어려움 등으로 대피의 곤란을 야기하여 많은 인원의 사상자를 발생할 가능성이 있다. 특히 지하철도의 경우 출퇴근 시 극도로 심한 인구밀집에 대형 참사의 가능성이 잠재하고 있다.

---

51) 지하철 이용인원 조사(김진일).

7 문화재 재난

1) 문화재 재난의 정의

① 문화재의 정의

문화재는 '우리 민족(광의로는 인류)이 이룩한 유형・무형의 모든 문화적 소산(所産)을 포괄하는 보존할 만한 가치가 있는 문화유산(文化遺産)과 자연유산(自然遺産)'을 지칭한다.

문화재는 한민족의 공동체적 정체성(Identity)을 확인시켜 주는 최고의 정신적 가치를 지니고 있으며 전 인류가 함께 공유하는 문화적 자산이다. 또한 민족적 입장에서 문화재는 한 민족 집단이 생활을 영위하면서 만들어낸 모든 것 가운데에서 문화적으로 인류보편적인 성격과 함께 민족의 특수성을 띤 것이라고 할 수 있다. 따라서 문화재는 역사적으로 한 민족 집단이 겪은 사건과 체험의 표현물이며 그 가운데에서 현재까지 남아 있는 유산들인 것이다. 이는 비단 사찰 혹은 유물 등에 한정되는 것이 아니라 역사상・학술상・예술상・관상상의 가치가 있고 인류생활을 이해할 수 있는 모든 것을 가리키며 지하자원을 포함한 자연자원과 함께 경승지와 같은 자연 지리적 조건, 일상생활 자료 그리고 모든 과거의 문화적 유산을 포함하고 있다. 그것은 바로 현재 우리 민족이 생활하고 있는 국토의 모든 자연 및 인문, 지리적 환경을 포괄하고 있다.

「문화재보호법」(제2조)에서는 문화재에 대한 정의를 다음과 같이 규정하고 있다.

문화재라 함은 인위적・자연적으로 형성된 국가적 민족적 세계적 유산으로 예술적・역사적 또는 학술적・경관적 가치가 큰 것을 말한다.

② 문화재 유형

가. 유형문화재

건조물, 전적, 서적, 고문서, 회화, 조각, 공예품 등 유형의 문화적 소산으로 역사상 또는 예술상 가치가 큰 것과 이에 준하는 고고자료 등을 가리킨다.

나. 무형문화재

연극, 음악, 무용, 공예기술 등 무형의 문화적 소산으로 역사상 또는 예술상 가치가 큰 것을 가리킨다.

다. 기념물

패총·고분·성지·궁지·요지·유물포함층 등의 사적지로 역사상, 학술상 가치가 큰 것. 경승지로서 예술상, 관상상의 가치가 큰 것 또는 동물(서식지, 번식지, 도래지를 포함한다), 석문(자생지를 포함한다), 광물, 동굴로서 학술상 가치가 큰 것을 가리킨다.

라. 민속자료

의식주·생업·신앙·연중행사 등에 관한 풍속·관습과 이에 사용되는 의복·기구·가옥 등으로서 국민생활의 추이를 이해함에 불가결한 것을 가리킨다.

③ 지정문화재(「문화재보호법」 제2조)

가. 국가지정문화재

문화재청장이 「문화재보호법」에 의하여 문화재위원회의 심의를 거쳐 지정한 중요문화재로 국보·보물·중요무형문화재·사적·명승 및 명승·천연기념물 및 중요민속자료 등 8개 유형으로 구분된다.

가) 국보

보물에 해당하는 문화재 중 인류문화의 견지에서 그 가치가 크고 유례가 드문 것으로 서울숭례문, 훈민정음 등이 있다.

나) 보물

건조물·전적·서적·고문서·회화·조각·공예품·고고자료·무구 등의 유형문화재 중 중요한 것으로 서울홍인지문, 대동여지도 등이 있다.

다) 중요무형문화재

무형문화재 중 중요한 것들을 보다 체계적인 관리 하에 올리기 위한 것으로 종묘제례악, 양주별 산대놀이 등이 있다.

라) 사적

기념물 중 유사 이전의 유적·제사·신앙·정치·국방·산업·교통·토목·교육·사회사 업·분묘·비 등으로 중요한 것으로는 수원화성, 경주포석정지 등이 있다.

마) 명승

지역적인 개념의 기념물 중 경승지로서 중요한 것으로서 경주청학동소금강, 상백도하백도일원 등이 있다.

바) 사적 및 명승

기념물 중 사적지 또는 경승지로 중요한 것으로는 경주불국사경내, 부여구드래일원 등이 있다.

사) 천연기념물

기념물 중 서식지·번식지·도래지 포함한 동물 및 자생지 포함 식물과 지질과 광물 등으로서 중요한 것으로는 진도의 진돗개, 달성의 측백수림, 노랑부리백로 등이 있다.

아) 중요 민속자료

의식주·생산·생업·교통·운수·통신·교역·사회생활·신앙 민속·예능·오락·유희 등으로서 중요한 것으로서 덕온공주당의, 안동하회마을 등이 있다.

나. 시·도지정문화재

특별시장·광역시장·도지사(이하 '시·도지사'가 국가지정문화재로 지정되지 아니한 문화재 중 보존가치가 있다고 인정되는 것을 지방자치단체(시·도)의 조례에 의하여 지정한 문화재로서 유형문화재·무형문화재·기념물 및 민속자료 등 4개 유형으로 구분된다.

다. 문화재자료

시·도지사가 국가지정문화재 또는 시·도지정문화재로 지정되지 아니한 문화재 중 향토문화 보존상 필요하다고 인정되는 것을 시·도 조례에 의하여 지정한 문화재를 말한다.

라. 비지정문화재

「문화재보호법」 또는 시·도의 조례에 의하여 지정되지 아니한 문화재 중 보존할 만한 가치가 있는 문화재를 지칭한다.

마. 일반 동산문화재(「문화재보호법」 제76조)

국외 수출 또는 반출 금지규정이 준용되는 지정되지 아니한 문화재 중 동산에 속하는 문화재를 지칭하며 전적·서적·판목·회화·조각·공예품·고고자료 및 민속자료로서 역사상·예술상 보존가치가 있는 문화재.

바. 매장문화재(「문화재보호법」 제43조)

토지·해저 또는 건조물 등에 포장된 문화재로서 매장사실을 인지한 문화재 및 매장 예정 문화재를 모두 포함한다.

〈표 6-3〉 연도별국가지정문화재지정·보호구역현황

(단위: 천㎡)

	1999	2000	2001	2002	2003	2004	2005	2006	2007	2008
계	691,718	714,864	718,374	722,013	734,645	742,952	748,975	775,183	791,491	888,475
국보	3,644	3,644	3,657	3,664	3,664	3,664	3,664	3,706	3,706	3,764
보물	5,426	5,426	5,426	5,687	5,699	5,699	5,699	5,930	5,930	6,071
사적	120,963	121,744	124,227	125,847	127,802	130,855	131,850	154,023	155,282	156,958
사적 및 명승	74,202	74,209	74,209	74,209	74,209	74,209	74,209	74,213	77,896	77,896
명승	36,768	40,718	40,718	42,063	51,674	53,975	56,957	57,354	66,475	88,906
천연기념물	441,449	459,467	460,481	460,887	461,941	464,894	466,940	470,299	471,676	543,273
중요민속자료	9,266	9,656	9,656	9,656	9,656	9,656	9,656	9,658	10,526	11,607

출처: 문화재연감

④ 문화재 보존·관리의 근거

문화재 보존·관리의 기본근거는 대한민국 「헌법」 제9조에서 규정하고 있다. "국가는 전통문화의 계승·발전과 민족문화의 창달에 노력하여야 한다."라고 규정하고 있고, 대통령 취임의 선서의 '민족문화 창달에 노력하여 대통령으로서 직책을 성실히 수행'이라는 문구에서 그 근거를 확인할 수 있다.

⑤ 문화재 보존관리의 원칙

가. 원형유지의 원칙

「문화재 보호법」 제 2조의 2에서 문화재의 보존·관리 및 활용은 원형유지를 기본원칙으로 하고 있다. 따라서 문화재는 어떠한 형태로든 변형되거나 변질되어서는 아니 되며, 문화재는 주변 환경, 역사문화 환경과 조화를 이루어야 함이 기본원칙이다. 따라서 문화재 본래의 자리와 공간에 있어야 하고, 문화재는 지속적으로 보존 관리하여 후손에게 물려주어야 한다는 이념을 가진다.

나. 문화재 관리에서 소유자에 의한 관리 우선의 원칙

문화재 관리의 주체는 원칙적으로 당해 문화재의 소유자임을 강조한다. 이는 문화재의 소유자는 선량한 관리자의 의무로서의 관리와 보호를 의미한다.

그 소유자는 성격에 따라 국가와 지방자치단체 또는 개인 혹은 법인으로 구분될 수 있으며 관리주체 또한 동일하다.

그러나 문화재는 비록 사유재산으로 인정된다 하더라도 국가적·인류적 견지에서 볼 때 국민공동, 나아가 인류공동의 자산으로 공공재적 성격을 소유하고 있기 때문에 공익 목적 차원에서 보존·활용하여야 한다. 여기에서의 보존·보호의 범위는 당해 문화재가 도난·훼손 또는 멸실되지 않도록 안전하게 보존·관리함과 아울러 더 이상 손실되는 일이 없도록 필요한 사전·사후 보존조치와 수리 등을 포함한다.

⑥ 문화재보존 관련 법령

문화재 보호법
제3조(문화재보호의 기본 원칙) 문화재의 보존·관리 및 활용은 원형 유지를 기본 원칙으로 한다. 제15조(문화재의 보존·관리 및 활용계획 수립) ①문화재청장은 시·도지사와의 협의를 거쳐 국가지정문화재의 보존·관리 및 활용에 관한 기본계획을 수립할 수 있다. ②문화재청장은 제1항의 기본계획을 수립하면 그 기본계획을 시·도지사에게 알려야 하며, 시·도지사는 그 기본계획에 따른 세부시행계획을 수립·시행하여야 한다. ③제1항과 제2항에 따른 기본계획과 세부시행계획의 수립·시행에 필요한 사항은 대통령령으로 정한다. 제16조(관리단체에 의한 관리) ①문화재청장은 국가지정문화재의 소유자가 분명하지 아니하거나 그 소유자 또는 관리자에 의한 관리가 곤란 또는 적당하지 아니하다고 인정되면 지방자치단체나 그 문화재를 관리하기에 적당한 법인 또는 단체(이하 이 조에서 "지방자치단체등"이라 한다)를 지정하여 해당 국가지정문화재를 관리하게 할 수 있다. ②문화재청장은 제1항에 따라 지방자치단체 등을 지정할 경우에 그 문화재의 소유자가 있으면 그 의견을 들어 이를 참작하여야 하며, 지정하려는 지방자치단체 등의 의견을 들어야 한다. ③문화재청장이 제1항에 따라 지방자치단체 등을 지정하면 지체 없이 그 취지를 관보에 고시하고, 국가지정문화재의 소유자 또는 관리자와 해당 지방자치단체 등에게 이를 알려야 한다.

문화재 보호법

④국가지정문화재의 소유자나 관리자는 정당한 사유 없이 제1항에 따라 지정된 지방자치단체 등(이하 "관리단체"라 한다)의 관리행위를 방해하여서는 아니 된다.
⑤관리단체가 국가지정문화재를 관리할 때 필요한 경비는 이 법에 특별한 규정이 없으면 해당 관리단체의 부담으로 하되, 관리단체가 부담능력이 없으면 국가나 지방자치단체가 이를 부담할 수 있다.
⑥제1항에 관하여는 제12조를 준용한다.

제48조(등록문화재의 관리)
①등록문화재의 소유자, 관리자 등 등록문화재를 관리하는 자는 등록문화재의 원형 보존에 노력하여야 한다.
②문화재청장은 등록문화재의 소유자가 분명하지 아니하거나 그 소유자나 관리자가 등록문화재를 관리할 수 없으면 지방자치단체나 그 문화재를 관리하기에 적당한 법인·단체 중에서 해당 등록문화재를 관리할 자를 지정하여 이를 관리하게 할 수 있다.
③ 등록문화재의 소유자, 관리자 또는 제2항에 따라 지정을 받은 자(이하 "등록문화재 관리단체"라 한다)는 문화체육관광부령으로 정하는 바에 따라 문화재청장에게 등록문화재의 관리 및 수리와 관련된 기술 지도를 요청할 수 있다.〈개정 2008.2.29〉

제88조(화재예방 등)
①문화재청장이나 시·도지사는 지정문화재의 화재를 예방하고 소화 장비를 설치하기 위하여 필요한 시책을 수립하고 이를 시행하여야 한다.
②지정문화재의 소유자 등은 소유 또는 관리하고 있는 지정문화재에 대한 화재예방 및 진화를 위하여 대통령령으로 정하는 기준에 따라 지정문화재의 소재지, 보관 장소 또는 해당 지정문화재 등에 「소방시설설치유지 및 안전관리에 관한 법률」에 따른 소화설비, 경보설비, 소화용수설비(이하 이 조에서 "소화설비 등"이라 한다)를 설치하도록 노력하여야 한다.
③국가나 지방자치단체는 제2항에 따라 소유자 등이 소화설비 등을 설치하는 때에는 예산의 범위에서 그 소요비용의 전부나 일부를 보조할 수 있다.

제5조(문화재의 보존·관리 및 활용 계획의 수립)
①법 제15조에 따른 국가지정문화재의 보존·관리 및 활용에 관한 기본계획(이하 "기본계획"이라 한다)에는 다음 각 호의 사항이 포함되어야 한다.
1. 국가지정문화재의 보수와 정비에 관한 사항

2. 국가지정문화재 주변 환경의 보호에 관한 사항
3. 그 밖의 국가지정문화재의 보존·관리 및 활용에 필요한 사항
②문화재청장은 기본계획을 수립하기 위하여 필요하면 시·도지사에게 관할구역의 국가지정문화재에 대한 자료를 제출하도록 요구할 수 있다.
③시·도지사는 제2항에 따라 자료 제출을 요구받으면 그 날부터 6개월 안에 자료를 제출하여야 한다.
④문화재청장은 기본계획을 수립하려면 법 제4조에 따른 문화재위원회의 심의를 거쳐야 한다.

제5조의2(문화재별 종합정비계획의 수립)
① 법 제16조에 따라 국가지정문화재를 관리하도록 지정된 관리단체는 해당 국가지정문화재의 효율적인 보존·관리 및 활용을 위하여 문화재청장과 협의하여 문화재별 종합정비계획(이하 이 조에서 "정비계획"이라 한다)을 수립할 수 있다.
② 제1항에 따라 수립하는 정비계획은 문화재의 원형을 보존하는 데에 중점을 두어야 하며, 다음 각

⑦ 문화재 보존의 가치

문화재는 인류가 자연과 함께 더불어 생활을 영위해 가는 과정의 소산물로 보존할 만한 가치가 있는 문화유산과 생물학적·무기적 생성물로서 과학상, 보존상 또는 자연경관상 특별한 가치가 있는 자연유산을 말한다.

또한 문화재는 민족단위의 공동체적 산물로 한민족 정체성(Identity)을 나타내는 최고의 정신적 가치를 지니고 있기 때문에 전 인류가 함께 공유하는 문화적 자산으로 보존할 가치가 있다.

⑧ 문화재의 관리

문화재는 지정권자에 따라 크게 중앙정부(문화재청장)가 지정하는 국보, 보물, 사적, 중요무형문화재, 천연기념물 등 국가지정문화재와 지방정부(시·도지사)가 지정하는 시·도 지정문화재 및 문화재 자료로 구분할 수 있다.

문화재청은 문화재 행정의 총괄기구로서 국가지정문화재의 지정·해지와 그 보존에 영향을 미칠 우려가 있는 현상변경의 허가, 문화재 보수·정비에 필요한 국고보조금 지원, 문화재 보존·관리 및 활용에 관한 주요 정책결정과 종합마스터 플랜 수립, 문화재 보수·정비 자문 및 기술지도 등의 기능을 수행한다. 일선 지방자치단체에서는 집행적 업무인 관할 지역 문화재에 대한 경상관리 및 보수·정비사업의 시행 등을 담당하며, 민간 소장자는 문화재 보관·공개 및 안전관리를 담당한다.

숭례문과 같은 국가지정문화재의 경우 중앙정부(문화재청)에서 직접 관리하여야 하나

문화재 보호법령 및 행정법규(지침)에 의거하여 문화재청의 위임을 받은 관할 지방자치단체에서 관리하고 있다.

<표 6-4> 문화재 분류

유형별 지정권자	유형문화재		무형문화재	기념물			민속자료
국가지정문화재 (문화재청장)	국보	보물	중요 무형문화재	사적 및 명승	명승	천연기념물	중요 민속자료
시·도지정문화재 (시·도지사)	시·도 유형문화재		시·도 무형문화재	시·도 기념물			시·도 민속자료
	문화재 자료						

⑨ 문화재보존의 위험성과 문화재 방재

문화재의 상당수는 오랜 시간을 거쳐 노후되고 낙후되었을 뿐만 아니라 상당수의 목재 문화재가 산재해있다. 이러한 점에서 비추어볼 때 가장 큰 비중의 문화재인 목재문화재가 화재의 위험성에 노출되어 있다. 목재문화재는 화재 발생 시 신속한 진화를 위한 접근성도 매우 열악하여 초기 진화가 매우 어려운 실정이다. 목재의 특성상 일단 연소가 시작되면 진화가 어려운 점과 함께 노후된 목재로서 붕괴의 위험 또한 크기 때문에 문화재로서 가치의 상실확률이 매우 높다.

⑩ 문화재 안전관리의 문제점 분석 및 대책

가. 문화재 안전관리의 투자 및 전문성 강화

나. 문화재 관리 기관의 전문성과 인력 강화

지방자치단체의 인력과 전문성 부족으로 관할 자치단체는 문화재의 주변 정비와 실태 파악에도 어려움을 겪고 있는 실정으로 전국의 문화재가 화재와 훼손의 위험에 무방비로 노출되어 있다. 이러한 관리상의 어려움으로 자치단체에서는 일선 문화재 관리업무를 문화재청에서 직접 수행하도록 요구하고 있는 실정이다.

일선 문화재 관리 업무를 모두 문화재청이 소관하는 것은 현실적으로 무리이므로 문화재청과 지방자치단체의 관리기능 및 역할 재정립과 지방문화재청의 권한확대가 요구된다.

다. 문화재 안전관리의 주기적인 점검과 평가

문화재의 잠재적 피해 발생 가능성 증가와 방화 및 인위적 위해로 인한 문화재의 위협이 확대되어 가는 가운데, 문화재의 지속적인 안전성을 확보하기 위해서는 문화재 관리기관에서 문화재의 현실적인 재난 및 안전관리 계획을 수립하고 상황 발생 시 이를 이행하여야 하며 이에 대하여 재난관리기관의 주기적인 점검과 평가가 이루어져야 한다.

이는 현실적인 실무활용형 문화재 안전관리대책 마련으로서 현실적인 재난대응 매뉴얼을 마련하고 문화재에 특화된 소방 및 방재훈련을 실시하여야 하고 새로운 위협요인에 대한 안전대책을 마련하여야 한다.

8 다중이용시설

다중이용시설의 정의와 범위는 각 나라와 도시에 따라 그 범주가 매우 다양하다. 그러나 일반적으로 불특정 다수인이 이용하는 시설을 일컫는 것으로 이해된다. 여기에서의 다중이용시설이란 불특정 다수인이 이용하는 시설로 지하역사와 지하도 상가, 여객터미널, 박물관, 도서관, 종합병원 등을 의미한다. 다중이용시설은 인원집약적인 모습을 취하고 있기 때문에 사고 시 대형인명사고를 초래하며 사고규모 또한 다수의 인원이 밀집한 규모이기 때문에 대형 사고가 발생한다. 따라서 재난안전관리가 더욱 요구되는 곳이다.

1) 다중이용시설현황

다중이용시설이란 불특정 다수인이 출입, 이용 중 화재 시 다수의 인명피해의 발생우려가 있는 대상(「소방시설설치유지 및 안전관리에 관한 법률」 제3조)으로 대통령령(「동법시행령」 제13조)에서 규제하고 있는 영업이며 다중이용업의 관계인은 대통령령이 정하는 소방・방화시설 등을 행정안전부령(동법 시행규칙 제5조) 화재안전기준에 따라 설치, 유지하여야 하는 영업장소로서 유흥주점, 단란주점 노래방이다. 이러한 다중이용업의 관계인은 대통령령이 정하는 소방시설 등을 화재 안전기준에 따라 설치・유지하여야 한다.

이러한 다중이용 업소는 대도심의 시내 지역이나 다수의 인원이 이용・이동하는 곳에 위치하며, 테러리즘 공격으로부터 사전의 차단, 통제, 제한이 사실상 어려워 가장 취약한 시설로 인식되며, 테러의 발생 시 도심 전체적으로 그 피해가 광범위하다 할 수 있다.

또한, 다중이용시설의 범위는 「설치유지 및 안전관리에 관한 법률」 시행령 제13조에 의거하여 「식품위생법시행령」 제7조 제8호의 규정에 의한 식품접객업 중 휴게음식점영업업 또는 일반음식점영업으로서 영업장으로 사용하는 바닥면적의 합계가 100제곱미터(영업장이 지하에 설치된 경우 66제곱미터) 이상인 것(영업장이 1층 또는 지상과 직접 면하는 층에 설치된 것으로서 출입구가 건축물 외부로 직접 연결된 경우를 제외한다)으로 단란주점영업 또는 유흥주점영업을 포함한다. 또는 음반·비디오물 및 게임물에 관한 법률」 제2조 제8호 가목 및 나목·제9호·제11호 및 제12호의 규정에 의한 비디오물감상실업·비디오물 소극장업·게임제공업·게임제공업·노래연습장업 및 복합유통·제공업(비디오물감상실업·비디오물 소극장업·게임 제공업 및 노래연습장업 중 2 이상을 영위하는 영업에 한한다), 「학원의 설립·운영 및 과외교습에 관한 법률」 제2조제1호의 규정에 의한 학원으로서 수용인원 100인 이상인 것, 「공중위생관리법」 제2조제1항 제3호의 규정에 의한 목욕장업 중 찜질방업 시설을 갖춘 수용인원이 100인 이상인 것, 「영화진흥법」 제2조제13호의 규정에 의한 영화상영관 등을 말한다.

〈표 6-5〉 다중이용업 현황(총괄)[51]

구 분	총계	유흥주점	단란주점	일반음식점		휴게음식점		비디오물감상실업	비디오물소극장업	게임제공업	노래연습장업	복합유통제공업	학원(수용인원100인이상)	찜질방업(수용인원100인이상)	영화상영관
				지하66㎡이상	지상100㎡이상(1층,피난층제외)	지하66㎡이상	지상100㎡이상(1층,피난층제외)								
계	151,896	27,286	16,502	16,836	28,014	7,503	2,621	2,229	21	7,119	35,506	82	6,620	1,251	306
서울	31,465	2,609	4,070	6,859	5,222	1,064	353	675	11	1,609	6,496	10	2,149	281	57
부산	12,389	2,331	2,324	872	2,160	236	249	184	1	626	2,821	5	487	76	17
대구	7,780	1,349	340	885	893	1,178	121	104	3	255	2,161	1	438	39	13
인천	8,221	979	536	716	2,219	549	179	90	0	228	2,074	7	525	103	16
광주	4,824	776	384	584	748	367	63	110	2	262	1,312	29	148	27	12
대전	6,037	475	396	895	1,680	567	114	78	2	269	1,162	0	347	41	11
울산	4,017	1,066	492	192	630	146	112	36	1	140	1,092	0	80	25	5
경기	27,398	4,840	1,767	2,313	6,499	1,258	299	442	0	1,415	7,150	4	1,065	286	60
강원	6,208	1,429	860	779	1,028	271	134	59	0	335	1,126	4	101	67	15
충북	4,075	669	407	348	752	288	65	46	0	266	1,044	0	153	31	6
충남	6,016	932	700	618	1,137	420	153	51	0	348	1,452	2	135	58	10
전북	4,998	941	448	376	1,131	339	144	74	0	131	1,196	3	153	43	19
전남	5,370	1,642	656	230	770	186	120	48	0	173	1,408	3	92	16	16
경북	8,047	2,533	817	332	968	291	158	107	0	405	2,129	3	213	71	20
경남	11,817	4,133	1,223	564	1,761	271	271	107	1	489	2,503	11	391	68	24
제주	3,234	582	1,082	273	416	72	86	18	0	168	380	0	143	9	5

2) 신종 다중이용시설 현황

한편, 도시구조의 변화와 문화, 환경은 물론 쾌적한 공간과 편리성 등에 대한 추구는 기존에 없던 새로운 신종 다중이용시설의 증가를 가져오고 있다. 이러한 신종 다중이용시설로는 「소방시설설치유지 및 안전관리에 관한 법률」 시행령 제1호 내지 제5호의규정에 의한 영업 외에 화재 발생 시 인명피해가 발생할 우려가 높은 불특정 다수인이 출입하는 영업으로 「행정안전부령」으로 정하는 영업, 찜질방업(맥반석 또는 대리석 등 돌을 가열하여 발생되는 열기 또는 원적외선 등을 이용하여 땀을 배출할 수 있는 시설을 갖춘 형태의 영업), 산후조리원업(임산부의 산후조리를 위하여 비의료적인 서비스를 제공하는 형태의 영업), 고시원업(구획된 실(室) 안에 학습자가 공부할 수 있는 시설을 갖추고 숙박 또는 숙식을 제공하는 형태의 영업), 전화방업·화상대화방업(구획된 실 안에 전화기·텔레비전·모니터 또는 카메라 등 상대방과 대화할 수 있는 시설을 갖춘 형태의 영업), 「PC방업 등 음반·비디오물 및 게임물에 관한 법률」 제2조제 10호의 규정에 의한 멀티미디어문화컨텐츠설비제공업(영업장이 1층에 있거나 지상과 면하는 층에

〈표 6-6〉 신 다중이용업소 현황

구 분	총계	찜질방업	산후조리원업	고시원업	화상대화방 및 전화방	멀티미디어문화컨텐츠설비제공업(PC방업)	수면방업	콜라텍업
계	25,104	815	288	3,910	580	18,902	155	454
서 울	7,720	110	72	2,621	108	4,666	61	82
부 산	1,715	60	25	92	35	1,470	5	28
대 구	1,200	48	15	76	41	982	4	34
인 천	1,310	18	18	97	68	1,077	9	23
광 주	938	17	6	74	2	818	2	19
대 전	920	14	9	82	76	717	10	12
울 산	502	24	2	4	15	447	0	10
경 기	4,640	85	70	644	156	3,598	41	46
강 원	727	23	11	2	2	672	3	14
충 북	458	11	6	32	8	386	3	12
충 남	790	63	5	35	15	645	1	26
전 북	912	72	12	77	9	699	7	36
전 남	633	53	4	9	12	530	0	25
경 북	990	85	9	29	8	810	0	49
경 남	1,370	117	19	33	22	1,132	9	38
제 주	279	15	5	3	3	253	0	0

설치된 것으로서 출입구가 건축물 외부로 직접 연결된 경우를 제외한다), 수면방업(구획된 실 안에 침대·간이침대, 그 밖의 휴식을 취할 수 시설을 갖춘 형태의 영업), 콜라텍업(손님이 춤을 추는 시설 등을 갖춘 형태의 영업으로서 주류판매가 허용되지 아니하는 영업) 등이 신종 다중이용시설로 점차 그 수가 늘어나고 있다.

3) 다중이용업시설 재난예방 현황

다중이용업시설의 경우 소방시설로 소화설비, 피난설비, 경보설비 등에 대한 장비를 갖추도록 하고 있다. 첫째, 소화설비는 소화기(수동식 또는 자동식)·소화약제에 의한 간이소화용구·간이스프링클러설비 등을 말한다. 둘째, 피난설비는 유도등 및 유도표지·비상조명등·휴대용비상조명등·피난기구 등이 해당한다. 셋째, 경보설비는 비상벨설비·비상방송설비·가스누설경보기를 포함한다.

한편, 방화시설로는 방화문이나 비상구의 설치 여부를 기타 영상음향차단장치나 누전차단기, 피난유도선 등이 해당한다.

반면, 다중이용업시설의 화재 등에 대한 취약에 대비하기 위하여 「건축법」 제43조, 「건축법시행령」 제61조, 「건축물의 피난·방화구조 등의 기준에 관한 규칙」 제24조, 「소방시설설치유지안전에 관한 법률」 제12조 등에 의한 내부마감 재료의 규제를 하도록 하고 있다.

- 「건축법」: 건축물의 거실의 벽 및 반자의 실내에 접하는 부분과, 거실에서 지상으로 통하는 복도, 계단, 기타 통로의 벽 및 반자의 실내에 접하는 부분은 불연재료, 준불연재료로 마감하여야 한다.
- 「소방시설설치유지및안전관리에 관한 법률」: 다중이용업소에 설치하는 실내장식물[52]은 불연재료[53] 또는 준불연재료[54]로 하여야 한다. 다만, 합판 또는 목재로 설치한 실내장식물의 면적이 천장과 벽을 합한 면적의 10분의 3(스프링클러설비 또는 간이 스프링클러설비가 설치된 경우에는 10분의 5) 이하인 경우와 폭 10센티미터 이하의 반자돌림대 등은 그러하지 아니하다.
- ※ 합판 또는 목재의 설치기준
  - (가) 영업장의 천장과 벽면적의 10분의 3 이하만 설치
  - (나) 방염후처리를 한 후 관할소방서에 방염성능검사 신청

---

52) 합판 또는 목재.
53) 불연재료: 콘크리트, 석재, 벽돌, 철강, 알루미늄, 유리, 시멘트몰탈, 회 및 기타 이와 비슷한 불연성의 재료(「산업표준화법」에 의한 한국 산업규격이 정하는 바에 의하여 시험한 결과 난연1급에 해당하는 것 - 콘크리트, 석재, 기와, 석면판, 철강, 알루미늄, 유리, 시멘트모르타르, 회.
54) 준불연재료: 산업표준화법에 의한 한국 산업규격이 정하는 바에 의하여 시험한 결과 난연2급에 해당하는 것 -석고보드, 밤라이트 등.

또한, 다중이용업시설의 방염처리 기준은 방염처리대상(시행령 제19조)을 아파트를 제외한 건축물로서 11층 이상인 것. 안마시술소, 헬스클럽, 특수목욕장, 관람집회 및 운동시설(옥내 있는 것에 한함), 일반숙박시설, 관광숙박시설, 종합병원, 정신병원, 방송국, 촬영소 및 전시장, 시행령 제4조의2의 규정에 의한 다중이용업으로서 청소년시설(숙박시설이 있는 곳에 한함) 또는 노유자시설이 해당한다.

아울러, 방염대상 물품(시행령 제20조)은 커텐(종이류·합성수지류 또는 섬유류를 주원료로 한 물품으로서 창문이나 벽 등의 실내에 설치하는 막·암막·무대막 및 구획용막을 말함), 실내장식물, 카페트 및 벽지류(벽포지, 직물벽지, 천연재료벽지, 비닐벽지, 필름 등을 말하되, 종이벽지를 제외한다), 칸막이용 합판(간이칸막이용 포함), 전시용 합판 또는 섬유판, 대도구용 합판 또는 섬유판 등으로 하고 있다.

4) 다중이용시설재난관리 체계의 문제점

현재 실행되고 있는 「다중이용시설의 안전관련 법률」 체계 및 소방방재청의 대테러대비 체계를 중심으로 다중이용이설의 테러취약요소는 크게, 신고체계 및 안전관리 감독규정의 허술, 안전요원의 대응체계 및 안전요원의 미배치, 그리고 다중이용시설 자체의 환경 및 소방설비 측면의 미흡 등이 제시된다.

① 신고체계 및 안전관리 감독규정 허술

국내에서 다중이용시설 자체에 발생한 직접적인 테러의 경험이 없는 가운데, 테러 행위와 유사한 사고의 발생은 2003년 대구지하철 화재참사가 대표적이다. 이는 초동대응의 문제점 및 안전관리 측면의 소방규제에 대한 부분이 지적되었으나, 대테러관리체계측면에서 접근할 때, 다수의 사람이 이용하는 대중교통에 대한 테러 목적을 가진 개인(집단)이 접근하는 데 있어, 안전관리 감독 및 신고체계의 미비를 보여주는 대표적 사례라 할 수 있다.

다중이용시설의 경우, 불특정 다수의 사람이 이동하는 동선의 어느 특정 장소에 의심스러운 행동, 행위, 소지품의 자의적 유실 등에 대한 감시·감독을 통한 통제가 요구된다. 이러한 다중이용시설 공간에 대한 관리·감독·관찰의 소홀에서 오는 사고 발생의 유사 사례는 국내에서도 적지 않게 발생하였다. 2006년 9월 30일 서울영등포역 3층 통로에서 노숙자 2명이 방화셔터에 깔려 숨졌는데 이 사건의 경우, CCTV를 통해 새벽 3시경 신원미상의 남성이 역 안에 있었음에도 이에 대한 감시나 주의가 없었다. 같은 해 4월 1일 부산지하철 2호선 경성대역에서 화재 발생으로 인한 차량운행 중단 등의 혼란

가중은 안전시설의 관리 및 감독체계의 소홀을 직접적으로 보여준다. 또한, 2006년 12월 스키강습장에서 초·중생 70여 명이 집단 식중독에 걸린 사고 등도 테러리즘의 공격으로 가정하는 경우, 사실상 초동 진압이 어려운 현 대테러대비체계의 문제점을 보여준 예이다.

② 안전요원의 대응체계 및 미배치

다중이용시설의 경우, 시설 범위의 광범위성, 시설 규모의 광범위성 등으로 인해 직접적인 안전요원이 배치가 어려우며, 사설 경비업체를 이용하는 시설의 경우 안전요원의 대응체계 면에서 아직 미흡한 수준이다.

2007년 10월 8일 인천국제공항에서 발생한 응급 외국인 사망사고는 119구조대와 공항직원관의 마찰로 사망 사고를 불러일으켰으며, 이는 안전요원의 공항 내 사고(위협) 발생에 대한 공조체계의 미비는 물론 대응요령에 대한 교육의 문제점을 함께 보여준다. 또한, 2007년 8월 대전시 정부대전청사역의 에스컬레이터 사고나 2007년 인천 시내 대형유통점과 음식점의 실내놀이터 등에서 안전요원의 미배치 등 안전관리 소홀에 대한 보도는 다중이용시설물에 대한 안전관리 차원을 넘어서 대테러대비 체계의 취약성을 보여준다.

③ 다중이용시설의 환경 및 소방설비 측면에서 대테러대비 미흡

다중이용시설의 경우 테러리즘의 주요 타깃이 되기에 충분한 위협 목적의 달성, 인명피해를 통한 해당지역 또는 국가의 공황이나 혼란의 가중 등에 대한 요소가 높다.

범죄의 원인이 있는 사회는 반드시 범죄가 있다고 하는 범죄사회학적 견해처럼 테러리즘에 있어 다중이용시설의 존재는 반드시 범죄를 유발한다. 그러므로 다중이용시설에 대한 건설 및 소방관련 기준에 의한 다중이용시설 관리자의 대테러대비에 대한 인식이 중요하다. 특히, 테러 예방을 위한 건축 환경계획에 있어 다중이용시설의 위치, 건축 구조적 측면이 테러의 요인이 되기도 한다. 따라서 다중이용시설을 포함한 다중이용업소 건축물은 건축계획, 설계시점에서부터 경비실(안전요원)의 위치(배치안전), 주변 지형여건에 따른 취약개선요인 확충 등 외관상의 방범시설 강화, 테러범의 접근성을 물리적으로 차단하기 위한 계획, 주변 지역의 경계시설 설치, 이동설계 및 사각지역에 대한 투시 장치의 설치 등에 대한 사전계획이 우선되어야 한다. 그러나 현행 다중이용업소에 대한 소방설비, 방범설비 등에 대한 사항은 이러한 포괄적 의미의 대테러대비 체계를 포함하지 못하는 실정이다.

제2절 테 러

① 테러의 개념

테러(terror)란, 어떤 정치적 목적을 달성하기 위하여 직접적인 공포 수단을 이용하는 주의나 정책, 폭력적인 공포정치 또는 암흑정치를 말하며, 일반적으로 테러라고 하면 테러리즘을 뜻한다. 테러는 위협·폭력·살상 등의 끔찍한 수단을 수반하므로, 테러·테러리즘·테러리스트라는 말들은 사람들에게 공포와 전율을 느끼게 한다.[55] 테러리즘에 대한 개념과 정의에는 시각과 관점에 따라 약간의 차이와 이견이 있다. 같은 사건을 보면서도 관점에 따라서는 테러리즘으로 규정하기도 하고, 또 어떤 경우에는 일반범죄로 취급하기도 하며, 다른 시각, 즉 특정집단에서는 애중적(愛衆的)·애국적인 행동으로 평가되기도 한다. 따라서 테러리즘에 대한 견해는 합의적 정의를 기대하기 힘든 것으로, 테러리즘을 연구하는 사람들이 각자의 주장이나 이론에 따라 설명하고 있는 실정이다.

1937년 국제연맹(League of Nation)에서 개최된 '테러리즘 방지와 처벌에 관한 회의'는 국제적 차원에서 테러리즘의 개념을 정의하고자 모인 첫 번째 시도였다. 그러나 참가국의 이해(利害)가 엇갈려 안건은 채택되지 못하였다. 다만 이때 열린 회의에서 테러리즘을 '한 국가에 대하여 직접적인 범죄행위를 가하거나, 일반인이나 군중들의 마음속에 공포심을 일으키는 것'이라고 규정하고, 국가원수의 배우자에 대한 살상, 공공시설 파괴 등을 테러리즘에 포함시켰다. 테러리즘은 '정치적 목적이나 동기가 있으며, 폭력의 사용이나 위협이 따르고, 심리적 충격과 공포심을 일으키며, 소기의 목표나 요구를 관철시키기 위함' 이라는 4가지 공통점을 지니고 있다.

테러의 개념을 역사적으로 더듬어 보면 인류의 기원까지 거슬러 올라간다. 『구약성서』, 《창세기》 제4장을 보면, 인류의 시조 아담이 나온다. 그는 두 아들을 두었는데, 큰아들은 카인, 작은아들은 아벨이다. 카인은 동생 아벨을 시기한 나머지 동생을 쳐 죽였다. 이것이 인류사상 첫 번째 살인으로 기록되었으며, 학자에 따라서는 카인을 최초의 살인자이며 테러리스트로 보는 견해도 있다. 이후 인류가 집단사회를 이루면서부터 테러리즘은 강한 자의 통솔도구, 공포정치의 수단으로 악용되어 왔다. 테러리즘이란 용어는 1789년 프랑스혁명 당시 혁명정부의 주역이었던 J. 마라, G. J. 당통, 로베스피에르 등이 공화파 집권정부의 혁명과업 수행을 위하여 왕권복귀를 꾀하던 왕당파(王黨派)를 무

---

55) 최진태, 『테러리즘의 이론과 실제』, (서울: 대영문화사, 2006), p.19.

자비하게 암살·고문·처형하는 등 공포정치를 자행하였던 사실(史實)에서 유래한다. 즉 단순한 개인적인 암살이라든지 사적 단체에 의한 파괴 등이 아니고, 권력 자체에 의한 철저한 강력지배, 혹은 혁명단체에 의한 대규모의 반혁명에 대한 금압 등을 일컫는다. 프랑스에서는 자코뱅의 공포정치에 대한 1794년 이후의 테르미도르 반동, 1815년 혁명 후의 루이 왕조에 의한 보나파르트파에 대한 탄압, 1871년 파리 코뮌의 패배 후, 이들에게 가해진 베르사유파에 의한 대량학살 등은 백색 테러리즘의 예이다. 이에 대하여 앞서 예를 든 자코뱅의 강압지배는 적색 테러리즘이라 불리는데, 혁명을 추진하기 위한 강권정치, 반동파에 대한 탄압 등은 1917년의 러시아혁명에서도 자행되었다. 그리고 히틀러와 무솔리니의 지배확립의 과정, 독재정권 수립 후의 공산주의자 또는 유대인 등에 가해진 잔인한 박해도 테러리즘의 예이다. 이와 같이 테러리즘은 혁명·반혁명의 과정에서 발생하는 정치현상이다.

오늘날 테러 공격 형태의 특성은 크게 3가지로 나누어 볼 수 있다. 가장 고전적인 테러 전술의 하나인 폭탄공격(bombing)이 있고, 항공기 납치가 주대상인 하이재킹(hijacking), 그리고 인질납치(hostage seizures)로 구별할 수 있다.

2 테러의 유형과 종류

1) 조직 유형별 분류

① 국제 테러조직의 지역별 분류

1968년 이후 테러 관여 집단 수는 73개국 220여 개 조직에 이르며, 이들 집단의 인적 교류에서 연계된 이합집산(離合集散) 추이까지 더하면 그 수는 300개를 넘는 것으로 추정하고 있다. 이들은 상호협조·연계활동을 통해 능력을 강화하고 국가 간의 이념과 이해관계가 상충할 때에는 적대국에 대한 테러행위를 묵인, 또는 조장·방조하는 데 결정적 역할을 한다.

가. 이슬람권의 테러 조직

성전(聖戰)이란 뜻을 지니고 있는 회교지하드(Al al Islam:Islamic Holy War Jihad)는 이란 회교정부의 지원을 받는 시아파 과격단체로 아직도 정체가 분명하지 않다. 처음 모습을 드러낸 것은 1983년 4월 18일 베이루트 주재 미국 대사관을 폭탄트럭으로 공격, 미국인을 포함한 63명을 살해하면서부터이다. 이들은 1983년 10월 23일 레바논에 주둔하고 있는 미 해병대 사령부와 프랑스군 사령부를 자살폭탄트럭으로 각각 동시에 공격하여 299명의 사상자를 낸 다음, 1984년 9월 19일 새로 옮긴 동베이루트의 미 대사관에 자살폭탄트럭으로 돌진, 12명이 사망하고 60명이 부상하는 등 72명의 사상자를 발생시켜 위협적인 테러 그룹이 되었다. 또한 아부 니달 그룹으로 알려진 '검은 6월단'은 뮌헨 올림픽 선수촌 테러사건으로 유명해진 '검은 9월단'에서 분리, 성장한 테러 집단이다.

나. 유럽권의 테러조직

1910년 아일랜드 독립운동을 위하여 조직된 아일랜드공화군(IRA:Irish Republican Army)은 1969년 북아일랜드 분쟁 때 과격파·온건파로 분리되었다. 최근까지 테러활동을 계속하고 있는 조직은 과격파 아일랜드공화군이다. 이들은 살인·방화·폭파 등을 자행, 영국군과 자주 충돌하고 있다. 독일이 통일되기 전, 미군의 서독 주둔에 반대하는 RZ(Revolutionary Cells) 그룹은 서베를린 근처의 미국 도서관에 폭탄공격을 가하는 등 반미·반NATO운동을 벌였다. 1980년대 후반에는 프랑크푸르트 공항의 신활주로공사를 방해하고 중거리 미사일 설치 반대운동에 앞장섰다. 이 밖의 1세기 전에 일어났던 터키 정부의 아르메니아인에 대한 학살사건을 잊지 못하는 아르메니아 해방군이 있다.

다. 분리주의 운동의 테러 조직

프랑스와 에스파냐 국경지역인 산 세바스티안을 중심으로 활동하는 바스크 분리주의 그룹으로, ETA(Euzkadi ta Azuktasuna:Basque Fatherland and Liberty), 바스크 분리주의 전사, 이라울차(Iraultza) 등이 있다. 모두 에스파냐에서 독립, 바스크 사회주의 국가를 건설하는 데 목표를 둔 그룹이다. 또 하나는 1981년 이래 미주지역에서 가장 위협적인 테러를 자행하고 있는 푸에르토리코 분리주의 그룹으로, AFNL(Armed Forces of National Liberation)과 AFNR(Armed Forces of National Resistance)가 있다.

라. 기타 테러 조직 단체

이상의 테러 조직 이외에도 각국에는 국제적으로 이름이 널리 알려진 테러 조직이 많다. 각국의 대표적인 테러 조직을 보면 다음과 같다. 프랑스의 악시옹 디렉트 그룹(Action Directe Group), 팔레스타인의 M-15(May 15 Organization), 아프가니스탄의 무자헤딘(Mujaheddin), 터키의 인민해방군 TPLA(Turkish People's Liberation Army), 콜롬비아의 M-19(April 19 Movement), 독일의 바더마인호프단(Baadermeinhof Gang), 이탈리아의 붉은여단(Brigate Rosse), 일본의 적군파(JRA: Japanese Red Army) 등이 있다.

② 테러 수단으로 인한 종류

테러의 유형으로는 항공기, 선박 혹은 차량 등 수송수단을 납치하거나 파괴하는 행위, 정부를 포함하여 제3자에게 자신들이 원하는 행위를 하거나 하지 못하도록 특정인물을 억류 구금하거나 살해하겠다고 위협하는 행위를 뜻한다. 이는 다음과 같은 유형으로 분리할 수 있다.

- 정치 지도자를 대상으로 한 테러
- 정치적인 의미를 가진 특정 목표물에 대한 테러
- 상징물에 대한 테러
- 불특정 다수를 향한 테러[56]

③ 유형별 분류

가. 유괴, 납치[57]

유괴·납치는 테러리스트가 사람의 신체를 강점하고 자신의 뜻을 관철하려는 행위로 은밀하게 이루어지고 일정기간 유괴·납치 사실이나 자신들을 노출시키지 않는다. 인질 억류행위가 즉각적으로 대중들에게 알려지는 반면, 유괴는 납치를 장기화하는 경우가 많다. 2004년 6월 17일 이라크 저항세력에 납치·살해된 김선일 사건이 일례라 할 수 있다. 유괴·납치의 유형은 과거 구금된 동료의 석방, 몸값요구 등을 목적으로 하였으나, 최근에는 이라크 저항세력의 다국적군 철수압력과 금품요구 사례가 증가하고 있어 2004년에는 총 발생건수의 12%까지 점유하였다.

이 전술은 테러리스트의 입장에서 볼 때 위험도가 낮은 반면에 보상이 클 뿐만 아니라 발달된 정보·통신 기술을 이용하여 자신들을 노출시키지 않고 목적을 달성할 수 있는 이점이 있어 더욱 증가할 전망이다.

나. 인질

인질 테러란 주로 인질을 이용해 자신들의 물리적인 이윤이나 개인 혹은 단체의 목적을 달성하고자 하는 것을 말한다.[58] 인질 테러리즘이 빈번히 발생하는 이유는 테러범들 자신의 협상력을 높이고, 선전 효과도 최대화할 수 있기 때문이다. 비록 납치는 테러단체들이 성공하기 어려운 방법 중 하나이지만, 일단 이것이 성공할 경우 테러 자금을

---

56) http://cafe.naver.com/gosicenter.cafe
57) 권정훈b, 「한국의 테러대응체제에 관한 연구」, 용인대학교 대학원 박사학위논문, 2008. p.33.
58) Bartol, C. R, "Criminal Behavior: A Psychosocial Approach". New Jersey: Upper Saddie River, 2002.

얻을 수 있고, 수감되어 있는 동료들을 석방시킬 수도 있으며, 장시간 동안 자신들의 대의명분을 널리 선전할 수도 있다. 이러한 인질 테러의 전형적인 방식으로는 그들의 요구를 정해진 시간 안에 관철시키지 않으면 인질을 살해하겠다고 위협하는 것이 대부분이다.59)

사람이 사용 중인 건물을 공개적으로 강점하여 사람의 생명을 담보로 선전 또는 요구사항을 관철하려는 전술로 1960년대에서 1970년대 말에 외교공관 점거 등이 절정을 이루었다. 소수인원으로 작전이 가능하고 성공 시 전 세계 이목이 집중되는 등 보상이 크다는 이점이 있으나 각국의 보안강화와 강경대응으로 최근 발생 건수는 저조하다. 한편, 사건이 발생한 국가는 외교적·정치적 부담이 커지고 경우에 따라서는 페루 일본대사관 인질사건60)처럼 상황이 장기간 계속되어 손실이 큰 경우도 있다.61)

정치적 혹은 종교적 동기를 지닌 인질 테러 사건들은 과격한 정치·종교집단 혹은 개인들이 무고한 민간인을 볼모로 하여, 자신들의 정치 목적을 달성하기 위해 또는 종교 교리를 설파하기 위해 자행된다.62)

다. 암살

암살은 역사적으로 가장 오래된 테러리즘의 수법으로 혁명 등의 목적, 정치이념의 괴리, 그리고 보복테러의 형태로 특정인물을 은밀하게 살해하는 행위이다.63)

암살이란 사회적·국제적으로 정치적 영향력을 가진 사람들을 제거하기 위하여 취하는 공격방법으로 아랍어 'hashishin'에서 유래되었다.

암살은 권력자에 의하거나 또는 권력자를 대상으로 한 행위, 백색 테러, 적색 테러, 정치적 목적이 있는 행위, 개인적 동기에 의한 행위 등으로 그 이유가 다양하지만 어떤 행위이든 정치적 불안과 긴장을 촉발시키는 요인이 되고 있다.

현대 테러리즘의 역사에서 145개의 테러 조직이 요인암살을 시도한 것으로 나타나고 있다.64) 대표적인 암살사건은 페르디난트 오스트리아 황태자 부처 암살사건, 프랑스 혁명기의 마라, 미국 링컨 대통령, 러시아 혁명가 트로츠키, 미국 케네디 대통령, 박정희 대통령, 체첸의 카디로프 대통령, 파키스탄의 베나지르 부토 총리사건 등이 있다.

---

59) 이창용, 『전게서』, 2007, pp.127-128.
60) 1996년 12월 17일 발생한 페루 일본대사관 인질사건은 리마의 페루 주재 일본대사관 관저를 투팍아마루 혁명운동(MRTA)의 게릴라 14명이 점거하여 72명을 인질로 127일간 협상하였으나 결렬되자 당시 후지모리 대통령이 직접 지휘 하에 공격하여 게릴라 전원 사살, 인질 1명, 특수부대원 1명이 사망한 사건이었다.
61) 권정훈b, 『전게논문』, 2008, pp.33-34.
62) 이창용, 『전게서』, 2007, p.128.
63) 장기봉, 『전게서』, 2007, p.49.
64) 최진태, 『전게서』, 2006, p.94.

2) 수단별 분류

① 폭파

폭파는 폭발물을 이용하여 사람을 살상하거나 건물 등 시설물과 비행기 등 장비를 파괴하는 전술 형태를 말한다.[65]

정교한 폭파기술의 발전은 폭발물의 운송수단으로서 우편물 사용을 가능케 했다. 편지 폭탄 또는 소포 폭탄은 1960년대에서 1970대에 주로 이용되었다.[66]

이러한 폭탄 테러리즘은 용기에 충전된 폭약을 폭발시켜 시설 파괴 및 인명 살상을 목적으로 하는 것으로 테러 조직의 상투적인 전술이다. 건물은 물론 인명 피해를 노리며, 대중교통 수단인 열차나 차량 등을 주요 목표로 삼기도 한다.

테러조직이 폭탄 테러를 선호하는 이유로는 다음과 같다.

첫째, 테러를 준비하는 시간이 다른 테러 방식에 비해 상대적으로 짧다.

둘째, 제조 방법이 간단하고 원료도 손쉽게 구입할 수 있다.

셋째, 목표물의 은밀한 곳에 은닉하거나 위장이 용이하다.

넷째, 목표물에 접근하기 쉽다.

다섯째, 다수 인원에 대한 살상 효과가 있다.

여섯째, 성공률이 높으며 흔적제거가 쉽다.[67]

폭파 방법은 다음과 같다.

첫째, 부비트랩이 장착된 폭파차량, 폭탄을 가득 실은 차량

둘째, 폭발물이 장치된 짐 꾸러미를 이용하는 방법과 손으로 설치한 폭탄

셋째, 발사장치가 부착된 폭탄과 손으로 던지거나 모터장치에 의한 발사

넷째, 우편물 폭탄, 자살폭탄[68] 그리고 9·11 테러에서 사용한 항공기에 의한 자살폭파 등이 있다.

② 폭탄 테러의 유형[69]

가. 차량 폭탄

차량 폭탄(bombing up car)은 우편 폭탄에 비해 상대적으로 다량의 폭탄을 탑재할

---

65) 구상회, 『테러학개론』, (서울: 동문출판사, 1999), pp.42-47.
66) 구광모, 『테러와 국제사회』, (서울: 고려원, 1982), p.23.
67) 이창용, 『전게서』, 2007, p.121.
68) 김두현, 『전게서』, 2004, p.93.
69) 이창용, 『전게서』, 2007, pp.121-123.

수 있고, 비밀리에 설치하기 쉽기 때문에 테러 단체들이 비교적 자주 사용하고 있는 수단이다. 차량 폭탄 테러는 목표물에 접근하는 방식에 따라 첫째, 차량에 폭탄을 설치하고 목표 대상이 차량에 탑승했을 때 폭파하는 방법, 둘째, 차량에 폭탄을 설치하고 목표물로 직접 돌진하는 방법, 셋째, 폭탄이 설치된 차량을 원격 조정해 목표물로 이동시켜 폭파하는 방법이 있다.

방법은 주로 엔진이나 트렁크 등의 공간에 폭탄을 장치하는 일이 많다. 그러한 이유로는 유심히 살펴보지 않으면 폭탄이 장치되어 있는 것을 발견하기 어렵기 때문이다. 그리고 마지막 방식은 원격 조정에 의해 자신들의 안전을 확보할 수 있으며, 폭파 시간을 자유로이 설정할 수 있다는 이점이 있다.

이러한 차량 폭탄 테러의 대표적인 사례로는, 1995년 4월에 168명의 사망자와 5,000여 명의 부상자를 낸 탄자니아와 케냐의 미(美)대사관 동시 폭파 사건 등을 들 수 있다. 그리고 지난 2003년에는 콜롬비아의 수도 보고타에서 주요 인사들의 전용 클럽인 '엘 노갈'이 차량 폭탄 테러에 의해 폭파된 사건이 발생되기도 했다. 이때의 폭발로 인해 32명이 숨지고 200여 명의 부상자가 발생했다. 또한 2004년 6월 7일에는 아프가니스탄의 수도 카불에서 버스를 대상으로 한 폭탄 테러가 발생해 4명이 숨지고, 29명이 부상당한 사건도 있다.

나. 자살 폭탄

자살 테러리즘 또한 폭탄 테러리즘의 일종으로 분류할 수 있다. 자살 테러리즘은 폭탄을 자신의 몸에 지님으로써 자신과 함께 표적을 폭파하는 방식을 말하기 때문이다. 자살 테러리즘은 주로 과격파 조직에서 자주 사용되고 있다.

이러한 자살 테러리즘을 과격파 조직에서 자주 사용하는 이유로는 첫째, 테러범이 사망해 배후 조직을 파악하기 어렵다는 점과 둘째, 공격 후의 탈출 방법이나 공격자의 구출 수단을 고려할 필요가 없으며 셋째, 비교적 준비 기간이 짧아 필요시에 수시로 시도할 수 있으며, 탈출 비용이 저렴하고 다섯째, 세계의 미디어를 집중시켜 과격파 원리주의자들의 이목을 끌 수 있다는 점을 들 수 있다.

자살 테러리즘은 1983년 레바논에서 미 대사관과 해병대 사령부에 자동차로 돌진해 300명을 사망시킨 사건을 계기로 전 세계로 확대되었다. 이 사건 이후에 스리랑카에서 독립을 요구하는 타밀이슬람해방호랑이(LTTE)는 2002년 2월까지 168건이나 자살 테러를 자행했다. 또한 팔레스타인에서는 순교를 정당화하는 신앙과 어우러져 자살 테러리즘을 순교 공격이라 부르며, 자살 테러는 점차 과격화되고 있는 실정이다.

다. 시한폭탄

시한폭탄(time bomb)이란 일정한 시간이 경과하면 자동적으로 폭발하도록 발화(기폭) 장치를 한 폭탄 이다.[70] 테러리스트들이 시한폭탄을 자주 사용하는 이유로는 폭발 시간을 불규칙하게 설정할 수 있으며 누가, 언제 장치했는지를 모르기 때문에 불안과 혼란을 야기할 수 있다는 점이다. 그리고 폭발물 장치 후에 테러리스트들의 대피 시간도 충분히 확보할 수 있다. 시한폭탄의 용도는 군용 외에도 게릴라, 테러리즘, 파괴 활동 등 범죄 등에도 사용된다.

라. 우편물 폭탄

우편물 폭탄이란 일반적으로 우편물 속에 폭발물을 은닉해 목표물을 공격하는 방법이다. 우편물 폭탄 테러는 우편물의 크기에 따라 편지 폭탄과 소포 폭탄으로 나누어진다. 소포 폭탄은 편지 폭탄에 비해 다량의 폭탄을 설치할 수 있으므로 상대적으로 편지 폭탄보다 더 파괴력을 지닌다. 폭발물의 전달 방법은 사람이 직접 배달하는 방식과 보통 우편물과 같이 배달되는 방식이 있다. 일반적으로 우편 폭탄은 우편물을 개봉한 자를 목표로 삼거나 건물 전체를 목표로 삼기도 한다.

우편 폭탄은 그 사용이 비교적 용이해 테러 단체들이 자주 이용되고 있다. 예를 들어 1995년 일본에서 옴 진리교가 도쿄 도지사 앞으로 소포 폭탄을 보낸 사건과 2003년 나이지리아의 라고스에서 발생한 사건을 들 수 있다. 나이지리아 사건의 경우 아파트 주민 등 50여 명이 사망하고 40여 명의 부상자가 발생하였다.

이러한 우편 폭탄 테러에 대응하기 위해서 공공기관 및 기업의 우편물 담당자는 폭발물 위험 방지를 위한 교육을 받을 필요가 있다.

③ 무장공격

무장공격은 권총, 기관총, 수류탄, 로켓포, 미사일 등 소형 무기나 대형 무기를 이용하여 테러 공격 대상을 살상하거나 시설물을 파괴하는 수법을 일컫는다.

무장공격은 단순하게 중요요인을 대상으로 공격할 뿐만 아니라 2003년 11월 알카에다와 연계된 테러리스트가 케냐의 나이로비 공항에서 이륙하는 이스라엘 항공기를 향해 두 발의 미사일을 발사한 사건과 같이 민간 항공기에 대한 공격수단으로도 이용할 수 있다.[71]

---

70) 임한욱, 「사제 폭발물의 특성과 양상(II)」, 대테러연구, 경찰청, 1993, p.150.
71) 최진태, 『전게서』, 2006, p.93.

④ 방화

방화 테러의 특징은 통상적으로 단순 방화 사건과는 달리 테러 조직은 공포 확산을 위해 대형 방화를 획책하거나 연쇄적으로 방화하는 수법을 동원한다는 특징이 있다. 주된 목적은 시설에 대한 직접적인 경제적 피해는 물론이고 복구상의 어려움을 유도하여 간접적인 피해를 노리는 경우가 대부분이다.[72]

대표적인 예가 2006년 5월 24일 터키 이스탄불 아타튀르크 국제공항에서 대형 화재가 발생하였는데 터키 정부의 쿠르드족 학살에 대한 경고로 쿠르드족의 분리 독립을 주장하는 반군 게릴라 조직인 '쿠르드자유팰컨기구(TAK)의 소행으로 밝혀졌다.[73]

⑤ 화생방테러

화생방 테러는 화학무기, 생물학무기, 방사선 및 방사능을 이용한 테러 행위를 말한다. 화학의(chemical), 생물학의(biological), 방사선학의(radiological) 또는 방사능의(radio-active)의 머릿글자를 따서 CBR 전쟁, CBR 무기 등으로 약칭하기도 한다.

가. 화학 테러

화학무기는 화학약품을 사용하여 인원을 살상하거나 초목을 말려 죽이고, 소이효과나 발연효과를 내는 모든 무기를 일컫는다. 광의적으로는 화염방사제, 연막, 소이제, 독가스, 발광발색제, 조명용 약품 등 화학반응을 직접 전투에 이용하는 모든 군용기재를 포함하고 협의적으로는 애덤자이트, 이페리트, 포스겐 등과 같은 독가스만을 가리킨다.

화학물질이 세계 전쟁의 수단으로 사용된 것은 오랜 역사를 가지고 있다. 고대부터 19세기까지는 독성물질을 전쟁에 사용하거나 물질을 태워 발생되는 질식성의 연기를 사용하였다. 현대적 의미의 화학무기를 최초로 사용한 것은 제1차 세계대전 때이다. 제1차 세계대전 기간 중에 200여 회의 화학무기 사용이 있었으며, 이로 인한 사망자와 피해자는 130만 명에 이른다. 제1차 세계대전 시 참상을 겪은 각국에서는 1925년 독성물질과 기타 가스, 세균전 등을 금지하는 제네바 의정서를 채택하였으나, 1935-36년에 이탈리아가 독립 전쟁 시 화학무기를 사용했고, 1937년에서 1942년에 일본이 중·일 전쟁 시 중국군에게 수포 가스를 사용하였다.

공격 대상이 되는 사람에게 직접적으로 작용하도록 만든 화학무기는 치명적인 것과 일시적·지속적 혹은 어느 정도의 시간이 흐른 뒤에야 비로소 유해한 효과를 나타내는

---

72) 최진태, 『전게서』, 2006, p.516.
73) 주철수·권정훈, 「대구지하철화재를 중심으로 본 테러예방대책」, 『한국치안행정논집』 제4권 제2호, 2007, p.205.

비치명적인 것으로 구분된다. 치명적으로 작용하는 독소는 기본적으로 신체에 어떠한 작용을 하는지에 따라 다양하게 분류된다. 신경계통에 손상을 주는 신경 작용제, 혈액을 오염시키는 혈액 작용제, 질식현상을 일으키는 폐 작용제 또는 기관지 작용제 그리고 피부에 수포를 발생시키는 피부 작용제 등이 있다.

화학무기는 핵무기나 생물학 무기보다 취득이 훨씬 용이하다. 전쟁용 유독성 화학무기를 제조하기 위해서는 상당한 전문성과 어느 정도 전문화된 장비가 필요하므로 일부 국가에서만 이러한 무기를 생산·보관하고 있으나, 모든 국가가 최소한의 화학무기를 제조·사용하는 데 필요한 기술적 전문성과 자원을 보유할 수 있다. 그뿐만 아니라 개인이나 테러 집단들도 어느 정도 기초적인 기술적 능력만 갖추고 있으면 국가의 경우나 마찬가지로 쉽게 화학무기를 취득할 기술적 가능성이 있다.

화학 테러의 대표적 사례로는 1995년 일본 동경지하철역에서 옴 진리교에 의해 자행된 사린가스 살포 사건이다. 동경 중심부의 지하철에서 발생한 이 사건으로 12명이 사망하고 5,500여 명이 부상을 당했다. 1차대전시 독일이 염소가스를 포탄으로 발사하여 5,000여 명의 영국군을 살상시킨바 있다. 1925년 발표된 제네바 의정서에는 전쟁 시 독가스 및 세균의 사용을 금지토록 규정하고 있다.

나. 생물 테러

생물무기는 세균무기의 개념이 확대된 것으로, 미생물을 사용하여 사람, 가축, 식물을 살상 또는 무능화시키며, 폭탄과 포탄 등에 넣어서 살포하거나 음식물에 삽입하는 방법으로 공격한다. 비인도적이라는 이유에서 「국제법」으로 금지하도 있을 뿐만 아니라, 1975년 3월 29일에 발효한 국제조약에서는 개발, 생산, 저장까지도 금지하고 있다.

대인용으로 사용되는 세균에는 장티푸스, 콜레라, 페스트, 디프테리아 등의 균과 바이러스에는 뇌염, 유행성 독감, 천연두, 황열병의 병원체 등이 있다.

생물무기의 살포 방법은 폭발성 소형폭탄에 균을 주입하여 에어라졸 상태로 공기 중에 살포하거나 곤충의 매개물을 소형 폭탄에 충전하여 항공기로 목적 지역에 투하하거나, 사람이 직접 잠입하여 병균을 살포하는 방법이 있다.

생물무기는 테러리즘 공격 대상 인원에 대해 살상 또는 무능화 효과를 나타내지만, 시설에는 비파괴적인 효과를 나타내는 특징이 있다. 생물무기의 주요 특징은 은밀성과 잠재성이 매우 크다. 에어로졸 상태로 살포할 경우 무미, 무취로 육안으로 식별이 불가능하며, 효과가 즉각적으로 나타나지 않지만 2차적인 전염 확산이 가능하여 광범위한 지역에 걸쳐 장기간의 피해가 나타난다.

생물학적 무기 즉 생물무기는 인구가 밀집된 도시에 약간의 세균 살포만으로도 다수의 사상자를 낼 수 있다는 점에서 가장 위협적인 테러 무기라고 할 수 있어, '가난한 자의 핵무기'라고 하기도 한다. 또한 생물학적 무기를 제조하기 위해서는 대학에서 미생물학을 전공한 자와 에어로졸 살포기 제조기술을 가진 기계공학자만으로도 가능하다고 하며, 현재 세계 100여국에서 생물학적 무기를 제조할 역량이 있고, 몇몇 테러 집단들도 이러한 능력이 있다고 한다.[74)]

생물무기를 테러리즘에 사용한 사건으로는 9·11 테러사건 직후 미국 전역에 백색가루를 몰고 왔던 탄저균 테러사건이다. 우편으로 배달된 사건으로 2001년 22명이 감염되어 5명이 사망, 전 세계에 백색가루공포를 야기하였다.

다. 방사능 테러

원자로가 개발되어 인공의 방사성 물질이 값싸게 생산되고 또한 강력한 방사선을 발생시키는 입자가속기의 연구가 진보됨에 따라 방사선 및 방사성 동위원소의 이용은 병의 진단과 치료, 농작물의 품종개량, 멸균소독, 식품보존, 공업제품의 비파괴검사 등 의학, 농업 및 공업의 각 분야에서 폭넓게 활용되고 있다. 하지만 방사선 노출 시 위험이 존재하고 방사선 폐기물 등으로 인한 피폭 시 방사선 장해가 나타날 수 있다.

<표 6-7>은 피폭선량에 따라 나타날 수 있는 증상을 설명하고 있다.

이처럼 방사선 피폭 시에는 여러 가지 증상이 발생할 수 있고, 사망에 이르기까지 방사선의 위험은 우리 일상생활에 항상 존재하고 있다. 방사선은 느낌이 없어 인지가 곤란하고, 뚜렷한 증상이 없다가 수시간 내 발현한다. 회복된 후에도 탈모증, 백혈병, 암 유전인자 파괴에 의한 돌연변이 등의 증상이 나타날 수 있다. 피폭 후 신체 기능이 약해져 각종 세균에 감염되면 항생제 투여로 일시적 치료는 가능하나 저항력이 약화된다.

〈표 6-7〉 방사선 피폭 시 방사선 장해

단위: Sv(Gy)

피폭선량	증 상
7	100% 사망
6	14일 내 90% 사망
4	30일 내 50% 사망
3	탈모
2	장기 백혈구 감소
1	구토, 전신권태, 림프구 감소
0.5	백혈구 일시적 감소
0.25	임상 증상 없음
0.005	일반인의 연간 허용 선령

74) 장기봉, 「전계논문」, 2007, p.38.

이러한 방사능으로 인한 개인 차원에서의 방호, 즉 호흡기나 소화기, 피부를 통한 피폭을 방호하기 위해서는 방호복, 방독면 등을 착용해야 한다.

방사선 방호의 원칙을 살펴보면 방사선 물질의 유출 시 개봉선원의 오염경로는 호흡기를 통해서 섭취되기 때문에 이를 차단하기 위해서는 방독면 및 마스크를 착용한다.

라. 세균테러

세균테러는 인체에 피해를 입힐 수 있는 세균이나 기타 생물학적 요소를 인위적으로 발포하는 것을 말한다. 많은 생물학적 요소들이 흡입 또는 상처 부위에 들어갈 경우 질병과 여러 후유증을 일으킨다. 탄저균과 같은 일부 질병은 전염되지 않지만 천연두 등 바이러스 질병은 타인으로부터 전염되기 때문에 상당한 주의가 필요하다. 또한 테러범 혹은 조직의 입장에서는 적은 금전 혹은 기타의 투자로서 대규모적인 혹은 사회적 큰 파장의 효과를 볼 수 있으므로 테러의 비용대비 효과 면에서 테러적 효과가 가장 큰 것이다.

3 테러의 예방 및 대응책

1) 테러리즘 방지를 위한 세계 여러 나라의 대책

① 미국의 대(對)테러리즘 정책

미국은 초기에 테러리즘의 심각성을 인식하지 못하고 초기에 대책마련을 하지 못한 것으로 평가되고 있다. 그러나 1972년 뮌헨 올림픽사건 이후 카터 행정부는 테러리즘의 심각성을 깨닫고 현재 미국의 대테러리즘 정책의 기본 형태를 완성시켰다.

미국은 기본적으로 절대적인 불(不)양보 원칙을 고수하고 있다. 이 정책은 1973년 수단에서 일어난 미국 외교관 피살 사건 이후 닉슨 대통령이 주장하기 시작했다. 절대적 불양보 원칙이란 더 이상 테러리스트의 요구조건을 들어주지 않겠다는 것으로 어떤 희생도 각오하고 있다는 뜻을 내포하고 있다. 이 정책은 이스라엘과 유럽 등지의 국가들이 주로 고수하고 있는 원칙으로 특히 미국과 이스라엘은 철저한 보복으로 더욱 확고히 하고 있다. 보복의 대상은 테러리스트들뿐만 아니라 그들을 지원해 주고 있는 국가도 포함되어 있다.

1986년 서독의 미군 주둔지 근처의 술집에 폭탄이 터져 미군 한 명이 사망한 사건이 있었는데 미국은 이를 리비아의 소행이라 주장하고 리비아 시내에 폭격을 감행했다. 이

폭격으로 37명이 사망했는데 사망자 중에는 카다피의 딸도 포함되어 있었다. 미국은 이 사건을 마땅한 응징이라 했으나 국제여론의 비난도 거세었다. 이처럼 보복은 확실한 군사행동이 필요하나 희생이 너무 커 일부에선 비판적인 입장도 있다.

미국은 또한 테러리스트나 테러리스트 지원국에 대한 대응정책도 마련하고 있다. 그것은 경제적 제재를 가하여 국제적으로 고립시킨다는 정책이다. 매년 국무부는 테러리스트 지원국을 선정 'Patterns of Global Terrorism'이라는 연례보고서를 통해 이를 발표하고 있다. 이 정책은 상무부와 협동으로 「수출관리법」과 「무기수출 통제법」을 통해 테러리스트 지원국가로의 무기 수출을 전면 통제하고 있다. 또한 「국제금융기관법」으로 테러리스트 지원국이 국제금융기관으로부터 자금 원조를 받지 못하게 함으로써 고립시킨다는 것이다. 현재 테러리스트 지원국은 이란, 이라크, 리비아, 시리아, 수단, 쿠바, 북한으로 7개국이다.

아프가니스탄의 경우 탈레반이 1998년 케냐 탄자니아 미대사관 폭파사건의 주범인 오사마 빈 라덴을 숨겨주고 있다는 이유로 1998년 UN경제 제재조치를 받아 현재까지 심각한 경제난을 겪고 있다. 또 북한은 1985년 KAL기 폭파사건 이후 테러리스트 지원국으로 낙인찍혀 경제적 제재조치를 받아 경제에 큰 타격을 입었다.

이 정책엔 역시 국제적인 협조가 필요한데 정작 자신들의 국익과 연계 될 경우 소극적으로 대응하는 것이 국제사회의 현실이다. 이란 리비아의 경우 국가 내에 유전과 가스 등의 자원에 돈을 투자하는 해외기업이 많기 때문에 경제 제재 조치는 국가에 손해를 준다는 것이다. 미국은 제대로 협력하지 않는 국가들을 마구 비난하지만, 그런 미국의 행동도 미국 자신의 이익과 연관되어 있다는 것을 전 세계가 알고 있다.

지금까지 보면 미국이 오로지 보복과 압력으로 대테러리즘 정책을 진행시켜 온 듯하지만 자국의 이익에 크게 반하는 것이 아니라면(미국은 이데올로기상의 대립이라면 한 치의 양보도 없다.) 오히려 국제적 갈등의 중재 역할도 하고 있다. 이스라엘, 팔레스타인의 갈등에 자주 미국이 중재 역할을 하였다. 또한 미국은 IRA의 게리 아담스(Gary Adams)를 1994년 미국으로 초대함으로써 북아일랜드 문제를 세계적으로 부각시키는데 도움을 주었다. 또한 그 뒤에는 미국 내 아일랜드계 정치세력의 압력이 있었다고 한다는 설도 있다.

물론 이러한 중재활동은 세계 중심국, 세계 경찰로서의 입지를 더욱 확고히 하려는 의지를 보여주었다.

그러나 2001년 9월 11일 WTC와 펜타곤이 테러로 인하여 무너지면서 미국의 위상도 함께 무너졌다. 이에 미국은 9·11테러에서 나타난 문제점을 해결하기 위해 즉각적으로 관련, 조직의 신설과 보완뿐만 아니라 재발방지를 위한 조치를 강화했다. 2001년 「애국자법」에 이어 2002년에 종합적인 대테러정부조직으로서 「국토안보부(Department of

Homeland Security)를 설립하는 근거법률」인 「국토안보법」을 제정하였다.

그리고 2004년에는 「정보개혁 및 테러예방법」을 제정하여 국가정보국장(DNI), 국가대테러센터(National Counter Terrorism Center), 국가정보센터(National Intelligence Center) 등을 설치했다. 국가정보센터는 국내·외에서 수집한 모든 정보를 분석하고 국가정보국장에게 정보의 수집과 분석 및 그 결과를 확인하고 제출하는 책임을 진다. 국가정보국장은 동 센터에 충분한 인력을 보충하고 임무를 수행할 수 있도록 정보기관들이 필요한 정보를 공유할 수 있도록 보장하여야 한다. 이 센터의 설치권은 국가정보국장에게 있다.

부시 대통령은 테러가 발생한 9일 후인 9월 20일에 대통령 직속기구로 국토안보담당 보좌관 및 국토안보국(Office of Homeland Security)을 창설하였다. 이 기구에 대테러 업무에 대한 전략수립, 탐지에서 대응까지의 임무 등을 부여하면서 연방·주 및 지방정부와 FBI 및 CIA, 국방부 등 정부 관련기관 및 사설기관들의 노력을 통합·조정하도록 하였다. 또한, 대통령에게 조언을 제공하고 보좌하며, 정부 각부·처 및 기관의 협조와 방위정책의 발전 및 시행을 보장하기 위해 국가안정보장회의와 같은 수준인 '국토안보위원회'도 같이 창설했다.

국토안보국의 임무는 테러위협 또는 공격으로부터 미국을 보호하기 위한 국가전략을 발전시키고 이러한 전략들의 시행을 조정하는 것이다. 또한, 국토안보위원회는 국토안보에 관한 모든 양상에 대하여 대통령에게 조언하고 보좌하기 위하여 설치했다. 이 위원회는 국토안보담당 보좌관이 책임 하에 본회의 의제결정, 필요한 문서 준비, 위원회의 활동사항 및 결정사항의 기록을 실시하며 국토안보에 대해서는 국가안전보장회의와 같은 수준의 위원회로 운용하게 되어 있다.

가. 미국의 테러리즘에 대한 법적 대응책

미국은 국내 테러리즘보다는 국제 테러리즘을 더 심각하게 보았고 또 그 대책방안을 강구하였기 때문에 국내보다는 국제 테러리즘에 대한 법적 대응책을 중점으로 하다.

미국의 테러리즘에 대한 법적 대응책은 국제정책 외교 등에 비해 상당히 늦게 마련되었다. 1969년부터 빈번했던 항공 테러리즘의 대응책으로 1974년 「항공기 납치 규제법」, 「항공기 안전 운항법」(1974 Anti-Hijacking act, Air Transportation security Act)이 제정된 이후 1980년대까지는 그저 정치, 외교와 군사적 대응으로 대처해왔다. 80년대부터 직접적인 「테러리즘 대책법」이 제정되었는데. 1983년 「국제테러리즘 대책법(1983 Act to combat international Terrorism)」이 그 시작이라 할 수 있다.

이 법은 테러리즘에 대한 정의 규정과 테러리즘 방지를 위해 각 기관들이 여러 방편으로 대응책을 구사할 것을 규정하고 있다. 위에서 언급했던 테러리스트 지원국에 대한 고립정책도 이 법에 따른 것으로 이외에도 테러리즘에 대한 법적 대응책은 활발히 진행되었다.

또 이 법에 1984년 테러리즘 정보 제공자에 대한 보상금 지급제도가 추가되고 종합 범죄 통제법에도 테러리즘에 대하여 인질 억류에 대한 예방과 처벌(Act for the Prevention and Punishment of the Crime of the Hostage Taking)과 항공기 파괴 금 지법(Aircraft sabotage)을 새로 추가하여 대응한다. 미국은 또한 해외에서 자주 발생하 는 미국인에 대한 테러리즘에 대처하기 위해 형사 관할권을 해외까지 확대시키는 1986 년「테러리스트 소추법(Terrorism Prosecution)」을 제정하였다.

이는 테러리스트들의 반미성향이 커지면서 타깃이 외교관 등의 주요 인물에서 해외거 주 미국인이나 미국인 관광객 등 미국인 자체로 확대된 것에 대한 대응 법으로서 의미 가 있다.

미국은 이외에도 국제적 협력을 위해 1985년 테러리즘에 대한 정보교환과 테러리스 트 지원국에 대한 고립정책에 적극 협조하는 것을 포함한「국제안전과 개발협력법(Inter-national Security and Development Cooperation Act of 1985)」을 제정함으로써 국제적 인 협력체계를 마련하였다.

나. 미국의 대테러리즘 활동부서

미국의 대(對)테러리즘 기구는 일단 대통령을 중심으로 각 기관들을 지휘한다. 테러리 즘은 국가안보회의(NSC)의 주요 논제가 되는데 NSC의 지휘 하에 국제 테러리즘은 국 무부의 테러리즘 진압처, 항공 테러리즘에 관하여는 연방항공청, 해외 테러리즘에 관한 정보수집과 타국과의 정보기관과의 정보교류는 NSA와 CIA가 담당하고, 국방부는 테러 리스트에 대한 체포나 보복을 위한 특수부대의 양성을 담당하고 있다. 국내 테러리즘에 는 FBI와 각 주의 경찰이 담당한다.

국무부는 대테러리즘 정책을 수행하는 데 가장 핵심적인 기관이며 또한 테러리즘 대 책법을 입안하고 있는 곳이다. 국무장관은 6개월마다 국제 테러리즘의 실정을 의회에 보고하고 매년마다 'Patterns of Global Terrorism'을 작성하여 테러리즘의 실체와 미국 의 대응 정책을 서술하고 있다. 또 이 보고서를 통해 테러리스트 지원국을 지정하여 테 러리스트 지원국 고립정책을 수행하고 있다.

CIA는 국제 테러리스트에 대한 정보를 수집하며 각 국에서 정보를 수집 분석한다. 테러리즘의 기미가 보일 경우 미리 막기 위해 가능한 모든 정보를 수집한다. 또한 INTERATE라는 컴퓨터 데이터베이스를 가동시켜 테러리스트들의 행동양태를 분석하기 도 한다.

FBI는 국내 테러리즘을 담당하고 있다. 국내에 들어와 있는 국제 테러리스트의 경우 도 CIA의 협조를 얻긴 하지만 FBI가 담당을 하게 된다. 그러나 주요 인물과 연관된 테러리즘의 경우는 재무성에서 관여하기도 한다. 특기할 만한 사항은 남미 테러리즘의 특징인 마약 테러리즘에 대응하기 위해 마약 테러리즘 전담 부대를 설치, 가동하고 있다는 점이다. 또한 FBI는 효과적인 영장청구와 테러리즘 진압을 위하여 기관 내에 SWAT을 보유하고 있다.

미국은 강경한 정책을 고수하고 있는 만큼 사후대책에도 노력하고 있다. 특히 테러리스트에 의한 인질대치상황이 벌어졌을 때의 신속한 대응과 인질구출을 위해 특수부대를 양성하는 데 주력하고 있다. SWAT은 Special Weapon and Tactics의 약자로 경찰특공대를 의미한다. 그들은 경찰인 만큼 테러리스트뿐만 아니라 오히려 강력범죄를 상대하는데 더욱 크게 활약하고 있다. 또한 용의자의 사살을 목적으로 하는 게 아닌 체포를 목적으로 임무를 수행한다는 점에서 법 집행기관으로서 다른 대 테러리스트 특공대와 차이를 보인다. 초기 SWAT의 창설목적은 도시 내의 빈번하던 강력범죄를 상대하기 위함이었다. 1960년대에 총기를 이용한 강력범죄가 성행하자 보통 경찰들로는 상대하기가 힘들어지자 보다 강력한 무장과 도심이라는 시가지에 맞는 새로운 전술을 갖춘 새로운 경찰특공대의 필요성이 주장되기 시작한 것이다.

최초의 SWAT은 로스앤젤레스 경찰서(Los Angels Police Department, LAPD) SWAT이다. 1960년대 LA시의 치안상태는 그야말로 최악의 수준을 자랑하던 터라 LAPD에서는 보다 강력한 경찰특수부대의 창설계획을 강구하지 않을 수 없었다. 초기 SWAT은 준(準)군사적 조직으로서의 특수부대로 계획되었으므로 Special Weapon Attack Team의 약자였다. 이것이 흑인 과격파단체인 블랙 팬더(Black Pander)와의 총격전 사건이 SWAT의 활약으로 성공적으로 종결되자, 1974년 최초의SWAT로 개칭된 것이다.

이러한 SWAT이 대 테러리스트 특공대로서 그 능력을 갖추기 시작한 것은 LA올림픽의 안전을 전적으로 LAPD SWAT이 책임지게 된 이후부터였다. 그때부터 LAPD는 테러리즘이라는 특수한 상황에 맞는 전술을 연구하기 시작했고 각 국가의 대 테러리스트 특공대의 조언을 얻어 훈련을 거쳐 성공적이라는 평가를 받게 된다. 지금까지 SWAT은 경찰내의 대 테러리스트 특공대로 인정받고 있다.

② 영국의 대테러리즘 정책

영국은 9·11테러 이후 2001년 12월에 「반테러법」, 「범죄와 안보에 관한 법률(the Anti-Terrorism, Crime and Security Act 2001)」을 입법함으로써 국제적 테러에 대한 대응을 강화했다.[75] 이후, 2005년 「테러방지법(The Prevention of Terrorism Act 2005)」을 제정

---

75) Civil Walker, "Policy Option and Priorites: British Perspective", Marianne van Leeuwen (ed.), *Confronting Terrorism: European Experiences, Threat Perceptions and Policies, Kluwer Law International*, 2003, pp. 15-6.

하여 기존의 법제를 정비하였다.

가. 보안정보부(SS)

가) 대테러 활동영역

영국은 1960년대부터 국내외 테러위협의 시작 이래 북아일랜드 관련 테러 및 국제 테러에 대한 대응활동에 주력하였다. 1992년 아일랜드인과 관련한 테러에 대한 정보활동 책임이 보안부에 부여되어 본토 왕당파의 테러리스트를 포함하여 영국 내 모든 테러 행위 대응 활동 및 북아일랜드에서 '얼스터 왕립경찰'이 수행했다. 특히, 9·11 테러 이후 MI-5, MI-6, 경찰청 특수부(SB) 및 대테러부(Anti-terrorism Branch) 등과 합동으로 국가 대테러 대책반(Natioanl Anti-terrorism T/F)을 구성하여 운영해 왔으나, 국내 조직만으로는 미흡하다고 판단하여 전 세계에서 활동하는 국제 테러에 효과적으로 대응하고 국제공조를 강화하기 위해 유럽 15개국 경찰 등과 합동으로 '국제 테러대책반'을 구성하였다.

a. 법적 근거

보안정보부(SS)의 기능은 대테러를 위한 보안정보부법 제1조 제2항의 법적 근거에 의해 "국가의 안전을 보호하는 데 있으며 특히, 간첩 행위, 테러, 사보타지 위협이나 외국 정보기관 요원들의 활동, 정치, 산업, 폭력적 수단에 의해 의회 민주주의를 전복 또는 음해할 의도를 가진 행위로부터 보호하는데 있다. 보안정보부(SS)는 테러에 관한 수사권을 보유하고 있지 않기 때문에 테러에 관한 비밀정보 수집·분석·평가 및 공작활동만 수행하며 수사관련 사항은 경찰에 통보, 처리하고 있다.

b. 비밀정보부(SIS)

해외 정보수집·분석·배포 및 공작업무 등을 전담하며 테러를 비롯한 국제 조직범죄, 첨단 산업기술 등 관련정보 수집에도 주력하고 있다. 또한, 냉전체제 종식 이후 대량 살상무기(WMD) 확산 및 기술 유출 등에 대한 첩보수집도 강화하고 있다.

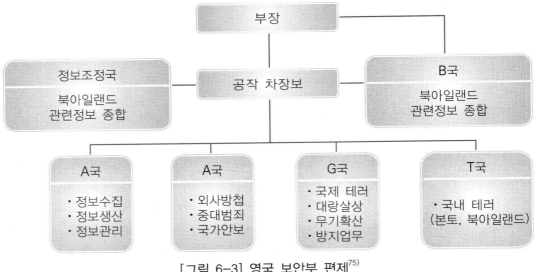

[그림 6-3] 영국 보안부 편제[75]

③ 일본의 대테러리즘 정책

2001년 9월 25일 사이버 및 화생방 공격에 대비한 '국제테러 대책본부'를 설치하고, 10월 8일 고이즈미 총리가 긴급 기자회견을 갖고 총리를 본부장으로 하는 '긴급테러 대책본부'를 설치한다고 발표했다.

한편, 방위청은 기존의 방위력 증강계획 중 게릴라 공격 대처를 위한 특수부대 창설 계획을 앞당겨 3개 중대(500명) 규모의 테러 전담 특수부대를 조기에 창설한다는 방침을 결정했다. 외무성은 우방과의 테러 협력 문제를 조율할 테러 대책 담당대사 직을 신설하기로 하고 구체적인 인선작업을 진행했다.

9·11 테러 이후 일본정부의 긴급발의로 10월 29일 의회를 통과하여 11월 2일 발효된 「테러대책 특별조치법」은 미국의 응징 군사작전에 자위대 참여를 보장했다. 이 법과 함께 개정된 「자위대법」은 경찰이 맡아온 주일미군과 자위대 시설경비를 자위대가 담당할 수 있도록 규정했다. 또한, 일본정부는 생물테러 처벌을 위한 관련법 정비를 추진하여 탄저균 우송행위는 피해 유무에 관계없이 범죄행위로 규정하고 생물 무기 사용 시 최고 무기 또는 2년 이상의 징역, 1천만 엔 이하의 벌금을 부과 하는 등의 내용을 포함하여 방침했다.

---

76) 박준석, 「테러 대응정책을 위한 국가정보기관의 역할과 과제」, 한국국가정보학회 창립1주년 기념 학술회의, 2008, p. 13.

④ 러시아 및 독립국가연합(CIS)의 대테러리즘 정책

2000년 10월 러시아와 CIS 5개국 간 체결된 집단안보조약에 의거하여 지난 8월 평상시는 자국에 주둔하다 유사 시 공동 출동태세 유지토록 하는 합동군을 창설하였다. 모스크바에 러시아와 CIS 5개국 간 합동 상설 정보교류협의체인 '대테러 센터'인 국제테러 대책본부의 설치하여 추진 완료단계에 접어들었다.

— 키르기스스탄의 비슈케크에도 러시아 및 중앙아시아 3개국 및 중국이 참여하는 제2의 '대테러 센터'설치를 추진하고 있다. 러시아는 1998년 7월 제정된 테러와의 전쟁에 관한 연방법에서 '테러진압 작전본부'에 테러 지역 내 교통통신의 임의사용과 개인 기본권의 일시 제한 군 병력 및 연방기관이 보유한 각종 수단을 동원할 수 있는 권한을 부여하였다.

그러나 미국사건 이후에는 11월 1일 기존의 돈세탁 방지 법안에 근거하여 자금세탁 방지 및 불법 은행거래 단속을 위한 특별기구인 '재정감독위원회'를 신설하였고, 법무부는 대통령 지시에 의거, 대테러 강화 법안을 추진 중에 있다.

⑤ 중국의 대테러리즘 정책

미국 사건 이전에는 대테러 전담기구 없이 국가안보 및 사회 안전 주요 현안에 대한 정책결정 및 지휘권을 행사하는 黨中央 '국가안보령도소조'를 2000년 11월 설치, 운영해 온 가운데「국가안보령도소조」는 조장 장쩌민(江澤民)주석, 부조장 후진타오(胡錦濤)국가, 부주석 천지첸(錢基琛) 부총리 장완옌(張萬年)군사위부주석 등으로 구성되어 있으며, 실무대책기구로 공안의무장경찰은 테러 진압을, 안전부는 테러 관련 정보수집 및 지원 활동을, 인민검찰원은 테러사건 조사를 담당토록 하고 있으며, 대테러 작전을 수행하는 행동조직으로 무장경찰 산하에 '내위부대'를 설치, 평시 치안유지를 담당하다 테러 발생 시 당중앙(黨中央) 지휘를 받아 해당지역에 투입되어 공권력을 행사하도록 규정하였다. 그러나 미국 사건 이후 중국민항총국이 항공기 보안 강화의 일환으로 항공기 내 보안 업무를 맡아오던 민간 경비원 대신 2,000명 규모의 항공경찰대 창설을 추진하는 한편 연내에 미국의 '델타 포스'와 같은 대테러 특수부대를 창설하여 헬기 조종, 낙하 등 전술훈련은 물론 소수민족 언어 및 영어를 숙달 등을 통한 최우수 전문요원을 양성하고 있다.

⑥ 캐나다의 대테러리즘 정책

10월 15일 캐나다 정부는 대테러 법안인 Bill C-36을 의회에 상정, 심의 중으로 금년 내 제정, 발효 예상하고 있다. 법안의 내용은 다음과 같다.

- 테러 혐의자를 영장 없이 체포하고 72시간 내 구금 가능
- 테러 사건에 대해서는 특정한 혐의가 없어도 법정 증언을 강제
- 테러 그룹 참여나 기부를 범죄로 규정
- 테러 범죄에 대한 형량 강화
- 테러 범죄 수사를 위한 감청권한 확대 등 포함

독일은 사민당-녹색당 연립정권하의 연방 내무부장관을 역임하였던 오토쉴리의 제안에 따라 2004년 12월 말에 협동대테러센터를 설립하였다. 협동대테러센터는 집행권한을 갖는 통합조직이 아니라 각각 경찰과 정보기관으로 분리·운영되는 이원적인 구조의 협동 정보분석센터로 기능한다. 협동대테러센터는 실시간 정보교환, 신속하고 목표지향적인 현실적 위험 징후의 평가, 작전활동 수단의 조정, 그리고 배경의 분석 등을 확보하기 위한 조직이다. 정보의 흐름에 장애를 제거하고 가용한 지식을 정보처리의 방식으로 통합함으로써 정보교환의 가속화와 분석능력의 제고, 조화를 이루기 위한 제도로서 많은 장점이 있다.[77]

현재 연방과 각 주에서 파견된 약 180명의 전문가가 협동대테러센터에서 근무하고 있다. 협동대테러센터에는 연방수사국, 연방헌법보호청, 연방해외정보국, 각 주의 주 수사국 및 헌법보호청, 연방국경수비대, 관세수사국, 군 방첩대, 연방검찰청 그리고 연방 이민 및 망명청 등이 참여한다.[78]

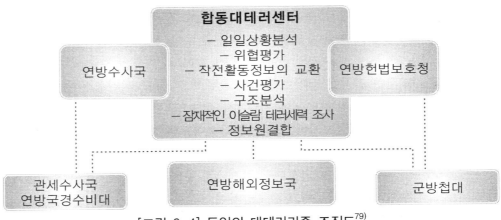

[그림 6-4] 독일의 대테러리즘 조직도[79]

---

77) www.bmi.bund.de/cln_012/nn_165104/Internet/Contect/Themen/Terrorismus/Daten undFakten/Gemeinsames_Terrorismusabwehrzentrum_de.html
78) 이계수 외 2인, 「전게 논문」, p. 549.
79) www.bmi.bund.de/cln_012/nn_165104/Internet/Contect/Themen/Terrorismus/Daten undFakten/Gemeinsames_Terrorismusabwehrzentrum_de.html 참조.

⑦ 이스라엘의 대테러리즘 정책

이스라엘은 테러범들에게 굴복하면 더 큰 위협에 직면할 수 있다는 점을 인식하여 '눈에는 눈, 이에는 이'라는 대테러리즘 강경정책을 고수하고 있다. 현재 이스라엘은 적극적인 테러리즘 대책으로 우수한 대테러리즘 부대를 보유하고 1976년 엔터베 인질 구출작전 시 각료회의와 그 하부에 각료급 특별위원회를 구성하여 사건을 처리했다.

정보 및 보안기구는 수상직속의 바이다트(Vadat)이며, 그 산하에 대외정보를 담당하는 모사드와 경찰청 산하에 국내태업, 테러리즘 등을 포함한 각종 반란·봉기에 관련된 정보를 수집하고 분석·평가를 담당하고 있는 국내 보안기관의 신베드(Shin Beth)가 있으며, 그 외에 대테러 특수부대인 육군의 골라니여단과 가장 경험이 많은 제269정보 및 정찰부대가 있다. 이스라엘의 대테러리즘 조직은 일반조직·일반 정보조직, 군사조직을 운영하고 있다. 일반조직은 총리실에 국가안보위원회, 대테러리즘국과 내무부 경찰국에서 대테러리즘 업무를 수행하고, 일반 정보조직으로는 정보국 산하에 SAYAT MATKAL을 운영하고, 군사조직에는 군사작전국(DO)과 정보국(DMO)에서 대테러리즘 업무를 수행하고 있다.[80)]

⑧ 캐나다의 대테러리즘 정책

캐나다의 대테러리즘 정책은 총리를 의장으로 공공안전긴급방재부를 두고 있고, 이는 보안정보부(CSIS)와 연방경찰(RCMP)로 나뉘며, 보안정보부(CSIS) 아래에 통합위협평가센터(ITAC)를 두고 있다.

통합위협평가센터는 2003년 2월 보안정보부산하에 경찰청 통신보안국·이민국 및 국방·외교·교통부 등 10개 기관의 합동으로 설치한 대테러업무 전담조직으로 2004년 10월 15일에 통합국가안전평가센터(INSAC)에서 통합위협평가센터로 명칭을 변경하였다. 통합위협평가센터의 주된 임무는 24시간 테러관련 정보를 수집 및 분석·배포하는 업무를 수행하고 있다.

보안정보부는 해외 정보는 물론 대테러·국제범죄·산업보안·방첩 등의 업무를 수행하는 정보 및 보안·방첩기관이다.

한편, 2002년 4월 연방경찰 산하에 신설된 통합 국가안보 수행팀은 보안정보부·국경관리국·경찰 등 유관기관의 합동으로 운영되며 테러관련 정보의 수집·통합·분석하는 업무를 수행하고 있다.

---

80) 김두현, 『현대테러리즘론』, 백산출판사, 2004, p.415.

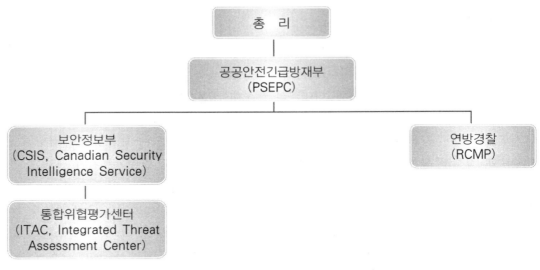

[그림 6-5] 캐나다의 대테러리즘 조직도

⑨ 호주의 대테러리즘 정책

호주의 대테러리즘 정책은 총리를 의장으로 크게 외교부, 법무부 그리고 연방 경찰 (AFP)로 구분된다. 외교부의 산하에는 해외정보부(ASIS)를 두고 있고, 법무부는 보안정보부(ASIO)와 국가안보조정센터(PSCC)를 두고 있으며, 보안정보부의 산하에 국가위협평가센터(NTAC)를 두고 있다.

국가위협평가센터(NTAC)는 2003년 10월 보안정보부산하에 해외정보부·연방경찰·국가정보평가실(ONA) 및 국방·외교부 등 6개 기관 합동으로 설치한 기관으로서 테러

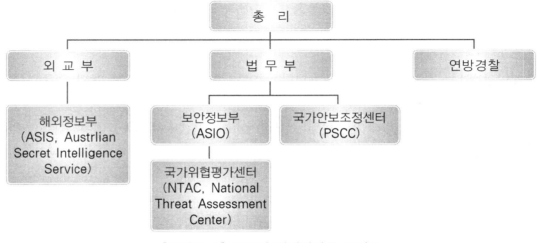

[그림 6-6] 호주의 대테러리즘 조직도

관련 정보의 통합·분석 및 조정업무 등을 수행하고 있고, 보안정보부는 국내 보안·대 테러·방첩업무를 수행하며, 국가안보조정센터는 1976년 설립된 기관으로 경호업무 조 정의 임무를 수행하고 있다. 그리고 해외정보부의 주된 임무는 테러 관련 해외정보의 수집·분석·배포 등 임무를 수행하고 있다.

⑩ 기타

UN 안전보장이사회는 9월 28일 테러 행위로 국제평화안전을 위협할 시 모든 수단을 통해 응징할 필요성을 재확인하면서 회원 각국은 테러와 직·간접적으로 관련된 모든 자금을 범죄화할 것과 테러를 자행 시도 준비한 모든 개인과 단체의 금융자산 및 경제 적 지원을 지체 없이 동결할 것을 결정 상해 APEC, 10·21 반테러 선언을 채택, 유엔 헌장 및 여타 국제법에 따른 테러 억제 및 각국의 각종 대테러 국제협약에 조기 가입 및 비준을 촉구하는 한편 APEC 차원에서 테러 조직에 대한 자금공급 차단, 해상 및 항공운송 안전강화, 통관 및 출입국 전산화, 대테러 능력 배양 등 대응 조치를 강구키 로 결의하였다.

EU는 9월 20일 내무장관·법무장관 특별회의를 개최, 유럽경찰 내 대테러 부대창설, 공통 수색 및 체포영장제도 도입과 범유럽 검찰조직의 2002년 운영개시 등 공조강화대 책을 채택하였다.

인도에서는 기존의 군 대테러 부대 외 민간 대테러 전담기구 설립을 추진하였으며 남 아공 의회가 대테러 법안을 심의 중인 가운데, 9월 27일 나이지리아와 10월 11일 탄자 니아 경찰은 테러 전담부대 구성 방침을 발표하였다.

제3절 # 정보화의 재난(사이버 위기 및 정보보안)

네트워크 시대를 열어가면서 정보에 대한 가치와 접근의 용이성의 증대는 개인정보 및 사회 기타 접근에 대한 용이성으로 발전하였다. 이에 재난 발생 시 네트워크의 손실로 인한 금융, 정보 등 사회전반적인 피해의 확산 및 장비의 소형화, 시설의 첨단화 등으로 개인이나 소집단에 의한 테러 또는 의도적 행동이 대형 재난을 초래할 가능성이 증대되었다. 또한 개인정보가 유출되어 개인적인 피해도 나날이 확산되고 있는 추세이며 이는 1977년 미국 뉴욕의 정전으로 인한 폭동과 2003년 미국과 캐나다의 대규모 정전으로 인한 조업중단, 우리나라의 2003년 물류대란 등으로 인한 대규모 지역경제피해와 같이 단일 재난이 지역에 복합적인 피해를 야기했었던 것과 비슷한 양상이 라 할 수 있다.

1 사이버테러(cyberterror)

사이버테러는 정보통신기술의 발전과 인터넷의 확산으로 인한 유비쿼터스 컴퓨팅 환경이 조성되면서 최근에 등장한 개념이다.

사이버 테러는 첨단 정보통신기술을 이용해 물리적 세계가 가상의 세계로 전환되어 있는 공간을 무차별적으로 공격하는 행위를 말한다.

국가사이버안전매뉴얼에서는 사이버테러란 '특정한 정치·사회적 목적을 가진 개인·테러집단이나 적성국 등이 해킹·컴퓨터 바이러스의 유포 등 전자적 공격을 통해 주요 정보기반 시설을 오동작·파괴하거나 마비시킴으로써 사회혼란 및 국가안보를 위협하는 행위'로 정의하고 있다.

이러한 사이버 테러는 첨단 정보통신 기술을 이용하여 국가전산망이나 공정영역의 가상공간을 무차별적으로 공격하는 행위로서 국가전반에 혼란조성과 경제적 손실을 가용하기 위해서 자행된다.[81]

최근에는 사이버 테러리즘도 점차적으로 고도화되어 멀리 떨어진 곳에서 사용자의 ID나 비밀번호를 알아내는 '스니핑(Sniffing)', 전산시스템의 운영권을 완전히 장악하는 '스푸핑(Spooifng)' 등은 보편화되어 있고, 강력한 전파를 발사하여 전산망의 정상적인

---

81) 장기붕, 「전게논문」, 2007, p.36.

작동을 파괴하는 전파무기도 실용화된 상태이다. 순수한 컴퓨터 침입을 뜻하던 '해킹'은 더 이상 낭만적인 단어가 아니다. 단순한 호기심과 영웅심의 발동에서 벗어나 대상 시스템에 대한 물리적인 파괴와 정보 유출, 그로 이한 금전적인 이익을 노리는 '크래킹(Cracking)'의 사례가 기하급수적으로 늘고 있기 때문이다. 이러한 크래킹 방법에는 여러 가지가 있다. 시스템을 구동하는 운영체제 자체의 버그를 이용해서 시스템에 참여하는 방법이나, 스팸메일, 과도한 PING 정보의 열람으로 시스템 부하를 유발해 정상적인 작동을 불가능하게 만들어버리는 서비스 거부 공격(Denial of Service Attack)은 가장 기본이다. 네트워크상에 떠도는 IP정보를 몰래 가로채는 스누핑이나 스스로를 다른 시스템으로 가장하여 다른 시스템에 가야 할 정보를 읽어들이는 스푸핑과 같은 기술은 네트워크 프로토콜에 대한 체계적인 이해 시 필요한 고급 기술에 속한다. 또한, 특정 시스템에 침투한 후 커널을 수정하여 예상 공격일과 같은 특정 조건에 도달하면 시스템을 다운시키거나 파괴해 버리는 논리 폭탄은 지뢰에 비유되기도 한다.

정보전(Information Warfare)이라고도 불리는 사이버 테러리즘은 크게 3가지 유형으로 구분할 수 있다.

첫째, 단순히 개인적으로 활동하는 해커들에 의해 자행되는 것

둘째, 범죄 조직화된 집단에 의한 것

셋째, 정치적, 민족적 혹은 종교적인 목적을 달성하기 위해 조직된 단체나 혹은 주권국가에 의해 행해지는 것으로 볼 수 있다. 이 중에서 가장 우려되는 것은 셋째 유형의 집단에 의해 발생되는 사이버 테러리즘이다.

사이버테러리즘은 테러리스트들의 목적을 달성하기 위해 트럭에 폭탄을 싣고 공격 목표물을 향해 돌진할 필요가 없고, 비행 중인 항공기 폭파하기 위해 미사일을 발사할 필요도 없으며, 국방 관련 기관에 침투하기 위해 특공대를 조직하고 무장하여 침투할 필요도 없다. 또한, 테러리즘을 자행하는 동안에 목숨을 잃을 염려도 없고 체포될 염려도 없는 등의 특성이 있기 때문에 점차적으로 확대될 것이다.

오늘날 사이버테러리즘은 기술의 고도화, 피해의 대규모화, 그리고 악성화 된 프로그램으로 그 위협은 매우 심각한 실정이다. 그 현상의 특징은 다음과 같다.[82]

첫째, 해킹공격기술의 보편화로 공적인 사이버 영역에 대한 사이버 테러리즘 공격이 국내기준으로 매년 2-3배씩 증가하고 있다.

둘째, 파괴성과 전염성의 정도가 과거와는 다른 패러다임으로 짧은 시간에 대규모로 확산되는 추세에 있다는 것이다.

셋째, 전기, 수도, 항공관제 시스템 마비는 물론 은행과 국가 중요기관을 공격하여 데이터베이스(Database)를 파괴하거나 전산망을 무력화하여 그 피해가 천문학적으로 나타

---

82) 장기붕, 2007, pp.36-37.

난다는 것이다.

주요 기관의 정보시스템을 파괴하여 국가 기능을 마비시키는 신종 테러로 정보화시대의 산물이다. 이는 컴퓨터망을 이용하여 데이터베이스화되어 있는 군사, 행정, 인적 자원 등 국가적인 주요 정보를 파괴하는 것을 말한다. 21세기의 테러는 점점 이러한 컴퓨터망의 파괴로 집중될 것으로 예상되며, 앞으로는 전쟁도 군사시설에 대한 직접적인 타격보다는 군사통신, 금융망에 대한 사이버테러 양상을 띨 가능성이 높다.

사이버테러의 방법에는 전자우편 폭탄과 논리 폭탄 등이 있다. 전자우편 폭탄은 목표로 하는 컴퓨터에 전자우편을 발송하여 이 우편을 받은 컴퓨터가 제 기능을 하지 못하도록 하는 것이다. 논리 폭탄은 일종의 컴퓨터 바이러스로, 컴퓨터 시스템에 침입하여 기능을 마비시킨다.

국내의 사이버테러리즘 방지 대책은 아직 미미한 수준이지만, 최근 국방부, 국가정보원, 방송통신위원회 등 관련부처와 민간 전문가로 구성된 특수부대를 창설하여 운영하고 있다. 늦은 감은 있지만 사이버 테러리즘에 대한 철저하고도 체계적인 대응과 방어책을 마련하여 정보화 강국으로 도약할 수 있도록 준비해야 할 것이다.

1) 사이버테러 유형

① 컴퓨터 바이러스(computer virus)

컴퓨터 프로그램이나 실행 가능한 부분을 변형하여, 여기에 자기 자신 또는 자신의 변형을 복사하여 컴퓨터 작동에 피해를 주는 명령어들의 조합.

생물학적인 바이러스가 생물체에 침투하여 병을 일으키는 것처럼 컴퓨터 내에 침투하여 자료를 손상시키거나 다른 프로그램들을 파괴하여 작동할 수 없도록 하는 컴퓨터 프로그램의 한 종류이다. 바이러스에 감염된 디스크로 컴퓨터를 기동(起動)시킬 때나, 어떤 프로그램을 실행시킬 때 바이러스가 활동하여 자료를 파괴하거나 컴퓨터 작동을 방해하고 자신을 복제하여 다른 컴퓨터로 전염시킨다. 이런 점이 생물학적 바이러스와 비슷하기 때문에 바이러스라는 용어를 사용하지만, 다른 일반 프로그램과 동일한 프로그램의 한 종류이다.

발생 기원은 1949년 J. 폰 노이만이 발표한 논문에서 프로그램이 자기 자신을 복제함으로써 증식할 수 있다는 가능성을 제시한 것에서 유래한다. 실제로 미국에서 1985년 프로그램을 파괴하는 악성 컴퓨터 바이러스가 처음 보고 되었고, 한국에서는 1988년 (C)BRAIN이란 컴퓨터 바이러스가 처음 보고되었다.

컴퓨터 바이러스가 발생한 경위는 자신의 능력을 과시하기 위하여 만들었다는 설, 불법복제를 막기 위하여 만들었다는 설, 소프트웨어의 유통경로를 알아보기 위하여 유포시켰다는 설, 경쟁자 또는 경쟁사에게 타격을 주기 위하여 감염시켰다는 설 등이 있다. 그러나 은밀하게 유포되고 있기 때문에 확실한 경위는 밝혀지지 않고 다만 복합적인 원인으로 추정된다.

컴퓨터 바이러스는 그 영향 정도에 따라 양성(陽性) 및 악성 바이러스, 감염 부위에 따라 부트(Boot) 및 파일(File) 바이러스로 구분한다. 부트 바이러스는 컴퓨터가 기동할 때 제일 먼저 읽게 되는 디스크의 특정 장소에 감염되어 있다가 컴퓨터 가동 시에 활동을 시작하는 종류이다. 파일 바이러스는 숙주(宿主) 프로그램에 감염되어 있다가 숙주 프로그램이 실행될 때 활동하는 바이러스를 말한다.

바이러스의 종류에 따라 활동방식도 다른데 감염 즉시 활동하는 것과 일정 잠복기간이 지난 후에 활동하는 것, 특정기간이나 특정한 날에만 활동하는 것도 있다. 특정한 날에만 활동하는 바이러스 중 예루살렘 바이러스는 13일의 금요일에만 활동하고, 미켈란젤로 바이러스는 미켈란젤로의 생일인 3월 6일에만 활동한다.

불법 복제한 소프트웨어 디스켓을 사용하거나, 여러 사람이 공동으로 사용하는 컴퓨터에서 작업하면 바이러스 감염의 가능성이 높아 자신도 모르게 디스켓 또는 프로그램에 감염된다. 이렇게 감염된 디스켓을 자신의 컴퓨터에서 사용하면 자신의 컴퓨터도 전염된다. 최근에는 컴퓨터 통신 이용률이 높아지면서 이를 통하여 자료를 주고받을 때 급속도로 바이러스가 전염되기도 한다.

바이러스에 감염되면, 컴퓨터 기동시간이 평소보다 오래 걸리거나, 기동 자체가 되지 않거나, 프로그램이 실행되지 않거나, 프로그램을 실행시키는 시간이 평소보다 오래 걸리거나, 파일목록을 확인하는 명령을 하였을 때 목록이 화면에 나타나는 시간이 오래 걸리거나, 화면에 이상한 글자가 나타나거나, 프로그램의 크기가 달라져 있거나, 프로그램의 작성일자 또는 파일의 이름이 바뀌는 등의 증세를 나타낸다.

감염 예방을 위해서는 복제품이 아닌 정품 소프트웨어를 사용하고, 외부에서 가지고 온 디스켓은 사용하기 전에 반드시 백신 프로그램으로 바이러스 감염 여부를 확인한 후 사용한다. 또한 컴퓨터 통신을 통하여 받은 프로그램도 반드시 감염 여부를 확인한 후 사용하도록 한다.

② 해킹

컴퓨터 네트워크의 보완 취약점을 찾아내어 그 문제를 해결하고 이를 악의적으로 이용하는 것을 방지하는 행위.

〈표 6-8〉 침해 주체에 따른 침해 위협

구분	개인적 침해 위협	조직적 침해 위협	국가적 침해 위협
주체	·해커 ·컴퓨터 범죄자	·산업스파이 ·테러리스트 ·조직화된 범죄 집단	·국가 정보기관 ·사이버전 전사
목적	·금전획득 ·영웅심발휘 ·명성획득	·범죄조직의 이익 달성 ·정치적 목적 달성 ·사회·경제적 혼란 야기	·국가기능 마비 ·국가방위능력 마비
대상	·민간사설망 ·공중통신망 ·개인용 컴퓨터	·기업망 ·금융, 항공, 교통 등 정보 통신망	·국방, 외교, 공안망
공격방법	·컴퓨터 바이러스 ·서비스 거부공격 ·해킹, 메일폭탄, 홈페이지 변조, 패스워드 유출, 개인 신분 위장, 트로이 목마 등	·개인적 공격방법 포함 ·유·무선 도청 ·정보통신망 스니퍼 ·통신망 교환 시스템 동작 마비 공격	·개인·조직적 공격포함 ·첨단도청 및 암호해독 ·전자공격무기, 고에너지전 파무기, 전자기파 폭탄 등 ·Chipping/초미세형 로봇/전자적 미생물

* 출처: 2004 『국가정보보호백서』, p. 15

이런 행위를 하는 사람들을 해커라고 한다. 이 말은 1950년대 말 미국 매사추세츠공과대학(MIT) 동아리 모임에서 처음 사용되었던 '해크(hack)'에서 유래된다. 당시 해크는 '작업과정 그 자체에서 느껴지는 순수한 즐거움'이란 뜻으로 사용되었다.

그러나 순수하게 작업과정 자체의 즐거움에 탐닉하는 컴퓨터 전문가들의 행위로 시작된 해킹은 컴퓨터가 일반화되면서 점차 나쁜 의미로 변질되었다. 즉 다른 사람의 컴퓨터에 침입하여 정보를 빼내서 이익을 취하거나 파일을 없애버리거나 전산망을 마비시키는 악의적 행위가 빈발한 것이다.

이런 파괴적 행위를 하는 자들을 크래커(cracker)라고 하여 해커와 구별하기도 한다. 그러나 일반적으로 해커와 크래커는 구별되어 쓰이지 않고 범죄 행위를 하는 자의 의미로 쓰인다. 해킹에 대응하여 컴퓨터 보안기술도 발달하였는데, 방화벽을 쌓아 불법접근을 차단하는 방식 등을 사용한다.

대표적인 해킹 사례로는 1985년 3명의 구서독 해커가 구소련의 KGB 요원에게 포섭된 뒤 개인용 컴퓨터를 이용하여 미국 등 서방 선진국의 주요 군사기술 시스템에서 수천 개에 달하는 암호 등 극비정보를 빼내 건네준 사건을 들 수 있다.

한국에서 현행 「정보통신망 이용촉진 및 정보보호 등에 관한 법률」은 정당한 접근권한이 없거나 허용된 접근권한의 범위를 초과하여 정보통신망에 침입하는 행위를 금지한다(48조 1항). 이를 위반하면 3년 이하의 징역 또는 3,000만 원 이하의 벌금에 처한다(63조 1항 1호).

「정보통신기반보호법」에서도 주요 정보통신기반시설을 침해하여 교란·마비 또는 파괴한 자는 10년 이하의 징역 또는 1억 원 이하의 벌금에 처하도록 규정하고 있다(28조 1항). 또 형법에서도 컴퓨터 등 정보처리장치에 허위의 정보 또는 부정한 명령을 입력하거나 그 밖의 방법으로 정보처리에 장애를 발생하게 한 자는 업무방해죄로 5년 이하의 징역 또는 1500만 원 이하의 벌금에 처하도록 규정하고 있다(314조 2항).

③ 크래킹

전산망에 몰래 침입해 악의적으로 내부 정보를 파괴하거나 빼내는 악의적인 해커를 일컫는 말로서 범죄행위 또는 기술능력과시를 목적으로 타인의 컴퓨터에 불법 침입하는 사람들을 본래 해커의 의미와 구분하여 크래커라고 부르기도 한다.

하지만 현재 해킹과 크래킹은 구별되지 않고 받아들이는 경향이 있다. 해킹이든 크래킹이든 일반적으로 모두 통칭해서 해킹이라고 간주하며, 범법행위자인 크래커라도 모두 해커라 한다.

④ DDoS(Distribute Denial of Service)

해킹 방식의 하나로서 해킹하기 전 대상 네트워크나 시스템의 취약점을 수집하기 위한 작업으로서 여러 대의 공격자를 분산 배치하여 동시에 '서비스 거부 공격(Denial of Service attack, DoS)'이 대표적인 예이다.

DDoS는 '분산 서비스 거부' 또는 '분산 서비스 거부 공격'이라고도 한다. 여러 대의 공격자를 분산 배치하여 동시에 동작하게 함으로써 특정 사이트를 공격하는 해킹 방식의 하나이다. 서비스 공격을 위한 도구들을 여러 대의 컴퓨터에 심어놓고 공격 목표인 사이트의 컴퓨터시스템이 처리할 수 없을 정도로 엄청난 분량의 패킷을 동시에 범람시켜 네트워크의 성능을 저하시키거나 시스템을 마비시키는 방식이다.

이로써 이용자는 정상적으로 접속할 수 없는 것은 물론 심한 경우에는 주컴퓨터의 기능에 치명적 손상을 입을 수 있다. 또 수많은 컴퓨터시스템이 운영자도 모르는 사이에 해킹의 숙주로 이용될 수도 있다. 공격은 일반적으로 악성코드나 이메일 등을 통하여 일반 사용자의 PC를 감염시켜 이른바 '좀비PC'로 만든 다음 명령제어(C&C) 서버의 제어를 통하여 특정한 시간대에 수행된다.

2009년 7월 한국과 미국의 주요 정부기관과 포털사이트, 은행사이트 등에 가해진 공격을 대표적 사례로 들 수 있다. 7월 4일 미국 사이트에 1차 공격이 수행되었고, 한국에서는 7월 7일부터 3차례 공격이 수행되었다. 공격 대상에는 미국의 백악관과 한국의 청와대를 비롯하여 한국 주요 언론사와 주요 정당, 주요 포털사이트가 포함되었는데,

C&C서버로부터 공격명령을 하달받는 것이 아니라 감염 시 생성되는 공격목표 설정파일을 기반으로 자동공격을 수행하는 방식이었다. 감염된 수만 대의 컴퓨터가 좀비PC로 활동하면서 국내 주요 기관과 포털 사이트에 장애를 일으켰다.

악성코드에 감염된 PC는 악성코드가 윈도우 서비스 형태로 등록되어 컴퓨터 시작과 함께 자동으로 실행되고, 방화벽 설정이 활성화되지 않으며, 다수의 특정 도메인을 대상으로 HTTP, UDP, ICMP Ping 패킷을 지속적으로 전송하는 증상 등이 나타났다. 또 공격에 사용된 웜(Worm) 가운데 일부에서 감염된 컴퓨터의 하드디스크를 파괴하는 피해 사례도 나타났다.

DDoS 예방책으로는 윈도 운영체제에 최신 보안패치를 적용할 것과 인터넷 로그인 계정의 패스워드를 자주 변경하고 영문·숫자·특수문자를 조합하여 6자리 이상 설정할 것, 신뢰할 수 있는 기관의 서명이 없는 액티브 접근 불가 보안경고 창이 뜨면 설치 동의를 묻는 '예', '아니요' 중 어느 것도 선택하지 말고 창을 닫고, 이메일을 확인할 때 발신인이 불분명하거나 수상한 첨부파일은 모두 삭제할 것, 메신저 프로그램에 첨부된 URL이나 첨부파일에 대하여 메시지를 보낸 이가 직접 보낸 것이 맞는지 반드시 확인할 것, PtoP 프로그램에서 파일을 다운로드할 때 반드시 보안제품으로 검사한 후 사용할 것, 정품 소프트웨어를 사용할 것, 공유권한을 '읽기'로 설정하고 사용 후 공유를 해제하고, 보안제품은 항상 최신 버전의 엔진을 유지할 것 등을 권장한다.

2) 사이버 테러 사례

① 금융네트워크 공격 사례

2001년 4월, 한 해커가 국내 유명 신용카드회사 및 금융전산망과 전용망으로 연결되어 신용카드거래 승인·결제 업무를 수행하고 있는 신용카드정보처리 전문업체의 시스템을 해킹해 약 47만 명가량의 주민번호, 신용카드 번호 등 중요 신용정보를 유출하여 판매하려다 경찰청 사이버테러대응센터에 검거된 바 있다.

피해사의 시스템은 이중 방화벽이 설치되어 있으며 모 보안업체로부터 보안관제서비스도 받고 있는 상태였고 피의자는 이 회사의 시스템에 들어 있는 고급정보를 노렸다.

만약 해커가 오고가는 모든 데이터를 스니핑 했더라면 국내 모든 신용카드를 다시 발급해야 했을 정도의 파급효과를 야기할 수도 있었다.

② 대규모 개인정보 침해 사례

2001년 4월, 한 해커가 방화벽을 넘어서 약 700만 명분의 개인정보를 유출하였다가

경찰청 사이버테러대응센터에 검거된 바 있다. 이 인터넷 업체의 네트워크 시스템은 보안을 위해 나름대로 투자를 아끼지 않았고, 방화벽(Firewall)을 이용하여 내부전산망과 외부전산망을 구분하였으며, 웹서버(Web Server)는 외부 망에 위치하도록 하였다. 또한 주요한 정보를 관리하는 DB 서버는 내부 망에 위치해 두고 외부 망에서는 접근할 수 없도록 하되 데이터베이스서버에 저장된 회원정보는 웹서버와 연동되도록 조치하였다.

해커는 방화벽 안단에 설치된 DB서버가 웹(Web)으로 처리되는 DB와의 연동문제로 방화벽(Firewall) 바깥 네트워크의 웹(Web)서버와 연결될 수밖에 없는 점을 파악한 뒤, 최근 웹운용에 사용되는 각종 cgi, php, asp로 짜여진 프로그램들이 보안상 많은 문제를 지니고 있다는 것을 알고 웹서버를 선제공격하고 이를 징검다리로 이용하여 DB서버를 공격하여 성공한 것이다.

③ 국제 해킹그룹에 의한 해킹 사례

2001년 4월, 주한 미군이 포함된 국제해킹 그룹 WHP(We Hate People)가 국내 113개 시스템을 무차별적으로 해킹해 오다 주한 미군 해커가 현행범으로 검거되는 사례도 발생하였다.

④ 조직적 공격 사례

2000년 12월에는 국내 모 보안회사 타이거팀 연구원 10여 명이 보안컨설팅 수주를 목적으로 국내 금융기관 등 80여 개 사이트를 조직적으로 해킹하여 정보를 유출하여 영업목적으로 사용하는 등 조직적인 공격 사례도 발생한 바 있다. 이는 경찰청 사이버테러대응센터에 전원 검거되었는데, 이들은 모 정보보안 경진대회 우승팀이기도 하며 해킹 영역별 전문특기가 있는 구성원들로 조직되어 있는 전문 기술 집단이었다.

⑤ 바이러스 제작·유포 사례

한편 2000년 1월에는 Outlook Express를 사용하여 전파되는 웜바이러스인 'White Virus' 제작자가 검거되었다.

대표적인 악성 웜바이러스인 멜리사 바이러스7이 Outlook Express의 주소록을 참조하여 제한된 범위 내에서 전파기능을 갖는 반면, 'White 바이러스'는 '받은 편지함'을 참조, 15분마다 자동으로 전송하고 제작자의 생일 날짜인 매달 31일에 시스템을 파괴하도록 고안되어 있었다.

⑥ 1・25 인터넷 대란

2003년에 발생했던 1월 25일 인터넷대란 사건의 경우는 이전과 달랐다. 한두 개 회사의 인터넷 서비스가 정지된 것이 아니었다.

정확하게 어떤 과정을 통해서 그런 결과가 일어났는가 하는 기술적 문제에 있어서 논란이 많이 있지만, 주공격기술로 사용된 슬래머 웜은 15분여 만에 전 세계적인 대규모 트래픽을 야기했으며 우리나라에서는 인터넷 전체가 마비되는 결과를 가져왔다.

보안업체와 협조해 경찰청 사이버테러대응센터에서 기술 분석을 한 결과, 문제의 '슬래머 웜'은 상당한 수준의 공격 툴로 밝혀졌다. 이 웜은 공격만을 목적으로 만들어졌다. 376바이트의작은 패킷 속에는 공격을 극대화하기 위한 각종 아이디어가 집중되어 있었다.

⑦ 7.7 DDos 공격

7・7 DDoS 공격 또는 777 DDoS 공격은 2009년 7월 7일을 기점으로 대한민국과 미국의 주요 정부기관, 포털 사이트, 은행 사이트 등을 분산 서비스 거부 공격(DDoS, 디도스)하여 서비스를 일시적으로 마비시킨 사건이다.

국가정보원에서는 발생의 진원지를 조선민주주의인민공화국의 110호 연구소로 추정하였으며, 보안 업체에서는 미국과 대한민국을 포함한 여러 국가의 IP에서 발생이 시작된 것이라고 추정하였다. 이후 국정원에서는 진원지가 조선민주주의인민공화국이라는 공식 조사결과를 발표했다.

공격은 여러 단계를 거쳐 변화되면서 진행되었다. 가장 처음의 공격은 미국 사이트들을 대상으로 공격 명령을 하달하는 C&C 서버 명령제어 서버를 없이, 미리 지정해 둔 스케줄러에 따라 지정된 시간에 공격하게 구성하여 대부분의 DDoS공격을 차단할 수 있는 IP차단 방식을 사용할 수 없는 공격방식을 사용하여 이루어졌으며, 이에 미국에서는 7월 4일을 1차 공격으로, 이 공격은 2009년 7월 5일, 미국 시간으로 2009년 7월 4일인 독립 기념일에 시작되었다. 백악관을 비롯한 미국의 27개 사이트를 공격했다.

2009년 7월 4일 국가정보원과 방송통신위원회는 대한민국과 미국에서 DDoS 공격 징후를 파악했지만, 적절한 대응을 하지 않았다는 것이 밝혀졌다

대한민국에서는 7월 6일에서 7일을 1차 공격으로 2009년 7월 7일 오후 6시경에 시작되고 약 24시간 동안 지속되었다. 대한민국과 미국의 주요 26개 사이트를 공격했는데, 청와대 및 백악관, 그리고 대한민국의 주요 언론사와 주요 정당, 포털의 홈페이지 등이 공격리스트에 포함되어 있었다. 공격에 사용된 웜 중 일부에서 감염된 컴퓨터의 하드 디스크를 파괴하는 코드가 발견되었으며 실제 피해 사례도 나타났다. 이 코드는 2009년 7월 10일을 기점으로 작동하며, 이 피해를 입을 경우 하드 디스크의 마스터 부

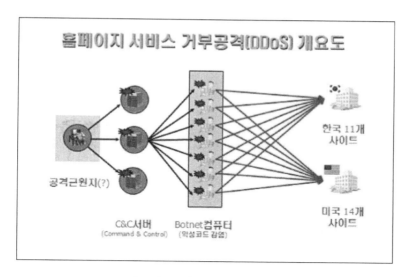

[그림 6-7] DDos 개요도

* 출처: 네이버(www.naver.com)

트 레코드가 손상되어 부팅이 불가능하게 될 수도 있다.

방어측면에서는 기업의 움직임이 활발하였다. 민간 바이러스 연구소에서는 1차 공격 직후 즉시 전용백신을 공급하는 한편 이어서 여러 백신 기업이 전용백신을 출시하였다. 특히 국내의 유명 바이러스 연구소는 하드디스크의 파괴와 함께 2차, 3차 공격까지 정확히 파악하여 여러 언론에게 알렸다. 이로 인해 이 민간연구소가 사이버 의병이라는 호칭을 얻었다. 또한 공격을 받은 포털들도 대응이 빨랐다. 예를 들어 한 주소가 DDos 공격을 받으면, 바로 그 사이트를 다른 주소로 옮겨서 서비스를 제공하게 하여 큰 피해를 막을 수 있었다.

그러나 정부 측에서는 기업들이 바이러스를 막는 동안 특별한 대응 및 방비활동의 움직임 없어 대중의 비판을 받기도 하였다.

3) 사이버테러 예방

① 공공·민간 공동협력을 통한 방어체계 구축

최근의 해킹·바이러스 관련 정보통신의 환경적 특징은 소프트웨어 및 네트워크 취약점의 급속한 증가, 해킹의 지능화·고도화, 그리고 웜·바이러스의 급속한 확산과 융합·복합화에 따른 피해의 증폭 등을 들 수 있다.

이러한 사이버테러 또는 인터넷 침해사고는 민간부문뿐만 아니라 공공부문까지 이미

커다란 국가적 이슈로 등장하였다.

즉 공공부문에서도, 국가안보라는 전통적 개념에 과학기술이 접목됨으로써 사이버테러가 국민생활의 안위와 국가안보의 중요한 영역으로 대두된 것이다.

그리고 사이버 공격이 복합화, 악성화되고 개인 간의 통신채널을 전파경로로 이용하게 되었다는 것은 사이버 공간에 연결된 민간부문의 사회 각 계층 전반이 거의 일시에 공격 대상이 된다는 것을 의미한다. 정보통신기술의 비약적 발전으로 인해 사이버 테러에 대한 정부만의 단독 대응은 현행의 발전 속도에 비한 현저한 발전 속도로서 큰 한계를 지닐 수밖에 없다. 따라서 사이버테러에 효과적으로 대응하기 위해서는 공공부문과 민간부문의 공동협력 체계가 구축해야 한다. 또한 무엇보다도 글로벌 방어체계를 갖추도록 하는 것이 중요하다.

② 국제적 협력 통한 신속 대응체계 구축

우선, 인터넷 침해사고의 대부분은 국외에서 제작되어 국내로 유입되므로 국외에서의 이상 징후를 보다 빨리 탐지하고 국내 유입에 대비하는 것이 필요하다. 예컨대, 한·중·일대응기관인 CERT 간의 핫라인 및 공동 네트워크 구축 등이 필요하다. 즉 국내 유입 이전에 침해사고 이상 징후를 감지할 수 있도록 국가 간 네트워크를 연계하여 구축하

〈표 6-9〉 사이버테러의 경보단계

단계	내용
위험(1단계)	• 국가적 차원에서 네트워크 사용 불가능 • 주요 정보통신기방시설의 정보시스템에 대한 공격으로 인한 심각한 피해가 발생 • 국가적 차원에서 공동 대처해야 할 필요성이 있는 경우 • 기타 실무협의기구에서 필요하다고 판정하는 경우
경고(2단계)	• 피해의 범위가 여러 기관에 걸쳐서 나타남 • 주요 정보시스템에 대한 공격으로 피해가 발생한 경우 • 상황을 해결하기 위해서 다수 기관의 협조가 필요한 경우
주의(3단계)	• 정보시스템에 대한 공격으로 국내외 피해가 발생 • 정보시스템 전반에 걸쳐 보안태세 강화가 필요한 경우 • 시스템의 악의적 목적으로 도용 • 네트워크 트래픽이 급격히 증가한 경우로서 피해의 범위가 단일 시스템 또는 조직에 해당할 경우
정상(4단계)	• 모든 분야에서 정상적인 활동 • 국내외 신종 컴퓨터바이러스의 출현, 최신 해킹기법·보안취약점 발표 등 위해가능성이 존재하여 '예보'가 발령될 수 있는 상황

* 출처: 『국가사이버안전매뉴얼』, p.11.

고, 이를 통해 효과적이고 신속한 대응 체계를 구축할 필요가 있다.

그리고 인터넷 주요 구성요소의 방어체계를 구축하여야 한다. 작년 1·25 대란 이후, 정부는 국가 인터넷망의 침해사고 정보수집·탐지 체계를 구축하여 ISP, IDC, 보안관제업체로부터 트래픽 데이터를 제공받아 24시간, 365일 모니터링에 돌입하였다. 이에 국가정보원은 우선 컴퓨터바이러스 피해규모에 따라 위험 등급을 정하고 이에 대한 단계적인 대비계획을 마련하고, 국내 정보통신 기반시설에 대한 바이러스 침해사고가 발생할 경우에는 방송통신위원회, 한국정보보호진흥원 및 백신업체와 합동으로 바이러스 피해 예방 및 복구대책 기구를 설치해 피해확산을 방지할 계획이라고 한다.

③ 민간기업 방어체계 구축

민간기업 방어체계 구축도 꼭 필요하다. 침해사고 발생 시 피해복구와 관련하여 조사가 원만하게 진행될 수 있도록 민간부문과 정부가 공동의 대응 협력체계를 갖추어야 함은 물론이고, 민간 기업에 대한 교육 및 계도도 필요하다.

이를 위해 방송통신위원회는 민간기관 중 정보통신기반보호법의 적용을 받는 금융·통신 등 주요 정보통신기반시설 관리기관 및 인터넷데이터센터(IDC)시스템 관리자에 대해 전문가 수준의 정보보호교육을 실시하기로 했다.

또한 대기업, 인터넷쇼핑몰 등의 민간 기업에 대해서도 서버를 많이 보유한 업체를 중심으로 교육을 실시하는 한편 이를 단계적으로 확대하여야 한다. 아울러 방송통신위원회는 사이버테러 예방의 날을 지정해 컴퓨터 바이러스 점검 및 각종 점검을 하는 계기로 삼고 공공 및 민간기관의 시스템에 대해 침입차단 및 탐지시스템 등 각종 정보보호시스템을 설치토록 적극 유도해야 한다. 해킹과 바이러스 등 사이버테러에 철저히 대비하는 한편 정보통신기반보호 실무위원회 및 정보통신기반보호 위원회를 개최, 주요 정보통신기반시설에 대한 종합대책도 마련해야 한다.

④ 개인 수준 방어체계 구축

개인 수준의 침해사고에 대응하기 위해서는 전용 백신, 보안패치 등을 설치하여야 한다. 특히 웜·바이러스가 증가하면서 전자우편, 프로그램 불법 복제 등을 이용하여 유포되던 기존 바이러스와 달리 자동으로 시스템의 취약점을 공격하여 유포되는 해킹기법이 적용되고 있으며, 개인이 즐겨 사용하는 메신저나 P2P 프로그램을 통해 확산되는 등 유포경로가 다양해졌기 때문이다.

또한 네트워크가 발달하면서 감염 후 순식간에 확산되어 대규모 피해를 유발하고 있는 상황이므로 클라이언트 단계에서는 보안패치 등을 생활화하고 파일 공유 시 추측이 어려운 패스워드를 설정해야 하며, 웜을 탐지하고 제거할 수 있는 백신프로그램을 반드시 설치하여야 한다.

또한 개인 목적으로 사용하는 메신저 및 eDonkey 등 P2P 프로그램 사용을 가급적 자제하고, 아울러 네트워크 단계에서는 웜이 함부로 침투하지 못하도록 침입차단시스템을 활성화하고 라우터에서 포트를 차단하는 등 접근제어를 강화하여야 한다.

최근 미국 MS사가 개발한 NT 및 Windows 2000 운용체제를 탑재한 전산 시스템에서 피해가 지속적으로 증가하고 있기 때문에, MS사의 보안 버그 공지에 대해 관심을 기울여 해당 취약점에 대한 보안패치 또는 서비스 팩을 설치하는 것도 좋은 대응방안이다.

그리고 웜 유포에 이용되는 관리목적의 공유폴더인 IPC$, ADMIN$ 등의 공유를 해제하고, 사용자계정에서 유추하기 어려운 패스워드를 적용해야 하며 아울러 포트관리 및 서비스 제어는 기본적으로 고려하여야 한다.

스팸메일에 의한 침해 기법도 급속히 발전하고 있는 추세여서 이에 대한 타당한 대응도 필요하다.

그 동안 Sendmail 및 MS Exchange 서버 등 기존 메일프로그램의 릴레이 기능 이외에도 IRC 프로그램이나 WinGate 및 AnalogX Proxy 등 외부에서 접속 가능한 프록시 프로그램을 이용하는 경우도 있었고, 현재는 해킹을 통해 이러한 프로그램을 백도어로 설치하여 사용자가 모르게 스팸메일 발송 경유지로 이용하고 있는 추세에 있다.

따라서 메일구동 프로그램은 최신판으로 갱신하거나 보안패치를 설치하고 내부 사용자 이외에는 릴레이 기능을 이용할 수 없도록 설정하여야 하며, 네트워크 모니터링을 통해 사용하지 않는 정체불명의 백도어가 구동되고 있는지 항상 확인하여야 한다.

개인 차원의 대응방안으로는 무엇보다도 개인, 기업 등 사회구성원 모두의 사이버 보안 의식과 실천능력의 향상을 통해 안전한 사회에 대한 신뢰감 형성이 우선이라고 본다. 미국의 경우, IT 종사자들이 학교에서 어린이들에게 사회적으로 책임 있는 컴퓨팅에 대해 교육할 것을 권장하고 있는 추세로, 최신 IT기술의 변화를 받아들일 수 있는 컴퓨팅 윤리교육의 필요성이 강조되고 있다.

⑤ 국가적 사이버 안전 체계 확립과 법제도 정비

국가 차원의 사이버 안전 체계 확립을 위한 노력이 중요하다. 우선, 해킹 및 웜·바이러스 대응협력체계의 강화를 위해서 관련 기관인 국가정보원 국가사이버안전센터, 국방부, 방송통신위원회, 대검찰청인터넷범죄수사센터, 경찰청 사이버테러대응센터 등이 협력하여 정보공유 체계를 강화해야 한다. 더불어 침해사고 방지체계 구축을 위한 법제도를 정비하여야 한다. 그동안은 기관 간 역할이나 국가차원의 대응체계를 고려하지 않고 소관 부처 중심으로 업무수행이 이루어져 정보공유와 업무협조도 소극적이었다. 또한 침해사고와 관련한 민간기업의 정보제공, 정보보호안전진단 등 침해사고 최소화 방안이 미흡하였다. 이러한 문제점을 개선하고 실질적인 대응 업무를 마련·정착시키기 위해서는 관련 법제도의 개선이 필요하며, 법제도 개선을 통해 사이버테러에 효율적이고 신속하게 대응할 수 있는 국가전략을 체계화할 수 있다.

예컨대, 국가사이버 안전 정책이나 비전을 결정하고, 이와 관련한 기술개발, 정보교류 등 국가적 차원의 총체적 사이버테러 방지 전략의 수립은 법제도에 근거한 일관적 원칙들로부터 가능하다고 판단된다. 지난 8월부터 시행된 「정보통신망이용촉진및정보보호등에관한법률」 시행령 및 시행규칙 등은 침해사고 정보의 체계적인 수집과 조기탐지를 위해 침해사고 정보제공 및 신고의무화를 규정하고 있고, ISP, IDC 사업자에게 침해사고 관련 포트차단 요청, 소프트웨어 제조업체에 대한 취약점 보완 프로그램 제작요청, 언론기관 및 포털사이트에 대한 예·경보 전파 요청 등 중대침해사고 발생 시 대응조치를 「법률」상 명문화하였다.

⑥ 정부·기업·개인 적극 협력 및 전 국민 보안수칙 준수

이제 국내 2,600만 대 이상으로 추정되는 인터넷 연결 컴퓨터의 사용 환경을 안전하게 유지하려면, 단순히 정부, 인터넷 서비스업체, 각 서버관리자들뿐만 아니라 일반 PC 사용자들의 적극적인 협력이 매우 중요하다.

정부, 민간의 각급 기관, 기업들은 적절한 보안정책을 수립하여 실시하고, 기관 규모에 적정한 침해사고대응팀을 운영하여야 하며, 피해의 확산과 피해규모 최소화를 위해 일반 PC 사용자들도 개인 보안수칙을 준수하는 총체적이고 유기적인 보안체계가 이루어져야 한다.

특히, 모든 자신이 보안수칙을 준수하지 않을 경우, 자신도 모르게 악의적인 해커에 의해 인터넷과 이웃의 컴퓨터 보안이 위협받을 수 있다는 인식을 분명히 해야 한다.

출처가 불분명한 소프트웨어를 사용하지 않고, 출처가 의심스러운 메일은 열어보지 않으며, 백신 엔진과 개인용 침입차단 시스템을 반드시 사용하고, 지속적인 보안패치 업데이트를 생활화하며, 불필요한 공유 폴더를 만들지 않고, 공유 폴더는 항상 비밀번호를 생성해 관리하는 등 사이버 안전 활동의 습관화와 일상화가 이루어져야 안전하고 편리한 인터넷 사회가 정착될 것이다.[83]

---

83) 사이버테러의 실태 및 대응방안

2 개인정보 유출

개인정보 유출은 사생활 침해(私生活 侵害, invasion of privacy)에 속하여 일반적으로 개인에 관련된 여러 가지 정보(성별, 주소, 나이, 재산 정도, 학력, 취미 등)들이 다른 사람에게 노출되거나 악용되는 것을 뜻한다.

1) 개인정보 유출의 위험성

① 메일 유출사례

자신이 보내는 E-mail이 누군가에 의해 접근이 가능하고 또한 개인이 어렵게 만들어 놓은 중요한 정보를 누군가 중간에서 접근이 가능하다면, 이는 우리가 자유롭게 통신할 수 있는 권리뿐 아니라 지적 재산이 박탈당하는 것과 다름없다.

② 신용카드 전표로 인한 유출사례

전표를 함부로 방치할 경우, 신용카드 번호와 유효기간만으로도 인터넷 쇼핑몰 등에서 물건을 구매할 수 있기 때문에, 신용카드 전표도 신중히 관리하거나 확실하게 폐기해야한다.

③ 신용카드를 이용한 사기

개인정보 유출로 인한 정보구매 및 유출로 얻은 개인정보로 신용카드를 제조·복제하여, 물건을 구매하거나 카드 한도액의 인출로서 유출된 명의의 타인에게 재정적인 피해를 줄 수 있다.

제 **7** 장

신재난관리체계

제1절 글로벌 국제재난조직의 탄생

제2절 네트워크를 통한 재난 예방시대(산·학·관·민)

제1절 글로벌 국제재난조직의 탄생

해외 재난관리 기관과의 업무 협력체계를 확보하기 위하여 국가 재난관리 기관과의 양해각서(MOU)를 체결하여 재난관련 연구용역 현황과 추진상황 관리, 국제협력정보 관리를 지원하는 연구관리 및 국제협력시스템을 개발하기 위한 전략을 수립하고, 국제협력, 연구용역 정보관리 통합지원 체계를 마련하기 위해 해외 재난관련 담당 장관의 면담을 통해 국가 간 국제방재공동체 구축의 기반 마련과 선진형 재난관리시스템 및 안전복지정책을 도입하기 위한 전략을 수립한다. 자연 및 인적재난의 예방 및 복구에 있어 양국 간 협력강화를 위해 재난방재 정보·기술 교류는 물론 공동연구, 회의, 교육 등을 통해 국제적 재난대응능력을 제고하고, 재난방재 관련 기술·전문가를 교환하고 나아가서 공동의 프로젝트 개발 및 실현하여 국제방재공동체 구축하기 위한 전략을 수립한다.

1 아세안지역포럼

현재 아시아 지역의 경우 적대적인 정권이 대립하고 있는 한반도문제와 중국과 대만 간의 양안문제와 아시아 지역 내 국가들 간의 영토분쟁 등이 시사하는 바와 같이 아시아 지역은 아직 완전한 냉전의 청산하지 못하고 있는 것이 현실이다.

더욱이 최근 지역 내 국가뿐 아니라 전 세계적으로 비상한 관심을 모으고 있는 북한의 핵과 같은 대량 살상무기와 미사일 방위(MD, Missile Defence) 문제를 둘러싼 지속적인 분쟁요소도 지역의 안정에 도전요인이 되고 있을 뿐 아니라, 이 지역의 주도권 확보를 둘러싸고 전개되는 강대국 간 갈등은 지역질서의 불안정성과 불확실성을 더욱 증폭시키고 있다.

이러한 안보환경 속에서 아시아 태평양지역 국가들은 위기를 안정적으로 관리하고 평화를 정착시켜 나가는 중요한 전략의 하나로 '다자주의적 접근법'을 모색하기에 이르렀다. 이러한 맥락에서 아·태지역 역시 다자주의적 접근법을 모색해 왔는데, 아시아 지역 국가들은 자신의 안보를 담보하는 가장 확실한 방법으로 군사력 증강이나 양자 간 안보동맹과 같은 전통적 방법을 여전히 중시하고 있지만, 이를 보완하면서 장기적으로는 확실한 지역안보를 구축하기 위하여 '협력안보' 개념에 입각한 다자안보협력을 모색하게 되었고 그 결과 ARF가 탄생했다. 대표적인 다자간 안보협의체 1994년 아세안(ASEAN)이 설립하였는데 아세안지역포럼(ASEAN Regional Forum)은 짧은 역사에도 불구하고 운영체계를 정비하고 안보대화의 경험을 축적하여 아·태 지역의 신회구축과 예방외교를 위한 유용한 메커니즘으로 상당한 가능성을 보여주고 있다. 냉전시대의 유물을 청산하고, 아시아지역의 평화를 유지하기 위한 ARF는 급변하는 현대사회의 요구에 맞추어 국제적인 재난대응조직의 기능도 갖추게 되었다. 2002년 12월 4일에서 6일에는 효과적인 재난감시 및 대응체제 설립과 문제 국내 부처, 기구 간 역할 및 상호 운용성 및 민군협력 및 인도주의 활동 자발적 참여, 공동협력 등을 협의하는 등 싱가포르에서 '인도적 지원 및 재난구호 세미나'를 개최하였다.[84]

② 국제표준화기구 재난관리 총회

국제표준화기구 재난관리 총회(International Standardization Organization, ISD) 조직은 총회, 이사회, 기타 전문부회가 있으며 기술적인 업무는 2,850개의 기술 위원회, 하부 위원회와 업무수행 그룹이 맡아 시행한다. 표준화 업무에는 산업 각 분야, 조사 학회 회원, 정부 관계자, 사용자 단체, 국제기구 등이 참가하며, 해마다 모임에 참가하는 전문가의 수는 3만 명에 달한다. 국제표준화 기구에서는 국제표준화기구는 서남아시아 쓰나미와 같은 대형 재난 등을 계기로 재난관리 체계의 국제표준화가 시급하다고 보고 지난 2006년부터 표준화를 추진, 2008년 5월 20일 '국제재난관리 총회'를 서울에서 개막하여 우리나라를 포함해 미국과 영국 등 35개 나라 방재 전문가 150여 명이 참석해 재난관리 국제표준안을 정하기 위한 논의를 진행했다. 2008년 7월 16일에는 재난관리시스템에 대한 국제표준화에도 공동으로 대응해 나가기 위한 방안을 제안하는 등 국제적인 재난관리 국제표준안을 제정하는 데 노력하고 있다.

84) 변창구, 「ARF운영에 있어서 아세안의 리더십」, 『국제정치연구』, 제4집 2호, 2002.
　　변창구, 「탈냉전과 아세안의 다자안보대화: ARF의 현황과 전망」, 『국제정치논총』, 제36집 2호, 1996.
　　배긍찬, 「ARF의 평가와 발전과제: 3개 운영문서 채택·시행과 관련하여」, 『주요국제문제분석』, 서울: 외교안보연구, 2002.
　　변창구, 「아·태지역안보와 ARF: 가능성과 한계」, 『대한정치학회보』, 제11집 1호, 2003.
　　정준호 외, 「아·태지역 다자간 안보협력체 형성전망과 대응책」, 서울: 민족통일연구원, 1993.

네트워크를 통한 재난 예방시대(산·학·관·민)

1 한국의 재난관리의 현황

1) 재난대응훈련

① 추진근거

「재난 및 안전관리기본법」(법률 7849호)
「비상대비자원관리법」(법률 7217호)

② 추진배경

인간은 환경과 끊임없이 상호작용을 거듭하면서 여러 가지 신체적·심리적 구조와 기능들이 발달·변용되어 간다. 따라서 이에 따른 교육과 훈련 및 학습이 필요하다. 집단 안에 들어가면 사람은 혼자 있을 때와는 달리 행동하는데, 이에 큰 영향을 미치는 요인은 지도자의 지도력, 집단의 크기나 통신망과 같은 집단구조 등이 있다. 재난관리는 행동하기 위한 기억과 학습이 필요하다. 즉 일반 시민은 재난의 책임자라는 의식을 가져야 한다. 따라서 평소에 재난예방에 대한 책임의식을 가지는 문화를 조성하는 한편, 효율적인 재난관리를 추구하기 위한 차원에서 재난대응 훈련을 실시하였다.

③ 주요 내용

가. 재난대응훈련의 의의

재난에 있어 피해자들을 제외한 일반 시민에게는 4가지 역할이 있다. 첫째, 재난에 노출되어 있는 예비피해자가 될 수 있으며, 둘째, 재난현장의 방관자가 될 수도 있고, 셋째, 재난을 당한 사람들을 구하는 구호자의 입장도 될 수 있으며, 넷째, 재난관리를 해야 하는 재난책임자가 될 수도 있다. 평소에 재난에 대비해서 교육과 훈련을 받아야 한다. 그리고 재난에 대한 안전문화를 조성해 나가야 한다. 재난의 개연성은 항시 존재하기 때문에 평소의 교육이나 훈련이 안전문화의 조성을 위해 매우 중요하다.

나. 시기별 재난대응훈련 현황

시기별 재난대응훈련은 매년 3월, 5월, 6월, 7월, 9월, 11월로 6차례 정도 훈련을 실시한다. 3월에는 봄철 산불·해빙기 안전사고 대비훈련 실시, 본격적인 여름철을 대비해 5월과 6월에는 풍수해 등 대비 훈련실시(「재해위험경보발령」에 의한 주민대피훈련 실시, 시·군·구 훈련), 7월과 9월에는 테러 및 지진 대비훈련 실시, 11월에는 겨울철 산불, 화재 등 생활 주변 안전사고 대비훈련 실시하고 있다.

또한 각 시·군·구 단위 및 마을단위로 실시되는 재난대응훈련은 해당하는 월 중에 자율적으로 실시하고 있다. 시·군은 연 2회 풍수해, 산불, 화재 등 대비훈련을 하고, 구 지역에서는 연 4회 생활주변 안전사고 대비훈련을, 마을 단위 훈련은 시범마을중심으로 3월에서 9월 중 실시하되 연 3회 정도 실시한다. 특히 재해취약지역에 한해서 월 1회 정도 예찰훈련을 하고 있다.

2) 을지연습(乙支演習)

① 추진근거

「비상대비자원관리법」(「법률」 제7217호)

② 추진배경

태극연습을 시초로 1969년에 개칭된 을지연습은 전시 또는 이에 준하는 국가비상사태에 대비하기 위해 국가위기관리연습, 중앙정부 차원의 재난대비연습 및 국가총력전 대비태세를 검토하기 위한 정부 차원의 연습이다.

1976년부터는 군사연습인 포커스렌즈(Focus Lens)와 정부연습인 을지연습이 을지포커스렌즈지휘소연습이라는 명칭으로 통합, 실시되었다. 포커스렌즈연습은 국제연합군사령부 주관 하에 1960년대부터 매년 실시해 온 군사훈련연습이고, 을지훈련은 1968년 북한 무장공비들에 의한 청와대기습시도사건을 계기로 비정규전 상황에 대처할 수 있는 능력을 향상시키려는 계획에 따라 실시되었다.

③ 주요내용

「비상대비자원관리법」(일부개정 2004년 9월 23일 「법률」 7217호) 제1조에 의하면 비상사태는 '전시, 사변 또는 이에 준하는 비상시'라고 규정된다. 비상대비업무는 '비상사태 시 국가의 인력, 물자 등 자원을 효율적으로 활용할 수 있도록 이에 대비한 계획의 수립, 자원조사 및 훈련 등'을 실시하는 것이다. 비상대비계획은 행정안전부 주관으로 실시하는 을지연습과 비상대비계획이 있다.

행정기관이 상호 연계하여 전시대비계획의 실효성을 검토·보완·발전시키는 데 목적을 두며, 국가비상사태에 대비한 국가자원의 효율적 통제, 군사작전 지원, 전시 정부기능 유지, 전쟁지속능력 유지 등을 통해 궁극적으로 국가의 안전을 보장하는 데 목표가 있다. 을지연습은 「비상대비자원관리법」을 근거로 하여 실시되는데, 국무총리가 연습방법과 기간 등을 정하고 대통령의 승인을 얻어 실시한다.

2000년에서 2004년 동안에 실시한 연습 중점을 보면 2000년에서 2002년의 경우는 핵심 과제 연습정착, 통합운용도표 적용, 전시, 평시 재난대비태세 발전, Cyber전 대비 연습 강화, 국가자원 복원개념 적용연습 등이었고, 2003년은 재난 및 테러사태 대처능력 향상, 정보화 기술적용, 연습의 과학화 등이었다. 2004년엔 국가위기관리를 위한 전쟁수행기구 연습강화, 국가핵심기반체계 보호연습 및 실제훈련 강화, 화상회의 시스템을 이용한 의사결정 연습 등이었는데, 연습중점이 전시대비에서 포괄적 안보위협대비로 전환중인 것을 알 수 있다.

한편, 정부는 2006년 8월 29일 발표에서 2006년 을지포커스렌즈(UFL) 훈련을 예년과 달리 전시 작전통제권 환수에 대비한 훈련의 일환으로 한국군의 작전통수권 단독행사상황을 가정하고 한미연합훈련을 실시하고 있는 것으로 밝혔다.

3) 생활민방위훈련(生活民防衛訓練)

① 추진배경

국가안보의 기반이자 국민 자율방위조직으로서 남북의 화해와 협력의 증진을 뒷받침해 온 최후의 예비전력이라고 할 수 있는 민방위는 조직의 정예화, 시설장비의 현대화와 정보화를 통해 국가안보와 재난대비의 중추조직으로 발전해왔다. 또한 국민부담의 경감과 편의증진을 위해 제도가 개선되어 왔다.

그러나 법 제정 당시의 안보상황을 기준으로 마련된 제도의 틀이 크게 변하지 않고 안보·자위 중심의 제도로 지금까지 운영되고 있는 까닭에 최근 증가하고 있는 각종 재해·재난은 물론, 전기·가스·화재·교통사고 등 생활 주변의 각종 안전사고에 대한 대응역량의 배양 필요성에 부응하지 못하고 있다.

따라서 국내외 정세 변화에 따른 새로운 안보의식의 함양과 생활민방위 교육·훈련의 강화로 민방위사태 예방 및 대응능력을 향상하고, 시민안전 의식을 고양을 하고자 생활민방위가 추진되었다.

② 추진내용

가. 추진목표

첫째, 개인별로 대처하기 곤란한 각종 재난과 재해를 예방하고 피해 최소화를 위해 지역과 마을단위의 자위역량을 극대화하는 재난 긴급대처조직으로 육성한다.

둘째, 생활안전을 통한 사회안전의 확보를 위해 안전의 생활화 및 사고발생시의 대응능력을 배양하여 생활안전 지킴이의 역할을 강화한다.

셋째, 실생활에 유익한 교육·훈련을 통해 민방위의 필요성을 인식하도록 하고, 평시의 재난극복경험을 축적하여 비상시의 위기관리능력을 배양하여 생활민방위 역량을 안보역량으로 연계한다.

나. 추진방침

첫째, 개개인별로 대처하기에 곤란한 재난과 재해 발생 시의 피해를 최소화하기 위한 예방과 응급복구 활동을 효율적으로 추진하기 위해 지역 및 마을단위로 재난대비 민방위역량을 강화한다.

둘째, 평소 개개인의 관심과 주의를 통해 미연에 방지할 수 있는 각종 화재·전기·가스·교통사고의 예방과 초동 대응능력을 배양하기 위해 민방위교육의 안전·실기분야 비중을 강화한다.

셋째, 생활민방위분야의 예산 지원 및 우수 민방위에 대한 인센티브 제공 등 파급효과의 극대화를 위한 행정적·재정적 지원을 강화한다.

4) 방공훈련

① 근거

「민방위기본법」(「법률」 제7980호)

② 배경

20세기 초의 민간 방공활동은 공습 사이렌이 울리면 길거리의 시민들이 건물 안으로 대피하는 정도에 지나지 않았다. 그러나 제2차 세계대전 중에 등장한 원자폭탄과 그 뒤의 핵무기 개발은 세계 각국으로 하여금 민간에 의한 방위체제를 한층 더 심각하게 강구하도록 하고 있다.

우리나라에서 현대적 의미의 민방위제도가 시작된 것은 1951년 1월 국방부 계엄사령부에 민방공본부와 각 도에 지부를 설치한 것이 효시이다. 그 뒤 민방위 업무는 내무부 치안국으로 이양이 되었고, 1972년 1월부터는 매월 15일을 '방공·소방의 날'로 정하여 민방공훈련을 실시하였다.

③ 내용

방공훈련(防空訓練, Air Defense Exercise)은 적의 공중공격에 대한 모든 적극적 대책과 소극적 대책 및 처리에 대한 훈련을 말한다. 즉 공습에 의한 피해를 줄이기 위해 적기의 습격에 대처하는 등화관제·소방·구조 작업 등에 대한 훈련을 의미하며, 동의어로 반공연습이라는 용어가 사용되기도 한다.

민방위훈련은 매월 15일 '민방위의 날'에 전국에 걸쳐 일제히 실시함을 원칙으로 하고 모든 주민이 참여하도록 되어 있다. '민방위의 날' 훈련은 적기 공습에 대비한 주민대피훈련과 함께 지역별·계절별 각종 재난을 예상하여 지역 단위 또는 직장 단위로, 특수훈련(시범훈련)을 실시하고 있다. 주민대피훈련은 경계경보와 공습경보로 나누어 실시되는데, 이는 바로 유사시의 국민 행동요령이기도 하다.

경계경보는 적의 공습이 예상될 때 발령되고, 공습경보는 공습이 긴박하거나 공습 중일 때 발령된다. 민방위 경보 신호는 다음과 같다. 시범훈련은 교통통제훈련·시민통제훈련·소방훈련·화생방방호훈련·야간등화관제훈련 등의 민방공훈련이 있고, 각종 재난에 대비한 풍수해대비훈련·산불예방진화훈련·설해대비훈련·유독성가스방제훈련 등이 있으며, 비정규전에 대비한 주민신고훈련·직장방호훈련 등도 있다.

방공훈련의 운영횟수는 연간 4회 실시되며, 정기민방공훈련은 3회(4, 8, 10월), 불시민방공훈련은 1회(8월 을지연습기간 중 실시)가 실시된다. 일시는 매월 15일 실시하는 것이 원칙이며, 15일이 토요일이면 금요일, 공휴일이면 다음 날에 실시된다. 시간은 20분[공습(15분) ⇒ 경계(5분) ⇒ 해제]이며, 정기훈련은 날짜와 시간을 지정(15일, 오후2시)하지만, 불시훈련은 날짜는 지정하되, 시간을 미지정 상태로 실시한다. 훈련대상 및 내용에서 대상은 주민, 운행 중인 차량 등으로 하며, 내용은 경보전파, 주민대피, 차량통제훈련, 전시국민행동요령 교육·습득, 적기 식별, 대공감시, 직장방호 등을 훈련내용으로 한다. 훈련경보발령은 첫째, 경보발령으로 전국적으로 일시에 발령되며, 둘째, 경보단계는 공습경보(3분) ⇒ 경계경보(1분) ⇒ 해제의 순으로 경보단계가 진행된다.

② 현재 우리나라의 재난관리 네트워크

1) 범정부 재난관리네트워크 구축사업

① 추진배경

범정부 재난관리네트워크 구축사업은 후쿠오카 지진 발생 시(2005년 3월 20일) 지진 해일 관련 상황전파 지연사례 발생, 아현동 가스폭발 사고 발생시(1994년 12월 8일) 가스차단 밸브 위치 미파악으로 화재진화 지연 등의 사례를 관련하여 논의되기 시작했다. 즉 재난 상황을 신속히 전파·수집할 수 있는 시스템 구축 및 기관별로 보유하고 있는 재난관련정보의 공동 활용체계 마련의 필요성, 국가재난관리정보시스템과 긴급구조시스템(활동정보) 정보연계의 필요성 등이 대두되었다고 할 수 있다.

② 주요 내용

가. 추진내용

기존의 현황 및 실태를 살펴보면, 재난관리책임기관 간에 재난상황 발생 시 신속한 대응이 미흡하였다. 즉 유관기관과의 정보 공동 활용을 위한 상시적인 협의체가 구축하지 못하였으며, 각 기관의 관련정보 시스템 미 연계로 재난정보 공동 활용이 미흡했다. 예를 들면, 71개 재난관리책임 기관 중 기상청, 홍수통제소 등 일부 기관과 정보연계 활용에 그쳤다.

업무처리절차 재설계/정보화전략계획 수립(BPR/ISP)용역 결과에 근거한 재난관리정보시스템 고도화 추진, 재난관련 담당공무원의 국가안전관리정보시스템 운영방법 숙지 등을 위한 사용자 교육 강화, 재난정보 On-Line 연계 확대, 재난관련 통합 DB 구축 등 인터넷 홈페이지를 활용한 재난정보 수집·전파체계를 확립하고 있다.

주요 사업내용은 다음과 같다.

첫째, 71개 재난관리책임 기관의 재난상황 전파·수집시스템 구축을 위하여 재난관리책임기관 간 재난상황 수집·전파 기능 구축을 신규개발, 기존의 재난대응지시관리시스템과 연계하는 것에 있다.

둘째, 재난정보 공동 활용시스템 구축(1차 21개 기관 중 2005년 15개 기관 우선 연계)하는 것이다. 즉 원자력, 전력, 통신, 응급의료, 해양사고, 고속도로, 산사태 위험지, 산불위험·지리, 조석, 댐·저수지 담수, 항공기결항 정보 등 재난관리책임기관별 보유 정보를 연계한 공동 활용시스템을 구축하는 것이다.

셋째, 소방과 방재의 재난상황 통합관리시스템 기능을 구축하고, 재난상황 실시간 전파시스템 기능 연계구축을 통하여 국가재난관리시스템과 긴급구조(활동정보) 시스템 연계하는 것이다.

나. 문제점

2006년 7월 20일 감사원의 「재난관리체계 구축 및 운용실태」 보고서에 따르면, 소방방재청의 경우 재난관련 정보를 종합 관리하는 국가재난관리정보통신 시스템(NDMS)과 관련, 시스템 설계 단계에서부터 전체 23종의 관리대상 시설물 중 9종에 대해서만 자료를 입력하도록 해 나머지 14개 시설물은 '사각지대'에 놓이게 되는 결과를 초래한 것으로 지적됐다.

정보 입력 관리도 제대로 이뤄지지 않아 지난해 11월 현재 전체 방재시설물 5만 130개 가운데 34.3%인 1만 7,193개만 데이터베이스(DB)에 입력돼 있었으며, 그나마 시설물별 피해규모가 기재된 경우는 지자체별로 입력대상의 2.7~39.9%에 그치는 등 필수정보가 누락된 사례가 적지 않았다.

3 소결론

민·관협력을 통한 안전문화운동을 활성화시키기 위해 시책을 중점 추진한다. 범정부차원의 추진체계를 구축하는 한편, 관련 시민단체와 자원봉사자를 육성하고, 협력 사업에 필요한 인적 물적 지원의 근거를 다음과 같이 마련한다.

첫째, 방재산업에서 민·관협력 체계 마련을 위한 전략을 수립한다. 방재산업은 우수한 제품이 있어도 활용하지 못하고, 해외진출이 힘든 상태이다. 중소기업들이 많은 특허상품들을 내놓고 있지만, 너무 비싸거나 판로개척을 제대로 못하는 등 많은 한계점이 나타나고 있으며, 재난재해 예방뿐 아니라 일자리 창출을 위해서라도 방재산업 육성이 필요한 실정이다.

우리나라의 재난안전 관련 연구개발 투자는 선진국에 비해 상대적으로 저조하고, 재난관련 기술 산업에 대한 사회적 환경이 조성돼 있지 않은 실정이지만, 선진국에서는 첨단 우주산업, 통신 산업 등에서 개발된 기술을 재난관련 분야에 활용하는 응용연구개발사업을 적극 추진해 재해현장 투입용 무인로봇, 자동부상형 제방 등을 개발, 실용화하고 있다.

방재산업은 <표 7-1>과 같이, 하드웨어, SW 및 서비스 분야별로 시급성이 있고 부가 가치가 큰 분야에 집중하여 기반기술에 대한 연구개발 역량 극대화와 전문기업 육성을 성공적으로 달성함으로써 향후 10년 이내에 추진분야별로 세계 굴지의 전문기업을 육성하고, 국가경제에 이바지할 수 있다.

따라서 방재산업을 통해 국내외 대학, 연구기관, 기업 등이 개발한 기술을 중소기업이 이전받아 실용화·상품화 하는데 소요되는 추가개발비용을 지원하여 중소기업 이전기술개발 사업으로 지원하는 방안을 제시하여, 방재산업을 하는 중소기업의 '기술개발(R&D) → 사업화 → 마케팅'을 일관 지원하는 'R&D 토털 지원시스템'을 통하여 중소기업 기술혁신을 지원하기 위한 전략 계획을 수립한다.

방재안전산업진흥 기본계획 수립에 따라 정부차원에서 방재산업체 육성, 제품인증 및 활용, 재원조달 등을 위하여 5년 단위로 방재산업진흥을 위하여 다음과 같이 기본계획을 수립하고 이행토록 추진한다.

〈표 7-1〉 재난관리 관련 주요 산업 분야

구 분		주요 산업 제품
하드웨어 분야	방재분야	• 굴삭기, 돌망태, 배수관, 마대, 염화칼슘, 제설함, 비상발전기, 도로 표지병, 가드레일, 낙석방지망, 보·차도 난간 등
	비상식·음료	• 식수, 살균용 식수첨가제
	계측 및 분석 장비	• 생체인식장비, X선 장비, 구조물분석용 X선 장비, 음파탐지기, 특수카메라 및 영상장비
	정보기기 및 시스템	• 재난관리시스템, 휴대용무선제어기, NDMS, 무선송수신시스템
	교육장비	• 학습용 교보제(비디오테이프, CD 등), 보안검색장비, 안전화, 보안경, 작업화
소프트웨어 분야	시뮬레이션	• 기상시나리오, 예측시뮬레이션 및 솔루션, 재난대응 SW, VR기술 기반의 재난현장 재현시스템
	기타	• 재난경보 및 방송외국어 통번역시스템
서비스 분야	연구개발	• 재난예측 및 평가, 언론홍보, 제품·서비스 표준화/ 관련 규격개발, 품질관리, 산업안전·육성정책, 제도적 지원방안
	조사 분석	• 제품/시장 동향분석, 마케팅 전략
	설계, 시험 및 평가	• 기기/관련제품 승인 및 인허가, 내진성능평가, 사전재해영향성 평가, EAP계획수립, 구조설계기술
	교육훈련	• 전문인력양성, 인적교류, 디지털컨텐츠제작, 연수, 산업전시관, 재난방송, 기술 및 사업정보제공, 기술평가, 국제협력

첫째, 방재 산업을 지원하기 위하여 방재안전산업체 및 우수제품 인증 제도를 도입한다. 방재안전산업체의 우수한 방재제품 생산·유통을 촉진하고, 방재관련 산업체의 차별화된 지원을 위하여 인증제도를 도입하기 위해 방재제품 평가 전문기관을 지정·설립하여, 방재안전산업 및 제품 인증을 위한 평가를 실시하고, 그 결과를 토대로 방재산업·제품 인증서 발급 및 제품을 홍보하고, 방재안전산업 및 방재제품으로 인증 받은 업체는 국가가 지원하는 각종 인센티브 혜택을 받을 수 있도록 제도화를 통하여 방재안전산업 육성은 물론 재난예방활동에 적극적인 참여를 유도한다.

둘째, 국가 재난관리 분야의 연구개발(R&D) 사업에서의 민관협력체계를 위한 전략을 수립한다. '과학방재'를 정책기조로, 세계적으로 기술적 우위를 점하고 있는 IT, 항공우주기술, 환경기술 등 개별기술을 통합하고 연구결과를 소방방재 분야에 접목할 수 있는 전략을 수립한다.

국가 R&D사업에서 재난안전분야의 비중을 더욱 확대하기 위해 피해저감을 위한 신기술 및 피해추정기법, 예방 교육훈련 소프트웨어, 긴급대응장비 첨단화, 재난구호 물류관리시스템, 재난피해조사 장비 등의 개발을 적극 추진할 수 있는 계획을 수립하고 신기술에 대한 법적 보호 장치 마련 및 공동연구, 산업단지 조성하기 위한 전략을 수립한다.

셋째, 민간 기업에서 민·관협력체계를 위한 전략을 수립한다. 민간기업 분야에서는 비즈니스상시운영계획(BCP, Business Continuity Plan)에 대한 인식은 일반적으로 기업에서 정보시스템을 중심으로 한 데이터 자동 백업과 시스템 장애를 복구하는 개념으로 출발하여 비즈니스적 관점에서 전반적인 재난관리 활동을 의미하며 리스크 평가, 리스크관리, 안전·보안관리, 계획수립, 대응 및 복구 활동, 훈련·학습, 위기전달 등을 포함한다.[85]

---

85) 김태환, 『방재학 정체성 확립을 위한 기초연구: 방재대응 및 복구』, 2009.

{참고문헌}

강예진, 「재난관리 패러다임의 변화와 도시재난관리체계 개선방안에 관한 연구」, 아주대
　　　대학원 석사, 2006.

국무총리행정안전부, 「2005년도 비상대비 교관요원 교육 자료집」 국무총리행정안전부,
　　　2005.

국방군사연구소, 「국방사연표」, 1945~1990》 서울: 국방군사연구소, 1994.

국방부, 『국방백서』, 서울: 국방부, 1997.

국정원, 『대테러정책 연구논총』, 손주영 한국외대 아랍어과 교수,「이슬람의 이데올로기
　　　화와 급진 이슬람원리주의」, 2004.

국정원, 『대테러정책 연구논총』, 홍순남 한국외대 아랍어과 교수, 「이슬람과 테러리즘」,
　　　2004.

국회사무처 법제실, 「국회통과 새법률 소개: 제252회 국회(임시회) 제8차 본회의
　　　(2005.3.2)」, 서울: 국회사무처 법제실, 2005.

기상청, 「태풍의 정체와 예보 -태풍피해를 줄입시다」, 기상청, 1998.

기타 각종 인터넷 포탈사이트에서 정보 수집.

김경선, 「국가관리체계 발전방안에 관한 연구」, 서울시립대학 도시과학 대학원, 2007.

김상현, 「한국재난관리체계 개편에 관한 연구: 현재난관리체계의 문제점 분석을 통한 소
　　　방」.

김현준, 「2002년 태풍 루사와 400년전 태풍의 비교」, 한국건설기술연구원 수자원연구
　　　부, 2005.

내무부, 『재해극복30년사: 1963~1993』, 1995.

노암 촘스키, 『국제 테러리즘의 실체, 해적과 제왕』, 황소걸음, 2004.

노암 촘스키, 『미국이 진정으로 원하는 것』, 한울, 1996.

노암 촘스키, 『촘스키, 누가 무엇으로 세상을 지배하는가』, 시대의창, 2002.

노암 촘스키, 『촘스키, 세상의 권력을 말하다 1, 2』, 시대의창, 2004.

동아닷컴, 「디지털스토리」 2005.4.5.

동아일보, 2004.2.13, 2004.8.31.

동아일보, 2006.8.30.

동아일보, 2006.8.31.

동아일보, 2004.3.12.

동아일보 2005.5.6.

민방위재난관리국 2004.

박광길, 「재난관리에 있어 재난심리학의 적용과 연구 방향」, 『방재연구』 국립방재연구소, 2005.9.

박광욱, 「재난관리의 효율성에 미치는 요인에 관한연구」, 인천광역시 사례, 인천대 대학원 석사, 2008.

박우철, 「재난관리의 효율적 체제에 관한 연구」, 경원대 산업대학원 석사 2009.

법제처, 『한민국법제50년사 상(上)』, 서울: 법제처, 1999.

삼성방재연구소, 「위험관리」, 삼성화재해상보험주식회사, 2005.

삼성방재연구소, 「위험관리 제100호 특집」, 삼성화재해상보험주식회사, 2006.

양인석, 「재난관리조직 발전방안에 관한 연구: 제주도 특별자치도에 한하여」, 제주대 행정대학원 석사, 2008.

여차민, 「재난관리체제 운영현황과 개성방안 연구: 형태, 체계 그리고 효율성을 중심으로」, 한양대학교 박사, 2007.

연합뉴스, 2003.12.31.

이강일(한국테러리즘연구소 특별회원), 「미국과 테러리즘에 대한 소고」, 2001.

이원호, 「안전관리정책의 개선방안」, 박병철문화재.

이인원, 「2005 강원도양양군산불피해현장」, ≪방재연구≫제7권 제2호, 국립방재연구소, 2005.

이종민, "국가재난관리 발전방안에 관한 연구: 소방분야를 중심으로" 군산대 대학원 석사 2008.

이종태, 「우리나라 재해관리시스템 개선방안 심포지엄: 재해관리! 무엇이 문제인가」, 한국수자원학회, 2003.

장태현, 「한국재난통합관리체계에 관한 연구」, 인하대 석사, 2004.

정은경, 「사스특집(3. 우리나라 정부의 사스 대응)」, ≪감염발생정보≫, 서울: 국립보건원, 2003.11.

조선일보, 1995.7.29.

조선일보, 1995.7.30.

조선일보, 1997.12.30「재난및안전관리기본법」(법률」 7849호)

조선일보, 1997.8.23.

조선일보, 2005.4.28.

중앙119구조대, 『재난유형별 사고사례집』, 서울: 중앙119구조대, 1998.

중앙119구조대, 『재난유형별 사고사례집』, 서울: 중앙119구조대, 1998.

중앙119구조대, 『재난유형별 사고사례집』, 서울: 중앙119구조대, 1998.

중앙일보, 2006.7.18.

질병관리본부 전염병관리팀, 신종인플루엔자 대응팀.

천병철, 「사스특집(1. 사스의 역학)」, ≪감염발생정보≫, 서울: 국립보건원, 2003.11.

한겨레, 2002.9.3.

한겨레, 2005.4.5.

한겨레, 1998.11.12.

한상대, 「지방자치단체 재난관리체제에 관한 연구」, 아주대 공공정책대학 석사, 2004.

행정안전부, 「2002 태풍 루사 피해 현장조사 보고서」, 국립방재연구소, 2002.

행정안전부, 「2003 재난연감」, 서울: 행정안전부 민방위재난통제본부.

행정안전부, 「2003 태풍 매미 피해 현장조사 보고서－홍수, 해일, 전력계통 피해(9.12~
　　　9.13)」, 국립방재연구소, 2003.

행정안전부, 「재난관리 6년의 발자취」, 서울: 행정안전부, 2002.

홍성태, 「참여사회」, 인터넷참여연대, 2005.6.

부 록

재난 및 안전관리기본법
소방기본법
대테러 방지법
문화재보호법

재난 및 안전관리기본법

일부개정 2010.01.18 (법률 9932호)
시행일자 2010.03.19

제1장 총칙

제1조(목적) 이 법은 각종 재난으로부터 국토를 보존하고 국민의 생명·신체 및 재산을 보호하기 위하여 국가 및 지방자치단체의 재난 및 안전관리체제를 확립하고, 재난의 예방·대비·대응·복구 그 밖에 재난 및 안전관리에 관하여 필요한 사항을 규정함을 목적으로 한다.

제2조(기본이념) 이 법은 재난을 예방하고 재난이 발생하는 경우 그 피해를 최소한으로 줄이는 것이 국가 및 지방자치단체의 기본적 의무임을 확인하고, 모든 국민과 국가·지방자치단체가 국민의 생명 및 신체의 안전과 재산보호에 관련된 행위를 하는 때에는 안전을 우선적으로 고려함으로써 국민이 재난으로부터 안전한 사회에서 생활할 수 있도록 함을 기본이념으로 한다.

제3조(정의) 이 법에서 사용하는 용어의 정의는 다음과 같다. <개정 2007.1.26, 2007.8.3, 2008.12.31, 2009.12.29>
   1. "재난"이라 함은 국민의 생명·신체 및 재산과 국가에 피해를 주거나 줄 수 있는 것으로서 다음 각 목의 것을 말한다.
      가. 태풍·홍수·호우(호우)·강풍·풍랑·해일(해일)·대설·낙뢰·가뭄·지진·황사(황사)·적조 그 밖에 이에 준하는 자연현상으로 인하여 발생하는 재해
      나. 화재·붕괴·폭발·교통사고·화생방사고·환경오염사고 그 밖에 이와 유사한 사고로 대통령령이 정하는 규모 이상의 피해
      다. 에너지·통신·교통·금융·의료·수도 등 국가기반체계의 마비와 감염병 확산 등으로 인한 피해
   2. "해외재난"이라 함은 대한민국의 영역밖에서 대한민국 국민의 생명·신체 및 재산에 피해를 주거나 줄 수 있는 재난으로서 정부차원의 대처가 필요한 재난을 말한다.

3. "재난관리"라 함은 재난의 예방·대비·대응 및 복구를 위하여 행하는 모든 활동을 말한다.

4. "안전관리"라 함은 시설 및 물질 등으로부터 사람의 생명·신체 및 재산의 안전을 확보하기 위하여 행하는 모든 활동을 말한다.

5. "재난관리책임기관"이라 함은 재난관리업무를 행하는 다음 각목의 기관을 말한다.
   가. 중앙행정기관 및 지방자치단체
   나. 지방행정기관·공공기관·공공단체(공공기관 및 공공단체의 지부 등 지방조직을 포함한다) 및 재난관리의 대상이 되는 중요시설의 관리기관 등으로서 대통령령이 정하는 기관

6. "긴급구조"라 함은 재난이 발생할 우려가 현저하거나 재난이 발생한 때에 국민의 생명·신체 및 재산의 보호를 위하여 제7호의 규정에 의한 긴급구조기관과 제8호의 규정에 의한 긴급구조지원기관이 행하는 인명구조·응급처치 그 밖에 필요한 모든 긴급한 조치를 말한다.

7. "긴급구조기관"이라 함은 소방방재청·소방본부 및 소방서를 말한다. 다만, 해양에서의 재난의 경우에는 해양경찰청·지방해양경찰청 및 해양경찰서를 말한다.

8. "긴급구조지원기관"이라 함은 긴급구조에 필요한 인력·시설 및 장비를 갖춘 기관 또는 단체로서 대통령령이 정하는 기관 및 단체를 말한다.

제4조(국가 등의 책무) ① 국가 및 지방자치단체는 재난으로부터 국민의 생명·신체 및 재산을 보호할 책무를 지고, 재난의 예방과 피해경감을 위하여 노력하여야 하며, 발생한 재난을 신속히 대응·복구하기 위한 계획을 수립·시행하여야 한다.
② 제3조제5호 나목의 규정에 의한 재난관리책임기관의 장은 소관업무와 관련된 안전관리에 관한 계획을 수립하고 이를 시행하여야 하며, 그 소재지를 관할하는 특별시·광역시·도·특별자치도(이하 "시·도"라 한다) 및 시·군·구(자치구를 말한다. 이하 같다)의 재난 및 안전관리업무에 협조하여야 한다. <개정 2007.1.26>

제5조(국민의 책무) 국민은 국가 및 지방자치단체의 재난 및 안전관리업무 수행에 최대한 협조하여야 하고, 자기가 소유하거나 사용하는 건물·시설 등으로부터 재난이 발생하지 아니하도록 노력하여야 한다.

제6조(안전점검의 날 등) 국가는 대통령령이 정하는 바에 따라 국민의 안전의식 수준을 높이기 위하여 안전점검의 날 및 방재의 날을 정하여 필요한 행사 등을 할 수 있다.

제7조(안전관리헌장) ① 제9조제2항의 규정에 의한 중앙안전관리위원회위원장은 재난을 예방하고 재난이 발생하는 경우 그 피해를 최소한으로 줄이기 위하여 재난 및 안전관리업무에 종사하는 자가 지켜야 할 사항 등을 포함하는 안전관리헌장을 제정·고시하여야 한다.

② 재난관리책임기관의 장은 제1항의 규정에 의한 안전관리헌장의 실천에 노력하여야 하며, 안전관리헌장을 재난관리업무와 관련된 시설이나 지역에 상시 게시할 수 있다. <개정 2007.1.26>

제8조(다른 법률과의 관계 등) ① 재난 및 안전관리에 관하여 다른 법률을 제정하거나 개정하는 경우에는 이 법의 목적과 기본이념에 부합되도록 하여야 한다.

② 제3조제1호가목의 규정에 해당하는 재난의 예방·복구 등에 관하여는 이 법에서 정한 것을 제외하고는 「자연재해대책법」이 정하는 바에 따른다. <개정 2007.1.26>

③ 제3조제1호다목의 규정에 해당하는 재난에 대하여는 제26조제1항제5호·제27조·제28조·제30조·제31조·제67조·제68조 및 제76조의 규정을 적용하지 아니한다. <개정 2007.1.26>

제2장 안전관리기구 및 기능

제9조(중앙안전관리위원회) ① 안전관리에 관한 중요정책의 심의 및 총괄·조정, 안전관리를 위한 관계부처간의 협의·조정 그 밖에 이 법이 정하는 안전관리에 필요한 사항을 시행하기 위하여 국무총리소속하에 중앙안전관리위원회(이하 "중앙위원회"라 한다)를 둔다.

② 중앙위원회의 위원장은 국무총리가 되고, 위원은 대통령령이 정하는 중앙행정기관 또는 관계 기관·단체의 장이 된다.

③ 중앙위원회에 부의될 의안의 검토, 재난의 대비·대응·복구(이하 "수습"이라 한다)를 위한 관계부처간의 협의·조정사항중 대통령령이 정하는 경미한 사항의 협의·조정 등을 위하여 중앙위원회에 행정안전부장관을 위원장으로 하는 조정위원회(이하 "조정위원회"라 한다)를 둔다. 이 경우 조정위원회의 협의·조정을 거친 재난의 수습은 중앙위원회의 협의·조정을 거친 것으로 본다. <개정 2008.2.29>

④ 중앙위원회 및 조정위원회에 각각 간사위원 1인을 두되, 중앙위원회 간사위원은 행정안전부장관이, 조정위원회 간사위원은 행정안전부 제2차관이 된다. <개정 2007.1.26, 2008.2.29>

⑤ 중앙위원회업무의 효율적 운영을 위하여 필요한 경우 분과위원회를 둘 수 있다.

⑥ 중앙위원회·조정위원회 및 분과위원회의 구성·운영 등에 관하여 필요한 사항은 대통령령으로 정한다.

제10조(중앙위원회의 기능 등) ① 중앙위원회는 다음 각 호의 사무를 행한다. 이 경우 국가안전보장과 관련된 사무의 경우에는 국가안전보장회의와 협의하여야 한다. <개정 2007.1.26>

1. 안전관리에 관한 중요정책의 심의 및 총괄·조정

2. 국가안전관리기본계획안 및 집행계획안의 심의

3. 중앙행정기관이 수행하는 재난 및 안전관리업무의 협의·조정

3의 2. 제25조의2의 규정에 따른 국가기반시설 지정사항의 심의

4. 재난사태 선포 및 특별재난지역 선포에 관한 건의사항의 심의와 제36조제1항 단서의 규정에 따른 재난사태 선포의 사후승인

5. 다른 법령에 의하여 중앙위원회의 권한에 속하는 사항의 처리

6. 그 밖에 위원장이 부의하는 사항의 심의

② 중앙위원회는 그 소관사무에 관하여 재난관리책임기관의 장이나 관계인에 대하여 자료의 제출, 의견의 진술 그 밖의 필요한 사항에 대하여 협조를 요청할 수 있다. 이 경우 요청을 받은 자는 특별한 사유가 없는 한 이에 응하여야 한다.

제11조(지역위원회) ① 지역별 안전관리에 관한 중요정책의 심의 및 총괄·조정, 지역별 안전관리업무의 협의·조정 그 밖에 이 법이 정하는 지역별 안전관리에 필요한 사항을 시행하기 위하여 특별시장·광역시장·도지사·특별자치도지사(이하 "시·도지사"라 한다)소속하에 시·도안전관리위원회(이하 "시·도위원회"라 한다)를, 시장·군수·구청장(자치구의 구청장을 말한다. 이하 같다)소속하에 시·군·구안전관리위원회(이하 "시·군·구위원회"라 한다)를 둔다. <개정 2007.1.26>

② 시·도위원회의 위원장은 시·도지사가 되고, 시·군·구위원회의 위원장은 시장·군수·구청장이 된다.

③ 시·도위원회 및 시·군·구위원회(이하 "지역위원회"라 한다)에 부의되는 의안을 검토하고, 관계기관간의 협조사항을 정리하는 등 지역위원회의 효율적인 운영을 도모하기 위하여 지역위원회에 실무위원회를 둘 수 있다.

④ 지역위원회 및 실무위원회의 구성 및 운영에 관하여 필요한 사항은 당해 지방자치단체의 조례로 정한다.

제12조(지역위원회의 기능) 지역위원회는 다음 각 호의 사무를 행한다. <개정 2007.1.26>

    1. 당해 지역에 있어서의 안전관리정책의 심의 및 총괄·조정

    2. 당해 지역에 있어서의 안전관리계획안의 심의

    3. 당해 지역을 관할하는 재난관리책임기관(중앙행정기관 및 상급지방자치단체를 제외한다)이 수행하는 안전관리업무의 협의·조정

    4. 다른 법령 또는 조례에 의하여 당해 지역위원회의 권한에 속하는 사항의 처리

    5. 그 밖에 지역위원회의 위원장이 부의하는 사항의 심의

제13조(지역위원회 등에 대한 지원 및 지도) 행정안전부장관(제3조제1호다목의 규정에 해당하는 재난에 한한다. 이하 제34조·제73조·제74조 및 제77조에서 같다) 또는 소방방재청장은 시·도위원회의 운영과 지방자치단체의 안전관리업무에 대하여, 시·도지사는 관할구역안의 시·군·구위원회의 운영과 시·군·구의 안전관리업무에 대하여 필요한 지원 및 지도를 할 수 있다. <개정 2007.1.26, 2008.2.29>

제14조(중앙재난안전대책본부 등) ① 대통령령이 정하는 대규모 재난의 예방·대비·대응·복구 등에 관한 사항을 총괄·조정하고 필요한 조치를 하기 위하여 행정안전부에 중앙재난안전대책본부(이하 "중앙대책본부"라 한다)를 둔다. <개정 2008.2.29>

② 중앙대책본부의 본부장(이하 "중앙본부장"이라 한다)은 행정안전부장관이 되며, 중앙본부장은 중앙대책본부의 업무를 총괄하고 필요하다고 인정하는 경우에는 중앙재난안전대책본부회의를 소집할 수 있다. <개정 2008.2.29>

③ 제1항의 규정에 의한 대규모 재난으로 인하여 중앙대책본부를 두는 때에는 주무부처의 장소속하에 중앙사고수습본부(이하 "수습본부"라 한다)를 둔다. 다만, 해외재난이 발생한 경우에는 외교통상부에 수습본부를 둔다.

④ 중앙본부장은 해외재난이 발생한 경우 필요하다고 인정하는 때에는 관계 중앙행정기관 및 관계 기관·단체의 임직원과 재난관리에 관한 전문가 등으로 정부합동 해외재난대책지원단을 구성하여 해외재난이 발생한 국가에 파견할 수 있다.

⑤ 제1항의 규정에 의한 중앙대책본부, 제2항의 규정에 의한 중앙재난안전대책본부회의 및 제4항의 규정에 의한 정부합동 해외재난대책지원단의 구성 및 운영에 관하여 필요한 사항은 대통령령으로 정한다.

제15조(중앙본부장의 권한 등) ① 중앙본부장은 재난의 효율적인 수습을 위하여 관계 재난관리책임기관의 장에게 행정 및 재정상의 조치와 소속직원의 파견 그 밖의 필요한 지원을 요청할 수 있다. 이 경우 요청을 받은 관계 재난관리책임기관의

장은 특별한 사유가 없는 한 이에 응하여야 한다.

② 제1항의 규정에 의하여 파견된 직원은 재난의 수습에 필요한 소속기관의 업무를 성실히 수행하여야 하며, 재난의 수습이 종료될 때까지 중앙대책본부에서 상근하여야 한다.

③ 중앙본부장은 당해 재난의 수습에 필요한 범위안에서 제16조의 규정에 의한 지역본부장을 지휘할 수 있다.

④ 중앙본부장은 재난의 효율적인 수습을 위하여 중앙수습지원단을 구성하고, 필요하다고 인정하는 경우에는 중앙수습지원단을 현지에 파견할 수 있다.

⑤ 중앙대책본부가 설치되지 아니한 재난의 경우에는 제1항·제3항 및 제4항의 규정에 의한 중앙본부장의 권한은 주무부처의 장이 이를 행사한다.

⑥ 중앙본부장은 재난의 효율적인 수습을 위하여 다음 각 호의 임무를 수행한다. <신설 2007.1.26>

1. 국내·외에서 발생한 재난 사례 및 수습체계의 분석
2. 재난유형별 수습 시나리오 작성
3. 재난유형별 전문가의 데이터베이스 구축 및 상시 연락체제 구축
4. 재난유형별 물적 자원의 파악 및 데이터베이스 구축
5. 재난유형별 사고조사 기법·인력 및 장비의 개발
6. 그 밖에 효율적인 재난수습을 위하여 대통령령이 정하는 사항

⑦ 제4항의 규정에 따른 중앙수습지원단의 구성·운영에 관하여 필요한 사항은 대통령령으로 정한다. <신설 2007.1.26>

제16조(지역재난안전대책본부) ① 해당 관할구역안에서 재난의 예방·대비·대응·복구 등에 관한 사항을 총괄·조정하고 필요한 조치를 하기 위하여 시·도지사는 시·도재난안전대책본부(이하 "시·도대책본부"라 한다)를, 시장·군수·구청장은 시·군·구재난안전대책본부(이하 "시·군·구대책본부"라 한다)를 각각 둘 수 있다. 다만, 당해 재난과 관련하여 제14조의 규정에 의하여 중앙대책본부를 두는 경우에는 시·도지사 또는 시장·군수·구청장은 시·도대책본부 또는 시·군·구대책본부(이하 "지역대책본부"라 한다)를 두어야 한다.

② 지역대책본부의 본부장(이하 "지역본부장"이라 한다)은 시·도지사 또는 시장·군수·구청장이 된다.

③ 지역대책본부의 구성 및 운영에 관하여 필요한 사항은 당해 지방자치단체의 조례로 정한다.

제17조(지역본부장의 권한 등) ① 지역본부장은 재난의 수습이 효율적으로 이루어질 수 있게 하기 위하여 당해 시·도 또는 시·군·구를 관할구역으로 하는 제3조제5호 나목의 규정에 의한 재난관리책임기관의 장에게 행정 및 재정상의 조치나 그 밖의 필요한 업무협조를 요청할 수 있다. 이 경우 요청을 받은 재난관리책임기관의 장은 특별한 사유가 없는 한 이에 응하여야 한다.

② 지역본부장은 재난의 수습을 위하여 필요하다고 인정하는 때에는 당해 시·도 또는 시·군·구의 전부 또는 일부를 관할구역으로 하는 제3조제5호 나목의 규정에 의한 재난관리책임기관의 장에게 소속직원의 파견을 요청할 수 있다. 이 경우 요청을 받은 재난관리책임기관의 장은 특별한 사유가 없는 한 즉시 이에 응하여야 한다.

③ 제2항의 규정에 의하여 파견된 직원은 지역본부장의 지휘에 따라 재난의 수습에 필요한 소속기관의 업무를 성실히 수행하여야 하며, 재난의 수습이 종료될 때까지 지역대책본부에서 상근하여야 한다.

제18조(재난의 신고) ① 누구든지 재난의 발생이나 재난이 발생할 징후를 발견하는 때에는 즉시 그 사실을 시장·군수·구청장·긴급구조기관 그 밖의 관계 행정기관에 신고하여야 한다.

② 제1항의 규정에 의한 신고를 받은 시장·군수·구청장과 그 밖의 관계 행정기관의 장은 관할 긴급구조기관의 장에게, 긴급구조기관의 장은 그 소재지 관할 시장·군수·구청장에게 통보하여 응급대처방안을 강구할 수 있도록 조치하여야 한다.

제19조(종합상황실 등의 설치·운영) ① 소방방재청장, 시·도지사, 시장·군수·구청장 및 소방서장은 재난정보의 수집·전파, 신속한 지휘 및 상황관리를 위하여 상시 종합상황실을 설치·운영하여야 하고, 행정안전부장관은 제3조제1호 다목의 규정에 의한 재난의 상황을 관리하기 위하여 국가기반체계보호상황실을 설치·운영하여야 한다. <개정 2007.1.26, 2008.2.29>

② 재난관리책임기관의 장은 재난상황을 관리하기 위하여 상황실을 설치할 수 있다. 이 경우 재난관리책임기관의 장은 제1항의 규정에 따른 종합상황실 및 국가기반체계보호상황실과의 정보관리체계의 연계와 정보공유를 위하여 협조하여야 한다. <신설 2007.1.26>

제20조(재난상황의 보고) ① 시장·군수·구청장은 그 관할구역안에서 재난이 발생하거나 발생할 우려가 있는 때에는 대통령령이 정하는 바에 의하여 즉시 그 재난의

상황과 응급조치 및 수습의 내용을 시·도지사에게 보고하여야 하며, 시·도지사는 이를 소방방재청장 및 관계 중앙행정기관의 장에게 보고하여야 한다. 다만, 대통령령이 정하는 사항에 대하여는 긴급구조기관의 장 또는 시장·군수·구청장이 소방방재청장에게 직접 보고하여야 한다.

② 해양경찰서장은 해양에서 재난이 발생하거나 발생할 우려가 있는 때에는 대통령령이 정하는 바에 의하여 즉시 그 재난의 상황과 응급조치 및 수습의 내용을 지방해양경찰청장에게, 지방해양경찰청장은 해양경찰청장에게 보고하여야 하고, 해양경찰청장은 대통령령이 정하는 재난에 한하여 관계 중앙행정기관의 장 및 소방방재청장에게 통보하여야 한다. <개정 2007.8.3>

③ 제3조제5호 나목의 규정에 의한 재난관리책임기관의 장은 소관업무에 관계되는 재난이 발생한 때에는 대통령령이 정하는 바에 의하여 즉시 그 재난의 상황과 응급조치 및 수습의 내용을 관계 중앙행정기관의 장 및 시장·군수·구청장에게 보고 또는 통보하여야 하고, 시장·군수·구청장은 보고 또는 통보를 받은 사항 중 대통령령이 정하는 사항에 관하여는 시·도지사를 거쳐 소방방재청장에게 보고하여야 한다.

④ 시장·군수·구청장 또는 소방서장은 재난이 발생한 때 또는 재난발생을 신고받거나 통보받은 때에는 즉시 이를 관계 재난관리책임기관의 장에게 통보하여야 한다.

제21조(해외재난상황의 관리) ① 재외공관의 장은 관할구역안에서 해외재난이 발생하거나 발생할 우려가 있는 때에는 즉시 그 상황을 외교통상부장관에게 보고하여야 한다.

② 제1항의 규정에 의한 보고를 받은 외교통상부장관은 즉시 그 상황을 소방방재청장 및 관계 중앙행정기관의 장에게 통보하여야 한다.

제3장 안전관리계획

제22조(국가안전관리기본계획의 수립 등) ① 국무총리는 대통령령이 정하는 바에 의하여 국가의 안전관리업무에 관한 기본계획(이하 "국가안전관리기본계획"이라 한다)의 수립지침을 작성하여 이를 관계 중앙행정기관의 장에게 시달하여야 한다.

② 제1항의 규정에 의한 수립지침에는 부처별로 중점적으로 추진할 안전관리기본계획의 수립에 관한 사항과 국가재난관리체계의 기본방향이 포함되어야 한다.

③ 관계 중앙행정기관의 장은 제1항의 규정에 의한 수립지침에 따라 그 소관에 속

하는 안전관리업무에 관한 기본계획을 작성한 후 국무총리에게 제출하여야 한다.

④ 국무총리는 제3항의 규정에 의하여 관계 중앙행정기관의 장이 제출한 기본계획을 종합하여 국가안전관리기본계획을 작성하여 중앙위원회의 심의를 거쳐 확정한 후 이를 관계 중앙행정기관의 장에게 시달하여야 한다.

⑤ 중앙행정기관의 장은 제4항의 규정에 의하여 확정된 국가안전관리기본계획중 그 소관에 관한 사항을 관계 재난관리책임기관(중앙행정기관 및 지방자치단체를 제외한다)의 장에게 시달하여야 한다.

⑥ 제1항 내지 제5항의 규정은 국가안전관리기본계획을 변경하는 경우에 이를 준용한다.

⑦ 이 조의 국가안전관리기본계획과 제23조의 집행계획, 제24조의 시·도안전관리계획 및 제25조의 시·군·구안전관리계획은 「민방위기본법」에 의한 민방위계획중 재난관리분야의 계획으로 본다. <개정 2007.1.26>

⑧ 국가안전관리기본계획의 구체적 내용에 관하여 필요한 사항은 대통령령으로 정한다.

제23조(집행계획) ① 관계 중앙행정기관의 장은 제22조제4항의 규정에 의하여 시달받은 국가안전관리기본계획에 따라 그 소관업무에 관한 집행계획을 작성하여 행정안전부장관과 협의한 후 국무총리의 승인을 얻어 이를 확정한다. <개정 2008.2.29>

② 관계 중앙행정기관의 장은 확정된 집행계획을 행정안전부장관에게 통보하고, 시·도지사 및 제3조제5호 나목의 규정에 의한 재난관리책임기관의 장에게 시달하여야 한다. <개정 2008.2.29>

③ 제3조제5호나목의 규정에 따른 재난관리책임기관의 장은 제2항의 규정에 따라 시달받은 집행계획에 의하여 세부집행계획을 작성하여 관할 시·도지사와 협의한 후 소속 중앙행정기관의 장의 승인을 얻어 이를 확정하여야 한다. 이 경우 당해 재난관리책임기관의 장이 공공기관 또는 공공단체의 장에 해당하는 경우에는 그 내용을 지부 등 지방조직에 통보하여야 한다. <개정 2007.1.26>

제24조(시·도안전관리계획의 수립) ① 행정자치부장관은 소방방재청장의 의견을 들어 제22조제4항의 규정에 의한 국가안전관리기본계획과 제23조제1항의 규정에 의한 집행계획에 따라 시·도의 안전관리업무에 관한 계획(이하 "시·도안전관리계획"이라 한다)의 수립지침을 작성하여 이를 시·도지사에게 시달하여야 한다. <개정 2008.2.29>

② 시·도의 전부 또는 일부를 관할구역으로 하는 제3조제5호 나목의 규정에 의

한 재난관리책임기관의 장은 그 소관에 속하는 안전관리업무에 관한 계획을 작성하여 관할 시·도지사에게 제출하여야 한다.

③ 시·도지사는 제1항의 규정에 의하여 시달받은 수립지침과 제2항의 규정에 의하여 제출받은 안전관리업무에 관한 계획을 종합하여 시·도안전관리계획을 작성하고 시·도위원회의 심의를 거쳐 이를 확정한다.

④ 시·도지사는 제3항의 규정에 의하여 확정된 시·도안전관리계획을 행정안전부장관에게 보고하고, 제2항의 규정에 의한 재난관리책임기관의 장에게 통보하여야 한다. <개정 2008.2.29>

제25조(시·군·구안전관리계획의 수립) ① 시·도지사는 제24조제3항의 규정에 의하여 확정된 시·도안전관리계획에 따라 시·군·구의 안전관리업무에 관한 계획(이하 "시·군·구안전관리계획"이라 한다)의 수립지침을 작성하여 이를 시장·군수·구청장에게 시달하여야 한다.

② 시·군·구의 전부 또는 일부를 관할구역으로 하는 제3조제5호 나목의 규정에 의한 재난관리책임기관의 장은 그 소관에 속하는 안전관리업무에 관한 계획을 작성하여 시장·군수·구청장에게 제출하여야 한다.

③ 시장·군수·구청장은 제1항의 규정에 의하여 시달받은 수립지침과 제2항의 규정에 의하여 제출받은 안전관리업무에 관한 계획을 종합하여 시·군·구안전관리계획을 작성하고 시·군·구위원회의 심의를 거쳐 이를 확정한다.

④ 시장·군수·구청장은 제3항의 규정에 의하여 확정된 시·군·구안전관리계획을 시·도지사에게 보고하고, 제2항의 규정에 의한 재난관리책임기관의 장에게 통보하여야 한다.

제4장 재난의 예방

제25조의2(국가기반시설의 지정) ① 관계 중앙행정기관의 장은 소관 분야의 기반시설 중 제3조제1호다목의 규정에 따른 국가기반체계의 보호를 위하여 계속적으로 관리할 필요가 있다고 인정되는 시설(이하 "국가기반시설"이라 한다)을 다음 각 호의 기준에 따라 중앙위원회의 심의를 거쳐 지정할 수 있다.

1. 다른 기반시설이나 체계 등에 미치는 연쇄효과
2. 2 이상의 중앙행정기관의 공동대응 필요성
3. 재난이 발생하는 경우 국가안전보장과 경제·사회에 미치는 피해규모 및 범위
4. 재난의 발생가능성 또는 그 복구의 용이성

② 관계 중앙행정기관의 장은 제1항의 규정에 따른 지정 여부를 결정하기 위하여 필요한 자료의 제출을 소관 재난관리책임기관의 장에게 요청할 수 있다.

③ 관계 중앙행정기관의 장은 소관 재난관리책임기관이 해당 업무를 폐지·정지 또는 변경하는 경우에는 중앙위원회의 심의를 거쳐 국가기반시설의 지정을 취소할 수 있다.

④ 국가기반시설의 지정 및 지정취소 등에 관하여 필요한 사항은 대통령령으로 정한다.

제25조의3(국가기반시설의 관리 등) ① 제25조의2제1항의 규정에 따라 국가기반시설을 지정한 관계 중앙행정기관의 장은 지정결과를 지체 없이 중앙본부장에게 통보하여야 한다.

② 중앙본부장은 제1항의 규정에 따라 그 지정결과를 통보받은 때에는 이를 기초로 국가기반시설에 대한 데이터베이스를 구축·운영하고, 중앙위원회 및 관계 중앙행정기관의 장이 재난관리정책의 수립 등에 이를 이용할 수 있도록 통합지원할 수 있다.

제26조(재난관리책임기관의 장의 재난예방조치) ① 재난관리책임기관의 장은 소관 관리대상업무의 분야에서 재난의 발생을 사전에 방지하기 위하여 다음 각 호의 조치를 하여야 한다. <개정 2007.1.26>

1. 재난에 대응할 조직의 구성 및 정비
2. 재난의 예측과 정보전달체계의 구축
3. 재난발생에 대비한 교육·훈련과 재난관리예방에 관한 홍보
4. 재난발생의 위험이 높은 분야에 대한 안전관리체계의 구축 및 안전관리규정의 제정
5. 재난발생의 위험이 높거나 재난예방을 위하여 계속적으로 관리할 필요가 있다고 인정되는 시설 및 지역(이하 "특정관리대상시설등"이라 한다)의 지정·관리 및 정비
6. 제35조의 규정에 의한 물자 및 자재의 비축, 재난방지시설의 정비와 장비 및 인력의 지정
7. 제25조의2의 규정에 따라 지정된 국가기반시설의 관리
8. 그 밖에 재난의 예방을 위하여 필요하다고 인정되는 사항

② 재난관리책임기관의 장은 제1항의 규정에 의한 재난예방조치를 효율적으로 시행하기 위하여 필요한 사업비를 확보하여야 한다.

③ 재난관리책임기관의 장은 다른 재난관리책임기관의 장에게 재난예방을 위하여 필요한 협조를 요청할 수 있다. 이 경우 요청을 받은 다른 재난관리책임기관의 장은 특별한 사유가 없는 한 이에 응하여야 한다. <개정 2007.1.26>

④ 재난관리책임기관의 장은 재난관리의 실효성이 확보될 수 있도록 제1항제4호의 규정에 의한 안전관리체계 및 안전관리규정을 정비·보완하여야 한다.

⑤ 재난관리책임기관의 장은 제1항제5호의 규정에 의한 조치결과를 대통령령이 정하는 바에 의하여 소방방재청장에게 보고 또는 통보하여야 한다.

⑥ 제1항제5호의 규정에 의한 특정관리대상시설등의 지정기준·절차·방법 등에 관하여 필요한 사항은 대통령령으로 정한다. <개정 2007.1.26>

제27조(특정관리대상시설등의 관리 등) ① 재난관리책임기관의 장은 제26조제1항제5호의 규정에 의하여 특정관리대상시설등을 지정하는 때에는 대통령령이 정하는 바에 의하여 다음 각호의 조치를 하여야 한다. <개정 2007.1.26, 2008.2.29>

1. 특정관리대상시설등으로부터 재난발생의 위험성을 제거하기 위한 장·단기계획의 수립·시행

2. 특정관리대상시설등에 대한 안전점검 또는 정밀안전진단. 이 경우 안전점검 또는 정밀안전진단은 다른 법령에 의한 안전점검 또는 정밀안전진단에 관한 기준에 의하되, 다른 법령의 적용을 받지 아니하는 시설 등에 대하여는 행정안전부령이 정하는 기준에 의한다.

② 소방방재청장은 제26조제5항의 규정에 의하여 보고 또는 통보받은 사항을 대통령령이 정하는 바에 의하여 정기 또는 수시로 중앙위원회 위원장에게 보고하여야 한다.

③ 중앙위원회 위원장은 제2항의 규정에 의하여 보고를 받은 사항중 재난의 예방을 위하여 필요하다고 인정하는 사항에 대하여는 관계 재난관리책임기관의 장에게 시정조치나 보완을 요구할 수 있다.

제28조(지방자치단체에 대한 지원 등) 소방방재청장은 지방자치단체가 제27조의 규정에 의하여 시행하는 재난의 예방을 위한 조치 등에 필요한 지원 및 지도를 할 수 있고, 관계 중앙행정기관의 장에게 협조를 요청할 수 있다.

제29조(재난관리체계 등의 정비·평가) ① 행정안전부장관은 소방방재청장의 의견을 들어 대통령령이 정하는 바에 의하여 다음 각 호의 사항을 정기적으로 평가할 수 있다. <개정 2007.1.26, 2008.2.29>

1. 제14조제1항의 규정에 의한 대규모의 재난발생에 대비한 단계별 예방·대응 및 복구과정
2. 제26조제1항제1호의 규정에 의한 재난관리책임기관의 재난대응 조직의 구성 및 정비 실태
3. 제26조제4항의 규정에 의한 안전관리체계 및 안전관리규정

② 행정안전부장관은 제1항에 따른 평가결과를 중앙위원회에 보고하고, 필요하다고 인정하는 경우에는 당해 재난관리책임기관의 장에게 시정조치나 보완을 요구할 수 있다. <개정 2007.1.26, 2008.2.29>

제30조(재난예방을 위한 긴급안전점검 등) ① 소방방재청장과 재난관리책임기관(행정기관에 한한다. 이하 이 조, 제31조 및 제32조에서 같다)의 장은 대통령령이 정하는 시설 및 지역에 재난의 발생이 우려되는 등 대통령령이 정하는 긴급한 사유가 있는 때에는 소속공무원으로 하여금 긴급안전점검을 실시하게 하거나 소방방재청장의 경우에는 다른 재난관리책임기관의 장에게 긴급안전점검을 실시하도록 요구할 수 있다. 이 경우 요구를 받은 재난관리책임기관의 장은 특별한 사유가 없는 한 이에 응하여야 한다. <개정 2007.1.26>

② 제1항에 규정에 의하여 긴급안전점검을 실시하는 자는 관계인에게 필요한 질문을 하거나 관계서류 등을 열람할 수 있다.

③ 제1항의 규정에 의한 긴급안전점검의 절차 및 방법, 긴급안전점검결과의 기록·유지 등에 관하여 필요한 사항은 대통령령으로 정한다.

④ 제1항의 규정에 의하여 긴급안전점검을 실시하는 공무원은 그 권한을 표시하는 증표를 지니고 이를 관계인에게 내보여야 한다.

⑤ 소방방재청장은 제1항의 규정에 의하여 긴급안전점검을 실시한 경우에는 그 결과를 당해 재난관리책임기관의 장에게 통보하여야 한다.

제31조(재난예방을 위한 긴급안전조치) ① 소방방재청장과 재난관리책임기관의 장은 제30조의 규정에 의한 긴급안전점검결과 재난발생의 위험이 높다고 인정되는 시설 또는 지역에 대하여는 대통령령이 정하는 바에 의하여 그 소유자·관리자 또는 점유자에게 다음 각호의 안전조치를 취할 것을 명할 수 있다. <개정 2008.2.29>

1. 정밀안전진단의 실시(시설에 한한다). 이 경우 정밀안전진단은 다른 법령에 의한 정밀안전진단에 관한 기준에 의하되, 다른 법령의 적용을 받지 아니하는 시설에 대하여는 행정안전부령이 정하는 기준에 의한다.
2. 보수 또는 보강 등 정비

3. 재난을 발생시킬 위험요인의 제거

② 제1항의 규정에 의한 안전조치명령을 받은 소유자·관리자 또는 점유자는 안전조치를 실시하고, 행정안전부령이 정하는 바에 의하여 그 결과를 소방방재청장 및 재난관리책임기관의 장에게 통보하여야 한다. <개정 2008.2.29>

③ 소방방재청장 및 재난관리책임기관의 장은 제1항의 규정에 의한 안전조치명령을 받은 자가 그 명령을 이행하지 아니하거나 이행할 수 없는 상태에 있고, 재난의 예방을 위하여 긴급하다고 판단하는 때에는 당해 시설 또는 지역에 대하여 사용을 제한하거나 금지시킬 수 있다. 이 경우 그 제한 또는 금지하는 내용을 보기 쉬운 곳에 게시하여야 한다.

④ 소방방재청장 및 재난관리책임기관의 장은 제1항제2호 또는 제3호의 규정에 의한 안전조치명령을 받아 이를 이행하여야 하는 자가 그 명령을 이행하지 아니하거나 이행할 수 없는 상태에 있고, 재난의 예방을 위하여 긴급하다고 판단하는 때에는 그 명령을 받아 이를 이행하여야 할 자에 갈음하여 필요한 안전조치를 할 수 있다. 이 경우 「행정대집행법」의 규정을 준용한다. <개정 2007.1.26>

⑤ 소방방재청장 및 재난관리책임기관의 장은 제3항의 규정에 의한 안전조치를 함에 있어서는 미리 당해 소유자·관리자 또는 점유자에게 서면으로 이를 알려 주어야 한다.

제32조(특정관리대상시설 등의 실명관리) 재난관리책임기관의 장은 제27조제1항제2호 및 제30조제1항의 규정에 의하여 안전점검 또는 긴급안전점검을 하는 경우에는 안전점검 또는 긴급안전점검을 행한 소속공무원의 실명을 유지·관리하여야 한다.

제33조(안전관리전문기관에 대한 자료요구 등)

① 소방방재청장은 재난의 예방을 효율적으로 추진하기 위하여 대통령령이 정하는 안전관리전문기관에 대하여 안전점검결과, 주요시설물의 설계도서 등 대통령령이 정하는 안전관리에 관하여 필요한 자료를 요구할 수 있다.

② 제1항의 규정에 의하여 자료의 요구를 받은 안전관리전문기관의 장은 특별한 사유가 없는 한 이에 응하여야 한다.

제34조(재난예방교육·홍보) 행정안전부장관 또는 소방방재청장은 대통령령이 정하는 바에 의하여 재난의 예방을 위한 교육·홍보를 정기 또는 수시로 실시하여야 한다. 다만, 다른 법령에 재난의 예방교육 및 홍보에 관하여 특별한 규정이 있는 경우에는 그 법령에 의하여 실시할 수 있다. <개정 2007.1.26, 2008.2.29>

제5장 응급대책

제35조(물자·자재의 비축 등) ① 재난관리책임기관의 장은 관계법령 또는 제3장의 안전관리계획이 정하는 바에 의하여 소관업무와 관계되는 재난응급대책을 수립·시행하고 재난복구에 필요한 물자 및 자재를 비축하며 대통령령이 정하는 재난방지시설을 정비하여야 한다.

② 시장·군수·구청장 또는 재난관리책임기관의 장(제3조제1호다목의 규정에 해당하는 재난에 한한다)은 재난의 발생에 대비하여 관계기관·소유자 또는 지정·관리대상이 되는 자와 협의하여 제37조의 규정에 의하여 응급조치에 일시사용할 장비 및 인력을 지정·관리할 수 있다. <개정 2007.1.26>

제36조(재난사태 선포) ① 중앙본부장은 대통령령이 정하는 재난이 발생하거나 발생할 우려로 인하여 사람의 생명·신체 및 재산에 미치는 중대한 영향 또는 피해를 경감하기 위하여 긴급한 조치가 필요하다고 인정하는 경우에는 중앙위원회의 심의를 거쳐 다음 각 호의 구분에 따라 국무총리에게 재난사태를 선포할 것을 건의하거나 직접 선포할 수 있다. 다만, 중앙본부장은 재난상황이 긴급하여 중앙위원회의 심의를 거칠 시간적 여유가 없다고 인정되는 경우에는 중앙위원회의 심의를 거치지 아니하고 국무총리에게 재난사태를 선포할 것을 건의하거나 직접 선포할 수 있다. <개정 2007.1.26>

1. 재난사태 선포 대상지역이 3개 시·도 이상인 경우 : 국무총리에게 선포 건의
2. 재난사태 선포 대상지역이 2개 시·도 이하인 경우 : 중앙본부장이 선포

② 제1항의 규정에 의하여 건의를 받은 국무총리는 당해 지역에 대하여 재난사태를 선포할 수 있다.

③ 국무총리 또는 중앙본부장은 제1항 단서의 규정에 따라 재난사태를 선포한 경우에는 지체 없이 중앙위원회의 승인을 얻어야 하며, 승인을 얻지 못한 경우에는 선포된 재난사태를 즉시 해제하여야 한다. <신설 2007.1.26>

④ 중앙본부장 및 지역본부장은 제1항 또는 제2항의 규정에 의하여 재난사태가 선포된 지역에 대하여 다음 각 호의 조치를 취할 수 있다. <개정 2007.1.26>

1. 재난경보의 발령, 인력·장비 및 물자의 동원, 위험구역 설정, 대피명령, 응원 등 이 법에 의한 응급조치
2. 당해 지역에 소재하는 행정기관 소속공무원의 비상소집
3. 당해 지역에 대한 여행 자제 권고
4. 그 밖에 재난예방에 필요한 조치

⑤ 중앙본부장은 재난이 추가적으로 발생할 우려가 해소된 경우에는 제1항 또는 제2항의 규정에 의하여 선포된 재난사태를 즉시 해제하여야 한다. <개정 2007.1.26>

제37조(응급조치) ① 제50조제2항의 규정에 의한 시·도긴급구조통제단 및 시·군·구 긴급구조통제단의 단장(이하 "지역통제단장"이라 한다)과 시장·군수·구청장은 재난이 발생할 우려가 있거나 재난이 발생한 때에는 즉시 관계법령이나 시·도 또는 시·군·구의 안전관리계획이 정하는 바에 의하여 수방(수방)·진화·구조 및 구난(구난) 그 밖에 재난의 발생을 예방하거나 피해를 경감하기 위하여 필요한 다음 각호의 응급조치를 실시하여야 한다. 다만, 지역통제단장의 경우에는 제2호 중 진화에 관한 응급조치와 제4호 및 제6호의 응급조치에 한한다.
1. 경보의 발령 또는 전달이나 피난의 권고 또는 지시
2. 진화·수방·지진방재 그 밖의 응급조치와 구호
3. 피해시설의 응급복구 및 방역과 방범 그 밖의 질서의 유지
4. 긴급수송 및 구조 수단의 확보
5. 급수수단의 확보, 긴급피난처 및 구호품의 확보
6. 현장지휘통신체계의 확보
7. 그 밖에 재난의 발생을 예방하거나 경감하기 위하여 필요한 사항
② 시·군·구의 관할구역안에 소재하는 재난관리책임기관의 장은 시장·군수·구청장 또는 지역통제단장의 요청이 있는 때에는 관계법령 또는 시·군·구안전관리계획이 정하는 바에 의하여 시장·군수·구청장 또는 지역통제단장의 지휘 또는 조정하에 그 소관업무에 관계되는 응급조치를 실시하거나 시장·군수·구청장 또는 지역통제단장이 실시하는 응급조치에 협력하여야 한다.

제38조(재난 예보·경보의 발령 등) ① 중앙본부장 및 지역본부장은 대통령령이 정하는 재난으로 인하여 사람의 생명·신체 및 재산에 대한 피해가 예상되는 때에는 그 피해를 예방하거나 경감하기 위하여 재난에 관한 예보 또는 경보를 실시할 수 있다. 다만, 다른 법령에 특별한 규정이 있는 때에는 그러하지 아니하다.
② 중앙본부장 및 지역본부장은 재난에 관한 예보·경보·통지나 응급조치를 실시하기 위하여 필요한 때에는 다음 각 호의 조치를 요청할 수 있다. 다만, 다른 법령에 특별한 규정이 있는 때에는 그러하지 아니하다. <개정 2007.1.26>
1. 전기통신시설의 우선 사용
2. 「전기통신사업법」 제5조의 규정에 따른 기간통신사업자 중 대통령령이 정

하는 주요 기간통신사업자에 대한 필요한 정보의 문자 또는 음성 송신

3. 「방송법」제2조제3호의 규정에 따른 방송사업자에 대한 필요한 정보의 신속한 방송

③ 제2항의 규정에 의한 요청을 받은 전기통신시설의 소유자 또는 관리자, 기간 통신사업자와 방송사업자는 특별한 사유가 없는 한 이에 응하여야 한다. <개정 2007.1.26>

제38조의2(재난 예·경보체계 구축 종합계획의 수립) ① 시장·군수·구청장은 제41 조의 규정에 따른 위험구역 및 「자연재해대책법」제12조의 규정에 따른 자연재해 위험지구 등 재난으로 인하여 사람의 생명·신체 및 재산에 대한 피해가 예상되 는 지역에 대하여 그 피해를 예방하기 위하여 시·군·구 재난 예·경보체계 구 축 종합계획(이하 이 조에서 "시·군·구종합계획"이라 한다)을 5년 단위로 수립 하여 시·도지사에게 제출하여야 한다.

② 시·도지사는 제1항의 규정에 따른 시·군·구종합계획을 기초로 시·도 재 난 예·경보체계 구축 종합계획(이하 이 조에서 "시·도종합계획"이라 한다)을 수립하여 소방방재청장에게 제출하여야 하며, 소방방재청장은 필요한 경우 시·도 지사에게 시·도종합계획의 보완을 요청할 수 있다.

③ 시·도종합계획 및 시·군·구종합계획에는 다음 각 호의 사항이 포함되어야 한다.

1. 재난 예·경보체계의 구축에 관한 기본방침

2. 재난 예·경보체계 구축 종합계획의 수립 대상지역의 선정에 관한 사항

3. 종합적인 재난 예·경보체계의 구축 및 운영에 관한 사항

4. 그 밖에 재난으로부터 인명 및 재산 피해를 예방하기 위하여 필요한 사항

④ 시·도지사 및 시장·군수·구청장은 각각 시·도종합계획 및 시·군·구종 합계획에 대한 사업시행계획을 매년 작성하여 소방방재청장에게 제출하여야 한다.

⑤]]

⑥ 시·도종합계획, 시·군·구종합계획 및 사업시행계획의 수립 등에 관하여 필 요한 사항은 대통령령으로 정한다.

제39조(동원명령 등) ① 중앙본부장 및 지역본부장은 재난이 발생하거나 발생할 우려 가 있다고 인정하는 때에는 다음 각 호의 조치를 할 수 있다. <개정 2007.1.26, 2007.5.11>

1. 「민방위기본법」제26조의 규정에 의한 민방위대의 동원

2. 재난관리책임기관의 장에게 응급조치를 위하여 관계직원의 출동 또는 제35조의 규정에 의한 물자 및 지정된 장비·인력 등의 동원 등 필요한 조치를 취하여 주도록 요청

3. 동원 가능한 장비와 인력 등이 부족한 경우에는 국방부장관에게 군부대의 지원 요청

② 제1항의 규정에 의하여 필요한 조치의 요청을 받은 기관의 장은 특별한 사유가 없는 한 이에 응하여야 한다.

제40조(대피명령) ① 시장·군수·구청장과 지역통제단장(대통령령이 정하는 권한을 행사하는 경우에 한한다. 이하 제41조 내지 제43조 및 제45조에서 같다)은 재난이 발생하거나 발생할 우려가 있는 경우에 사람의 생명 또는 신체에 대한 위해를 방지하기 위하여 필요한 때에는 당해 지역안의 주민이나 당해 지역안에 있는 자에게 대피할 것을 명할 수 있다.

② 제1항의 규정에 의한 대피명령을 받은 자는 즉시 이에 응하여야 한다.

제41조(위험구역의 설정) ① 시장·군수·구청장 및 지역통제단장은 재난이 발생하거나 발생할 우려가 있는 경우에 사람의 생명 또는 신체에 대한 위해의 방지 또는 질서의 유지를 위하여 필요한 때에는 위험구역을 설정하고, 응급조치에 종사하는 자외의 자에 대하여 다음 각호의 조치를 명할 수 있다.

1. 위험구역에의 출입 그 밖의 행위의 금지 또는 제한

2. 위험구역에서의 퇴거 또는 대피

② 시장·군수·구청장 및 지역통제단장은 제1항의 규정에 의하여 위험구역을 설정하는 때에는 그 구역의 범위와 제1항제1호의 규정에 의하여 금지 또는 제한되는 행위의 내용 그 밖에 필요한 사항을 보기 쉬운 곳에 게시하여야 한다.

제42조(강제대피조치) 시장·군수·구청장 및 지역통제단장은 제40조제1항의 규정에 의한 대피명령을 받은 자 또는 제41조제1항제2호의 규정에 의한 위험구역에서의 퇴거나 대피명령을 받은 자가 그 명령을 이행하지 아니하여 위급하다고 판단되는 때에는 당해 지역 또는 위험구역안의 주민이나 당해 지역 또는 위험구역안에 있는 자를 강제대피시키거나 강제퇴거시킬 수 있다.

제43조(통행제한 등) ① 시장·군수·구청장 및 지역통제단장은 응급조치의 실시에 필요한 물자를 긴급히 수송하거나 진화·구조 등을 위하여 필요한 때에는 대통령령

이 정하는 바에 의하여 국가경찰관서의 장에게 도로의 구간을 지정하여 당해 긴급수송 등을 행하는 차량외의 차량의 통행을 금지하거나 제한하도록 요청할 수 있다. <개정 2006.2.21>

② 제1항의 규정에 의한 요청을 받은 국가경찰관서의 장은 특별한 사유가 없는 한 이에 응하여야 한다. <개정 2006.2.21>

제44조(응원) ① 시장·군수·구청장은 응급조치를 위하여 필요한 때에는 다른 시·군·구 또는 관할구역안에 있는 군부대 및 관계 행정기관의 장에게 소속공무원 등의 파견 등 필요한 응원을 요청할 수 있다. 이 경우 응원의 요청을 받은 군부대의 장 및 관계 행정기관의 장은 특별한 사유가 없는 한 이에 응하여야 한다.

② 제1항의 규정에 의하여 응원에 종사하는 자는 그 응원을 요청한 시장·군수·구청장의 지휘에 따라 응급조치에 종사하여야 한다.

제45조(응급부담) 시장·군수·구청장 및 지역통제단장은 그 관할 구역안에서 재난이 발생하거나 발생할 우려가 있어 응급조치를 하여야 할 급박한 사정이 있는 때에는 당해 재난현장에 있는 자 또는 인근에 거주하는 자에게 응급조치에 종사하게 하거나 대통령령이 정하는 바에 의하여 다른 사람의 토지·건축물·공작물 그 밖의 소유물을 일시사용할 수 있으며, 장애물을 변경 또는 제거할 수 있다.

제46조(시·도지사가 실시하는 응급조치 등) ① 시·도지사는 그 관할구역안에서 재난이 발생하거나 발생할 우려가 있는 경우로서 대통령령이 정하는 경우와 둘 이상의 시·군·구에 걸쳐 재난이 발생하거나 발생할 우려가 있는 경우에는 제40조 내지 제45조의 규정에 의한 응급조치를 할 수 있다.

② 시·도지사는 제1항의 규정에 의한 응급조치의 실시를 위하여 필요한 때에는 이 장의 규정에 의하여 응급조치를 하여야 할 시장·군수·구청장에게 필요한 지시를 하거나 다른 시장·군수·구청장에게 응원을 명할 수 있다.

제47조(재난관리책임기관의 장의 응급조치) 제3조제5호 나목의 규정에 의한 재난관리책임기관의 장은 재난이 발생하거나 발생할 우려가 있는 때에는 즉시 그 소관업무에 관하여 필요한 응급조치를 하고, 이 장의 규정에 의하여 시·도지사, 시장·군수·구청장 또는 지역통제단장이 실시하는 응급조치가 원활히 수행될 수 있도록 필요한 협조를 하여야 한다.

제48조(지역통제단장의 응급조치 등) ① 지역통제단장은 긴급구조를 위하여 필요한 경우 중앙본부장, 지역본부장 또는 시장·군수·구청장에게 제37조 내지 제39조 및 제44조의 규정에 의한 응급대책을 요청할 수 있고, 중앙본부장, 지역본부장 또는 시장·군수·구청장은 특별한 사유가 없는 한 이에 응하여야 한다.

② 지역통제단장이 제37조의 규정에 의한 응급조치와 제40조 내지 제43조 및 제45조의 규정에 의한 응급대책을 실시한 때에는 이를 즉시 해당 시장·군수·구청장에게 통보하여야 한다.

제6장 긴급구조

제49조(중앙긴급구조통제단) ① 긴급구조에 관한 사항의 총괄·조정, 긴급구조기관 및 긴급구조지원기관이 행하는 긴급구조활동의 역할분담 및 지휘통제를 위하여 소방방재청에 중앙긴급구조통제단(이하 "중앙통제단"이라 한다)을 둔다.

② 중앙통제단에는 단장 1인을 두되, 단장은 소방방재청장이 된다.

③ 긴급구조에 관한 사항을 심의하기 위하여 중앙통제단에 위원장을 포함하여 15인 이상 20인 이내의 위원으로 구성되는 운영위원회를 두되, 운영위원회의 위원장은 위원중에서 중앙통제단장이 지명하고, 위원은 국방부·보건복지부·경찰청·해양경찰청 그 밖에 단장이 필요하다고 인정하는 관계기관의 장이 추천하는 소속 공무원과 긴급구조에 관한 학식과 경험이 풍부한 자 중에서 단장이 위촉하는 자가 된다. <개정 2008.2.29, 2010.1.18>

④ 중앙통제단장은 긴급구조를 위하여 필요한 경우에는 긴급구조지원기관간의 공조체제를 유지하기 위하여 관계 기관·단체의 장에게 소속직원의 파견을 요청할 수 있다. 이 경우 요청을 받은 기관·단체의 장은 특별한 사유가 없는 한 이에 응하여야 한다.

⑤ 중앙통제단 및 운영위원회의 구성·기능 및 운영에 관하여 필요한 사항은 대통령령으로 정한다.

제50조(지역긴급구조통제단) ① 지역별 긴급구조에 관한 사항의 총괄·조정, 당해 지역에 소재하는 긴급구조기관 및 긴급구조지원기관간의 역할분담과 재난현장에서의 지휘·통제를 위하여 시·도의 소방본부에 시·도긴급구조통제단을 두고, 시·군·구의 소방서에 시·군·구긴급구조통제단을 둔다.

② 시·도긴급구조통제단 및 시·군·구긴급구조통제단(이하 "지역통제단"이라 한다)에는 각각 단장 1인을 두되, 단장은 시·도긴급구조통제단의 경우에는 소방

본부장이 되고 시·군·구긴급구조통제단의 경우에는 소방서장이 된다.

③ 지역통제단장은 긴급구조를 위하여 필요한 경우에는 긴급구조지원기관간의 공조체제를 유지하기 위하여 관계 기관·단체의 장에게 소속직원의 파견을 요청할 수 있다. 이 경우 요청을 받은 기관·단체의 장은 특별한 사유가 없는 한 이에 응하여야 한다.

④ 지역통제단의 기능 및 운영에 관하여 필요한 사항은 대통령령으로 정한다.

제51조(긴급구조) ① 지역통제단장은 재난이 발생한 때에는 소속 긴급구조요원을 당해 재난현장에 신속히 출동시켜 필요한 긴급구조활동을 하게 하여야 한다.

② 지역통제단장은 긴급구조를 위하여 필요한 경우에는 긴급구조지원기관의 장에게 소속 긴급구조지원요원을 현장에 출동시키는 등 긴급구조활동을 지원할 것을 요청할 수 있다. 이 경우 요청을 받은 기관의 장은 특별한 사유가 없는 한 즉시 이에 응하여야 한다.

③ 제2항의 규정에 의한 요청에 따라 긴급구조활동에 참여한 민간 긴급구조지원기관에 대하여는 대통령령이 정하는 바에 의하여 그 경비의 전부 또는 일부를 지원할 수 있다.

④ 긴급구조활동을 위하여 회전익항공기(이하 이 항에서 "헬기"라 한다)의 운항이 필요한 경우에는 긴급구조기관의 장이 당해 헬기의 운항과 관련되는 사항을 헬기운항통제기관에 통보하고 헬기를 운항할 수 있다. 이 경우 관계법령에 의하여 당해 헬기의 운항이 승인된 것으로 본다.

제52조(현장지휘) ① 재난현장에서의 긴급구조활동의 지휘는 시·군·구긴급구조통제단장이 행한다. 다만, 치안활동과 관련된 사항에 대하여는 관할경찰관서의 장과 협의하여야 한다.

② 제1항의 규정에 의한 현장지휘는 다음 각호의 사항에 관하여 행한다.

1. 재난현장에서의 인명의 탐색·구조
2. 긴급구조기관 및 긴급구조지원기관의 인력 및 장비의 배치와 운용
3. 추가 재난의 방지를 위한 응급조치
4. 긴급구조지원기관 및 자원봉사자 등에 대한 임무의 부여
5. 사상자의 응급처치 및 의료기관으로의 이송
6. 긴급구조에 필요한 물자의 관리
7. 현장접근 통제, 현장주변의 교통정리 그 밖에 효율적인 긴급구조활동을 위하여 필요한 사항

③ 시·도긴급구조통제단장은 필요하다고 인정하는 경우에는 제1항의 규정에 불구하고 직접 현장지휘를 할 수 있다.

④ 중앙통제단장은 대통령령이 정하는 대규모의 재난이 발생하거나 그 밖에 필요하다고 인정하는 경우에는 제1항 및 제3항의 규정에 불구하고 직접 현장지휘를 할 수 있다.

⑤ 재난현장에서 긴급구조활동에 임하는 긴급구조요원은 제1항·제3항 및 제4항의 규정에 의하여 현장지휘를 하는 각급 통제단장의 지휘·통제에 따라야 한다.

⑥ 중앙통제단장 및 지역통제단장은 재난현장의 긴급구조 등 현장지휘를 효과적으로 수행하기 위하여 재난현장에 현장지휘소를 설치·운영할 수 있다. 이 경우 긴급구조활동에 참여하는 긴급구조지원기관의 현장지휘자는 현장지휘소에 대통령령이 정하는 바에 의하여 연락관을 파견하여야 한다.

제53조(긴급구조활동에 대한 평가) ① 중앙통제단장 및 지역통제단장은 대통령령이 정하는 바에 의하여 재난상황이 종료된 후 긴급구조지원기관의 활동에 대하여 종합평가를 실시하여야 한다.

② 제1항의 규정에 의한 종합평가결과를 시·군·구긴급구조통제단장은 시·도긴급구조통제단장 및 시장·군수·구청장에게, 시·도긴급구조통제단장은 소방방재청장에게 보고 또는 통보하여야 한다.

제54조(긴급구조대응계획의 수립) 긴급구조기관의 장은 재난이 발생하는 경우 긴급구조기관 및 긴급구조지원기관이 신속하고 효율적으로 긴급구조를 수행할 수 있도록 대통령령이 정하는 바에 의하여 재난의 규모 및 유형에 따른 긴급구조대응계획을 수립·시행하여야 한다.

제55조(재난대비능력 보강) ① 국가 및 지방자치단체는 재난관리에 필요한 인력·장비·시설의 확충, 통신망의 설치·정비 등 긴급구조능력을 보강하기 위하여 노력하고, 이를 위하여 필요한 재정상의 조치를 강구하여야 한다.

② 긴급구조기관의 장은 신속하고 효과적인 긴급구조활동을 수행할 수 있도록 긴급구조지휘대 등 긴급구조체제를 구축하고, 상시 소속 긴급구조요원 및 장비의 출동태세를 유지하여야 한다.

③ 긴급구조업무 및 재난관리책임기관(행정기관외의 기관에 한한다)의 재난관리업무에 종사하는 자는 대통령령이 정하는 바에 의하여 긴급구조에 관한 교육을 받아야 한다. 다만, 다른 법령에 의하여 긴급구조에 관한 교육을 받은 경우에는 이

법에 의한 교육을 받은 것으로 본다.

④ 소방방재청장은 제3항의 규정에 의한 교육을 담당할 교육기관을 지정할 수 있다.

제56조(해상에서의 긴급구조) ① 해양경찰청장은 해상에서의 선박 또는 항공기 등의 조난사고가 발생한 때에는 「수난구호법」 등 관계법령에 의하여 긴급구조활동을 수행하여야 한다. <개정 2007.1.26>

② 해양경찰청장은 효율적인 긴급구조를 위하여 필요하다고 인정하는 때에는 중앙행정기관의 장 또는 소방방재청장에게 구조대의 지원 그 밖의 필요한 협조를 요청할 수 있다. 이 경우 요청을 받은 중앙행정기관의 장 또는 소방방재청장은 특별한 사유가 없는 한 이에 응하여야 한다.

제57조(항공기 등 조난사고시의 긴급구조 등) ① 국방부장관은 항공기 또는 선박의 조난사고가 발생한 때에는 관계법령에 의하여 긴급구조업무에 책임이 있는 기관의 긴급구조활동에 대한 군의 지원을 신속하게 할 수 있도록 다음 각호의 조치를 취하여야 한다.

1. 탐색구조본부의 설치 · 운영
2. 탐색구조부대의 지정 및 출동대기태세의 유지

② 제1항제1호의 규정에 의한 탐색구조본부의 구성 및 운영에 관하여 필요한 사항은 국방부령으로 정한다.

제58조(해외재난 등의 발생시 긴급구조) ① 소방방재청장은 해외재난이 발생하여 대한민국 국민을 구조하는 경우와 다른 나라의 대형재난으로 인한 인명구조를 위하여 필요한 경우에는 외교통상부장관과 협의하여 해외긴급구조대를 구성하여 현지에 파견할 수 있다.

② 해외긴급구조대의 편성에 관하여 필요한 사항은 대통령령으로 정한다.

제7장 특별재난지역의 선포 및 복구

제59조(특별재난지역의 선포 건의) 중앙본부장은 대통령령이 정하는 재난의 발생으로 인하여 국가의 안녕 및 사회질서의 유지에 중대한 영향을 미치거나 당해 재난으로 인한 피해의 효과적인 수습 및 복구를 위하여 특별한 조치가 필요하다고 인정되는 경우에는 중앙위원회의 심의를 거쳐 당해 지역을 특별재난지역으로 선포할 것을 대통령에게 건의할 수 있다.

제60조(특별재난지역의 선포 등) ① 제59조의 규정에 의하여 특별재난지역의 선포를 건의받은 대통령은 당해 지역을 특별재난지역으로 선포할 수 있다.

② 재난관리책임기관의 장은 제1항의 규정에 의하여 특별재난지역이 선포되는 경우에는 재난복구계획을 수립·시행할 수 있다.

제61조(특별재난지역에 대한 지원) 국가 또는 지방자치단체는 제60조의 규정에 의하여 특별재난지역으로 선포된 지역에 대하여는 대통령령이 정하는 바에 의하여 응급대책 및 재난구호와 복구에 필요한 행정·재정·금융·의료상의 특별지원을 할 수 있다.

제61조의2(재난합동조사단) ① 중앙본부장은 제3조제1호나목 및 다목의 규정에 해당하는 대규모의 재난이 발생한 경우에는 관계 재난관리책임기관과 합동으로 재난합동조사단을 편성하여 재난피해상황에 관한 조사를 실시하고, 재난복구계획을 수립할 수 있다.

② 중앙본부장은 제1항의 규정에 따른 재난합동조사단의 편성을 위하여 관계 재난관리책임기관의 장에게 소속 공무원 또는 직원의 파견을 요청할 수 있다. 이 경우 요청을 받은 관계 재난관리책임기관의 장은 특별한 사유가 없는 한 이에 응하여야 한다.

③ 제1항의 규정에 따른 재난합동조사단의 구성·운영에 관하여 필요한 사항은 대통령령으로 정한다.

제8장 재정 및 보상 등

제62조(비용의 부담) ① 재난관리에 필요한 비용은 이 법 또는 다른 법령에 특별한 규정이 있는 경우를 제외하고는 이 법 또는 제3장의 안전관리계획이 정하는 바에 의하여 그 시행의 책임이 있는 자의 부담으로 하고, 제46조의 규정에 의하여 시·도지사 또는 시장·군수·구청장이 다른 재난관리책임기관이 시행할 재난의 응급조치를 시행한 경우 그에 소요되는 비용은 그 응급조치를 시행할 책임이 있는 재난관리책임기관의 부담으로 한다.

② 제1항 후단의 규정에 의한 비용은 관계기관이 협의하여 이를 정산한다.

제63조(응급지원에 필요한 비용) ① 제44조제1항의 규정에 의하여 응원을 받은 자는 그 응원에 소요되는 비용을 부담하여야 한다.

② 제1항의 경우 당해 응급조치로 인하여 다른 지방자치단체가 이익을 받은 때에는 그 수익의 범위안에서 이익을 받은 당해 지방자치단체가 그 비용의 일부를 분담하여야 한다.

③ 제62조제2항의 규정은 제1항 및 제2항의 규정에 의한 비용의 정산에 관하여 이를 준용한다.

제64조(손실보상) ① 국가 또는 지방자치단체는 제39조 및 제45조(제46조의 규정에 의하여 시·도지사가 행하는 경우를 포함한다)의 규정에 의한 조치로 인하여 손실이 발생한 때에는 보상하여야 한다.

② 제1항의 규정에 의한 손실의 보상에 관하여는 손실을 받은 자와 그 조치를 행한 중앙행정기관의 장, 시·도지사 또는 시장·군수·구청장이 협의하여야 한다.

③ 제2항의 규정에 의한 협의가 성립되지 아니한 때에는 대통령령이 정하는 바에 의하여 「공익사업을 위한 토지 등의 취득 및 보상에 관한 법률」 제51조의 규정에 의한 관할 토지수용위원회에 재결을 신청할 수 있다. <개정 2007.1.26>

④ 「공익사업을 위한 토지 등의 취득 및 보상에 관한 법률」 제83조 내지 제86조의 규정은 제3항의 규정에 의한 재결에 관하여 이를 준용한다. <개정 2007.1.26>

제65조(치료 및 보상) ① 재난발생시 긴급구조활동 및 응급대책·복구 등에 참여한 자원봉사자, 제45조의 규정에 의한 응급조치 종사명령을 받은 자 및 제51조제2항의 규정에 의하여 긴급구조활동에 참여한 민간 긴급구조지원기관의 긴급구조지원요원이 응급조치 또는 긴급구조 종사중 부상을 입은 때에는 치료를 실시하고, 사망(부상으로 인하여 사망한 경우를 포함한다)하거나 신체에 장애를 입은 때에는 그 유족 또는 장애를 입은 자에게 보상금을 지급한다. 다만, 다른 법령에 의하여 국가 또는 지방자치단체의 부담으로 같은 종류의 보상금을 지급받은 자에 대하여는 그 보상금에 상당하는 금액은 이를 지급하지 아니한다.

② 재난의 응급대책·복구 및 긴급구조 등에 참여한 자원봉사자의 장비 등이 응급대책·복구 또는 긴급구조와 관련하여 고장 또는 파손된 경우에는 수리비용을 그 자원봉사자에게 보상할 수 있다.

③ 제1항의 규정에 의한 치료 및 보상금은 국가 또는 지방자치단체의 부담으로 하며, 그 기준 및 절차 등에 관하여 필요한 사항은 대통령령으로 정한다.

제66조(국고보조 등) ① 국가는 재난관리의 원활한 실시를 위하여 필요한 때에는 대통령령이 정하는 바에 의하여 그 비용(제65조제1항의 규정에 의한 보상금을 포함한

다)의 전부 또는 일부를 국고에서 부담하거나 지방자치단체 그 밖의 재난관리책임자에게 보조할 수 있다. 다만, 제39조제1항(제46조제1항의 시·도지사가 행하는 경우를 포함한다) 또는 제40조제1항의 대피명령을 방해하거나 위반하여 발생한 피해에 대하여는 그러하지 아니하다.

② 제1항의 규정에 의한 재난복구사업의 재원은 대통령령이 정하는 재난의 구호 및 재난의 복구비용 부담기준에 따라 국고의 부담금 또는 보조금과 지방자치단체의 부담금·의연금 등으로 충당하되, 지방자치단체의 부담금중 시·도 및 시·군·구가 부담하는 기준은 행정안전부령으로 정한다. <개정 2008.2.29>

③ 국가 및 지방자치단체는 이재민의 생계안정을 위하여 다음 각호의 지원을 할 수 있다.

1. 이재민의 구호
2. 중학생 및 고등학생의 학자금 면제
3. 농림어업자금의 상환기한 연기 및 그 이자의 감면
4. 정부양곡의 무상지급
5. 그 밖에 중앙재난안전대책본부회의에서 결정한 사항

제67조(재난관리기금의 적립) ① 지방자치단체는 재난관리에 소요되는 비용에 충당하기 위하여 매년 재난관리기금을 적립하여야 한다.

② 제1항의 규정에 의한 재난관리기금의 매년도 최저적립액은 최근 3년 동안의 「지방세법」에 의한 보통세의 수입결산액의 평균연액의 100분의 1에 해당하는 금액으로 한다. <개정 2007.1.26>

제68조(재난관리기금의 운용 등) ① 재난관리기금에서 생기는 수입은 그 전액을 재난관리기금에 편입하여야 한다.

② 재난관리기금의 용도·운용 및 관리에 관하여 필요한 사항은 대통령령으로 정한다.

제9장 보칙

제69조(재난상황의 기록관리) ① 재난관리책임기관의 장은 소관시설·재산 등에 관한 피해상황 등을 기록하고, 이를 보관하여야 한다. 이 경우 시장·군수·구청장을 제외한 재난관리책임기관의 장은 그 기록사항을 시장·군수·구청장에게 통보하여야 한다.

② 재난상황의 작성·보관 및 관리에 관하여 필요한 사항은 대통령령으로 정한다.

제70조(안전문화활동의 육성·지원) ① 국가 및 지방자치단체는 국민의 안전의식을 높이고 안전문화를 창달하기 위하여 노력하여야 한다.

② 행정안전부장관 또는 소방방재청장은 국민이 안전문화활동과 응급상황시 구조·구호활동에 참여하고 일상생활에서 안전문화를 실천할 수 있도록 안전관련 자원봉사기관 및 주민 자치활동을 육성·지원할 수 있다. <개정 2008.2.29>

③ 국가 및 지방자치단체는 국민이 안전을 지키기 위한 활동에 참여하고 일상생활에서 안전문화를 실천할 수 있도록 안전체험에 관한 시설을 설치·운영할 수 있다.

제71조(안전관리에 필요한 과학기술의 진흥 등) ① 정부는 재난의 예방·원인조사 등을 위한 실험·조사·연구·기술개발 및 전문인력 양성 등 안전관리에 필요한 과학기술의 진흥시책을 강구하여야 한다.

② 정부는 제1항의 규정에 의하여 안전관리에 필요한 학술조사·연구 및 기술개발에 필요한 지원을 할 수 있다.

제72조(안전관련산업의 육성 및 지원 등) ① 정부는 안전관련산업의 건전한 발전과 육성을 위하여 필요한 시책을 마련하고 이를 시행하여야 한다.

② 소방방재청장은 「중소기업기본법」 제2조의 규정에 의한 중소기업의 안전관리 등과 관련된 기술의 개발·사업화에 대하여 필요한 지원을 할 수 있다. <개정 2007.1.26>

③ 소방방재청장은 제2항의 규정에 의하여 개발한 기술을 사업화하여 매출이 발생한 경우에는 그 사업자로부터 기술료를 받을 수 있다. 이 경우 기술료의 납부기준·납부절차·용도 등에 관하여 필요한 사항은 대통령령으로 정한다.

제73조(재난대비훈련) ① 행정안전부장관, 시·도지사, 시장·군수·구청장 및 긴급구조기관의 장은 대통령령이 정하는 바에 의하여 정기 또는 수시로 재난관리책임기관·긴급구조지원기관 및 군부대 등 관계기관과 합동으로 재난대비훈련을 실시할 수 있다. <개정 2007.1.26>

② 제1항의 규정에 의한 재난대비훈련에 참여를 요청받은 기관의 장은 특별한 사유가 없는 한 이에 응하여야 한다.

③ 제1항의 규정에 의하여 재난대비훈련을 실시하는 때에는 제54조의 규정에 의한 긴급구조대응계획과 제74조의 규정에 의한 표준화된 재난관리에 관한 사항이 포함되어야 한다.

④ 시장·군수·구청장 및 긴급구조기관의 장은 제1항의 규정에 의한 훈련을 실시한 후에는 그 훈련결과를 대통령령이 정하는 바에 의하여 평가하여 재난관리책임기관의 장 및 관계 긴급구조지원기관의 장에게 이를 통보하여야 한다.

제74조(재난관리의 표준화 등) ① 행정안전부장관 또는 소방방재청장은 재난관리업무의 효율적 수행을 위하여 대통령령이 정하는 바에 의하여 재난관리에 단계별로 적용할 수 있는 표준화된 지원프로그램을 개발·보급할 수 있다. <개정 2007.1.26, 2008.2.29>

② 제3조제5호의 규정에 의한 재난관리책임기관과 동조제7호 및 제8호의 규정에 의한 긴급구조기관·긴급구조지원기관은 재난의 예방·대비·대응·복구 등의 재난관리업무를 효율적으로 추진하기 위하여 정보통신체계를 구축할 수 있다.

제75조(안전관리자문단의 구성·운영) ① 지방자치단체의 장은 재난 및 안전관리업무의 기술적 자문을 위하여 민간전문가로 구성된 안전관리자문단을 구성·운영할 수 있다.

② 제1항의 규정에 의한 안전관리자문단의 구성·운영에 관하여는 당해 지방자치단체의 조례로 정한다.

제76조(재난관련 보험 등의 개발·보급) ① 국가는 국민과 지방자치단체가 자기의 책임과 노력으로 재난에 대비할 수 있도록 재난관련 보험·공제의 개발·보급을 위하여 노력하여야 한다.

② 국가는 예산의 범위안에서 대통령령이 정하는 바에 의하여 보험료와 공제회비의 일부와 보험 및 공제의 운영 및 관리 등에 필요한 비용의 일부를 지원할 수 있다.

제77조(재난관리에 대한 문책요구 등) ① 행정안전부장관, 소방방재청장, 시·도지사 및 시장·군수·구청장은 재난응급대책·안전점검·재난상황관리 등의 업무를 수행함에 있어서 지시를 위반하거나 부과된 임무를 게을리한 공무원 또는 직원의 명단을 그 소속기관 또는 단체의 장에게 통보할 수 있다. <개정 2007.1.26, 2008.2.29>

② 중앙통제단장 및 지역통제단장은 제52조제5항의 규정에 의한 현장지휘에 불응하거나 부과된 임무를 게을리 한 긴급구조요원의 명단을 그 소속기관 또는 단체의 장에게 통보할 수 있다.

③ 제1항 및 제2항의 규정에 의하여 통보를 받은 소속기관의 장 또는 단체의 장

은 해당 공무원 또는 직원에 대한 문책 등 적절한 조치를 취하고 그 결과를 해당 기관의 장에게 통보하여야 한다.

제78조(권한의 위임 및 위탁) ① 행정안전부장관 또는 소방방재청장은 이 법에 의한 권한의 일부를 대통령령이 정하는 바에 의하여 시·도지사에게 위임할 수 있다. <개정 2007.1.26, 2008.2.29>

② 행정안전부장관 또는 소방방재청장은 제29조의 규정에 의한 평가 등의 업무의 일부와 제72조의 규정에 의한 안전관련산업의 육성 및 지원에 관한 업무를 대통령령이 정하는 바에 의하여 전문기관 등에 위탁할 수 있다. <개정 2007.1.26, 2008.2.29>

제10장 벌칙

제79조(벌칙) 다음 각호의 1에 해당하는 자는 1년 이하의 징역 또는 500만원 이하의 벌금에 처한다.

1. 정당한 사유없이 제30조제1항의 규정에 의한 긴급안전점검을 거부 또는 기피하거나 방해한 자

2. 제31조제1항의 규정에 의한 안전조치명령을 받고 이를 이행하지 아니한 자

3. 정당한 사유없이 제41조제1항제1호(제46조제1항의 규정에 의한 경우를 포함한다)의 규정에 의한 위험구역에의 출입 그 밖의 행위의 금지 또는 제한명령을 위반한 자

제80조(벌칙) 정당한 사유 없이 제45조(제46조제1항의 규정에 따른 경우를 포함한다)의 규정에 따른 토지·건축물·공작물 그 밖의 소유물의 일시사용 또는 장애물의 변경이나 제거를 거부 또는 방해한 자는 200만원 이하의 벌금에 처한다.

제81조(양벌규정) 법인의 대표자나 법인 또는 개인의 대리인, 사용인, 그 밖의 종업원이 그 법인 또는 개인의 업무에 관하여 제79조 또는 제80조의 위반행위를 하면 그 행위자를 벌하는 외에 그 법인 또는 개인에게도 해당 조문의 벌금형을 과(科)한다. 다만, 법인 또는 개인이 그 위반행위를 방지하기 위하여 해당 업무에 관하여 상당한 주의와 감독을 게을리하지 아니한 경우에는 그러하지 아니하다.

제82조(과태료) ① 다음 각 호의 어느 하나에 해당하는 자는 200만원 이하의 과태료에 처한다.

1. 제40조제1항(제46조제1항의 규정에 따른 경우를 포함한다)의 규정에 따른 대피명령을 위반한 자
2. 제41조제1항제2호(제46조제1항의 규정에 따른 경우를 포함한다)의 규정에 따른 위험구역에서의 퇴거 또는 대피명령을 위반한 자

② 제1항의 규정에 따른 과태료는 대통령령이 정하는 바에 의하여 시·도지사 또는 시장·군수·구청장(이하 이 조에서 "부과권자"라 한다)이 부과·징수한다.

③ 제2항의 규정에 따른 과태료 처분에 불복이 있는 자는 그 처분의 고지를 받은 날부터 30일 이내에 당해 부과권자에게 이의를 제기할 수 있다.

④ 제2항의 규정에 따른 과태료 처분을 받은 자가 제3항의 규정에 따른 이의를 제기한 경우에는 당해 부과권자는 지체 없이 관할 법원에 그 사실을 통보하여야 하며, 그 통보를 받은 관할 법원은 「비송사건절차법」에 따른 과태료의 재판을 한다.

⑤ 제3항의 규정에 따른 기간 이내에 이의를 제기하지 아니하고 과태료를 납부하지 아니한 경우에는 지방세체납처분의 예에 따라 이를 징수한다.

부칙 〈제7188호, 2004.3.11〉

제1조 (시행일) 이 법은 공포한 날부터 3월을 넘지 아니하는 범위에서 대통령령이 정하는 날부터 시행한다.

제2조 (다른 법률의 폐지) 재난관리법은 이를 폐지한다.

제3조 (처분 등에 관한 경과조치) 이 법 시행 당시 종전의 재난관리법에 의하여 행하여진 처분·조치 그 밖의 행정기관의 행위 또는 행정기관에 대한 행위는 이 법에 의한 행정기관의 행위 또는 행정기관에 대한 행위로 본다.

제4조 (지역위원회의 구성 등에 관한 경과조치) 제11조제4항의 규정에 의한 지역위원회 및 실무위원회의 구성·운영에 관하여 필요한 사항은 이 법 시행일부터 6월 이내의 범위에서 해당 시·도 및 시·군·구의 조례가 제정될 때까지는 종전의 재난관리법 제9조제4항의 규정에 의한 대통령령이 정한 바에 의한다.

제5조 (안전관리계획에 관한 경과조치) 이 법 시행 당시 종전의 재난관리법에 의한 국가재난관리계획, 시·도재난관리계획 및 시·군·구재난관리계획은 각각 이 법에 의한 국가안전관리계획, 시·도안전관리계획 및 시·군·구안전관리계획으로 본다.

제6조 (지역위원회의 권한에 속하는 사항의 처리에 관한 경과조치) 지역위원회가 제12조제4호의 규정에 의한 조례에 의하여 당해 지역위원회의 권한에 속하는 사항의 처리를 함에 있어서 이 법 시행일부터 6월 이내의 범위에서 종전의 재난관리법 제10조제1항제3호의 규정에 의한 해당 시·도 및 시·군·구의 조례가 제정 또는 개정될 때까지는 종전의 조례에 의한다.

제7조 (지역대책본부의 구성 등에 관한 경과조치) 제16조제3항의 규정에 의한 지역대책본부의 구성 및 운영에 관하여 필요한 사항은 이 법 시행일부터 6월 이내의 범위에서 해당 시·도 및 시·군·구의 조례가 제정될 때까지는 종전의 재난관리법 제43조제3항의 규정에 의한 대통령령이 정한 바에 의한다.

제8조 (특별재난지역에 관한 경과조치) 이 법 시행 당시 종전의 재난관리법 제51조의 규정에 의하여 선포된 특별재난지역은 이 법 제60조의 규정에 의하여 선포된 특별재난지역으로 본다.

제9조 (재난관리기금에 관한 경과조치) 이 법 시행 당시 종전의 재난관리법 제56조의 규정에 의한 재난관리기금 및 종전의 자연재해대책법 제63조의 규정에 의한 재해대책기금은 이 법 제67조의 규정에 의한 재난관리기금으로 본다.

제10조 (다른 법률의 개정) ①전기사업법중 다음과 같이 개정한다.
　　제75조제2호중 "재난관리법"을 "재난및안전관리기본법"으로 한다.
　　②전기통신기본법중 다음과 같이 개정한다.
　　제44조의3제1항 전단중 "재난관리법"을 "재난및안전관리기본법"으로 하고, 같은 항 후단중 "재난관리법 제12조의 규정에 의한 국가재난관리계획"을 "재난및안전관리기본법 제22조의 규정에 의한 국가안전관리계획"으로 한다.
　　③방송법중 다음과 같이 개정한다.
　　제75조제1항중 "재난관리법 제2조"를 "재난및안전관리기본법 제3조"로 한다.
　　④원자력손해배상법중 다음과 같이 개정한다.
　　제2조제2호 나목중 "재난관리법"을 "재난및안전관리기본법"으로 한다.
　　⑤자연재해대책법중 다음과 같이 개정한다.
　　제63조를 삭제한다.

제11조 (다른 법령과의 관계) 이 법 시행 당시 다른 법령에서 종전의 재난관리법 또는 그 규정을 인용하고 있는 경우 이 법 중 그에 해당하는 규정이 있는 때에는 종전의 규정에 갈음하여 이 법 또는 이 법의 해당 규정을 인용한 것으로 본다.

부칙(제주특별자치도 설치 및 국제자유도시 조성을 위한 특별법)
〈제7849호, 2006.2.21〉

제1조 (시행일) 이 법은 2006년 7월 1일부터 시행한다. <단서 생략>

    제2조 내지 제39조 생략

제40조 (다른 법령의 개정) ①내지 <23>생략

    <24>재난 및 안전관리 기본법 일부를 다음과 같이 개정한다.

    제43조제1항 및 제2항 중 "경찰관서"를 각각 "국가경찰관서"로 한다.

    <25>내지 <47>생략

제41조 생략

부칙 〈제8274호, 2007.1.26〉

①(시행일) 이 법은 공포 후 6개월이 경과한 날부터 시행한다.

②(벌칙에 관한 경과조치) 이 법 시행 전의 행위에 대한 벌칙의 적용에 있어서는 종전
의 규정에 따른다.

부칙(민방위기본법) 〈제8420호, 2007.5.11〉

제1조 (시행일) 이 법은 공포한 날부터 시행한다. 다만, 부칙 제5조제2항의 개정규정은
    2007년 7월 27일부터 시행한다.

제2조부터 제4조 생략

제5조 (다른 법률의 개정) ①생략

    ②재난및안전관리기본법 일부를 다음과 같이 개정한다.

    제39조제1항제1호 중 "「민방위기본법」 제22조"를 "「민방위기본법」 제26조"로 한다.

    ③생략

제6조 생략

부칙(수난구호법) 〈제8623호, 2007.8.3〉

①(시행일) 이 법은 공포한 날부터 시행한다. <단서 생략>

②및 ③생략

④(다른 법률의 개정) 재난 및 안전관리기본법 일부를 다음과 같이 개정한다.

  제3조제7호 단서 중 "해양경찰청 및 해양경찰서"를 "해양경찰청·지방해양경찰청 및
해양경찰서"로 한다.

제20조제2항 중 "해양경찰청장에게"를 "지방해양경찰청장에게, 지방해양경찰청장은 해양경찰청장에게"로 한다.

부칙 〈제8856호, 2008.2.29〉

이 법은 공포한 날부터 시행한다.

부칙 〈제9205호, 2008.12.26〉

이 법은 공포한 날부터 시행한다.

부칙 〈제9299호, 2008.12.31〉

이 법은 공포 후 6개월이 경과한 날부터 시행한다.

부칙(감염병의 예방 및 관리에 관한 법률) 〈제9847호, 2009.12.29〉

제1조(시행일) 이 법은 공포 후 1년이 경과한 날부터 시행한다.
제2조부터 제20조까지 생략
제21조(다른 법률의 개정) ① 부터 〈17〉 까지 생략
　　〈18〉 재난 및 안전관리기본법 일부를 다음과 같이 개정한다.
　　제3조제1호다목 중 "전염병"을 "감염병"으로 한다.
　　〈19〉 부터 〈30〉 까지 생략
제22조 생략

부칙(정부조직법) 〈제9932호, 2010.1.18〉

제1조(시행일) 이 법은 공포 후 2개월이 경과한 날부터 시행한다. 〈단서 생략〉
제2조 및 제3조 생략
제4조(다른 법률의 개정) ① 부터 〈103〉 까지 생략
　　〈104〉 재난 및 안전관리기본법 일부를 다음과 같이 개정한다.
　　제49조제3항 중 "보건복지가족부"를 "보건복지부"로 한다.
　　〈105〉 부터 〈137〉 까지 생략
제5조 생략

소 방 기 본 법

일부개정 2010.02.04 법률 제10014호
시행일자 2010. 08.05

제1장 총 칙

제1조 (목적) 이 법은 화재를 예방·경계하거나 진압하고 화재, 재난·재해 그 밖의 위급한 상황에서의 구조·구급활동 등을 통하여 국민의 생명·신체 및 재산을 보호함으로써 공공의 안녕질서 유지와 복리증진에 이바지함을 목적으로 한다.

제2조 (정의) 이 법에서 사용하는 용어의 뜻은 다음과 같다. <개정 2007.8.3, 2010.2.4>

    1. "소방대상물"이라 함은 건축물, 차량, 선박(선박법 제1조의2제1항의 규정에 따른 선박으로서 항구안에 매어둔 선박에 한한다), 선박건조구조물, 산림 그 밖의 공작물 또는 물건을 말한다.

    2. "관계지역"이라 함은 소방대상물이 있는 장소 및 그 이웃지역으로서 화재의 예방·경계·진압, 구조·구급 등의 활동에 필요한 지역을 말한다.

    3. "관계인"이라 함은 소방대상물의 소유자·관리자 또는 점유자를 말한다.

    4. "소방본부장"이란 특별시·광역시·도 또는 특별자치도(이하 "시·도"라 한다)에서 화재의 예방·경계·진압·조사 및 구조·구급 등의 업무를 담당하는 부서의 장을 말한다.

    5. "소방대(소방대)"라 함은 화재를 진압하고 화재, 재난·재해 그 밖의 위급한 상황에서의 구조·구급활동 등을 하기 위하여 다음 각목의 자로 구성된 조직체를 말한다.

        가. 소방공무원법에 따른 소방공무원

        나. 의무소방대설치법 제3조의 규정에 따라 임용된 의무소방원(의무소방원)

        다. 제37조의 규정에 따른 의용소방대원(의용소방대원)

    6. "소방대장(소방대장)"이라 함은 소방본부장 또는 소방서장 등 화재, 재난·재해 그 밖의 위급한 상황이 발생한 현장에서 소방대를 지휘하는 자를 말한다.

제3조 (소방기관의 설치 등) ①시·도의 화재 예방·경계·진압 및 조사와 화재, 재난·재해 그 밖의 위급한 상황에서의 구조·구급 등의 업무(이하 "소방업무"라 한다)

를 수행하는 소방기관의 설치에 관하여 필요한 사항은 대통령령으로 정한다.

②소방업무를 수행하는 소방본부장 또는 소방서장은 그 소재지를 관할하는 특별시장·광역시장·도지사 또는 특별자치도지사(이하 "시·도지사"라 한다)의 지휘와 감독을 받는다. <개정 2010.2.4>

제4조 (종합상황실의 설치와 운영) ①소방방재청장·소방본부장 및 소방서장은 화재, 재난·재해 그 밖에 구조·구급이 필요한 상황이 발생한 때에 신속한 소방활동(소방업무를 위한 모든 활동을 말한다. 이하 같다)을 위한 정보를 수집·전파하기 위하여 종합상황실을 설치·운영하여야 한다. <개정 2005.8.4>

② 제1항의 규정에 따른 종합상황실의 설치·운영에 관하여 필요한 사항은 행정안전부령으로 정한다. <개정 2008.2.29>

제5조 (소방박물관 등의 설립과 운영) ①소방의 역사와 안전문화를 발전시키고 국민의 안전의식을 높이기 위하여 소방방재청장은 소방박물관을, 시·도지사는 소방체험관(화재현장에서의 피난 등을 체험할 수 있는 체험관을 말한다. 이하 이 조에서 같다)을 설립하여 운영할 수 있다. <개정 2005.8.4>

②제1항의 규정에 따른 소방박물관의 설립과 운영에 관하여 필요한 사항은 행정자치부령으로, 소방체험관의 설립과 운영에 관하여 필요한 사항은 시·도의 조례로 정한다.

제6조 (소방업무에 대한 책임) 시·도지사는 그 관할구역안에서 발생하는 화재, 재난·재해 그 밖의 위급한 상황에 있어서 필요한 소방업무를 성실히 수행하여야 한다.

제7조 (소방의 날 제정과 운영 등<개정 2006.12.26>) ①국민의 안전의식과 화재에 대한 경각심을 높이고 안전문화의 정착을 위하여 매년 11월 9일을 소방의 날로 정하여 기념행사를 한다.

②소방의 날 행사에 관하여 필요한 사항은 소방방재청장 또는 시·도지사가 따로 정하여 시행할 수 있다. <개정 2005.8.4>

③소방방재청장은 다음 각 호에 해당하는 자를 명예직의 소방대원으로 위촉할 수 있다. <신설 2006.12.26>

1. 「의사상자 예우에 관한 법률」 제2조의 규정에 따른 의사상자로서 같은 법 제3조제3호 또는 제4호에 해당하는 사람
2. 소방행정발전에 공로가 있다고 인정되는 사람

제2장 소방장비 및 소방용수시설 등

제8조 (소방력의 기준 등) ① 소방기관이 소방업무를 수행하는 데에 필요한 인력과 장비 등[이하 "소방력(소방력)"이라 한다]에 관한 기준은 행정안전부령으로 정한다. <개정 2008.2.29>

②시·도지사는 제1항의 규정에 따른 소방력의 기준에 따라 관할구역안의 소방력을 확충하기 위하여 필요한 계획을 수립하여 시행하여야 한다.

③ 소방자동차 등 소방장비의 분류·표준화와 그 관리 등에 관하여 필요한 사항은 행정안전부령으로 정한다. <개정 2008.2.29>

제9조 (소방장비 등에 대한 국고보조) ①국가는 소방장비의 구입 등 시·도의 소방업무에 필요한 경비의 일부를 보조한다.

②제1항의 규정에 따른 보조 대상사업의 범위와 기준보조율은 대통령령으로 정한다. <개정 2010.2.4>

제10조 (소방용수시설의 설치 및 관리 등) ①시·도지사는 소방활동에 필요한 소화전(소화전)·급수탑(급수탑)·저수조(저수조)(이하 "소방용수시설"이라 한다)를 설치하고 유지·관리하여야 한다. 다만, 「수도법」 제45조의 규정에 따라 설치된 소화전의 경우에는 그 소화전의 설치자가 유지·관리하여야 한다. <개정 2007.4.11>

② 제1항의 규정에 따른 소방용수시설 설치의 기준은 행정안전부령으로 정한다. <개정 2008.2.29>

제11조 (소방업무의 응원) ①소방본부장 또는 소방서장은 소방활동에 있어서 긴급한 때에는 이웃한 소방본부장 또는 소방서장에게 소방업무의 응원(응원)을 요청할 수 있다.

②제1항의 규정에 따라 소방업무의 응원요청을 받은 소방본부장 또는 소방서장은 정당한 사유없이 이를 거절하여서는 아니된다.

③제1항의 규정에 따라 소방업무의 응원을 위하여 파견된 소방대원은 응원을 요청한 소방본부장 또는 소방서장의 지휘에 따라야 한다.

④ 시·도지사는 제1항의 규정에 따라 소방업무의 응원을 요청하는 경우를 대비하여 출동의 대상지역 및 규모와 소요경비의 부담 등에 관하여 필요한 사항을 행정안전부령이 정하는 바에 따라 이웃하는 시·도지사와 협의하여 미리 규약(규약)으로 정하여야 한다. <개정 2008.2.29>

제3장 화재의 예방과 경계(경계)

제12조 (화재의 예방조치 등) ①소방본부장 또는 소방서장은 화재의 예방상 위험하다고 인정되는 행위를 하는 사람이나 소화활동에 지장이 있다고 인정되는 물건의 소유자·관리자 또는 점유자에 대하여 다음 각호의 명령을 할 수 있다.

1. 불장난, 모닥불, 흡연, 화기(화기) 취급 그 밖에 화재예방상 위험하다고 인정되는 행위의 금지 또는 제한

2. 타고남은 불 또는 화기(화기)의 우려가 있는 재의 처리

3. 함부로 버려 두거나 그냥 둔 위험물 그 밖에 불에 탈 수 있는 물건을 옮기거나 치우게 하는 등의 조치

②소방본부장 또는 소방서장은 제1항제3호에 해당하는 경우로서 그 위험물 또는 물건의 소유자·관리자 또는 점유자의 주소와 성명을 알 수 없어서 필요한 명령을 할 수 없는 때에는 소속공무원으로 하여금 그 위험물 또는 물건을 옮기거나 치우게 할 수 있다.

③소방본부장 또는 소방서장은 제2항의 규정에 따라 옮기거나 치운 위험물 또는 물건을 보관하여야 한다.

④소방본부장 또는 소방서장은 제3항의 규정에 따라 위험물 또는 물건을 보관하는 경우에는 그 날부터 14일동안 소방본부 또는 소방서의 게시판에 이를 공고하여야 한다.

⑤제3항의 규정에 의하여 소방본부장 또는 소방서장이 보관하는 위험물 또는 물건의 보관기간 및 보관기간 경과후 처리 등에 대해서는 대통령령으로 정한다.

제13조 (화재경계지구의 지정) ①시·도지사는 도시의 건물밀집지역 등 화재가 발생할 우려가 높거나 화재가 발생하는 경우 그로 인하여 피해가 클 것으로 예상되는 일정한 구역으로서 대통령령이 정하는 지역을 화재경계지구(화재경계지구)로 지정할 수 있다.

②소방본부장 또는 소방서장은 대통령령이 정하는 바에 따라 제1항의 규정에 따른 화재경계지구안의 소방대상물의 위치·구조 및 설비 등에 대하여 소방시설설치유지및안전관리에관한법률 제4조의 규정에 따른 소방검사를 하여야 한다.

③소방본부장 또는 소방서장은 제2항의 규정에 따른 소방검사를 한 결과 화재의 예방과 경계를 위하여 필요하다고 인정하는 때에는 관계인에 대하여 소방용수시설·소화기구 그 밖에 소방에 필요한 설비의 설치를 명할 수 있다.

④소방본부장 또는 소방서장은 화재경계지구안의 관계인에 대하여 대통령령이 정하는 바에 따라 소방상 필요한 훈련 및 교육을 실시할 수 있다.

제14조 (화재에 관한 위험경보) 소방본부장 또는 소방서장은 「기상법」 제13조제1항의 규정에 따른 이상기상(이상기상)의 예보 또는 특보가 있는 때에는 화재에 관한 경보를 발하고 그에 따른 조치를 할 수 있다. <개정 2005.12.30>

제15조 (불을 사용하는 설비 등의 관리와 특수가연물의 저장·취급) ①보일러, 난로, 건조설비, 가스·전기시설 그 밖에 화재발생의 우려가 있는 설비 또는 기구 등의 위치·구조 및 관리와 화재예방을 위하여 불의 사용에 있어서 지켜야 하는 사항은 대통령령으로 정한다.
②화재가 발생하는 경우 화재의 확대가 빠른 고무류·면화류·석탄 및 목탄 등 대통령령이 정하는 특수가연물(특수가연물)의 저장 및 취급의 기준은 대통령령으로 정한다.

제4장 소방활동

제16조 (소방활동) 소방방재청장·소방본부장 또는 소방서장은 화재, 재난·재해 그 밖의 위급한 상황이 발생한 때에는 소방대를 현장에 신속하게 출동시켜 화재진압과 인명구조 등 소방에 필요한 활동을 하게 하여야 한다. <개정 2005.8.4>

제17조 (소방교육·훈련) ①소방방재청장·소방본부장 또는 소방서장은 소방업무를 전문적이고 효과적으로 수행하기 위하여 소방대원에게 필요한 교육·훈련을 실시하여야 한다. <개정 2005.8.4>
② 소방방재청장·소방본부장 또는 소방서장은 화재예방과 화재발생시 인명과 재산피해를 최소화하기 위하여 다음 각 호에 해당하는 자를 대상으로 행정안전부령이 정하는 바에 따라 소방안전 교육과 훈련을 실시할 수 있다. 이 경우 소방방재청장·소방본부장 또는 소방서장은 해당 보육시설·유치원·학교의 장과 교육일정 등에 관하여 협의하여야 한다. <신설 2005.8.4, 2008.2.29>
1. 「영유아보육법」 제2조의 규정에 따른 보육시설의 영유아
2. 「유아교육법」 제2조의 규정에 따른 유치원의 유아
3. 「초·중등교육법」 제2조의 규정에 따른 학교의 학생
③소방방재청장·소방본부장 또는 소방서장은 국민 안전의식을 높이기 위하여 화재발생시 피난 및 행동방법 등을 홍보하여야 한다. <신설 2005.8.4>
④ 제1항의 규정에 따른 교육·훈련의 종류 및 대상자 그 밖에 교육·훈련의 실시에 관하여 필요한 사항은 행정안전부령으로 정한다. <개정 2008.2.29>

제17조의2 (소방안전교육사) ① 소방방재청장은 제17조제2항의 규정에 따른 소방안전 교육을 위하여 소방방재청장이 실시하는 시험에 합격한 자에게 소방안전교육사 자격을 부여한다. <개정 2008.1.17>

②소방안전교육사는 소방안전교육의 기획·진행·분석·평가 및 교수업무를 수행한다.

③ 제1항에 따른 소방안전교육사시험의 응시자격, 시험방법, 시험과목, 시험위원, 그 밖에 소방안전교육사시험의 실시에 필요한 사항은 대통령령으로 정한다. <신설 2008.1.17>

④ 제1항에 따른 소방안전교육사시험에 응시하고자 하는 자는 대통령령으로 정하는 바에 따라 수수료를 납부하여야 한다. <신설 2008.1.17>

[본조신설 2005.8.4]

제17조의3 (소방안전교육사의 결격사유) 다음 각 호의 어느 하나에 해당하는 자는 소방안전교육사가 될 수 없다.

1. 금치산자 또는 한정치산자
2. 파산선고를 받고 복권되지 아니한 자
3. 금고 이상의 실형의 선고를 받고 그 집행이 종료(집행이 종료된 것으로 보는 경우를 포함한다)되거나 집행이 면제된 날부터 2년이 경과되지 아니한 자
4. 금고 이상의 형의 집행유예 선고를 받고 그 유예기간 중에 있는 자
5. 법원의 판결 또는 다른 법률에 의하여 자격이 정지 또는 상실된 자

[본조신설 2005.8.4]

제17조의4 (소방안전교육사의 배치) ①제17조의2제1항의 규정에 따른 소방안전교육사를 소방방재청·소방본부 또는 소방서 그 밖에 대통령령이 정하는 대상에 배치할 수 있다.

②제1항의 규정에 따른 소방안전교육사의 배치대상 및 배치기준 그 밖에 필요한 사항은 대통령령으로 정한다.

[본조신설 2005.8.4]

제18조 (소방신호) 화재예방·소방활동 또는 소방훈련을 위하여 사용되는 소방신호의 종류와 방법은 행정안전부령으로 정한다. <개정 2008.2.29>

제19조 (화재 등의 통지) ①화재현장 또는 구조·구급이 필요한 사고현장을 발견한 사

람은 그 현장의 상황을 소방본부·소방서 또는 관계행정기관에 지체없이 알려야 한다.

②다음 각 호의 어느 하나에 해당하는 지역 또는 장소에서 화재로 오인할 만한 우려가 있는 불을 피우거나 연막소독을 실시하고자 하는 자는 시·도의 조례가 정하는 바에 따라 관할 소방본부장 또는 소방서장에게 신고하여야 한다. <신설 2005.8.4>

1. 시장지역
2. 공장·창고가 밀집한 지역
3. 목조건물이 밀집한 지역
4. 위험물의 저장 및 처리시설이 밀집한 지역
5. 석유화학제품을 생산하는 공장이 있는 지역
6. 그 밖에 시·도의 조례가 정하는 지역 또는 장소

제20조 (관계인의 소방활동) 관계인은 소방대상물에 화재, 재난·재해 그 밖의 위급한 상황이 발생한 경우에는 소방대가 현장에 도착할 때까지 경보를 울리거나 대피를 유도하는 등의 방법으로 사람을 구출하는 조치 또는 불을 끄거나 불이 번지지 아니하도록 필요한 조치를 하여야 한다.

제21조 (소방자동차의 우선 통행 등) ①모든 차와 사람은 소방자동차(지휘를 위한 자동차 및 구조·구급차를 포함한다. 이하 같다)가 화재진압 및 구조·구급활동을 위하여 출동을 하는 때에는 이를 방해하여서는 아니된다.

②소방자동차의 우선 통행에 관하여는 도로교통법이 정하는 바에 따른다.

③소방자동차가 화재진압 및 구조·구급활동을 위하여 출동하거나 훈련을 위하여 필요한 때에는 사이렌을 사용할 수 있다.

제22조 (소방대의 긴급통행) 소방대는 화재, 재난·재해 그 밖의 위급한 상황이 발생한 현장에 신속하게 출동하기 위하여 긴급한 때에는 일반적인 통행에 쓰이지 아니하는 도로·빈터 또는 물위로 통행할 수 있다.

제23조 (소방활동구역의 설정) ①소방대장은 화재, 재난·재해 그 밖의 위급한 상황이 발생한 현장에 소방활동구역을 정하여 소방활동에 필요한 자로서 대통령령이 정하는 자외의 자에 대하여는 그 구역에의 출입을 제한할 수 있다.

②경찰공무원은 소방대가 제1항의 규정에 따른 소방활동구역에 있지 아니하거나 소방대장의 요청이 있는 때에는 제1항의 규정에 따른 조치를 할 수 있다.

제24조 (소방활동 종사명령) ①소방본부장·소방서장 또는 소방대장은 화재, 재난·재해 그 밖의 위급한 상황이 발생한 현장에서 소방활동을 위하여 필요한 때에는 그 관할구역 안에 사는 자 또는 그 현장에 있는 자로 하여금 사람을 구출하는 일 또는 불을 끄거나 불이 번지지 아니하도록 하는 일을 하게 할 수 있다. 이 경우 소방본부장·소방서장 또는 소방대장은 소방활동에 필요한 보호장구를 지급하는 등 안전을 위한 조치를 하여야 한다.

②시·도지사는 제1항 전단의 규정에 따라 소방활동에 종사한 자가 이로 인하여 사망하거나 부상을 입은 경우에는 이를 보상하여야 한다.

③제1항의 규정에 의한 명령에 따라 소방활동에 종사한 자는 시·도지사로부터 소방활동의 비용을 지급 받을 수 있다. 다만, 다음 각호의 1에 해당하는 자의 경우에는 그러하지 아니하다.

1. 소방대상물에 화재, 재난·재해 그 밖의 위급한 상황이 발생한 경우 그 관계인
2. 고의 또는 과실로 인하여 화재 또는 구조·구급활동이 필요한 상황을 발생시킨 자
3. 화재 또는 구조·구급현장에서 물건을 가져간 자

제25조 (강제처분 등) ①소방본부장·소방서장 또는 소방대장은 사람을 구출하거나 불이 번지는 것을 막기 위하여 필요한 때에는 화재가 발생하거나 불이 번질 우려가 있는 소방대상물 및 토지를 일시적으로 사용하거나 그 사용의 제한 또는 소방활동에 필요한 처분을 할 수 있다.

②소방본부장·소방서장 또는 소방대장은 사람을 구출하거나 불이 번지는 것을 막기 위하여 긴급하다고 인정하는 때에는 제1항의 규정에 따른 소방대상물 또는 토지외의 소방대상물과 토지에 대하여 제1항의 규정에 따른 처분을 할 수 있다.

③소방본부장·소방서장 또는 소방대장은 소방활동을 위하여 긴급하게 출동하는 때에는 소방자동차의 통행과 소방활동에 방해가 되는 주차 또는 정차된 차량 및 물건 등을 제거 또는 이동시킬 수 있다.

④시·도지사는 제2항 또는 제3항의 규정에 따른 처분으로 인하여 손실을 받은 자가 있는 경우에는 그 손실을 보상하여야 한다. 다만, 제3항의 규정에 해당하는 경우로서 법령을 위반하여 소방자동차의 통행과 소방활동에 방해가 된 경우에는 그러하지 아니하다.

제26조 (피난명령) ①소방본부장·소방서장 또는 소방대장은 화재, 재난·재해 그 밖의 위급한 상황의 발생으로 인하여 사람의 생명에 위험이 미칠 것으로 인정하는

때에는 일정한 구역을 지정하여 그 구역안에 있는 사람에 대하여 그 구역밖으로 피난할 것을 명할 수 있다.

②소방본부장·소방서장 또는 소방대장이 제1항의 규정에 따른 명령을 함에 있어서 필요한 때에는 관할 경찰서장 또는 자치경찰단장에게 협조를 요청할 수 있다. <개정 2006.2.21>

제27조 (위험시설 등에 대한 긴급조치) ①소방본부장·소방서장 또는 소방대장은 화재진압 등 소방활동을 위하여 필요한 때에는 소방용수외에 댐·저수지 또는 수영장 등의 물을 사용하거나 수도(수도)의 개폐장치 등을 조작할 수 있다.

②소방본부장·소방서장 또는 소방대장은 화재의 발생을 막거나 폭발 등으로 인하여 화재가 확대되는 것을 막기 위하여 가스·전기 또는 유류 등의 시설에 대하여 위험물질의 공급을 차단하는 등 필요한 조치를 할 수 있다.

③시·도지사는 제1항 및 제2항의 규정에 따른 조치로 인하여 손실을 받은 자가 있는 경우에는 그 손실을 보상하여야 한다.

제28조 (소방용수시설의 사용금지 등) 누구든지 다음 각호의 1에 해당하는 행위를 하여서는 아니된다.

1. 정당한 사유없이 소방용수시설을 사용하는 행위
2. 정당한 사유없이 손상·파괴, 철거 또는 그 밖의 방법으로 소방용수시설의 효용을 해치는 행위
3. 소방용수시설의 정당한 사용을 방해하는 행위

제5장 화재의 조사

제29조 (화재의 원인 및 피해 조사) ①소방방재청장·소방본부장 또는 소방서장은 화재가 발생한 때에는 화재의 원인 및 피해 등에 대한 조사(이하 "화재조사"라 한다)를 하여야 한다. <개정 2005.8.4>

② 제1항의 규정에 따른 화재조사의 방법 및 전담조사반의 운영과 화재조사자의 자격 등 화재조사에 관하여 필요한 사항은 행정안전부령으로 정한다. <개정 2005.8.4, 2008.2.29>

제30조 (출입·조사 등) ①소방방재청장·소방본부장 또는 소방서장은 화재조사를 하기 위하여 필요한 때에는 관계인에 대하여 필요한 보고 또는 자료제출을 명하거나 관계공무원으로 하여금 관계장소에 출입하여 화재의 원인과 피해의 상황을 조

사하거나 관계인에게 질문하게 할 수 있다. <개정 2005.8.4>

②제1항의 규정에 따라 화재조사를 하는 관계공무원은 그 권한을 표시하는 증표를 지니고 이를 관계인에게 내보여야 한다.

③제1항의 규정에 따라 화재조사를 하는 관계공무원은 관계인의 정당한 업무를 방해하거나 화재조사를 수행하면서 알게 된 비밀을 다른 사람에게 누설하여서는 아니된다.

제31조 (수사기관에 체포된 사람에 대한 조사) 소방방재청장·소방본부장 또는 소방서장은 수사기관이 방화(방화) 또는 실화(실화)의 혐의가 있어서 이미 피의자를 체포하였거나 증거물을 압수한 때에 화재조사를 위하여 필요한 경우에는 수사에 지장을 주지 아니하는 범위안에서 그 피의자 또는 압수된 증거물에 대한 조사를 할 수 있다. 이 경우 수사기관은 소방본부장 또는 소방서장의 신속한 화재조사를 위하여 특별한 사유가 없는 한 조사에 협조하여야 한다. <개정 2005.8.4>

제32조 (소방공무원과 경찰공무원의 협력 등) ①소방공무원과 국가경찰공무원은 화재조사에 있어서 서로 협력하여야 한다. <개정 2006.2.21>

②소방본부장 또는 소방서장은 화재조사 결과 방화 또는 실화의 혐의가 있다고 인정하는 때에는 지체없이 관할 경찰서장에게 그 사실을 알리고 필요한 증거를 수집·보존하여 그 범죄수사에 협력하여야 한다.

제33조 (소방기관과 관계보험회사와의 협력) 소방본부·소방서 등 소방기관과 관계보험회사는 화재가 발생한 경우 그 원인 및 피해상황의 조사에 있어서 필요한 사항에 대하여 서로 협력하여야 한다.

제6장 구조 및 구급

제34조 (구조대의 편성과 운영) ①소방방재청장·소방본부장 또는 소방서장은 화재, 재난·재해 그 밖의 위급한 상황에서 사람의 생명 등을 안전하게 구조하기 위하여 구조대(구조대)를 편성하여 운영한다. <개정 2005.8.4>

②소방방재청장은 국외에서 화재, 재난·재해 그 밖의 위급한 상황이 발생한 경우로서 재외국민의 보호나 국제협력이 필요하다고 인정되는 경우에는 국제구조대를 편성하여 운영할 수 있다. <개정 2005.8.4>

③제1항의 규정에 따른 구조대 및 제2항의 규정에 따른 국제구조대의 편성과 운영 등에 관하여 필요한 사항은 대통령령으로 정한다.

제35조 (구급대의 편성과 운영) ①소방방재청장·소방본부장 또는 소방서장은 화재, 재난·재해 그 밖의 위급한 상황에서 발생한 응급환자를 응급처치하거나 의료기관에 긴급히 이송하기 위하여 구급대(구급대)를 편성하여 운영한다. <개정 2005.8.4> ②제1항의 규정에 따른 구급대의 편성과 운영 등에 관하여 필요한 사항은 대통령령으로 정한다.

제36조 (구조와 구급의 지원요청) ①소방방재청장·소방본부장 또는 소방서장은 화재, 재난·재해 그 밖의 위급한 상황에서 구조와 구급활동을 함에 있어서 구조대 또는 구급대의 장비 및 인력이 부족한 경우 등 필요한 때에는 대통령령이 정하는 바에 따라 관할구역안의 의료기관 및 구조·구급과 관련된 기관 또는 단체(이하 이 조에서 "의료기관등"이라 한다)에 대하여 구조와 구급에 필요한 장비 및 인력의 지원을 요청할 수 있다. 이 경우 요청을 받은 의료기관등은 특별한 사유가 없는 한 이에 따라야 한다. <개정 2005.8.4>
② 소방본부장 또는 소방서장은 행정안전부령이 정하는 바에 따라 제1항의 규정에 따른 지원요청대상 의료기관등의 현황을 관리하여야 한다. <개정 2008.2.29>
③시·도지사는 소방본부장 또는 소방서장의 요청에 따라 구조와 구급활동에 참여한 의료기관등에 대하여는 그 경비를 보상할 수 있다.

제7장 의용소방대

제37조 (의용소방대의 설치 등) ①소방본부장 또는 소방서장은 소방업무를 보조하게 하기 위하여 특별시·광역시·시·읍·면에 의용소방대(의용소방대)를 둔다.
②의용소방대는 그 지역의 주민 가운데 희망하는 자로 구성하되, 그 설치·명칭·구역·조직·임면·정원·훈련·검열·복제·복무 및 운영 등에 관하여 필요한 사항은 시·도의 조례로 정한다.
③의용소방대의 운영과 처우 등에 대한 경비는 그 대원(대원)의 임면권자가 부담한다.

제38조 (의용소방대원의 근무 등) ①의용소방대원은 비상근(비상근)으로 한다.
②소방본부장 또는 소방서장은 소방업무를 보조하게 하기 위하여 필요한 때에는 의용소방대원을 소집할 수 있다.
③의용소방대원은 제2항의 규정에 따라 소집된 때에는 소방본부장 또는 소방서장의 지휘와 감독을 받아 소방업무를 보조한다.

제39조 (의용소방대원의 처우 등) ①의용소방대원이 소방업무 및 소방관련 교육·훈련을 수행한 때에는 시·도의 조례가 정하는 바에 따라 수당을 지급한다.

②의용소방대원이 소방업무 및 소방관련 교육·훈련으로 인하여 질병에 걸리거나 부상을 입거나 사망한 때에는 시·도의 조례가 정하는 바에 따라 보상금을 지급한다.

제39조의2 (전국의용소방대연합회) ① 재난관리를 위한 자율적 봉사활동의 효율적 운영 및 상호협조 증진을 위하여 전국의용소방대연합회(이하 "연합회"라 한다)를 설립할 수 있다.

② 소방방재청장은 국민의 소방방재 봉사활동의 참여증진을 위하여 연합회의 설립 및 운영을 지원할 수 있다.

③ 연합회의 조직·운영 및 기능 등에 관하여 필요한 사항은 행정자치부령으로 정한다.

[본조신설 2008.1.17]

제7장의2 소방산업의 육성·진흥 및 지원 등

<신설 2008.1.17>

제39조의3 (국가의 책무) 국가는 소방산업(소방용 기계·기구의 제조, 연구·개발 및 판매 등에 관한 일련의 산업을 말한다. 이하 같다)의 육성·진흥을 위하여 필요한 계획의 수립 등 행정·재정상의 지원시책을 강구하여야 한다.

[본조신설 2008.1.17]

제39조의4

삭제<2008.6.5>

제39조의5 (소방산업과 관련된 기술개발 등의 지원) ① 국가는 소방산업과 관련된 기술(이하 "소방기술"이라 한다)의 개발을 촉진하기 위하여 기술개발을 실시하는 자에 대하여 그 기술개발에 드는 자금의 전부나 일부를 출연하거나 보조할 수 있다.

② 국가는 우수소방제품의 전시·홍보를 위하여 「대외무역법」 제4조제2항에 따른 무역전시장 등을 설치한 자에 대하여 다음 각 호에서 정한 범위에서 재정적인 지원을 할 수 있다.

1. 소방산업전시회 운영에 따른 경비의 일부
2. 소방산업전시회 관련 국외 홍보비

3. 소방산업전시회 기간 중 국외의 구매자 초청 경비
[본조신설 2008.1.17]

제39조의6 (소방기술의 연구·개발사업의 수행) ① 국가는 국민의 생명과 재산을 보호하기 위하여 다음 각 호의 어느 하나에 해당하는 기관이나 단체로 하여금 소방기술의 연구·개발사업을 수행하게 할 수 있다. <개정 2008.6.5>
  1. 국공립연구기관
  2. 「과학기술분야 정부출연연구기관 등의 설립·운영 및 육성에 관한 법률」에 따라 설립된 연구기관
  3. 「특정연구기관 육성법」 제2조에 따른 특정연구기관
  4. 「고등교육법」에 따른 대학·산업대학·전문대학 및 기술대학
  5. 「민법」이나 다른 법률에 따라 설립된 소방기술 분야의 법인인 연구기관 또는 법인 부설연구소
  6. 「기술개발촉진법」 제7조제1항제2호에 따른 기업부설연구소
  7. 「소방산업의 진흥에 관한 법률」 제14조에 따른 한국소방산업기술원
  8. 그 밖에 대통령령으로 정하는 소방에 관한 기술개발 및 연구를 수행하는 기관·협회
② 국가가 제1항에 따른 기관이나 단체로 하여금 소방기술의 연구·개발사업을 수행하게 하는 경우에는 필요한 경비를 지원하여야 한다.
[본조신설 2008.1.17]

제39조의7 (소방기술 및 소방산업의 국제화사업) ① 국가는 소방기술 및 소방산업의 국제경쟁력과 국제통용성을 높이는 데 필요한 기반조성을 촉진하기 위한 시책을 강구하여야 한다.
② 소방방재청장은 소방기술 및 소방산업의 국제경쟁력과 국제통용성을 높이기 위하여 다음 각 호의 사업을 추진하여야 한다.
  1. 소방기술 및 소방산업의 국제협력을 위한 조사·연구
  2. 소방기술 및 소방산업에 관한 국제전시회·국제학술회의의 개최 등 국제교류
  3. 소방기술 및 소방산업의 국외시장의 개척
  4. 그 밖에 소방기술 및 소방산업의 국제경쟁력과 국제통용성을 높이기 위하여 필요하다고 인정하는 사업
[본조신설 2008.1.17]

제8장 한국소방안전협회 〈개정 2008.6.5〉
제1절 한국소방안전협회

제40조 (한국소방안전협회의 설립 등) ①소방기술과 안전관리기술의 향상 및 홍보 그 밖의 교육훈련 등 행정기관이 위탁하는 업무의 수행과 소방업계의 건전한 발전 및 소방관계 종사자의 기술향상을 위하여 한국소방안전협회(이하 "협회"라 한다)를 설립한다.

②제1항의 규정에 따라 설립되는 협회는 법인으로 한다.

③협회에 관하여 이 법에 규정된 것을 제외하고는 민법 가운데 사단법인에 관한 규정을 준용한다.

제41조 (협회의 업무) 협회는 다음 각호의 업무를 수행한다.

1. 소방기술과 안전관리에 관한 교육 및 조사·연구
2. 소방기술과 안전관리에 관한 각종 간행물의 발간
3. 화재예방과 안전관리의식의 고취를 위한 대국민 홍보
4. 소방업무에 관하여 행정기관이 위탁하는 업무
5. 그 밖에 회원의 복리증진 등 정관이 정하는 사항

제42조 (회원의 자격) 협회의 회원은 다음 각호의 자로 한다.

1. 소방시설설치유지및안전관리에관한법률·소방시설공사업법 또는 위험물안전관리법에 따라 등록을 하거나 허가를 받은 자로서 회원이 되고자 하는 자
2. 소방시설설치유지및안전관리에관한법률·소방시설공사업법 또는 위험물안전관리법에 따라 방화관리자·소방기술자 또는 위험물안전관리자로 선임되거나 채용된 자로서 회원이 되고자 하는 자
3. 그 밖에 소방에 관한 학식과 경험이 풍부한 자로서 대통령령이 정하는 자 가운데 회원이 되고자 하는 자

제43조 (협회의 정관) ①협회의 정관에 기재하여야 하는 사항은 대통령령으로 정한다.

②협회가 정관을 변경하고자 하는 때에는 소방방재청장의 인가를 받아야 한다. 〈개정 2005.8.4〉

제44조 (협회의 운영경비) 협회의 운영경비는 회비와 사업수입 등으로 충당한다.

제2절

삭제 <2008.6.5>

제45조

삭제 <2008.6.5>

제46조

삭제 <2008.6.5>

제47조

삭제 <2008.6.5>

제9장 보칙

제48조 (감독) 소방방재청장은 협회의 업무를 감독한다. <개정 2005.8.4, 2008.6.5>

제49조 (권한의 위임) 소방방재청장은 이 법에 따른 권한의 일부를 대통령령이 정하는 바에 따라 시·도지사, 소방본부장 또는 소방서장에게 위임할 수 있다. <개정 2005.8.4>

제10장 벌칙

제50조 (벌칙) 다음 각호의 1에 해당하는 자는 5년 이하의 징역 또는 3천만원 이하의 벌금에 처한다.
   1. 제21조제1항의 규정을 위반하여 소방자동차의 출동을 방해한 자
   2. 제24조제1항의 규정에 따른 사람을 구출하는 일 또는 불을 끄거나 불이 번지지 아니하도록 하는 일을 방해한 자
   3. 제28조의 규정을 위반하여 정당한 사유없이 소방용수시설을 사용하거나 소방용수시설의 효용을 해하거나 그 정당한 사용을 방해한 자

제51조 (벌칙) 제25조제1항의 규정에 따른 처분을 방해한 자 또는 정당한 사유없이 그 처분에 따르지 아니한 자는 3년 이하의 징역 또는 1천500만원 이하의 벌금에 처한다.

제52조 (벌칙) 다음 각호의 1에 해당하는 자는 300만원 이하의 벌금에 처한다.

    1. 제25조제2항 및 제3항의 규정에 따른 처분을 방해한 자 또는 정당한 사유없이 그 처분에 따르지 아니한 자

    2. 제30조제3항의 규정을 위반하여 관계인의 정당한 업무를 방해하거나 화재조사를 수행하면서 알게 된 비밀을 다른 사람에게 누설한 자

제53조 (벌칙) 다음 각 호의 어느 하나에 해당하는 자는 200만원 이하의 벌금에 처한다. <개정 2010.2.4>

    1. 정당한 사유없이 제12조제1항 각호의 1의 규정에 따른 명령에 따르지 아니하거나 이를 방해한 자

    2. 정당한 사유 없이 제30조제1항에 따른 관계 공무원의 출입 또는 조사를 거부·방해 또는 기피한 자

제54조 (벌칙) 다음 각호의 1에 해당하는 자는 100만원 이하의 벌금에 처한다.

    1. 제13조제2항의 규정에 따른 화재경계지구안의 소방대상물에 대한 소방검사를 거부·방해 또는 기피한 자

    2. 제20조의 규정을 위반하여 정당한 사유없이 소방대가 현장에 도착할 때까지 사람을 구출하는 조치 또는 불을 끄거나 불이 번지지 아니하도록 하는 조치를 하지 아니한 자

    3. 제26조제1항의 규정에 따른 피난명령을 위반한 자

    4. 제27조제1항의 규정을 위반하여 정당한 사유없이 물의 사용이나 수도의 개폐장치의 사용 또는 조작을 하지 못하게 하거나 방해한 자

    5. 제27조제2항의 규정에 따른 조치를 정당한 사유없이 방해한 자

제55조 (양별규정) 법인의 대표자나 법인 또는 개인의 대리인·사용인 그 밖의 종업원이 그 법인 또는 개인의 업무에 관하여 제50조부터 제54조까지의 어느 하나에 해당하는 위반행위를 한 때에는 행위자를 벌하는 외에 그 법인 또는 개인에 대하여도 각 해당 조의 벌금형을 과한다. 다만, 법인 또는 개인이 그 위반행위를 방지하기 위하여 해당 업무에 관하여 상당한 주의와 감독을 게을리하지 아니한 경우에는 그러하지 아니하다. <개정 2010.2.4>

제56조 (과태료) ①다음 각 호의 어느 하나에 해당하는 자에게는 200만원 이하의 과태료를 부과한다. <개정 2010.2.4>

1. 제13조제3항의 규정에 따른 소방용수시설·소화기구 및 설비 등의 설치명령을 위반한 자
2. 제15조제1항의 규정에 따른 불의 사용에 있어서 지켜야 하는 사항 및 동조제2 항의 규정에 따른 특수가연물의 저장 및 취급의 기준을 위반한 자
3. 제19조의 규정을 위반하여 화재 또는 구조·구급이 필요한 상황을 허위로 알린 자
4. 제23조제1항의 규정을 위반하여 소방활동구역을 출입한 자
4의2. 제30조제1항에 따른 명령을 위반하여 보고 또는 자료제출을 하지 아니하거나 거짓으로 보고 또는 자료제출을 한 자
5. 제36조제1항의 규정을 위반하여 구조·구급의 지원요청에 따르지 아니한 자
②제1항에 따른 과태료는 대통령령으로 정하는 바에 따라 관할 시·도지사, 소방본부장 또는 소방서장이 부과·징수한다. <개정 2010.2.4>
③삭제 <2010.2.4>
④삭제 <2010.2.4>
⑤삭제 <2010.2.4>

제57조 (과태료) ①제19조제2항에 따른 신고를 하지 아니하여 소방자동차를 출동하게 한 자에게는 20만원 이하의 과태료를 부과한다. <개정 2010.2.4>
②제1항의 규정에 따른 과태료는 조례가 정하는 바에 따라 관할 소방본부장 또는 소방서장이 부과·징수한다.
③삭제 <2010.2.4>
④삭제 <2010.2.4>
⑤삭제 <2010.2.4>
[본조신설 2005.8.4]

부칙 <제6893호, 2003.5.29>

제1조 (시행일) 이 법은 공포후 1년이 경과한 날부터 시행한다.

제2조 (다른 법률의 폐지) 소방법은 이를 폐지한다.

제3조 (종전의 소방법에 따른 처분 등에 관한 경과조치) 이 법 시행 당시 종전의 소방법 가운데 이 법에 해당하는 규정에 따라 행한 행정기관의 행위 또는 행정기관

에 대한 행위는 그에 해당하는 이 법에 따른 행정기관의 행위 또는 행정기관에 대한 행위로 본다.

제4조 (한국소방안전협회 및 한국소방검정공사에 관한 경과조치) 이 법 시행 당시 종전의 소방법의 규정에 따라 설립된 한국소방안전협회 및 한국소방검정공사는 이 법에 따른 한국소방안전협회 및 한국소방검정공사로 본다.

제5조 (다른 법률의 개정) ①건설기술관리법중 다음과 같이 개정한다.

제28조의7제1항중 "소방법 제65조의2"를 "소방시설공사업법 제4조제1항"으로 한다.

②건설산업기본법 중 다음과 같이 개정한다.

제2조제4호 다목을 다음과 같이 한다.

다. 소방시설공사업법에 따른 소방시설공사

③고속철도건설촉진법 중 다음과 같이 개정한다.

제8조제1항제19호를 다음과 같이 한다.

19. 소방시설설치유지및안전관리에관한법률 제7조제1항의 규정에 따른 건축허가등의 동의, 소방시설공사업법 제13조제1항의 규정에 따른 소방시설공사의 신고 및 위험물안전관리법 제6조제1항의 규정에 따른 제조소등의 설치허가

제10조제1항 각호외의 부분 중 "소방법 제17조제1항 및 동법 제30조제1항"을 "위험물안전관리법 제5조제4항 및 소방시설설치유지및안전관리에관한법률 제9조제1항"으로 한다.

④산업집적활성화및공장설립에관한법률 중 다음과 같이 개정한다.

제14조제1항제5호를 다음과 같이 한다.

5. 소방시설설치유지및안전관리에관한법률 제7조제1항의 규정에 따른 건축허가등의 동의, 소방시설공사업법 제13조제1항의 규정에 따른 소방시설공사의 신고 및 위험물안전관리법 제6조제1항의 규정에 따른 제조소등의 설치허가

제14조의2제1항제2호를 다음과 같이 한다.

2. 소방시설설치유지및안전관리에관한법률 제7조제1항의 규정에 따른 사용승인의 동의, 소방시설공사업법 제14조제1항의 규정에 따른 소방시설공사의 완공검사 및 위험물안전관리법 제9조제1항의 규정에 따른 제조소등의 완공검사 제16조제7항제2호를 다음과 같이 한다.

제16조제7항제2호를 다음과 같이 한다.

2. 위험물안전관리법 제6조제1항의 규정에 따른 제조소등의 변경허가 및 동법 제10조제3항의 규정에 따른 지위승계신고

⑤관광숙박시설지원등에관한특별법 중 다음과 같이 개정한다.

제5조제1항제4호 중 "소방법 제8조"를 "소방시설설치유지및안전관리에관한법률 제7조제1항"으로 한다.

⑥국제회의산업육성에관한법률 중 다음과 같이 개정한다.

제9조제1항제4호 중 "소방법 제8조제1항"을 "소방시설설치유지및안전관리에관한 법률 제7조제1항"으로 하고, 동조제2항제2호 중 "소방법 제62조"를 "소방시설공 사업법 제14조제1항"으로 한다.

⑦기업활동규제완화에관한특별조치법 중 다음과 같이 개정한다.

제28조제1항제12호를 삭제한다.

제29조제1항제4호를 다음과 같이 한다.

4. 위험물안전관리법 제15조의 규정에 따라 제조소등의 관계인이 선임하여야 하 는 위험물안전관리자

제29조제2항제4호 및 제5호를 각각 다음과 같이 한다.

4. 소방시설설치유지및안전관리에관한법률 제20조의 규정에 따라 특정소방대상물 의 관계인이 선임하여야 하는 방화관리자

5. 위험물안전관리법 제15조의 규정에 따라 제조소등의 관계인이 선임하여야 하 는 위험물안전관리자

제29조제3항제6호 및 제7호를 각각 다음과 같이 한다.

6. 소방시설설치유지및안전관리에관한법률 제20조의 규정에 따라 특정소방대상물 의 관계인이 선임하여야 하는 방화관리자

7. 위험물안전관리법 제15조의 규정에 따라 제조소등의 관계인이 선임하여야 하 는 위험물안전관리자

제30조제2항 각호외의 부분 중 "소방법 제9조의 규정에 의한 특수장소의 관계인" 을 "소방시설설치유지및안전관리에관한법률 제20조제1항의 규정에 의한 특정소방 대상물의 관계인"으로, "동조제1항"을 "동조제2항"으로 하고 동항제6호를 다음과 같이 한다.

6. 위험물안전관리법 제15조의 규정에 따라 제조소등의 관계인이 선임하여야 하 는 위험물안전관리자

제30조제3항제4호 및 제31조제1항제6호를 각각 다음과 같이 한다.

4. 위험물안전관리법 제15조의 규정에 따라 제조소등의 관계인이 선임하여야 하 는 위험물안전관리자

6. 위험물안전관리법 제15조의 규정에 따라 제조소등의 관계인이 선임하여야 하 는 위험물안전관리자

제32조제1항 각호외의 부분 전단중 "소방법 제20조의 규정에 의한 제조소등의 설치자는"을 "위험물안전관리법 제15조의 규정에 따른 제조소등의 관계인은"으로, "설치자가"를 "관계인이"로 하고, 동항 각호외의 부분 후단 중 "동법 제15조"를 "동법 제2조제1항제2호"로 하며, 동조제2항 전단 중 "소방법 제2조의 규정에 의한 특수장소"를 "소방시설설치유지및안전관리에관한법률 제2조의 규정에 따른 특정소방대상물"로, "동법 제9조"를 "동법 제14조제2항"으로 한다.

제40조제1항제3호를 다음과 같이 한다.

3. 위험물안전관리법 제15조의 규정에 따라 제조소등의 관계인이 선임하여야 하는 위험물안전관리자

제52조제1항제3호 중 "소방법 제26조"를 "위험물안전관리법 제20조"로, "위험물 수납운반용기"를 "위험물 운반용기"로 한다.

제52조제2항제1호중 "소방법 제17조제1항"을 "위험물안전관리법 제5조제4항"으로 한다.

제55조의6 각호외의 부분 중 "소방법"을 "위험물안전관리법"으로 하고, 동조제1호중 "소방법 제22조"를 "위험물안전관리법 제17조"로 한다.

⑧도시및주거환경정비법 중 다음과 같이 개정한다.

제32조제2항제5호 중 "소방법 제8조제1항"을 "소방시설설치유지및안전관리에관한법률 제7조제1항"으로, "동법 제16조제1항"을 "위험물안전관리법 제6조제1항"으로 한다.

⑨도시철도법 중 다음과 같이 개정한다.

제23조제1항제7호 중 "소방법 제8조"를 "소방시설설치유지및안전관리에관한법률 제7조제1항"으로 한다.

⑩무역거래기반조성에관한법률 중 다음과 같이 개정한다.

제15조제1항제4호 중 "소방법 제8조제1항"을 "소방시설설치유지및안전관리에관한법률 제7조제1항"으로 하고, 동조제2항제2호 중 "소방법 제62조제2항 및 제3항"을 "소방시설공사업법 제14조"로 한다.

⑪사법경찰관리의직무를행할자와그직무범위에관한법률 중 다음과 같이 개정한다.

제6조제10호 중 "소방법"을 "소방기본법·소방시설설치유지및안전관리에관한법률·소방시설공사업법 및 위험물안전관리법"으로 한다.

⑫산림법 중 다음과 같이 개정한다.

제102조의3 중 "소방법 제89조제1항"을 "소방기본법 제39조제2항"으로 한다.

⑬산업표준화법 중 다음과 같이 개정한다.

제34조제9호를 다음과 같이 한다.

9. 소방시설설치유지및안전관리에관한법률 제36조제2항의 규정에 따른 소방용기계·기구의 제품검사

⑭수도권신공항건설촉진법 중 다음과 같이 개정한다.

제8조제1항제25호를 다음과 같이 한다.

25. 소방시설설치유지및안전관리에관한법률 제7조제1항의 규정에 따른 건축허가등의 동의, 소방시설공사업법 제13조제1항의 규정에 따른 소방시설공사의 신고 및 위험물안전관리법 제6조제1항의 규정에 따른 제조소등의 설치허가

제8조의2제1항 각호외의 부분 중 "소방법 제17조제1항 및 동법 제30조제1항"을 "위험물안전관리법 제5조제4항 및 소방시설설치유지및안전관리에관한법률 제9조제1항"으로 한다.

⑮신항만건설촉진법 중 다음과 같이 개정한다.

제9조제2항제12호를 다음과 같이 한다.

12. 소방시설설치유지및안전관리에관한법률 제7조제1항의 규정에 따른 건축허가등의 동의, 소방시설공사업법 제13조제1항의 규정에 따른 소방시설공사의 신고 및 위험물안전관리법 제6조제1항의 규정에 따른 제조소등의 설치허가

제11조제1항 각호외의 부분 중 "소방법 제17조제1항 및 동법 제30조제1항"을 "위험물안전관리법 제5조제4항 및 소방시설설치유지및안전관리에관한법률 제9조제1항"으로 한다.

<16>연안관리법 중 다음과 같이 개정한다.

제18조제1항제1호를 다음과 같이 한다.

1. 소방시설설치유지및안전관리에관한법률 제7조제1항의 규정에 따른 건축허가등의 동의, 소방시설공사업법 제13조제1항의 규정에 따른 소방시설공사의 신고 및 위험물안전관리법 제6조제1항의 규정에 따른 제조소등의 설치허가

<17>유통단지개발촉진법 중 다음과 같이 개정한다.

제31조제1항제5호를 다음과 같이 한다.

5. 소방시설설치유지및안전관리에관한법률 제7조제1항의 규정에 따른 건축허가등의 동의, 소방시설공사업법 제13조제1항의 규정에 따른 소방시설공사의 신고, 동법 제14조의 규정에 따른 완공검사, 위험물안전관리법 제6조제1항의 규정에 따른 제조소등의 설치허가 및 동법 제9조의 규정에 따른 완공검사

<18>전파법 중 다음과 같이 개정한다.

제57조제1항제6호중 "소방법"을 "소방시설설치유지및안전관리에관한법률"로 한다.

<19>정신보건법 중 다음과 같이 개정한다.

제26조제2항중 "소방법 제93조의 규정에 의한 구급대원"을 "소방기본법 제35조의

규정에 따른 구급대의 대원"으로 한다.

<20>중소기업창업지원법 중 다음과 같이 개정한다.

제22조제2항제4호를 다음과 같이 한다.

4. 소방시설설치유지및안전관리에관한법률 제7조제1항의 규정에 따른 건축허가등의 동의, 소방시설공사업법 제13조제1항의 규정에 따른 소방시설공사의 신고 및 위험물안전관리법 제6조제1항의 규정에 따른 제조소등의 설치허가

제22조제3항제2호를 다음과 같이 한다.

2. 소방시설공사업법 제14조의 규정에 따른 소방시설공사의 완공검사와 위험물안전관리법 제9조의 규정에 따른 제조소 등의 완공검사

<21> 토양환경보전법 중 다음과 같이 개정한다.

제11조제2항 전단 및 제11조의2제4항 중 "소방법"을 "위험물안전관리법"으로 한다.

<22> 하도급거래공정화에관한법률중 다음과 같이 개정한다.

제2조제9항제4호 중 "소방법 제52조(소방시설공사업의 등록 등)제1항"을 "소방시설공사업법 제4조제1항"으로 한다.

<23> 항만법 중 다음과 같이 개정한다.

제11조제1항제11호 중 "소방법 제16조"를 "위험물안전관리법 제6조제1항"으로 한다.

제6조 (다른 법령과의 관계) 이 법 시행 당시 다른 법령에서 종전의 소방법의 규정을 인용하고 있는 경우 이 법 가운데 그에 해당하는 규정이 있는 때에는 종전의 규정에 갈음하여 이 법의 해당 규정을 인용한 것으로 본다.

부칙 〈제7668호, 2005.8.4〉

이 법은 공포 후 1년이 경과한 날부터 시행한다.

부칙(기상법) 〈제7804호, 2005.12.30〉

제1조 (시행일) 이 법은 공포 후 6월이 경과한 날부터 시행한다.

제2조 내지 제5조 생략

제6조 (다른 법률의 개정) 소방기본법 일부를 다음과 같이 개정한다.
제14조 중 "기상업무법"을 "「기상법」"으로 한다.

제7조
　　생략

부칙(제주특별자치도 설치 및 국제자유도시 조성을 위한 특별법)
〈제7849호, 2006.2.21〉

제1조 (시행일) 이 법은 2006년 7월 1일부터 시행한다. <단서 생략>

제2조 내지 제39조 생략

제40조 (다른 법률의 개정) ①내지 <17>생략
　　<18>소방기본법 일부를 다음과 같이 개정한다.
　　제26조제2항 중 "관할경찰서장"을 "관할 경찰서장 또는 자치경찰단장"으로 하고,
　　제32조제1항 중 "경찰공무원"을 각각 "국가경찰공무원"으로 한다.
　　<19>내지 <47>생략

제41조
　　생략

부칙 〈제8082호, 2006.12.26〉

이 법은 공포한 날부터 시행한다.

부칙(수도법) 〈제8370호, 2007.4.11〉

제1조 (시행일) 이 법은 공포한 날부터 시행한다. <단서 생략>

제2조 내지 제18조 생략

제19조 (다른 법률의 개정) ①내지 <22> 생략
　　<23> 소방기본법 일부를 다음과 같이 개정한다.
　　제10조제1항 단서 중 "수도법 제30조"를 "「수도법」 제45조"로 한다.
　　<24>내지 <66> 생략

제20조

　생략

부칙(선박법) 〈제8621호, 2007.8.3〉

제1조 (시행일) 이 법은 공포 후 6개월이 경과한 날부터 시행한다. 〈단서 생략〉

제2조

　생략

제3조 (다른 **법률의 개정**) ①생략

　②소방기본법 일부를 다음과 같이 개정한다.

　제2조제1호 중 "제1조의2"를 "제1조의2제1항"으로 한다.

　③내지 ⑥ 생략

제4조

　생략

부칙 〈제8844호, 2008.1.17〉

이 법은 공포 후 6개월이 경과한 날부터 시행한다. 다만 제39조의2의 개정규정은 공포 후 3개월이 경과한 날부터 시행한다.

부칙(정부조직법) 〈제8852호, 2008.2.29〉

제1조 (시행일) 이 법은 공포한 날부터 시행한다. 다만, 제31조제1항의 개정규정 중 "식품산업진흥"에 관한 부분은 2008년 6월 28일부터 시행하고, 부칙 제6조에 따라 개정되는 법률 중 이 법의 시행 전에 공포되었으나 시행일이 도래하지 아니한 법률을 개정한 부분은 각각 해당 법률의 시행일부터 시행한다.

제2조 부터 제5조까지 생략

제6조 (다른 법률의 개정) ①부터 〈719〉까지 생략

<720> 소방기본법 일부를 다음과 같이 개정한다.

제4조제2항, 제8조제1항·제3항, 제10조제2항, 제11조제4항, 제17조제2항 각 호 외의 부분 전단·제4항, 제18조, 제29조제2항 및 제36조제2항 중 "행정자치부령"을 각각 "행정안전부령"으로 한다.

<721>부터 <760>까지 생략

제7조

생략

부칙(소방산업의 진흥에 관한 법률)
〈제9094호, 2008.6.5〉

제1조 (시행일) 이 법은 공포 후 6개월이 경과한 날부터 시행한다.

제2조

생략

제3조 (다른 법률의 개정) ① 소방기본법 일부를 다음과 같이 개정한다.

제39조의4를 삭제한다.

제39조의6제7호를 다음과 같이 한다.

7. 「소방산업의 진흥에 관한 법률」 제14조에 따른 한국소방산업기술원

제8장의 제목 "한국소방안전협회 및 한국소방검정공사"를 "한국소방안전협회"로 한다.

제8장제2절(제45조부터 제47조까지)을 삭제한다.

제48조 중 "협회와 공사"를 "협회"로 한다.

②및 ③ 생략

부칙 〈제10014호, 2010.2.4〉

① (시행일) 이 법은 공포 후 6개월이 경과한 날부터 시행한다.
② (경과조치) 이 법 시행 전의 행위에 대하여 벌칙을 적용할 때에는 종전의 규정에 따른다.

대테러 방지법

테러방지법안

제1장 총 칙

제1조(목적) 이 법은 테러를 예방·방지하고 테러사태에 신속하게 대응하기 위하여 테러대책기구의 구성, 테러의 예방, 테러사건의 발생에 따른 구조활동, 테러범죄에 대한 수사 및 처벌 등에 관하여 필요한 사항을 규정함으로써 국가의 안전을 확보하고 국민의 생명과 재산을 보호하는 것을 목적으로 한다.

제2조(정의) 이 법에서 사용하는 용어의 정의는 다음과 같다.
1. "테러"라 함은 정치적·종교적·이념적 또는 민족적 목적을 가진 개인이나 집단이 그 목적을 추구하거나 그 주의 또는 주장을 널리 알리기 위하여 계획적으로 행하는 다음 각목의 행위로서 국가안보 또는 외교관계에 영향을 미치거나 중대한 사회적 불안을 야기하는 행위를 말한다.
   가. 대통령령이 정하는 국가요인·각계 주요인사·외국요인과 주한 외교사절에 대한 폭행·상해·약취·체포·감금·살인
   나. 국가중요시설, 대한민국의 재외공관, 주한 외국정부시설 및 다중이용시설의 방화·폭파
   다. 항공기·선박·차량 등 교통수단의 납치·폭파
   라. 폭발물·총기류 그 밖의 무기에 의한 무차별한 인명살상 또는 이를 이용한 위협
   마. 대량으로 사람과 동물을 살상하기 위한 유해성 생화학물질 또는 방사능물질의 누출·살포 또는 이를 이용한 위협
2. "테러단체"라 함은 설립목적의 여하를 불문하고 그 구성원이 지속적으로 테러를 행하는 국내외의 결사 또는 집단을 말한다.
3. "테러자금"이라 함은 다음 각목의 1에 해당하는 것을 말한다.
가. 테러단체가 보유한 모든 종류의 자산과 그 자산에 관한 권리
나. 테러에 사용하기 위한 자산과 테러를 통하여 얻거나 얻기로 한 수익
4. "대테러활동"이라 함은 국내외에서의 테러의 예방·방지, 테러의 진압, 테러사건현장에서의 인명구조·구급조치 등 주민보호 등을 위한 제반 활동을 말한다.

제3조(다른 법률과의 관계) 이 법」은 테러의 예방·방지 및 테러에 대한 대응에 관하여 다른 법률에 우선하여 적용한다. 다만, 통합방위법」이 적용되는 경우에는 그러하지 아니하다.

제2장 테러대책기구

제4조(국가대테러대책회의) ①대테러정책에 관한 중요사항을 심의·의결하기 위하여 대통령소속하에 국가대테러대책회의(이하 "대책회의"라 한다)를 둔다.

②대책회의는 다음 각 호의 사항을 심의·의결한다.

1. 국가대테러정책의 수립방향
2. 테러사건에 대한 대응대책
3. 각종 대테러대책의 수립 및 시행에 관한 평가
4. 그 밖의 테러의 예방·방지에 관한 정부의 시책

③대책회의의 의장은 국무총리가 되며, 그 위원은 다음 각 호의 자가 된다.

1. 재정경제부장관·통일부장관·외교통상부장관·법무부장관·국방부장관·행정안전부장관·과학기술부장관·방송통신위원회장관·보건복지가족부장관·환경부장관·건설교통부장관·해양수산부장관·기획예산처장관 및 국무조정실장
2. 국가정보원장
3. 그 밖의 의장이 지명하는 자

④대책회의에서 위임한 사항을 심의·의결하기 위하여 대책회의에 상임위원회(이하 "상임위원회"라 한다)를 둔다.

⑤상임위원회의 위원은 외교통상부장관·법」무부장관·국방부장관·행정안전부장관·국무조정실장 및 국가정보원장이 되며, 위원장은 위원중에서 대책회의의 의장이 지명하는 자가 된다.

⑥대책회의 및 상임위원회의 구성·운영 등에 관하여 필요한 사항은 대통령령으로 정한다.

제5조(대테러센터) ①대테러활동과 관련하여 다음 각 호의 사항을 수행하기 위하여 국가정보원에 관계기관의 공무원으로 구성되는 대테러센터(이하 "대테러센터"라 한다)를 둔다.

1. 테러징후의 탐지 및 경보
2. 테러관련 국내외 정보의 수집·작성 및 배포
3. 대테러활동의 기획·지도 및 조정

　4. 분야별 테러사건대책본부에 대한 지원

　5. 외국의 정보기관과의 테러관련 정보협력

　6. 그 밖의 대책회의 및 상임위원회에서 심의·의결한 사항

②제1항의 규정에 의한 관계기관 및 그 소속공무원의 범위는 대통령령으로 정한다.

③대테러센터의 조직은 대책회의의 의장을 거쳐 대통령의 승인을 얻어 국가정보원장이 정한다.

④대테러센터의 정원은 예산의 범위 안에서 대책회의의 의장을 거쳐 대통령의 승인을 얻어 국가정보원장이 정한다. 이 경우 파견공무원의 정원에 관하여는 미리 당해 파견공무원이 소속된 중앙행정기관의 장과 협의하여야 한다.

⑤대테러센터의 조직 및 정원은 이를 공개하지 아니할 수 있다.

제6조(분야별 테러사건대책본부의 설치) ①국내에서 테러가 발생하거나 발생이 예상되는 경우 테러사건현장에서의 대테러활동을 조정·지휘하기 위하여 관계기관에 분야별 테러사건대책본부를 설치·운영한다.

②국외에서 우리나라와 관련된 테러가 발생하거나 발생이 예상되는 경우 재외국민의 보호와 외국과의 협력 등을 위하여 외교통상부에 국외테러사건대책본부를 둔다.

③제1항 및 제2항의 규정에 의한 테러사건대책본부의 설치 및 운영에 관하여 필요한 사항은 대통령령으로 정한다.

제7조(진압작전 및 인명구조조직의 설치) ①국방부장관·행정안전부장관·경찰청장 등은 테러진압을 위한 특수부대와 테러사건현장에서의 인명구조·구급조치 등 주민보호를 위한 구조대를 지정하거나 설치할 수 있다.

②제1항의 규정에 의하여 지정되거나 설치된 특수부대의 운영·훈련 등에 관한 사항은 공개하지 아니할 수 있다.

제8조(대테러대책협의회) ①지역 및 공항·항만별로 대테러활동을 효과적으로 수행하기 위하여 특별시·광역시·도와 공항 및 항만에 관계기관의 공무원으로 구성되는 대테러대책협의회를 둔다.

②제1항의 규정에 의한 대테러대책협의회의 구성 및 운영에 관하여 필요한 사항은 대통령령으로 정한다.

제3장 테러의 예방 및 테러에의 대응

제9조(테러예방대책 및 안전관리대책의 수립) 관계기관의 장은 대통령령이 정하는 국가중요시설과 다중이 이용하는 시설 및 장비에 대한 테러예방대책과 테러의 수단으로 이용될 수 있는 폭발물・총기류・화생방물질 등에 대한 안전관리대책을 수립・지도・감독하여야 한다.

제10조(국가중요행사의 대테러대책) ①관계기관의 장은 국내에서 개최되는 국가중요행사에 대하여 당해 행사의 특성에 따라 분야별로 대테러대책을 수립・시행하여야 한다.
②대테러센터의 장은 제1항의 규정에 의한 분야별 대테러대책을 협의・조정하기 위하여 필요한 경우에 관계기관 합동으로 대책반을 편성하여 운영할 수 있다.

제11조(외국인의 출국조치) 대테러센터의 공무원(제16조의 규정에 의하여 사법 경찰관리의 직무를 행하는 자에 한한다)과 대테러활동을 담당하는 경찰관은 테러와 관련되었다고 의심할 만한 상당한 이유가 있는 외국인에 대하여 그 소재지・국내 체류동향 등을 확인할 수 있으며, 대테러센터의 장 또는 경찰청장은 확인결과 테러를 할 우려가 있다고 판단되는 외국인에 대하여는 법무부장관에게 출국조치를 하도록 요청할 수 있다.

제12조(상황전파) ①관계기관은 테러사건이 발생하거나 그 징후가 발견된 때에는 이를 대테러센터에 신속히 통보하여야 한다.
②대테러센터의 장은 제1항의 규정에 의하여 통보받은 사항을 관계기관에 신속히 전파하고 상임위원회에 보고하여야 한다.

제13조(대응조치) 테러사건이 발생한 지역을 관할하는 경찰서장(발생지역이 군사시설인 경우에는 군부대장, 해양인 경우에는 해양경찰서장을 말한다)은 현장을 통제・보존하고 후발사태의 발생 등 테러의 확산을 방지하기 위하여 신속한 조치를 하여야 한다.

제14조(특수부대 및 구조대의 출동요청) 대테러센터의 장은 테러사건이 발생한 경우에는 제7조 제1항의 규정에 의한 특수부대 및 구조대의 출동을 소속기관의 장에게 요청할 수 있다.

제15조(군병력등의 지원) ①대책회의 또는 상임위원회는 경찰만으로는 국가중요시설・다중이용시설 등을 테러로부터 보호하기 어려운 경우에는 시설의 보호 및 경비에 필요한 최소한의 범위안에서 군병력 또는 향토예비군(이하 "군병력등"이라 한다)의 지원을 대통령에게 건의할 수 있다.

②대통령은 제1항의 규정에 의한 건의에 따라 군병력등을 지원하고자 하는 때에는 미리 국회에 통보하여야 하며, 군병력등을 지원한 후 국회가 군병력등의 철수를 요청한 때에는 이에 응하여야 한다.

③제1항의 규정에 의하여 지원된 군병력등은 시설의 보호 및 경비에 필요한 범위안에서 불심검문・보호조치・위험발생방지 또는 범죄의 예방과 제지를 위한 조치를 할 수 있다.

④제3항의 규정에 의한 불심검문・보호조치・위험발생방지조치 및 범죄의 예방과 제지를 위한 조치에 관하여는 경찰관직무집행법」 제3조 내지 제6조, 제10조 및 제10조의2 내지 제10조의4의 규정을 준용한다.

제16조(사법경찰권) 대테러센터의 공무원은 사법 경찰관리의직무를행할자와그직무에관한법률 및 군사법원법이 정하는 바에 따라 사법경찰관리와 군사법경찰관리의 직무를 행한다.

제4장 벌 칙

제17조(테러) ①테러를 범한 자는 「형법」, 「폭력행위등처벌에관한법률」, 「군형법」, 「항공법」, 「항공기운항안전법」, 「철도법」, 「유해화학물질관리법」, 「원자력법」, 「군사시설보호법」 등 관계법률에 규정된 형에 처한다. 다만, 테러가 다음 각 호의 죄에 해당하는 경우에 그 최고형이 유기징역 또는 유기금고인 때에는 그 형의 2분의 1까지 가중하여 처벌한다.

1. 형법 제107조(외국원수에 대한 폭행 등), 제108조(외국사절에 대한 폭행 등), 제136조(공무집행방해), 제141조 제2항(공용물의 파괴), 제166조(일반건조물 등에의 방화), 제172조(폭발성물건파열), 제172조의2(가스・전기 등 방류), 제173조(가스・전기 등 공급방해), 제179조(일반건조물 등에의 일수), 제185조(일반교통방해), 제186조(기차, 선박 등의 교통방해), 제192조(음용수의 사용방해), 제193조(수도음용수의 사용방해), 제258조 제1항(중상해), 제259조 제1항(상해치사), 제261조(특수폭행), 제262조(폭행치사상), 제278조(특수체포, 특수감금), 제281조 제1항(체포・감금 등의 치사상), 제284조(특수협박), 제289조(국외이송

을 위한 약취, 유인, 매매) 및 제367조 (공익건조물파괴) 내지 제369조(특수손
괴)의 죄

2. 「군형법」 제54조(초병에 대한 폭행, 협박) 내지 제58조(초병에 대한 폭행치사
상)의 죄

3. 「항공법」 제156조(항공상 위험발생 등의 죄)의 죄

4. 「항공기운항안전법」 제11조(항공기운항저해죄)의 죄

5. 「철도법」 제80조(신호기 등에 대한 벌칙), 제81조(직무집행방해에 대한 벌칙)
및 제85조(발포하거나 돌 등을 던진 자에 대한 벌칙)의 죄

6. 「유해화학물질관리법」 제45조(벌칙)의 죄

7. 「원자력법」 제115조(벌칙)의 죄

8. 「전기통신사업법」 제69조 제2호(벌칙)의 죄

9. 「군사시설보호법」 제14조(벌칙)의 죄

②테러의 미수범은 처벌한다.

③테러를 할 목적으로 예비 또는 음모한 자는 5년 이하의 징역에 처한다.

제18조(병원체를 이용한 테러) ①사람과 동물을 살상할 수 있는 병원체를 사용하여
테러를 한 자는 사형·무기 또는 5년 이상의 유기징역에 처한다.

②제1항의 미수범은 처벌한다.

③제1항의 죄를 범할 목적으로 예비 또는 음모한 자는 5년 이하의 징역에 처한다.

제19조(테러단체의 구성 등) ①테러단체를 구성하거나 구성원으로 가입한 자는 다음
의 각 호의 구분에 따라 처벌한다.

1. 수괴는 사형·무기 또는 10년 이상의 징역

2. 간부는 무기 또는 7년 이상의 징역

3. 그 밖의 자는 2년 이상의 유기징역

②테러단체에의 가입을 지원하거나 타인에게 가입할 것을 권유 또는 선동한 자는
2년 이상의 유기징역에 처한다.

③제1항의 미수범은 처벌한다.

④제1항의 죄를 범할 목적으로 예비 또는 음모한 자는 5년 이하의 징역에 처한다.

제20조(테러자금의 조달 등) 테러자금임을 알면서도 자금을 조달·주선·보관 또는
사용하거나 그 취득·처분 및 발생원인에 관한 사실을 가장한 자는 2년 이상의
유기징역에 처한다.

제21조(테러범죄의 미신고) ①테러의 계획 또는 실행에 관한 사실을 알고 이를 관계 기관에 신고함으로써 테러를 미리 방지할 수 있었음에도 불구하고 이를 신고하지 아니한 자는 3년 이하의 징역에 처한다. 다만, 교통·통신의 두절 등 불가피한 사유가 있는 때에는 그러하지 아니하다.

②이 법에 규정된 죄에 관하여는 형법」 제317조(업무상 비밀누설)의 규정을 적용하지 아니 한다.

제22조(허위신고 등) 전화·그 밖의 방법」으로 테러와 관련된 허위사실을 신고 또는 유포하거나, 이를 이용하여 협박을 하거나 협박을 가장한 자는 2년 이하의 징역 또는 500만원 이하의 벌금에 처한다.

제23조(자격정지의 병과) 이 법에 규정된 죄에 관하여 유기징역 또는 유기금고의 형을 선고하는 때에는 그 형의 장기 이하의 자격정지를 병과할 수 있다.

제24조(형의 면제) 테러를 예비 또는 음모한 자가 수사기관 등에 신고하여 테러의 발생을 미리 방지하게 한 때에는 형을 면제한다.

제5장 보 칙

제25조(필요적 수사 및 인도) 외국으로부터 테러범죄로 신병인도를 요구받은 자에 대하여는 내외국인을 막론하고 국내 수사기관에 인계하거나 신병요구국에 인도하여야 한다.

제26조(상금) 이 법의 죄를 범한 자를 수사기관 또는 정보기관에 통보하거나 체포한 자에 대하여는 대통령령이 정하는 바에 따라 상금을 지급한다.

제27조(테러피해의 보전) 국가 또는 지방자치단체는 테러로 인하여 신체 및 재산에 손실을 입은 자에 대하여 대통령령이 정하는 바에 따라 치료 및 복구에 필요한 비용의 전부 또는 일부를 보조할 수 있다.

부 칙

제1조(시행일) 이 법은 공포한 날부터 시행한다.

제2조(다른 법률의 개정) ①특정금융거래정보의보고및이용등에관한법률 중 다음과 같이 개정한다.

제7조 제4항 중 "경찰청장"을 "경찰청장(「테러방지법」 제17조 내지 제20조의 규정에 의한 죄에 관한 형사사건인 때에는 동법」 제5조의 규정에 의한 대테러센터의 장을 포함한다. 이하 같다)"으로 한다.

②「범죄수익은닉의 규제 및 처벌 등에 관한 법」 중 다음과 같이 개정한다. 제2조 제2호 나목 중 「특정경제범죄가중처벌 등에 관한 법률」 제4조를 「특정경제범죄가중처벌 등에 관한 법률」 제4조 및 「테러방지법」 제17조 내지 제20조로 한다.

③「통신비밀보호법」 중 다음과 같이 개정한다.

제5조 제1항에 제7호를 다음과 같이 신설한다

7. 「테러방지법」에 규정된 죄

제8조 제1항 후단 및 제2항 후단 중 "48시간"을 각각 "48시간(제5조 제1항 제7호의 죄를 범한 혐의가 있는 외국인의 경우에는 7일간)"으로 한다.

④사법「경찰관리의 직무를 행할자와 그직무 범위에 관한 법률」 중 다음과 같이 개정한다.

제5조에 제8호를 다음과 같이 신설한다.

8. 「테러방지법」 제5조의 규정에 의한 대테러센터에 근무하는 4급 내지 9급의 국가공무원

제6조에 제4호를 다음과 같이 신설한다.

4. 제5조 제8호에 규정된 자에 있어서는 「테러방지법」 제17조 내지 제22조에 규정된 죄

문화재보호법

전부개정 2010.2.4 법률 제10000호
시행일자 2011.02.05

제1장 총칙

제1조 (목적) 이 법은 문화재를 보존하여 민족문화를 계승하고, 이를 활용할 수 있도록 함으로써 국민의 문화적 향상을 도모함과 아울러 인류문화의 발전에 기여함을 목적으로 한다.

제2조 (정의) ① 이 법에서 "문화재"란 인위적이거나 자연적으로 형성된 국가적·민족적 또는 세계적 유산으로서 역사적·예술적·학술적 또는 경관적 가치가 큰 다음 각 호의 것을 말한다.

1. 유형문화재: 건조물, 전적(전적), 서적(서적), 고문서, 회화, 조각, 공예품 등 유형의 문화적 소산으로서 역사적·예술적 또는 학술적 가치가 큰 것과 이에 준하는 고고자료(고고자료)

2. 무형문화재: 연극, 음악, 무용, 놀이, 의식, 공예기술 등 무형의 문화적 소산으로서 역사적·예술적 또는 학술적 가치가 큰 것

3. 기념물: 다음 각 목에서 정하는 것

   가. 절터, 옛무덤, 조개무덤, 성터, 궁터, 가마터, 유물포함층 등의 사적지(사적지)와 특별히 기념이 될 만한 시설물로서 역사적·학술적 가치가 큰 것

   나. 경치 좋은 곳으로서 예술적 가치가 크고 경관이 뛰어난 것

   다. 동물(그 서식지, 번식지, 도래지를 포함한다), 식물(그 자생지를 포함한다), 지형, 지질, 광물, 동굴, 생물학적 생성물 또는 특별한 자연현상으로서 역사적·경관적 또는 학술적 가치가 큰 것

4. 민속문화재: 의식주, 생업, 신앙, 연중행사 등에 관한 풍속이나 관습과 이에 사용되는 의복, 기구, 가옥 등으로서 국민생활의 변화를 이해하는 데 반드시 필요한 것

② 이 법에서 "지정문화재"란 다음 각 호의 것을 말한다.

1. 국가지정문화재: 문화재청장이 제23조부터 제26조까지의 규정에 따라 지정한 문화재

2. 시·도지정문화재: 특별시장·광역시장·도지사 또는 특별자치도지사(이하 "시·도지사"라 한다)가 제70조제1항에 따라 지정한 문화재

3. 문화재자료: 제1호나 제2호에 따라 지정되지 아니한 문화재 중 시·도지사가 제70조제2항에 따라 지정한 문화재

③ 이 법에서 "등록문화재"란 지정문화재가 아닌 문화재 중에서 문화재청장이 제53조에 따라 등록한 문화재를 말한다.

④ 이 법에서 "보호구역"이란 지상에 고정되어 있는 유형물이나 일정한 지역이 문화재로 지정된 경우에 해당 지정문화재의 점유 면적을 제외한 지역으로서 그 지정문화재를 보호하기 위하여 지정된 구역을 말한다.

⑤ 이 법에서 "보호물"이란 문화재를 보호하기 위하여 지정한 건물이나 시설물을 말한다.

⑥ 이 법에서 "역사문화환경"이란 문화재 주변의 자연경관이나 역사적·문화적인 가치가 뛰어난 공간으로서 문화재와 함께 보호할 필요성이 있는 주변 환경을 말한다.

⑦ 이 법에서 "건설공사"란 토목공사, 건축공사, 조경공사 또는 토지나 해저의 원형변경이 수반되는 공사로서 대통령령으로 정하는 공사를 말한다.

⑧ 이 법에서 "국외소재문화재"란 국외로 반출되어 현재 대한민국의 영토 밖에 소재하는 문화재를 말한다.

제3조 (문화재보호의 기본원칙) 문화재의 보존·관리 및 활용은 원형유지를 기본원칙으로 한다.

제4조 (국가와 지방자치단체 등의 책무) ① 국가는 문화재의 보존·관리 및 활용을 위한 종합적인 시책을 수립·추진하여야 한다.

② 지방자치단체는 국가의 시책과 지역적 특색을 고려하여 문화재의 보존·관리 및 활용을 위한 시책을 수립·추진하여야 한다.

③ 국가와 지방자치단체는 각종 개발사업을 계획하고 시행하는 경우 문화재나 문화재의 보호물·보호구역 및 역사문화환경이 훼손되지 아니하도록 노력하여야 한다.

④ 국민은 문화재의 보존·관리를 위하여 국가와 지방자치단체의 시책에 적극 협조하여야 한다.

제5조 (다른 법률과의 관계) ① 문화재의 보존·관리 및 활용에 관하여 다른 법률에 특별한 규정이 있는 경우를 제외하고는 이 법에서 정하는 바에 따른다.

② 지정문화재(제32조에 따른 가지정문화재를 포함한다)의 수리·실측·설계·감리와 매장문화재의 보호 및 조사에 관하여는 따로 법률로 정한다.

제2장 문화재 보호 정책의 수립 및 추진

제6조 (문화재기본계획의 수립) ① 문화재청장은 시·도지사와의 협의를 거쳐 문화재의 보존·관리 및 활용을 위하여 다음 각 호의 사항이 포함된 종합적인 기본계획(이하 "문화재기본계획"이라 한다)을 5년마다 수립하여야 한다.

1. 문화재 보존에 관한 기본방향 및 목표
2. 이전의 문화재기본계획에 관한 분석 평가
3. 문화재 보수·정비 및 복원에 관한 사항
4. 문화재의 역사문화환경 보호에 관한 사항
5. 문화재 안전관리에 관한 사항
6. 문화재 기록정보화에 관한 사항
7. 문화재 보존에 사용되는 재원의 조달에 관한 사항
8. 그 밖에 문화재의 보존·관리 및 활용에 필요한 사항

② 문화재청장은 문화재기본계획을 수립하는 경우 대통령령으로 정하는 소유자, 관리자 또는 관리단체 및 관련 전문가의 의견을 들어야 한다.

③ 문화재청장은 문화재기본계획을 수립하면 이를 시·도지사에게 알리고, 관보(관보) 등에 고시하여야 한다.

④ 문화재청장은 문화재기본계획을 수립하기 위하여 필요하면 시·도지사에게 관할구역의 문화재에 대한 자료를 제출하도록 요청할 수 있다.

제7조 (문화재 보존 시행계획 수립) ① 문화재청장 및 시·도지사는 문화재기본계획에 관한 연도별 시행계획을 수립·시행하여야 한다.

② 시·도지사는 제1항에 따라 연도별 시행계획을 수립하거나 시행을 완료한 때에는 그 결과를 문화재청장에게 제출하여야 한다.

③ 문화재청장 및 시·도지사는 연도별 시행계획을 수립한 때에는 이를 공표하여야 한다.

④ 제2항에 따른 연도별 시행계획과 그 시행 결과의 제출대상, 시기 및 절차와 제3항에 따른 공표방법 등에 관하여 필요한 사항은 대통령령으로 정한다.

제8조 (문화재위원회의 설치) ① 문화재의 보존·관리 및 활용에 관한 다음 각 호의 사항을 조사·심의하기 위하여 문화재청에 문화재위원회를 둔다.

1. 문화재기본계획에 관한 사항
2. 국가지정문화재의 지정과 그 해제에 관한 사항

3. 국가지정문화재의 보호물 또는 보호구역 지정과 그 해제에 관한 사항

4. 중요무형문화재 보유자, 명예보유자 또는 보유단체의 인정과 그 해제에 관한 사항

5. 국가지정문화재의 현상변경에 관한 사항

6. 국가지정문화재의 국외 반출에 관한 사항

7. 국가지정문화재의 역사문화환경 보호에 관한 사항

8. 문화재의 등록 및 등록 말소에 관한 사항

9. 매장문화재 발굴 및 평가에 관한 사항

10. 국가지정문화재의 보존·관리에 관한 전문적 또는 기술적 사항으로서 중요하다고 인정되는 사항

11. 그 밖에 문화재의 보존·관리 및 활용 등에 관하여 문화재청장이 심의에 부치는 사항

② 문화재위원회 위원은 다음 각 호의 어느 하나에 해당하는 자 중에서 문화재청장이 위촉한다.

1. 「고등교육법」에 따른 대학에서 문화재의 보존·관리 및 활용과 관련된 학과의 부교수 이상에 재직하거나 재직하였던 사람

2. 문화재의 보존·관리 및 활용과 관련된 업무에 10년 이상 종사한 사람

3. 인류학·사회학·건축·도시계획·관광·환경·법률·종교·언론분야의 업무에 10년 이상 종사한 사람으로서 문화재에 관한 지식과 경험이 풍부한 전문가

③ 제1항 각 호의 사항에 관하여 문화재 종류별로 업무를 나누어 조사·심의하기 위하여 문화재위원회에 분과위원회를 둘 수 있다.

④ 제3항에 따른 분과위원회는 조사·심의 등을 위하여 필요한 경우 다른 분과위원회와 함께 위원회(이하 "합동분과위원회"라 한다)를 열 수 있다.

⑤ 문화재위원회, 분과위원회 및 합동분과위원회는 다음 각 호의 사항을 적은 회의록을 작성하여야 한다. 이 경우 필요하다고 인정되면 속기나 녹음 또는 녹화를 할 수 있다.

1. 회의일시 및 장소

2. 출석위원

3. 심의내용 및 의결사항

⑥ 제5항에 따라 작성된 회의록은 공개하여야 한다. 다만, 특정인의 재산상의 이익에 영향을 미치거나 사생활의 비밀을 침해하는 등 대통령령으로 정하는 경우에는 해당 위원회의 의결로 공개하지 아니할 수 있다.

⑦ 문화재위원회, 분과위원회 및 합동분과위원회의 조직, 분장사항 및 운영 등에 필요한 사항은 대통령령으로 정한다.

제9조 (한국문화재보호재단의 설치) ① 문화재의 보호·보존·보급 및 선양과 전통생활문화의 계발을 위하여 문화재청 산하에 한국문화재보호재단(이하 "보호재단"이라 한다)을 설립한다.

② 보호재단은 법인으로 한다.

③ 보호재단에는 정관으로 정하는 바에 따라 임원과 필요한 직원을 둔다.

④ 보호재단에 관하여 이 법에 규정한 것 외에는 「민법」 중 재단법인에 관한 규정을 준용한다.

⑤ 보호재단 운영에 필요한 경비는 국고에서 지원할 수 있다.

⑥ 국가나 지방자치단체는 보호재단의 업무 수행을 위하여 필요하다고 인정하면 국유재산이나 공유재산을 무상으로 사용·수익하게 할 수 있다.

제3장 문화재 보호의 기반 조성

제10조 (문화재 기초조사) ① 국가 및 지방자치단체는 문화재의 멸실 방지 등을 위하여 현존하는 문화재의 현황, 관리실태 등에 대하여 조사하고 그 기록을 작성할 수 있다.

② 문화재청장 및 지방자치단체의 장은 제1항에 따른 조사를 위하여 필요한 경우 직접 조사하거나 문화재의 소유자, 관리자 또는 조사·발굴과 관련된 단체 등에 대하여 관련 자료의 제출을 요구할 수 있다.

③ 문화재청장 및 지방자치단체의 장은 지정문화재가 아닌 문화재에 대하여 조사를 할 경우에는 해당 문화재의 소유자 또는 관리자의 사전 동의를 받아야 한다.

④ 문화재 조사의 구체적인 절차와 방법 등에 관하여 필요한 사항은 대통령령으로 정한다.

제11조 (문화재 정보화의 촉진) ① 문화재청장은 제10조에 따른 조사 자료와 그 밖의 문화재 보존·관리에 필요한 자료를 효율적으로 활용하고, 국민이 문화재 정보에 쉽게 접근하고 이용할 수 있도록 문화재정보체계를 구축·운영하여야 한다.

② 문화재청장은 제1항에 따른 문화재정보체계 구축을 위하여 관계 중앙행정기관의 장 및 지방자치단체의 장 등에게 필요한 자료의 제출을 요청할 수 있다.

③ 제1항에 따른 문화재정보체계의 구축 범위·운영절차 및 그 밖에 필요한 사항은 대통령령으로 정한다.

제12조 (건설공사 시의 문화재 보호) 건설공사로 인하여 문화재가 훼손, 멸실 또는 수몰(수몰)될 우려가 있거나 그 밖에 문화재의 역사문화환경 보호를 위하여 필요한

때에는 그 건설공사의 시행자는 문화재청장의 지시에 따라 필요한 조치를 하여야
한다. 이 경우 그 조치에 필요한 경비는 그 건설공사의 시행자가 부담한다.

제13조 (역사문화환경 보존지역의 보호) ① 시·도지사는 지정문화재(동산에 속하는
문화재와 무형문화재를 제외한다. 이하 이 조에서 같다)의 역사문화환경 보호를
위하여 문화재청장과 협의하여 조례로 역사문화환경 보존지역을 정하여야 한다.
② 건설공사의 인가·허가 등을 담당하는 행정기관은 지정문화재의 외곽경계(보
호구역이 지정되어 있는 경우에는 보호구역의 경계를 말한다)의 외부 지역에서
시행하려는 건설공사로서 제1항에 따라 시·도지사가 정한 역사문화환경 보존지
역에서 시행하는 건설공사에 관하여는 그 공사에 관한 인가·허가 등을 하기 전
에 해당 건설공사의 시행이 지정문화재의 보존에 영향을 미칠 우려가 있는 행위
에 해당하는지 여부를 검토하여야 한다.
③ 역사문화환경 보존지역의 범위는 해당 지정문화재의 역사적·예술적·학문적·
경관적 가치와 그 주변 환경 및 그 밖에 문화재 보호에 필요한 사항 등을 고려하
여 그 외곽 경계로부터 500미터 안으로 한다. 다만, 문화재의 특성 및 입지여건
등으로 인하여 지정문화재의 외곽 경계로부터 500미터 밖에서 건설공사를 하게
되는 경우에 해당 공사가 문화재에 영향을 미칠 것이 확실하다고 인정되면 500미
터를 초과하여 범위를 정할 수 있다.
④ 문화재청장 또는 시·도지사는 문화재를 지정하면 그 지정 고시가 있는 날부
터 6개월 안에 역사문화환경 보존지역에서 지정문화재의 보존에 영향을 미칠 우
려가 있는 행위에 관한 구체적인 행위기준을 정하여 고시하여야 한다.
⑤ 제4항에 따른 구체적인 행위기준이 고시된 지역에서 그 행위기준의 범위 안에
서 행하여지는 건설공사에 관하여는 제2항에 따른 검토는 생략한다.

제14조 (화재 및 재난방지 등) ① 문화재청장이나 시·도지사는 지정문화재의 화재 및
재난방지, 도난예방을 위하여 필요한 시책을 수립하고 이를 시행하여야 한다.
② 문화재청장 및 시·도지사는 문화재별 특성에 따른 화재대응 지침서(이하 "지
침서"라 한다)를 마련하고 이를 지정문화재의 소유자, 관리자 또는 관리단체가 사
용할 수 있도록 조치하여야 한다.
③ 지침서는 연 1회 이상 정기적으로 점검·보완하여야 하며, 화재대응을 위하여
포함되어야 할 사항 및 지침서를 마련하여야 하는 문화재의 범위는 대통령령으로
정한다.
④ 지정문화재의 소유자, 관리자 및 관리단체는 지정문화재의 화재예방 및 진화를

위하여 「소방시설설치유지 및 안전관리에 관한 법률」에서 정하는 기준에 따른 소방시설과 재난방지를 위한 시설을 설치하여야 하며, 지정문화재의 도난방지를 위하여 문화체육관광부령으로 정하는 기준에 따라 도난방지장치를 설치하도록 노력하여야 한다.

⑤ 국가나 지방자치단체는 제4항에 따른 소방시설과 재난방지를 위한 시설 또는 도난방지장치를 설치하는 자에게는 예산의 범위에서 그 소요비용의 전부나 일부를 보조할 수 있다.

제15조 (문화재보호활동의 지원 등) 문화재청장은 문화재의 보호·보존·보급 또는 선양을 위하여 필요하다고 인정하면 관련 단체를 지원·육성할 수 있다.

제16조 (문화재 전문인력의 양성) ① 문화재청장은 문화재의 보호·관리 및 수리 등을 위한 전문인력을 양성할 수 있다.

② 문화재청장은 제1항의 전문인력 양성을 위하여 필요하다고 인정하면 장학금을 지급할 수 있다.

③ 문화재청장은 제2항의 장학금(이하 "장학금"이라 한다)을 지급받고 있는 자의 교육이나 연구 상황을 확인하기 위하여 필요하다고 인정하면 성적증명서나 연구실적보고서를 제출하도록 명할 수 있다.

④ 장학금을 지급받고 있는 자 또는 받은 자는 수학이나 연구의 중단, 내용 변경 등 문화체육관광부령으로 정하는 사유가 발생하면 지체 없이 문화재청장에게 신고하여야 한다.

⑤ 문화재청장은 수학이나 연구의 중단, 내용변경, 실적저조 등 문화체육관광부령으로 정하는 사유가 발생하면 장학금 지급을 중지하거나 반환을 명할 수 있다.

⑥ 제1항부터 제5항까지의 규정에 따른 장학금 지급 대상자, 장학금 지급 신청, 장학금 지급 중지 또는 반환 등에 필요한 사항은 문화체육관광부령으로 정한다.

제17조 (문화재 국제교류협력의 촉진 등) ① 국가는 문화재 관련 국제기구 및 다른 국가와의 협력을 통하여 문화재에 관한 정보와 기술교환, 인력교류, 공동조사·연구 등을 적극 추진하여야 한다.

② 문화재청장은 예산의 범위에서 제1항에 따른 문화재분야 협력에 관한 시책을 추진하는 데 필요한 비용의 전부 또는 일부를 지원할 수 있다.

제18조 (남북한 간 문화재 교류 협력) ① 국가는 남북한 간 문화재분야의 상호교류

및 협력을 증진할 수 있도록 노력하여야 한다.

② 문화재청장은 남북한 간 문화재분야의 상호교류 및 협력증진을 위하여 북한의 문화재 관련 정책·제도 및 현황 등에 관하여 조사·연구하여야 한다.

③ 문화재청장은 대통령령으로 정하는 바에 따라 제1항 및 제2항에 따른 교류 협력사업과 조사·연구 등을 위하여 필요한 경우 관련 단체 등에 협력을 요청할 수 있으며, 이에 사용되는 경비의 전부 또는 일부를 지원할 수 있다.

제19조 (세계유산등의 등재 및 보호) ① 문화재청장은 「세계문화유산 및 자연유산의 보호에 관한 협약」, 「무형문화유산의 보호를 위한 협약」 또는 국제연합교육과학문화기구의 프로그램에 따라 국내의 우수한 문화재를 국제연합교육과학문화기구에 세계유산, 인류무형문화유산 또는 세계기록유산으로 등재 신청할 수 있다. 이 경우 등재 신청 대상 선정절차 등에 관하여는 국제연합교육과학문화기구의 규정을 참작하여 문화재청장이 정한다.

② 문화재청장은 국제연합교육과학문화기구에 세계유산, 인류무형문화유산 또는 세계기록유산으로 등재된 문화재(이하 이 조에서 "세계유산등"이라 한다)를 비롯한 인류 문화재의 보존과 문화재의 국외 선양을 위하여 적극 노력하여야 한다.

③ 국가와 지방자치단체는 세계유산등에 대하여는 등재된 날부터 국가지정문화재에 준하여 유지·관리 및 지원하여야 하며, 문화재청장은 대통령령으로 정하는 바에 따라 세계유산과 그 역사문화환경에 영향을 미칠 우려가 있는 행위를 하는 자에 대하여 세계유산과 그 역사문화환경의 보호에 필요한 조치를 할 것을 명할 수 있다.

제20조 (외국문화재의 보호) ① 인류의 문화유산을 보존하고 국가 간의 우의를 증진하기 위하여 대한민국이 가입한 문화재 보호에 관한 국제조약(이하 "조약"이라 한다)에 가입된 외국의 법령에 따라 문화재로 지정·보호되는 문화재(이하 "외국문화재"라 한다)는 조약과 이 법에서 정하는 바에 따라 보호되어야 한다.

② 문화재청장은 국내로 반입하려 하거나 이미 반입된 외국문화재가 해당 반출국으로부터 불법반출된 것으로 인정할 만한 상당한 이유가 있으면 그 문화재를 유치할 수 있다.

③ 문화재청장은 제2항에 따라 외국문화재를 유치하면 그 외국문화재를 박물관 등에 보관·관리하여야 한다.

④ 문화재청장은 제3항에 따라 보관 중인 외국문화재가 그 반출국으로부터 적법하게 반출된 것임이 확인되면 지체 없이 이를 그 소유자나 점유자에게 반환하여

야 한다. 그 외국문화재가 불법반출된 것임이 확인되었으나 해당 반출국이 그 문화재를 회수하려는 의사가 없는 것이 분명한 경우에도 또한 같다.

⑤ 문화재청장은 외국문화재의 반출국으로부터 대한민국에 반입된 외국문화재가 자국에서 불법반출된 것임을 증명하고 조약에 따른 정당한 절차에 따라 그 반환을 요청하는 경우 또는 조약에 따른 반환 의무를 이행하는 경우에는 관계 기관의 협조를 받아 조약에서 정하는 바에 따라 해당 문화재가 반출국에 반환될 수 있도록 필요한 조치를 하여야 한다.

제21조 (비상시의 문화재보호) ① 문화재청장은 전시·사변 또는 이에 준하는 비상사태 시 문화재의 보호에 필요하다고 인정하면 국유문화재와 국유 외의 지정문화재 및 제32조에 따른 가지정문화재를 안전한 지역으로 이동·매몰 또는 그 밖에 필요한 조치를 하거나 해당 문화재의 소유자, 보유자, 점유자, 관리자 또는 관리단체에 대하여 그 문화재를 안전한 지역으로 이동·매몰 또는 그 밖에 필요한 조치를 하도록 명할 수 있다.

② 문화재청장은 전시·사변 또는 이에 준하는 비상사태 시 문화재 보호를 위하여 필요하면 제39조에도 불구하고 이를 국외로 반출할 수 있다. 이 경우에는 미리 국무회의의 심의를 거쳐야 한다.

③ 제1항에 따른 조치 또는 명령의 이행으로 인하여 손실을 받은 자에 대한 보상에 관하여는 제46조를 준용한다. 다만, 전화(전화) 등 불가항력으로 인한 경우에는 예외로 한다.

제22조 (지원 요청) 문화재청장이나 그 명령을 받은 공무원은 제21조제1항의 조치를 위하여 필요하면 관계 기관의 장에게 필요한 지원을 요청할 수 있다.

제4장 국가지정문화재

제1절 지정

제23조 (보물 및 국보의 지정) ① 문화재청장은 문화재위원회의 심의를 거쳐 유형문화재 중 중요한 것을 보물로 지정할 수 있다.

② 문화재청장은 제1항의 보물에 해당하는 문화재 중 인류문화의 관점에서 볼 때 그 가치가 크고 유례가 드문 것을 문화재위원회의 심의를 거쳐 국보로 지정할 수 있다.

③ 제1항과 제2항에 따른 보물과 국보의 지정기준과 절차 등에 필요한 사항은 대통령령으로 정한다.

제24조 (중요무형문화재의 지정) ① 문화재청장은 문화재위원회의 심의를 거쳐 무형문화재 중 중요한 것을 중요무형문화재로 지정할 수 있다.

② 문화재청장은 제1항에 따라 중요무형문화재를 지정하는 경우 해당 중요무형문화재의 보유자(보유단체를 포함한다. 이하 같다)를 인정하여야 한다.

③ 문화재청장은 제2항에 따라 인정한 보유자 외에 해당 중요무형문화재의 보유자를 추가로 인정할 수 있다.

④ 문화재청장은 제2항과 제3항에 따라 인정된 중요무형문화재의 보유자가 제41조제2항에 따른 기능 또는 예능의 전수(전수) 교육을 정상적으로 실시하기 어려운 경우 문화재위원회의 심의를 거쳐 명예보유자로 인정할 수 있다. 이 경우 중요무형문화재의 보유자가 명예보유자로 인정되면 그때부터 중요무형문화재 보유자의 인정은 해제된 것으로 본다.

⑤ 제1항에 따른 중요무형문화재의 지정기준과 절차 등에 관한 사항 및 제2항부터 제4항까지의 규정에 따른 중요무형문화재 보유자, 명예보유자의 인정기준과 절차 등에 필요한 사항은 대통령령으로 정한다.

제25조 (사적, 명승, 천연기념물의 지정) ① 문화재청장은 문화재위원회의 심의를 거쳐 기념물 중 중요한 것을 사적, 명승 또는 천연기념물로 지정할 수 있다.

② 제1항에 따른 사적, 명승, 천연기념물의 지정기준과 절차 등에 필요한 사항은 대통령령으로 정한다.

제26조 (중요민속문화재 지정) ① 문화재청장은 문화재위원회의 심의를 거쳐 민속문화재 중 중요한 것을 중요민속문화재로 지정할 수 있다.

② 제1항에 따른 중요민속문화재의 지정기준과 절차 등에 필요한 사항은 대통령령으로 정한다.

제27조 (보호물 또는 보호구역의 지정) ① 문화재청장은 제23조・제25조 또는 제26조에 따른 지정을 할 때 문화재 보호를 위하여 특히 필요하면 이를 위한 보호물 또는 보호구역을 지정할 수 있다.

② 문화재청장은 인위적 또는 자연적 조건의 변화 등으로 인하여 조정이 필요하다고 인정하면 제1항에 따라 지정된 보호물 또는 보호구역을 조정할 수 있다.

③ 문화재청장은 제1항 및 제2항에 따라 보호물 또는 보호구역을 지정하거나 조정한 때에는 지정 또는 조정 후 매 10년이 되는 날 이전에 다음 각 호의 사항을 고려하여 그 지정 및 조정의 적정성을 검토하여야 한다. 다만, 특별한 사정으로

인하여 적정성을 검토하여야 할 시기에 이를 할 수 없는 경우에는 대통령령으로 정하는 기간까지 그 검토시기를 연기할 수 있다.

1. 해당 문화재의 보존가치
2. 보호물 또는 보호구역의 지정이 재산권 행사에 미치는 영향
3. 보호물 또는 보호구역의 주변 환경

④ 제1항부터 제3항까지의 규정에 따른 지정, 조정 및 적정성 검토 등에 필요한 사항은 대통령령으로 정한다.

제28조 (지정 또는 인정의 고시 및 통지) ① 문화재청장이 제23조부터 제27조까지의 규정에 따라 국가지정문화재(보호물과 보호구역을 포함한다)를 지정하거나 중요무형문화재의 보유자 또는 명예보유자를 인정하면 그 취지를 관보에 고시하고, 지체 없이 해당 문화재의 소유자, 보유자 또는 명예보유자에게 알려야 한다.

② 제1항의 경우 그 문화재의 소유자가 없거나 분명하지 아니하면 그 점유자 또는 관리자에게 이를 알려야 한다.

제29조 (지정서 또는 인정서의 교부) ① 문화재청장은 제23조나 제26조에 따라 국보, 보물 또는 중요민속문화재를 지정하면 그 소유자에게 해당 문화재의 지정서를 내주어야 한다.

② 문화재청장은 제24조제2항부터 제4항까지의 규정에 따라 중요무형문화재의 보유자 또는 명예보유자를 인정하면 그 보유자 또는 명예보유자에게 해당 중요무형문화재의 보유자인정서 또는 명예보유자인정서를 내주어야 한다.

제30조 (지정 또는 인정의 효력 발생 시기) 제23조부터 제27조까지의 규정에 따른 지정 또는 인정은 그 문화재의 소유자, 보유자, 명예보유자, 점유자 또는 관리자에 대하여는 그 지정 또는 인정의 통지를 받은 날부터 효력을 발생하고, 그 밖의 자에 대하여는 관보에 고시한 날부터 그 효력을 발생한다.

제31조 (지정 또는 인정의 해제) ① 문화재청장은 제23조·제25조 또는 제26조에 따라 지정된 문화재가 국가지정문화재로서의 가치를 상실하거나 가치평가를 통하여 지정을 해제할 필요가 있을 때에는 문화재위원회의 심의를 거쳐 그 지정을 해제할 수 있다.

② 문화재청장은 중요무형문화재의 보유자가 다음 각 호의 어느 하나에 해당하면 문화재위원회의 심의를 거쳐 중요무형문화재 보유자의 인정을 해제할 수 있다.

1. 신체 또는 정신상의 장애 등으로 인하여 해당 중요무형문화재의 보유자로 적당하지 아니한 경우
2. 전통문화의 공연·전시·심사 등과 관련하여 벌금 이상의 형을 선고받고 그 형이 확정된 경우
3. 국외로 이민을 가거나 외국 국적을 취득한 경우
4. 그 밖에 대통령령으로 정하는 사유가 있는 경우

③ 중요무형문화재의 보유자 또는 명예보유자 중 개인이 사망한 경우에는 보유자 또는 명예보유자 인정이 해제되며, 중요무형문화재의 보유자 중 개인이 모두 사망한 경우에는 문화재위원회의 심의를 거쳐 그 중요무형문화재 지정을 해제할 수 있다.

④ 문화재청장은 제27조제3항에 따른 검토 결과 보호물 또는 보호구역 지정이 적정하지 아니하거나 그 밖에 특별한 사유가 있으면 보호물 또는 보호구역 지정을 해제하거나 그 범위를 조정하여야 한다. 국가지정문화재 지정이 해제된 경우에는 지체 없이 해당 문화재의 보호물 또는 보호구역 지정을 해제하여야 한다.

⑤ 제1항부터 제4항까지의 규정에 따른 문화재 지정 또는 인정의 해제에 관한 고시 및 통지와 그 효력 발생시기에 관하여는 제28조 및 제30조를 준용한다.

⑥ 국보, 보물 또는 중요민속문화재의 소유자가 제5항과 제28조에 따른 해제 통지를 받으면 그 통지를 받은 날부터 30일 이내에 해당 문화재 지정서를 문화재청장에게 반납하여야 한다.

⑦ 중요무형문화재의 보유자가 제5항과 제28조에 따른 해제 통지를 받으면 그 통지를 받은 날부터 30일 이내에 그 인정서를 문화재청장에게 반납하여야 한다. 다만, 중요무형문화재의 보유자 중 개인이 사망한 때에는 그러하지 아니하다.

제32조 (가지정) ① 문화재청장은 제23조·제25조 또는 제26조에 따라 지정할 만한 가치가 있다고 인정되는 문화재가 지정 전에 원형보존을 위한 긴급한 필요가 있고 문화재위원회의 심의를 거칠 시간적 여유가 없으면 중요문화재로 가지정(가지정)할 수 있다.

② 제1항에 따른 가지정의 효력은 가지정된 문화재(이하 "가지정문화재"라 한다)의 소유자, 점유자 또는 관리자에게 통지한 날부터 발생한다.

③ 제1항에 따른 가지정은 가지정한 날부터 6개월 이내에 제23조·제25조 또는 제26조에 따른 지정이 없으면 해제된 것으로 본다.

④ 제1항에 따른 가지정의 통지와 가지정서의 교부에 관하여는 제28조와 제29조제1항을 준용하되, 제28조제1항에 따른 관보 고시는 하지 아니한다.

제2절 관리 및 보호

제33조 (소유자관리의 원칙) ① 국가지정문화재의 소유자는 선량한 관리자의 주의로써 해당 문화재를 관리·보호하여야 한다.

② 국가지정문화재의 소유자는 필요에 따라 그에 대리하여 그 문화재를 관리·보호할 관리자를 선임할 수 있다.

제34조 (관리단체에 의한 관리) ① 문화재청장은 국가지정문화재의 소유자가 분명하지 아니하거나 그 소유자 또는 관리자에 의한 관리가 곤란 또는 적당하지 아니하다고 인정하면 해당 국가지정문화재 관리를 위하여 지방자치단체나 그 문화재를 관리하기에 적당한 법인 또는 단체를 관리단체로 지정할 수 있다. 이 경우 국유에 속하는 국가지정문화재 중 국가가 직접 관리하지 아니하는 문화재의 관리단체는 관할 특별자치도 또는 시·군·구(자치구를 말한다. 이하 같다)가 된다. 다만, 문화재가 2개 이상의 시·군·구에 걸쳐 있는 경우에는 관할 특별시·광역시·도(특별자치도를 제외한다)가 관리단체가 된다.

② 관리단체로 지정된 지방자치단체는 문화재청장과 협의하여 그 문화재를 관리하기에 적당한 법인 또는 단체에 해당 문화재의 관리 업무를 위탁할 수 있다.

③ 문화재청장은 제1항 전단에 따라 관리단체를 지정할 경우에 그 문화재의 소유자나 지정하려는 지방자치단체, 법인 또는 단체의 의견을 들어야 한다.

④ 문화재청장이 제1항에 따라 관리단체를 지정하면 지체 없이 그 취지를 관보에 고시하고, 국가지정문화재의 소유자 또는 관리자와 해당 관리단체에 이를 알려야 한다.

⑤ 누구나 제1항에 따라 지정된 관리단체의 관리행위를 방해하여서는 아니 된다.

⑥ 관리단체가 국가지정문화재를 관리할 때 필요한 경비는 이 법에 특별한 규정이 없으면 해당 관리단체의 부담으로 하되, 관리단체가 부담능력이 없으면 국가나 지방자치단체가 이를 부담할 수 있다.

⑦ 제1항에 따른 관리단체 지정의 효력 발생 시기에 관하여는 제30조를 준용한다.

제35조 (허가사항) ① 국가지정문화재(중요무형문화재는 제외한다. 이하 이 조에서 같다)에 대하여 다음 각 호의 어느 하나에 해당하는 행위를 하려는 자는 대통령령으로 정하는 바에 따라 문화재청장의 허가를 받아야 한다. 허가사항을 변경하려는 경우에도 또한 같다.

1. 국가지정문화재(보호물·보호구역과 천연기념물 중 죽은 것을 포함한다)의 현상을 변경[천연기념물을 표본(표본)하거나 박제(박제)하는 행위를 포함한다]하

는 행위로서 문화체육관광부령으로 정하는 행위

2. 국가지정문화재(동산에 속하는 문화재는 제외한다)의 보존에 영향을 미칠 우려가 있는 행위로서 문화체육관광부령으로 정하는 행위

3. 국가지정문화재를 탁본 또는 영인(영인)하거나 그 보존에 영향을 미칠 우려가 있는 촬영을 하는 행위

4. 명승이나 천연기념물로 지정되거나 가지정된 구역 또는 그 보호구역에서 동물, 식물, 광물을 포획(포획)·채취(채취)하거나 이를 그 구역 밖으로 반출하는 행위

② 국가지정문화재와 시·도지정문화재의 역사문화환경 보존지역이 중복되는 지역에서 제1항제2호에 따라 문화재청장의 허가를 받은 경우에는 제74조제2항에 따른 시·도지사의 허가를 받은 것으로 본다.

③ 문화재청장은 제1항제2호에 따른 국가지정문화재의 보존에 영향을 미칠 우려가 있는 행위에 관하여 허가한 사항 중 문화체육관광부령으로 정하는 경미한 사항의 변경허가에 관하여는 시·도지사에게 위임할 수 있다.

제36조 (허가기준) 문화재청장은 제35조제1항에 따라 허가신청을 받으면 그 허가신청 대상 행위가 다음 각 호의 기준에 맞는 경우에만 허가하여야 한다.

1. 문화재의 보존과 관리에 영향을 미치지 아니할 것

2. 문화재의 역사문화환경을 훼손하지 아니할 것

3. 문화재기본계획과 제7조에 따른 연도별 시행계획에 들어맞을 것

제37조 (허가사항의 취소) ① 문화재청장은 제35조제1항·제3항, 제39조제1항 단서, 제39조제2항에 따라 허가를 받은 자가 다음 각 호의 어느 하나에 해당하는 경우에는 허가를 취소할 수 있다.

1. 허가사항이나 허가조건을 위반한 때

2. 속임수나 그 밖의 부정한 방법으로 허가를 받은 때

3. 허가사항의 이행이 불가능하거나 현저히 공익을 해할 우려가 있다고 인정되는 때

② 제35조제1항에 따라 허가를 받은 자가 착수신고를 하지 아니하고 허가기간이 지난 때에는 그 허가가 취소된 것으로 본다.

제38조 (천연기념물 동물의 치료 등) ① 천연기념물 동물이 조난당하면 구조를 위한 운반, 약물 투여, 수술, 사육 및 야생 적응훈련 등(이하 "치료"라 한다)은 시·도지사가 지정하는 동물치료소에서 하게 할 수 있다.

② 시·도지사는 제1항에 따른 동물치료소를 지정하는 경우에 문화재에 관한 전

문지식을 가지고 있거나 천연기념물 보호활동 또는 야생동물의 치료경험이 있는 다음 각 호의 어느 하나에 해당하는 기관 중에서 지정하여야 하며, 지정절차 및 그 밖에 필요한 사항은 지방자치단체의 조례로 정한다.

1. 「수의사법」에 따른 수의사 면허를 받은 자가 개설하고 있는 동물병원
2. 「수의사법」에 따른 수의사 면허를 받은 자를 소속 직원으로 두고 있는 지방자치단체의 축산 관련 기관
3. 「수의사법」에 따른 수의사 면허를 받은 자를 소속 회원으로 두고 있는 관리단체 또는 동물 보호단체

③ 문화재청장은 천연기념물 동물의 조난으로 긴급한 보호가 필요하면 제35조제1항에도 불구하고 동물치료소에 현상변경허가 없이 먼저 치료한 후 그 결과를 보고하게 할 수 있다.

④ 국가나 지방자치단체는 천연기념물 동물을 치료한 동물치료소에 예산의 범위에서 치료에 드는 경비를 지급할 수 있다. 이 경우 천연기념물 동물 치료 경비 지급에 관한 업무는 문화체육관광부령으로 정하는 천연기념물의 치료와 보호 관련 단체에 위탁할 수 있으며, 치료 경비 지급절차 및 그 밖에 필요한 사항은 문화체육관광부령으로 정한다.

⑤ 시·도지사는 동물치료소가 다음 각 호의 어느 하나에 해당하면 그 지정을 취소할 수 있다.

1. 거짓이나 그 밖의 부정한 방법으로 지정을 받은 경우
2. 제2항에 따른 지정 요건에 미달하게 된 경우
3. 고의나 중대한 과실로 치료 중인 천연기념물 동물을 죽게 하거나 불구가 되게 한 경우
4. 제3항에 따른 치료 결과를 보고하지 아니하거나 거짓으로 보고한 경우
5. 제4항에 따른 치료 경비를 거짓으로 청구한 경우
6. 제42조제1항에 따른 문화재청장이나 지방자치단체의 장의 명령을 위반한 경우

⑥ 시·도지사는 제2항 및 제5항에 따라 동물치료소를 지정하거나 그 지정을 취소하는 경우에는 문화재청장에게 보고하여야 한다.

제39조 (수출 등의 금지) ① 국보, 보물, 천연기념물 또는 중요민속문화재는 국외로 수출하거나 반출할 수 없다. 다만, 문화재의 국외 전시 등 국제적 문화교류를 목적으로 반출하되, 그 반출한 날부터 2년 이내에 다시 반입할 것을 조건으로 문화재청장의 허가를 받으면 그러하지 아니하다.

② 문화재청장은 제1항 단서에 따라 반출을 허가받은 자가 그 반출 기간의 연장

을 신청하면 당초 반출목적 달성이나 문화재의 안전 등을 위하여 필요하다고 인정되는 경우에 한정하여 2년의 범위에서 그 반출 기간의 연장을 허가할 수 있다.

③ 제1항에도 불구하고 다음 각 호의 어느 하나에 해당하는 경우에는 문화재청장의 허가를 받아 수출할 수 있다.

1. 제35조제1항제1호에 따른 허가를 받아 천연기념물을 표본·박제 등으로 제작한 경우
2. 특정한 시설에서 연구 또는 관람목적으로 증식된 천연기념물의 경우

제40조 (신고 사항) ① 국가지정문화재(보호물과 보호구역을 포함한다. 이하 이 조에서 같다)의 소유자, 보유자, 관리자 또는 관리단체는 해당 문화재에 다음 각 호의 어느 하나에 해당하는 사유가 발생하면 대통령령으로 정하는 바에 따라 그 사실과 경위를 문화재청장에게 신고하여야 한다. 다만, 제1호의 경우에는 소유자와 관리자가, 제2호의 경우에는 신·구 소유자가 각각 연서(연서)로 하여야 한다.

1. 관리자를 선임하거나 해임한 경우
2. 국가지정문화재의 소유자가 변경된 경우
3. 소유자, 보유자 또는 관리자의 성명이나 주소가 변경된 경우
4. 국가지정문화재의 소재지의 지명, 지번, 지목(지목), 면적 등이 변경된 경우
5. 보관 장소가 변경된 경우
6. 국가지정문화재의 전부 또는 일부가 멸실, 유실, 도난 또는 훼손된 경우
7. 제35조제1항제1호에 따라 허가(변경허가를 포함한다)를 받고 그 문화재의 현상변경을 착수하거나 완료한 경우
8. 제35조제1항제4호 또는 제39조제1항에 따라 허가받은 문화재를 반출한 후 이를 다시 반입한 경우
9. 동식물의 종(종)이 천연기념물로 지정되는 경우 그 지정일 이전에 표본이나 박제를 소유하고 있는 경우

② 역사문화환경 보존지역에서 건설공사를 시행하는 자는 해당 역사문화환경 보존지역에서 제35조제1항제2호에 따라 허가(변경허가를 포함한다)를 받고 허가받은 사항을 착수 또는 완료한 경우에는 대통령령으로 정하는 바에 따라 그 사실과 경위를 문화재청장에게 신고하여야 한다.

제41조 (중요무형문화재의 보호·육성) ① 국가는 전통문화의 계승과 발전을 위하여 중요무형문화재를 보호·육성하여야 한다.

② 문화재청장은 중요무형문화재의 전승·보존을 위하여 해당 중요무형문화재의 보유자가 그 보유 기능 또는 예능(이하 "기·예능"이라 한다)의 전수 교육을 실

시하도록 하여야 한다. 다만, 대통령령으로 정하는 특별한 사유가 있는 경우에는 그러하지 아니하다.

③ 국가나 지방자치단체는 예산의 범위에서 제2항에 따른 전수 교육에 필요한 경비를 부담할 수 있으며, 전수 교육을 목적으로 설립 또는 취득한 국·공유재산을 무상으로 사용하게 할 수 있다.

④ 문화재청장은 전수 교육을 받는 자에게 장학금을 지급할 수 있다.

⑤ 문화재청장은 중요무형문화재의 명예보유자에게 특별지원금을 지원할 수 있다.

⑥ 제2항·제4항 및 제5항에 따른 전수 교육, 장학금 및 특별지원금의 지급에 필요한 사항은 대통령령으로 정한다.

제42조 (행정명령) ① 문화재청장이나 지방자치단체의 장은 국가지정문화재(보호물과 보호구역을 포함한다. 이하 이 조에서 같다)와 그 역사문화환경 보존지역의 관리·보호를 위하여 필요하다고 인정하면 다음 각 호의 사항을 명할 수 있다.

1. 국가지정문화재의 관리 상황이 그 문화재의 보존상 적당하지 아니하거나 특히 필요하다고 인정되는 경우 그 소유자, 관리자 또는 관리단체에 대한 일정한 행위의 금지나 제한

2. 국가지정문화재의 소유자, 관리자 또는 관리단체에 대한 수리, 그 밖에 필요한 시설의 설치나 장애물의 제거

3. 국가지정문화재의 소유자, 보유자, 관리자 또는 관리단체에 대한 문화재 보존에 필요한 긴급한 조치

4. 제35조제1항 각 호에 따른 허가를 받지 아니하고 국가지정문화재의 현상을 변경하거나 보존에 영향을 미칠 우려가 있는 행위 등을 한 자에 대한 행위의 중지 또는 원상회복 조치

② 문화재청장 또는 지방자치단체의 장은 국가지정문화재의 소유자, 보유자, 관리자 또는 관리단체가 제1항제1호부터 제3호까지의 규정에 따른 명령을 이행하지 아니하거나 그 소유자, 보유자, 관리자, 관리단체에 제1항제1호부터 제3호까지의 조치를 하게 하는 것이 적당하지 아니하다고 인정되면 국가의 부담으로 직접 제1항제1호부터 제3호까지의 조치를 할 수 있다.

③ 문화재청장 또는 지방자치단체의 장은 제1항제4호에 따른 명령을 받은 자가 명령을 이행하지 아니하는 경우 「행정대집행법」에서 정하는 바에 따라 대집행하고, 그 비용을 명령 위반자로부터 징수할 수 있다.

④ 지방자치단체의 장은 제1항에 따른 명령을 하면 문화재청장에게 보고하여야 한다.

제43조 (기록의 작성·보존) ① 문화재청장과 해당 특별자치도지사, 시장·군수 또는 구청장 및 관리단체의 장은 국가지정문화재의 보존·관리 및 변경 사항 등에 관한 기록을 작성·보존하여야 한다.

② 문화재청장은 국가지정문화재의 보존·관리를 위하여 필요하다고 인정하면 문화재에 관한 전문적 지식이 있는 자나 연구기관에 국가지정문화재의 기록을 작성하게 할 수 있다.

제44조 (정기조사) ① 문화재청장은 국가지정문화재의 현상, 관리, 수리, 전승(전승)의 실태, 그 밖의 환경보전상황 등에 관하여 정기적으로 조사하여야 한다.

② 문화재청장은 제1항에 따른 정기조사 후 보다 깊이 있는 조사가 필요하다고 인정하면 그 소속 공무원에게 해당 국가지정문화재에 대하여 재조사하게 할 수 있다.

③ 제1항과 제2항에 따라 조사하는 경우에는 미리 그 문화재의 소유자, 보유자, 관리자, 관리단체에 대하여 그 뜻을 알려야 한다. 다만, 긴급한 경우에는 사후에 그 취지를 알릴 수 있다.

④ 제1항과 제2항에 따라 조사를 하는 공무원은 소유자, 보유자, 관리자, 관리단체에 문화재의 공개, 현황자료의 제출, 문화재 소재장소 출입 등 조사에 필요한 범위에서 협조를 요구할 수 있으며, 그 문화재의 현상을 훼손하지 아니하는 범위에서 측량, 발굴, 장애물의 제거, 그 밖에 조사에 필요한 행위를 할 수 있다. 다만, 해 뜨기 전이나 해 진 뒤에는 소유자, 보유자, 관리자, 관리단체의 동의를 받아야 한다.

⑤ 제4항에 따라 조사를 하는 공무원은 그 권한을 표시하는 증표를 지니고 이를 관계인에게 내보여야 한다.

⑥ 문화재청장은 제1항과 제2항에 따른 정기조사와 재조사의 전부 또는 일부를 대통령령으로 정하는 바에 따라 지방자치단체에 위임하거나 전문기관 또는 단체에 위탁할 수 있다.

⑦ 문화재청장은 제1항 및 제2항에 따른 정기조사·재조사의 결과를 다음 각 호의 국가지정문화재의 관리에 반영하여야 한다.

1. 문화재의 지정과 그 해제
2. 보호물 또는 보호구역의 지정과 그 해제
3. 중요무형문화재의 보유자의 인정과 그 해제
4. 문화재의 수리 및 복구
5. 문화재 보존을 위한 행위의 제한·금지 또는 시설의 설치·제거 및 이전
6. 그 밖에 관리에 필요한 사항

제45조 (직권에 의한 조사) ① 문화재청장은 필요하다고 인정하면 그 소속 공무원에게 국가지정문화재의 현상, 관리, 수리, 전승 실태, 그 밖의 환경보전상황에 관하여 조사하게 할 수 있다.

② 제1항에 따라 직권에 의한 조사를 하는 경우 조사통지, 조사의 협조요구 및 조사상 필요한 행위범위, 조사 증표 휴대 및 제시 등에 관하여는 제44조제3항부터 제5항까지의 규정을 준용한다.

제46조 (손실의 보상) 국가는 다음 각 호의 어느 하나에 해당하는 자에 대하여는 그 손실을 보상하여야 한다.

1. 제42조제1항제1호부터 제3호까지의 규정에 따른 명령을 이행하여 손실을 받은 자
2. 제42조제2항에 따른 조치로 인하여 손실을 받은 자
3. 제44조제4항(제45조제2항에 따라 준용되는 경우를 포함한다)에 따른 조사행위로 인하여 손실을 받은 자

제47조 (가지정문화재에 관한 허가사항 등의 준용) 가지정문화재의 관리와 보호에 관하여는 제35조제1항, 제37조, 제39조, 제40조제1항(같은 항 제2호부터 제4호까지 및 제6호부터 제8호까지에 한한다), 제42조제1항제1호·제3호 및 제46조를 준용한다.

제3절 공개 및 관람료

제48조 (국가지정문화재의 공개 등) ① 국가지정문화재(중요무형문화재는 제외한다. 이하 이 조에서 같다)는 제2항에 따라 해당 문화재의 공개를 제한하는 경우 외에는 특별한 사유가 없으면 이를 공개하여야 한다.

② 문화재청장은 국가지정문화재의 보존과 훼손 방지를 위하여 필요하면 해당 문화재의 전부나 일부에 대하여 공개를 제한할 수 있다. 이 경우 문화재청장은 해당 문화재의 소유자(관리단체가 지정되어 있으면 그 관리단체를 말한다)의 의견을 들어야 한다.

③ 문화재청장은 제2항에 따라 국가지정문화재의 공개를 제한하면 해당 문화재가 있는 지역의 위치, 공개가 제한되는 기간 및 지역 등을 문화체육관광부령으로 정하는 바에 따라 고시하고, 해당 문화재의 소유자·관리자 또는 관리단체, 관할 시·도지사와 시장·군수 또는 구청장에게 알려야 한다.

④ 문화재청장은 제2항에 따른 공개 제한의 사유가 소멸하면 지체 없이 제한 조치를 해제하여야 한다. 이 경우 문화재청장은 문화체육관광부령으로 정하는 바에

따라 이를 고시하고 해당 문화재의 소유자·관리자 또는 관리단체, 관할 시·도지사와 시장·군수 또는 구청장에게 알려야 한다.

⑤ 제2항과 제3항에 따라 공개가 제한되는 지역에 출입하려는 자는 그 사유를 명시하여 문화재청장의 허가를 받아야 한다.

제49조 (관람료의 징수) ① 국가지정문화재의 소유자 또는 보유자는 그 문화재를 공개하는 경우 관람자로부터 관람료를 징수할 수 있다. 다만, 관리단체가 지정된 경우에는 관리단체가 징수권자가 된다.

② 제1항에 따른 관람료는 해당 국가지정문화재의 소유자, 보유자 또는 관리단체가 정한다.

제50조 (중요무형문화재 보유자의 기·예능 공개) ① 중요무형문화재의 보유자는 대통령령으로 정하는 특별한 사유가 있는 경우를 제외하고는 매년 1회 이상 해당 중요무형문화재의 기·예능을 공개하여야 한다.

② 제1항에 따른 중요무형문화재의 기·예능의 공개 방법 등은 대통령령으로 정한다.

③ 국가 및 지방자치단체는 예산의 범위에서 제1항에 따른 공개에 드는 비용의 전부 또는 일부를 지원할 수 있다.

제4절 보조금 및 경비 지원

제51조 (보조금) ① 국가는 다음 각 호의 경비의 전부나 일부를 보조할 수 있다.

1. 제34조제1항에 따른 관리단체가 그 문화재를 관리할 때 필요한 경비
2. 제42조제1항제1호부터 제3호까지에 따른 조치에 필요한 경비
3. 제1호와 제2호의 경우 외에 국가지정문화재의 관리·보호·수리·활용 또는 기록 작성을 위하여 필요한 경비
4. 중요무형문화재의 보호·육성에 필요한 경비

② 문화재청장은 제1항에 따른 보조를 하는 경우 그 문화재의 수리나 그 밖의 공사를 감독할 수 있다.

③ 제1항제2호부터 제4호까지의 경비에 대한 보조금은 시·도지사를 통하여 교부하고, 그 지시에 따라 관리·사용하게 한다. 다만, 문화재청장이 필요하다고 인정하면 소유자, 보유자, 관리자, 관리단체에게 직접 교부하고, 그 지시에 따라 관리·사용하게 할 수 있다.

제52조 (지방자치단체의 경비 부담) 지방자치단체는 그 관할구역에 있는 국가지정문화재로서 지방자치단체가 소유하거나 관리하지 아니하는 문화재에 대한 관리·보호·수리 또는 활용 등에 필요한 경비를 부담하거나 보조할 수 있다.

제5장 등록문화재

제53조 (문화재의 등록) ① 문화재청장은 문화재위원회의 심의를 거쳐 지정문화재가 아닌 문화재 중에서 보존과 활용을 위한 조치가 특별히 필요한 것을 등록문화재로 등록할 수 있다.

② 등록문화재의 등록기준, 절차 및 등록 사항 등은 문화체육관광부령으로 정한다.

제54조 (등록문화재의 관리) ① 등록문화재의 소유자 또는 관리자 등 등록문화재를 관리하는 자는 등록문화재의 원형 보존에 노력하여야 한다.

② 문화재청장은 등록문화재의 소유자가 분명하지 아니하거나 그 소유자나 관리자가 등록문화재를 관리할 수 없으면 지방자치단체나 그 문화재를 관리하기에 적당한 법인이나 단체 중에서 해당 등록문화재를 관리할 자를 지정하여 이를 관리하게 할 수 있다.

③ 등록문화재의 소유자나 관리자 또는 제2항에 따라 지정을 받은 자(이하 "등록문화재관리단체"라 한다)는 문화체육관광부령으로 정하는 바에 따라 문화재청장에게 등록문화재의 관리 및 수리와 관련된 기술 지도를 요청할 수 있다.

제55조 (등록문화재의 신고 사항) 등록문화재의 소유자나 관리자 또는 등록문화재관리단체는 해당 문화재에 관하여 다음 각 호의 어느 하나에 해당하는 사유가 발생하면 대통령령으로 정하는 바에 따라 그 사실과 경위를 문화재청장에게 신고하여야 한다. 다만, 제1호의 경우에는 소유자와 관리자가, 제2호의 경우에는 신·구 소유자가 각각 연서로 하여야 한다.

1. 관리자를 선임하거나 해임한 경우
2. 소유자가 변경된 경우
3. 소유자 또는 관리자의 주소가 변경된 경우
4. 소재지의 지명, 지번, 지목(地目), 면적 등이 변경된 경우
5. 보관 장소가 변경된 경우
6. 전부 또는 일부가 멸실, 유실, 도난 또는 훼손된 경우
7. 제56조제2항에 따라 허가(변경허가를 포함한다)를 받고 그 문화재의 현상변경

행위에 착수하거나 완료한 경우

8. 제59조제2항에서 준용하는 제39조제1항 단서에 따라 허가된 문화재를 반출하였다가 반입한 경우

제56조 (등록문화재의 현상변경) ① 등록문화재에 관하여 다음 각 호의 어느 하나에 해당하는 행위를 하려는 자는 변경하려는 날의 30일 전까지 관할 특별자치도지사, 시장·군수 또는 구청장에게 신고하여야 한다.

1. 해당 문화재(동산에 속하는 문화재는 제외한다)의 외관을 변경하는 행위로서 문화체육관광부령으로 정하는 행위

2. 해당 문화재(동산에 속하는 문화재는 제외한다)를 다른 곳으로 이전하거나 철거하는 행위

3. 동산에 속하는 문화재를 수리하거나 보존처리하는 행위

② 제1항에도 불구하고 다음 각 호의 어느 하나에 해당하는 등록문화재의 현상을 변경하려는 자는 대통령령으로 정하는 바에 따라 문화재청장의 허가를 받아야 한다. 허가사항을 변경하는 경우에도 또한 같다.

1. 제57조에 따라 건축물의 건폐율이나 용적률에 관한 특례적용을 받은 등록문화재

2. 제59조제2항에서 준용하는 제51조에 따라 국가로부터 보조금을 지원받은 등록문화재

3. 등록문화재의 소유자가 국가 또는 지방자치단체인 등록문화재

③ 제1항에 따른 신고를 받은 특별자치도지사, 시장·군수 또는 구청장은 그 사실을 시·도지사(특별자치도지사는 제외한다)를 거쳐 문화재청장에게 보고하여야 한다.

④ 문화재청장은 등록문화재의 보호를 위하여 필요하면 제1항에 따라 신고된 등록문화재의 현상변경에 관하여 지도·조언 및 권고 등을 할 수 있다.

제57조 (등록문화재의 건폐율과 용적률에 관한 특례) 등록문화재인 건축물이 있는 대지 안에서의 건폐율과 용적률은 「국토의 계획 및 이용에 관한 법률」 제77조부터 제79조까지의 규정에도 불구하고 해당 용도지역 등에 적용되는 건폐율 및 용적률의 150퍼센트 이내에서 대통령령으로 정하는 기준에 따라 완화하여 적용할 수 있다.

제58조 (등록의 말소) ① 문화재청장은 등록문화재에 대하여 보존과 활용의 필요가 없거나 그 밖에 특별한 사유가 있으면 문화재위원회의 심의를 거쳐 그 등록을 말소

할 수 있다.

② 등록문화재가 지정문화재로 지정되면 그 등록은 효력을 상실한다.

③ 등록문화재의 소유자는 등록말소의 통지를 받은 때에는 그 통지를 받은 날부터 30일 이내에 해당 문화재의 등록증을 문화재청장에게 반납하여야 한다.

제59조 (준용 규정) ① 등록문화재의 등록·등록말소의 고시 및 통지, 등록증의 교부, 등록·등록말소의 효력 발생 시기에 관하여는 제28조부터 제30조까지의 규정을 준용한다. 이 경우 "국가지정문화재"는 "등록문화재"로, "지정"은 "등록"으로, "문화재의 지정서"는 "등록증"으로 본다.

② 등록문화재 소유자관리의 원칙, 등록문화재관리단체에 의한 관리, 등록문화재의 허가취소 및 수출 등의 금지, 등록문화재에 관한 기록의 작성과 보존, 직권에 의한 등록문화재 현상 등의 조사, 국가에 의한 보조금의 지원, 지방자치단체의 경비 부담, 소유자 변경 시 권리·의무의 승계에 관하여는 제33조, 제34조제2항부터 제7항까지, 제37조, 제39조, 제43조, 제45조, 제51조제1항제1호·제3호 및 제2항·제3항, 제52조 및 제81조를 준용한다. 이 경우 "국가지정문화재"는 "등록문화재"로, "관리단체"는 "등록문화재관리단체"로 본다.

제6장 일반동산문화재

제60조 (일반동산문화재 수출 등의 금지) ① 이 법에 따라 지정 또는 등록되지 아니한 문화재 중 동산에 속하는 문화재(이하 "일반동산문화재"라 한다)에 관하여는 제39조제1항과 제2항을 준용한다. 다만, 일반동산문화재의 국외전시 등 국제적 문화교류를 목적으로 다음 각 호의 어느 하나에 해당하는 사항으로서 문화재청장의 허가를 받은 경우에는 그러하지 아니하다.

1. 「박물관 및 미술관 진흥법」에 따라 설립된 박물관 등이 외국의 박물관 등에 일반동산문화재를 반출한 날부터 10년 이내에 다시 반입하는 경우

2. 외국 정부가 인증하는 박물관이나 문화재 관련 단체가 자국의 박물관 등에서 전시할 목적으로 국내에서 일반동산문화재를 구입 또는 기증받아 반출하는 경우

② 문화재청장은 제1항 단서에 따라 허가를 받은 자가 제37조제1항 각 호의 어느 하나에 해당하는 경우에는 허가를 취소할 수 있다.

③ 제1항제2호에 따른 일반동산문화재의 수출이나 반출에 관한 절차 등에 필요한 사항은 문화체육관광부령으로 정한다.

④ 제1항 단서에 따라 허가받은 자는 허가된 일반동산문화재를 반출한 후 이를

다시 반입한 경우 문화재청장에게 신고하여야 한다.

⑤ 일반동산문화재로 오인될 우려가 있는 동산을 국외로 수출하거나 반출하려면 미리 문화재청장의 확인을 받아야 한다.

⑥ 제1항 및 제5항에 따른 일반동산문화재의 범위와 확인 등에 필요한 사항은 대통령령으로 정한다.

제61조 (일반동산문화재에 관한 조사) ① 문화재청장은 필요하다고 인정하면 그 소속 공무원으로 하여금 국가기관 또는 지방자치단체가 소장하고 있는 일반동산문화재에 관한 현상, 관리, 수리, 그 밖의 보전상황에 관하여 조사하게 할 수 있다. 이 경우 해당 국가기관 또는 지방자치단체의 장은 조사에 협조하여야 한다.

② 문화재청장은 제1항에 따라 조사한 결과 문화재의 보존·관리가 적절하지 아니하다고 인정되면 해당 기관의 장에게 문화재에 관한 보존·관리 방안을 마련하도록 요청할 수 있다.

③ 제2항에 따라 문화재청장의 요청을 받은 국가기관 또는 지방자치단체의 장은 해당 문화재에 관한 보존·관리 방안을 마련하여 대통령령으로 정하는 바에 따라 문화재청장에게 보고하여야 한다.

④ 제1항에 따라 문화재청장이 조사를 하는 경우 조사의 통지, 조사의 협조요구, 그 밖에 조사에 필요한 사항 등에 관하여는 제44조제3항부터 제5항까지의 규정을 준용한다.

제7장 국유문화재에 관한 특례

제62조 (관리청과 총괄청) ① 국유에 속하는 문화재(이하 "국유문화재"라 한다)는 「국유재산법」 제8조와 「물품관리법」 제7조에도 불구하고 문화재청장이 관리·총괄한다. 다만, 국유문화재가 문화재청장 외의 중앙관서의 장(「국가재정법」에 따른 중앙행정기관의 장을 말한다. 이하 같다)이 관리하고 있는 행정재산(행정재산)인 경우 또는 문화재청장 외의 중앙관서의 장이 관리하여야 할 특별한 필요가 있는 것인 경우에는 문화재청장은 관계 기관의 장 및 기획재정부장관과 협의하여 그 관리청을 정한다.

② 문화재청장은 제1항 단서에 따라 관리청을 정할 때에는 문화재위원회의 의견을 들어야 한다.

③ 문화재청장은 제1항 단서에 해당하지 아니하는 국유문화재의 관리를 지방자치단체에 위임하거나 비영리법인 또는 법인 아닌 비영리단체에 위탁할 수 있다. 이

경우 국유문화재의 관리로 인하여 생긴 수익은 관리를 위임받거나 위탁받은 자의 수입으로 한다.

제63조 (회계 간의 무상관리전환) 국유문화재를 문화재청장이 관리하기 위하여 소속을 달리하는 회계로부터 관리전환을 받을 때에는 「국유재산법」 제17조에도 불구하고 무상으로 할 수 있다.

제64조 (절차 및 방법의 특례) ① 문화재청장이 제62조제1항 단서에 따라 그 관리청이 따로 정하여진 국유문화재를 국가지정문화재로 지정 또는 가지정하거나 그 지정이나 가지정을 해제하는 경우 이 법에 따라 행하는 해당 문화재의 소유자나 점유자에 대한 통지는 그 문화재의 관리청에 대하여 하여야 한다.
② 제62조제1항 단서에 따라 그 관리청이 따로 정하여진 국유문화재에 관하여 제40조·제42조·제45조 및 제49조를 적용하는 경우 그 문화재의 소유자란 그 문화재의 관리청을 말한다.

제65조 (처분의 제한) 제62조제1항 단서에 따른 관리청이 그 관리에 속하는 국가지정문화재 또는 가지정문화재에 관하여 제35조제1항 각 호에 정하여진 행위 외의 행위를 하려면 미리 문화재청장의 동의를 받아야 한다.

제66조 (양도 및 사권설정의 금지) 국유문화재(그 부지를 포함한다)는 이 법에 특별한 규정이 없으면 이를 양도하거나 사권(사권)을 설정할 수 없다. 다만, 그 관리·보호에 지장이 없다고 인정되면 공공용, 공용 또는 공익사업에 필요한 경우에 한정하여 일정한 조건을 붙여 그 사용을 허가할 수 있다.

제8장 국외소재문화재

제67조 (국외소재문화재의 보호) 국가는 국외소재문화재의 보호·환수 및 활용 등을 위하여 노력하여야 하며, 이에 필요한 조직과 예산을 확보하여야 한다.

제68조 (국외소재문화재의 조사·연구) ① 문화재청장은 국외소재문화재의 현황, 보존·관리 실태, 반출 경위 등에 관하여 조사·연구를 실시할 수 있다.
② 문화재청장은 제1항에 따른 조사·연구의 효율적 수행을 위하여 박물관, 한국국제교류재단, 국사편찬위원회 및 각 대학 등 관련 기관에 필요한 자료의 제출과 정보제공 등을 요청할 수 있으며, 요청을 받은 관련 기관은 이에 협조하여야 한다.

제69조 (국외소재문화재 보호 및 환수 활동의 지원) 문화재청장은 국외소재문화재 보호 및 환수를 위하여 필요하면 관련 기관 또는 단체를 지원·육성할 수 있다.

제9장 시·도지정문화재

제70조 (시·도지정문화재의 지정 등) ① 시·도지사는 그 관할구역에 있는 문화재로서 국가지정문화재로 지정되지 아니한 문화재 중 보존가치가 있다고 인정되는 것을 시·도지정문화재로 지정할 수 있다. 다만, 무형문화재의 경우에는 문화재청장과의 사전 협의를 거쳐 중요무형문화재를 시·도지정문화재로 지정할 수 있으며, 그 보유자 인정은 중요무형문화재의 보유자가 아닌 자 중에서 하여야 한다.
② 시·도지사는 제1항에 따라 지정되지 아니한 문화재 중 향토문화보존상 필요하다고 인정하는 것을 문화재자료로 지정할 수 있다.
③ 문화재청장은 문화재위원회의 심의를 거쳐 필요하다고 인정되는 문화재에 대하여 시·도지사에게 시·도지정문화재나 문화재자료(보호물이나 보호구역을 포함한다. 이하 같다)로 지정·보존할 것을 권고할 수 있다. 이 경우 시·도지사는 특별한 사유가 있는 경우를 제외하고는 문화재 지정절차를 이행하고 그 결과를 문화재청장에게 보고하여야 한다.
④ 제1항부터 제3항까지의 규정에 따라 시·도지정문화재와 문화재자료를 지정할 때에는 해당 특별시·광역시·도 또는 특별자치도가 지정하였다는 것을 알 수 있도록 "지정" 앞에 해당 특별시·광역시·도 또는 특별자치도의 명칭을 표시하여야 한다.
⑤ 시·도지정문화재와 문화재자료의 지정 및 해제절차, 관리, 보호·육성, 공개 등에 필요한 사항은 해당 지방자치단체의 조례로 정한다.
⑥ 문화재청장, 「이북5도에 관한 특별조치법」 제5조에 따라 임명된 도지사 또는 같은 법 제7조에 따라 설치된 이북5도위원회 위원장은 북한지역에서 전승되던 무형문화재로서 보존할 가치가 있다고 인정되는 문화재가 있으면 현재 그 문화재가 전승되고 있는 지역을 관할하고 있는 시·도지사에게 시·도지정문화재로 지정할 것을 권고할 수 있다.

제71조 (시·도문화재위원회의 설치) ① 시·도지사의 관할구역에 있는 문화재의 보존·관리와 활용에 관한 사항을 조사·심의하기 위하여 시·도에 문화재위원회(이하 "시·도문화재위원회"라 한다)를 둔다.
② 시·도문화재위원회의 조직과 운영 등에 관한 사항은 조례로 정하되, 다음 각 호의 사항을 포함하여야 한다.

1. 문화재의 보존·관리 및 활용과 관련된 조사·심의에 관한 사항
2. 위원의 위촉과 해촉에 관한 사항
3. 분과위원회의 설치와 운영에 관한 사항
4. 전문위원의 위촉과 활용에 관한 사항

③ 시·도지사가 그 관할구역에 있는 문화재의 국가지정문화재(보호물과 보호구역을 포함한다) 지정 또는 해제를 문화재청장에게 요청하려면 시·도문화재위원회의 사전 심의를 거쳐야 한다.

제72조 (경비부담) ① 제70조제1항과 제2항에 따라 지정된 시·도지정문화재나 문화재자료가 국유 또는 공유재산이면 그 보존상 필요한 경비는 국가나 해당 지방자치단체가 부담한다.

② 국가나 지방자치단체는 국유 또는 공유재산이 아닌 시·도지정문화재나 문화재자료의 보존·관리·수리·활용 또는 기록 작성을 위한 경비와 무형문화재의 보호·육성에 필요한 경비의 전부 또는 일부를 보조할 수 있다.

제73조 (보고 등) ① 시·도지사는 다음 각 호의 어느 하나에 해당하는 사유가 있으면 대통령령으로 정하는 바에 따라 이를 문화재청장에게 보고하여야 한다.
1. 시·도지정문화재나 문화재자료를 지정하거나 그 지정을 해제한 경우
2. 시·도지정문화재 또는 문화재자료의 소재지나 보관 장소가 변경된 경우
3. 시·도지정문화재나 문화재자료의 전부 또는 일부가 멸실, 유실, 도난 또는 훼손된 경우

② 문화재청장은 제1항제1호와 제2호의 행위가 적합하지 아니하다고 인정되면 시정이나 필요한 조치를 명할 수 있다.

제74조 (준용규정) ① 시·도지정문화재와 문화재자료의 수출 또는 반출에 관하여는 제39조제1항·제2항을 준용한다.

② 시·도지정문화재와 문화재자료의 지정과 지정해제 및 관리 등에 관하여는 제27조, 제31조제1항·제4항, 제32조부터 제34조까지, 제35조제1항, 제36조, 제37조, 제40조, 제41조제3항, 제42조부터 제45조까지 및 제48조부터 제50조까지의 규정을 준용한다. 이 경우 "문화재청장"은 "시·도지사"로, "대통령령"은 "시·도조례"로, "국가"는 "지방자치단체"로 본다.

제10장 문화재매매업 등

제75조 (매매 등 영업의 허가) ① 동산에 속하는 유형문화재나 유형의 민속문화재를 매매 또는 교환하는 것을 업으로 하려는 자(위탁을 받아 매매 또는 교환하는 것을 업으로 하는 자를 포함한다)는 대통령령으로 정하는 바에 따라 특별자치도지사, 시장·군수 또는 구청장의 문화재매매업 허가를 받아야 한다.

② 제1항에 따라 허가를 받은 자(이하 "문화재매매업자"라 한다)는 특별자치도지사, 시장·군수 또는 구청장에게 대통령령으로 정하는 바에 따라 문화재의 보존 상황, 매매 또는 교환의 실태를 신고하여야 한다.

③ 제2항에 따라 신고를 받은 특별자치도지사, 시장·군수 또는 구청장은 신고받은 사항을 대통령령으로 정하는 바에 따라 문화재청장에게 정기적으로 보고하여야 한다.

제76조 (자격 요건) ① 제75조제1항에 따라 문화재매매업의 허가를 받으려는 자는 다음 각 호의 어느 하나에 해당하는 자이어야 한다.

1. 국가, 지방자치단체, 박물관 또는 미술관에서 2년 이상 문화재를 취급한 자
2. 전문대학 이상의 대학(대학원을 포함한다)에서 역사학·고고학·인류학·미술사학·민속학·서지학·전통공예학 또는 문화재관리학 계통의 학문을 1년 이상 전공한 자
3. 문화재매매업자에게 고용되어 3년 이상 문화재를 취급한 자

② 제1항에 따른 박물관·미술관의 범위, 전공과목 등에 관하여 필요한 사항은 문화체육관광부령으로 정한다.

제77조 (결격사유) 다음 각 호의 어느 하나에 해당하는 자는 문화재매매업자가 될 수 없다.

1. 금치산자 또는 한정치산자
2. 이 법과 「형법」 제347조 또는 제362조를 위반하여 금고 이상의 실형을 선고받고 그 집행이 끝나거나 집행을 받지 아니하기로 확정된 후 3년이 지나지 아니한 자
3. 제80조에 따라 허가가 취소된 날부터 3년이 지나지 아니한 자

제78조 (준수 사항) 문화재매매업자는 문화체육관광부령으로 정하는 바에 따라 매매·교환 등에 관한 장부를 갖추어 두고 그 거래 내용을 기록하며, 해당 문화재를 확인할 수 있도록 실물 사진을 촬영하여 붙여 놓아야 한다.

제79조 (폐업신고의 의무) 제75조제1항에 따라 허가를 받은 자는 문화재매매업을 폐업하면 3개월 이내에 문화체육관광부령으로 정하는 바에 따라 폐업신고서를 특별자치도지사, 시장·군수 또는 구청장에게 제출하여야 한다.

제80조 (허가취소 등) ① 특별자치도지사, 시장·군수 또는 구청장은 문화재매매업자가 다음 각 호의 어느 하나에 해당하면 그 허가를 취소하거나 1년 이내의 기간을 정하여 그 영업의 전부 또는 일부의 정지를 명할 수 있다. 다만, 제1호부터 제3호까지의 규정에 해당하면 그 허가를 취소하여야 한다.

1. 거짓이나 그 밖의 부정한 방법으로 허가를 받은 경우
2. 제90조·제92조 및 「매장문화재 보호 및 조사에 관한 법률」 제31조를 위반하여 벌금 이상의 처벌을 받은 경우
3. 영업정지 기간 중에 영업을 한 경우
4. 제78조에 따른 준수 사항을 위반한 경우

② 제1항에 따른 행정처분의 세부 기준은 문화체육관광부령으로 정한다.

제11장 보칙

제81조 (권리·의무의 승계) ① 국가지정문화재(보호물과 보호구역 및 가지정문화재를 포함한다)의 소유자가 변경된 때에는 새 소유자는 이 법 또는 이 법에 따라 문화재청장이 행하는 명령·지시, 그 밖의 처분으로 인한 전소유자(前所有者)의 권리·의무를 승계한다.

② 제34조에 따라 관리단체가 지정되거나 그 지정이 해제된 경우에 관리단체와 소유자에 대하여는 제1항을 준용한다. 다만, 소유자에게 전속(專屬)하는 권리·의무는 그러하지 아니하다.

제82조 (권한의 위임·위탁) 이 법에 따른 문화재청장의 권한은 대통령령으로 정하는 바에 따라 그 일부를 시·도지사나 시장·군수·구청장에게 위임하거나 문화재의 보호·보존·보급 또는 활용 등을 목적으로 설립된 기관이나 법인 또는 단체 등에 위탁할 수 있다.

제83조 (토지의 수용 또는 사용) ① 문화재청장이나 지방자치단체의 장은 문화재의 보존·관리를 위하여 필요하면 지정문화재나 그 보호구역에 있는 토지, 건물, 입목(立木), 죽(竹), 그 밖의 공작물을 「공익사업을 위한 토지 등의 취득 및 보상에 관한 법률」에 따라 수용(收用)하거나 사용할 수 있다.

② 제23조, 제25조부터 제27조까지 및 제70조에 따른 지정이 있는 때에는 「공익사업을 위한 토지 등의 취득 및 보상에 관한 법률」 제20조 및 제22조에 따른 사업인정 및 사업인정의 고시가 있는 것으로 본다. 이 경우 같은 법 제23조에 따른 사업인정 효력기간은 적용하지 아니한다.

제84조 (국·공유재산의 대부·사용 등) ① 국가 또는 지방자치단체는 문화재의 보존·관리·활용 또는 전승을 위하여 필요하다고 인정하면 「국유재산법」 또는 「공유재산 및 물품 관리법」에도 불구하고 국유 또는 공유재산을 수의계약으로 대부·사용·수익하게 하거나 매각할 수 있다.
② 제1항에 따른 국유 또는 공유재산의 대부·사용·수익·매각 등의 내용 및 조건에 관하여는 「국유재산법」 또는 「공유재산 및 물품 관리법」에서 정하는 바에 따른다.

제85조 (문화재 방재의 날) ① 문화재를 화재 등의 재해로부터 안전하게 보존하고 국민의 문화재에 대한 안전관리의식을 높이기 위하여 매년 2월 10일을 문화재 방재의 날로 정한다.
② 국가 및 지방자치단체는 문화재 방재의 날 취지에 맞도록 문화재에 대한 안전점검, 방재훈련 등의 사업 및 행사를 실시한다.
③ 문화재 방재의 날 행사에 관하여 필요한 사항은 문화재청장 또는 시·도지사가 따로 정할 수 있다.

제86조 (포상금) ① 문화재청장은 제90조부터 제92조까지와 「매장문화재 보호 및 조사에 관한 법률」 제31조의 죄를 범한 자나 그 미수범(미수범)이 기소유예 처분을 받거나 유죄판결이 확정된 경우 그 자를 수사기관에 제보(제보)한 자와 체포에 공로가 있는 자에게 예산의 범위에서 포상금을 지급하여야 한다.
② 수사기관의 범위, 제보의 처리, 포상금의 지급기준 등 포상금 지급에 필요한 사항은 대통령령으로 정한다.

제87조 (다른 법률과의 관계) ① 문화재청장이 「자연공원법」에 따른 공원구역에서 대통령령으로 정하는 면적 이상의 지역을 대상으로 다음 각 호의 어느 하나에 해당하는 행위를 하려면 해당 공원관리청과 협의하여야 한다.
1. 제25조에 따라 일정한 지역을 사적, 명승, 천연기념물로 지정하는 경우
2. 제27조에 따라 보호구역을 지정하는 경우
3. 제35조제1항에 따라 허가나 변경허가를 하는 경우

② 제35조제1항(제74조제2항에 따라 준용되는 경우를 포함한다)에 따라 허가를 받은 때에는 다음 각 호의 허가를 받은 것으로 본다.

1. 「자연공원법」 제23조에 따른 공원구역에서의 행위 허가
2. 「도시공원 및 녹지 등에 관한 법률」 제24조·제27조 및 제38조에 따른 도시공원·도시자연공원구역·녹지의 점용 및 사용 허가

③ 제23조, 제25조부터 제27조까지 또는 제70조제1항에 따라 국가지정문화재 또는 시·도지정문화재로 지정되거나 그의 보호물 또는 보호구역으로 지정·고시된 지역이 「국토의 계획 및 이용에 관한 법률」 제6조제1호에 따른 도시지역에 속하는 경우에는 같은 법 제37조제1항제6호에 따른 보존지구로 지정·고시된 것으로 본다.

④ 다음 각 호의 어느 하나에 해당하는 문화재의 매매 등 거래행위에 관하여는 「민법」 제249조의 선의취득에 관한 규정을 적용하지 아니한다. 다만, 양수인이 경매나 문화재매매업자 등으로부터 선의로 이를 매수한 경우에는 피해자 또는 유실자(유실자)는 양수인이 지급한 대가를 변상하고 반환을 청구할 수 있다.

1. 문화재청장이나 시·도지사가 지정한 문화재
2. 도난물품 또는 유실물(유실물)인 사실이 공고된 문화재
3. 그 출처를 알 수 있는 중요한 부분이나 기록을 인위적으로 훼손한 문화재

⑤ 제4항제2호에 따른 공고에 필요한 사항은 문화체육관광부령으로 정한다.

제88조 (청문) 문화재청장, 시·도지사, 시장·군수 또는 구청장은 다음 각 호의 어느 하나에 해당하는 처분을 하려면 청문을 하여야 한다.

1. 제35조제1항, 제39조, 제56조제2항 또는 제60조제1항 단서에 따라 허가받은 자가 그 허가 사항이나 허가 조건을 위반한 경우의 허가취소
2. 제38조제5항에 따른 동물치료소의 지정 취소
3. 제80조에 따른 문화재매매업자의 허가취소 또는 영업정지

제89조 (벌칙 적용에서의 공무원 의제) 다음 각 호의 어느 하나에 해당하는 자는 「형법」 제129조부터 제132조까지의 규정을 적용할 때에는 공무원으로 본다.

1. 제8조제1항에 따라 문화재 보존·관리에 관한 사항을 조사·심의하는 문화재위원회 위원(제71조제1항에 따른 시·도문화재위원회의 위원을 포함한다)
2. 제38조제4항에 따라 천연기념물 동물 치료경비 지급업무를 위탁받아 수행하는 자
3. 제44조제6항에 따라 문화재조사를 위탁받아 수행하는 자
4. 제82조에 따라 문화재청장의 권한을 위탁받은 사무에 종사하는 자

제12장 벌칙

제90조 (무허가수출 등의 죄) ① 제39조제1항 본문(제59조제2항과 제74조제1항에 따라 준용하는 경우를 포함한다)을 위반하여 지정문화재 또는 가지정문화재를 국외로 수출 또는 반출하거나 제39조제1항 단서 및 제2항(제59조제2항과 제74조제1항에 따라 준용하는 경우를 포함한다)에 따라 반출한 문화재를 기한 내에 다시 반입하지 아니한 자는 5년 이상의 유기징역에 처하고 그 문화재는 몰수한다.

② 제60조제1항을 위반하여 문화재를 국외로 수출 또는 반출하거나 반출한 문화재를 다시 반입하지 아니한 자는 3년 이상의 유기징역에 처하고 그 문화재는 몰수한다.

③ 제1항 또는 제2항을 위반하여 국외로 수출 또는 반출하는 정(情)을 알고 해당 문화재를 양도·양수 또는 중개한 자는 3년 이상의 유기징역에 처하고 그 문화재는 몰수한다.

제91조 (허위 지정 등 유도죄) 거짓이나 그 밖의 부정한 방법으로 지정문화재 또는 가지정문화재로 지정하게 한 자는 5년 이상의 유기징역에 처한다.

제92조 (손상 또는 은닉 등의 죄) ① 국가지정문화재(중요무형문화재는 제외한다)를 손상, 절취 또는 은닉하거나 그 밖의 방법으로 그 효용을 해한 자는 3년 이상의 유기징역에 처한다.

② 다음 각 호의 어느 하나에 해당하는 자는 2년 이상의 유기징역에 처한다.

1. 제1항에 규정된 것 외의 지정문화재 또는 가지정문화재(건조물은 제외한다)를 손상, 절취 또는 은닉하거나 그 밖의 방법으로 그 효용을 해한 자

2. 일반동산문화재인 것을 알고 일반동산문화재를 손상, 절취 또는 은닉하거나 그 밖의 방법으로 그 효용을 해한 자

③ 다음 각 호의 어느 하나에 해당하는 자는 2년 이상의 유기징역이나 2천만원 이상 1억5천만원 이하의 벌금에 처한다.

1. 제35조제1항제1호에 따른 현상변경의 허가나 변경허가를 받지 아니하고 천연기념물을 박제 또는 표본으로 제작한 자

2. 제1항·제2항 또는 제1호를 위반한 행위를 알고 해당 문화재를 취득, 양도, 양수 또는 운반한 자

3. 제2호에 따른 행위를 알선한 자

④ 제1항과 제2항에 규정된 은닉 행위 이전에 타인에 의하여 행하여진 같은 항에

따른 손상, 절취, 은닉, 그 밖의 방법으로 그 지정문화재, 가지정문화재 또는 일반동산문화재의 효용을 해하는 행위가 처벌되지 아니한 경우에도 해당 은닉 행위자는 같은 항에 정한 형으로 처벌한다.

⑤ 제1항부터 제4항까지의 경우에 해당하는 문화재는 몰수하되, 몰수하기가 불가능하면 해당 문화재의 감정가격을 추징한다. 다만, 제4항에 따른 은닉 행위자가 선의로 해당 문화재를 취득한 경우에는 그러하지 아니하다.

[시행일 2010.2.4]

제93조 (가중죄) ① 단체나 다중(다중)의 위력(위력)을 보이거나 위험한 물건을 몸에 지녀서 제90조부터 제92조까지의 죄를 범하면 각 해당 조에 정한 형의 2분의 1까지 가중한다.

② 제1항의 죄를 범하여 지정문화재나 가지정문화재를 관리 또는 보호하는 사람을 상해에 이르게 한 때에는 무기 또는 5년 이상의 징역에 처한다. 사망에 이르게 한 때에는 사형, 무기 또는 5년 이상의 징역에 처한다.

제94조 (「형법」의 준용) 다음 각 호의 건조물에 대하여 방화, 일수(일수) 또는 파괴의 죄를 범한 자는 「형법」 제165조·제178조 또는 제367조와 같은 법 중 이들 조항에 관계되는 법조(법조)의 규정을 준용하여 처벌하되, 각 해당 조에 정한 형의 2분의 1까지 가중한다.

1. 지정문화재나 가지정문화재인 건조물
2. 지정문화재나 가지정문화재를 보호하기 위한 건조물

제95조 (사적 등에의 일수죄) 물을 넘겨 문화재청장이 지정 또는 가지정한 사적, 명승 또는 천연기념물이나 보호구역을 침해한 자는 2년 이상 10년 이하의 징역에 처한다.

제96조 (그 밖의 일수죄) 물을 넘겨 제95조에 규정한 것 외의 지정문화재 또는 가지정문화재나 그 보호구역을 침해한 자는 10년 이하의 징역이나 1억원 이하의 벌금에 처한다.

제97조 (미수범 등) ① 제90조부터 제92조까지, 제93조제1항, 제95조 및 제96조의 미수범은 처벌한다.

② 제90조부터 제92조까지, 제93조제1항, 제95조 및 제96조의 죄를 범할 목적으로 예비 또는 음모한 자는 2년 이하의 징역이나 2천만원 이하의 벌금에 처한다.

제98조 (과실범) ① 과실로 인하여 제95조 또는 제96조의 죄를 범한 자는 1천만원 이하의 벌금에 처한다.

② 업무상 과실이나 중대한 과실로 인하여 제95조 또는 제96조의 죄를 범한 자는 3년 이하의 금고나 3천만원 이하의 벌금에 처한다.

[시행일 2010.2.4]

제99조 (무허가 행위 등의 죄) ① 다음 각 호의 어느 하나에 해당하는 자는 5년 이하의 징역이나 5천만원 이하의 벌금에 처한다.

1. 제35조제1항제1호 또는 제2호(제47조와 제74조제2항에 따라 준용되는 경우를 포함한다)를 위반하여 지정문화재(보호물, 보호구역과 천연기념물 중 죽은 것을 포함한다)나 가지정문화재의 현상을 변경하거나 그 보존에 영향을 미칠 우려가 있는 행위를 한 자

2. 제35조제1항제4호(제74조제2항에 따라 준용되는 경우를 포함한다)를 위반하여 허가 없이 명승, 천연기념물로 지정 또는 가지정된 구역 또는 보호구역에서 동물, 식물, 광물을 포획·채취하거나 이를 그 구역 밖으로 반출한 자

3. 제75조제1항을 위반하여 허가를 받지 아니하고 영업행위를 한 자

② 다음 각 호의 어느 하나에 해당하는 자는 2년 이하의 징역이나 2천만원 이하의 벌금에 처한다.

1. 제1항 각 호의 경우 그 문화재가 자기 소유인 자

2. 제56조제2항을 위반하여 허가나 변경허가를 받지 아니하고 등록문화재의 현상을 변경하는 행위를 한 자

제100조 (행정명령 위반 등의 죄) 다음 각 호의 어느 하나에 해당하는 자는 3년 이하의 징역이나 3천만원 이하의 벌금에 처하고, 제2호의 경우에는 그 물건을 몰수한다.

1. 정당한 사유 없이 제21조제1항이나 제42조제1항(제74조제2항에 따라 준용되는 경우를 포함한다)에 따른 명령을 위반한 자

2. 천연기념물(시·도지정문화재 중 기념물을 포함한다)로 지정 또는 가지정된 동물의 서식지, 번식지, 도래지 등에 그 생장에 해로운 물질을 유입하거나 살포한 자

제101조 (관리행위 방해 등의 죄) 다음 각 호의 어느 하나에 해당하는 자는 2년 이하의 징역이나 2천만원 이하의 벌금에 처한다.

1. 정당한 사유 없이 제12조에 따른 지시에 불응하는 자

2. 제34조제5항(제74조제2항에 따라 준용되는 경우를 포함한다)을 위반하여 관리

단체의 관리행위를 방해하거나 그 밖에 정당한 사유 없이 지정문화재나 가지
정문화재의 관리권자의 관리행위를 방해한 자

3. 허가 없이 제35조제1항제3호(제74조제2항에 따라 준용되는 경우를 포함한다)
에 규정된 행위를 한 자

4. 제44조제4항 본문(제45조제2항과 제74조제2항에 따라 준용되는 경우를 포함한
다)에 따른 협조를 거부하거나 필요한 행위를 방해한 자

5. 지정문화재나 가지정문화재의 관리·보존에 책임이 있는 자 중 중대한 과실로
인하여 해당 문화재를 멸실 또는 훼손하게 한 자

6. 거짓의 신고 또는 보고를 한 자

7. 지정문화재로 지정된 구역이나 그 보호구역의 경계 표시를 고의로 손괴, 이동,
제거, 그 밖의 방법으로 그 구역의 경계를 식별할 수 없게 한 자

8. 제48조제2항에 따른 문화재청장의 공개 제한을 위반하여 문화재를 공개하거나
같은 조 제5항에 따른 허가를 받지 아니하고 출입한 자(제74조제2항에 따라
준용되는 경우를 포함한다)

제102조 (양벌규정) 법인의 대표자나 법인 또는 개인의 대리인, 사용인, 그 밖의 종업
원이 그 법인 또는 개인의 업무에 관하여 제94조부터 제96조까지 또는 제98조부
터 제101조까지의 어느 하나에 해당하는 위반행위를 하면 그 행위자를 벌하는 외
에 그 법인 또는 개인에게도 해당 조문의 벌금형을 과(科)하고 벌금형이 없는 경
우에는 3억원 이하의 벌금에 처한다. 다만, 법인 또는 개인이 그 위반행위를 방지
하기 위하여 해당 업무에 관하여 상당한 주의와 감독을 게을리하지 아니한 경우
에는 그러하지 아니하다.

[시행일 2010.2.4]

제103조 (과태료) ① 다음 각 호의 어느 하나에 해당하는 자에게는 500만원 이하의 과
태료를 부과한다.

1. 제40조제1항제6호 또는 제9호(제74조제2항에 따라 준용되는 경우를 포함한다)
에 따른 신고를 하지 아니한 자

2. 제55조제6호에 따른 신고를 하지 아니한 자

3. 제56조제1항에 따른 신고를 하지 아니한 자

4. 제78조에 따른 준수 사항을 이행하지 아니한 자

5. 제79조에 따른 폐업신고를 하지 아니한 자

② 제40조제1항제5호(제74조제2항에 따라 준용되는 경우를 포함한다)에 따른 신

고를 하지 아니한 자에게는 400만원 이하의 과태료를 부과한다.

③ 제40조제1항제7호나 같은 조 제2항(제74조제2항에 따라 준용되는 경우를 포함한다)에 따른 신고를 하지 아니한 자에게는 300만원 이하의 과태료를 부과한다.

④ 다음 각 호의 어느 하나에 해당하는 자에게는 200만원 이하의 과태료를 부과한다.

1. 제40조제1항제1호부터 제4호까지 또는 제8호(제74조제2항에 따라 준용되는 경우를 포함한다)에 따른 신고를 하지 아니한 자

2. 제55조제1호부터 제5호까지, 제7호 또는 제8호에 따른 신고를 하지 아니한 자

3. 제60조제4항에 따른 신고를 하지 아니한 자

제104조 (과태료의 부과·징수) 제103조에 따른 과태료는 대통령령으로 정하는 바에 따라 문화재청장, 시·도지사 또는 시장·군수·구청장이 부과·징수한다.

부칙 〈제10000호, 2010.2.4〉

제1조 (시행일) 이 법은 공포 후 1년이 경과한 날부터 시행한다. 다만, 제92조, 제98조 및 제102조는 공포한 날부터 시행한다.

제2조 (시행일에 관한 경과조치) ① 이 법 공포 후 1년이 경과하기 전까지는 부칙 제1조 단서에 따라 시행되는 제92조제3항제1호 중 제35조제1항제1호는 종전의 제34조제3호로 본다.

② 이 법 공포 후 1년이 경과하기 전까지는 부칙 제1조 단서에 따라 시행되는 제98조제1항 중 제95조 또는 제96조는 종전의 제107조 또는 제108조로 보고, 같은 조 제2항 중 제95조 또는 제96조는 종전의 제104조제3항, 제107조 또는 제108조로 본다. 이 경우 종전의 제104조제3항에 따른 죄의 경우 해당 문화재 몰수에 관하여는 종전의 규정에 따른다.

③ 이 법 공포 후 1년이 경과하기 전까지는 부칙 제1조 단서에 따라 시행되는 제102조 중 위반행위에 관한 제94조부터 제96조까지 또는 제98조부터 제101조까지의 부분은 종전의 규정에 따른다.

제3조 (중요민속자료에 관한 경과조치) 이 법 시행 당시 종전의 규정에 따라 지정된 중요민속자료는 이 법에 따른 중요민속문화재로 지정된 것으로 본다

제4조 (지정문화재의 현상변경 등의 행위기준 고시에 관한 경과조치) 이 법 시행 당시 종전의 규정에 따라 문화재로 지정 고시된 문화재에 대하여는 제13조제4항의 개정규정에 따라 이 법 시행일부터 1년 이내에 구체적인 행위기준을 정하여 고시하여야 한다.

제5조 (행정처분 등에 관한 일반적 경과조치) 이 법 시행 당시 종전의 규정에 따른 행정기관의 행위나 행정기관에 대한 행위는 그에 해당하는 이 법에 따른 행정기관의 행위나 행정기관에 대한 행위로 본다.

제6조 (다른 법률의 개정) ① 국토의 계획 및 이용에 관한 법률 일부를 다음과 같이 개정한다.
  제8조제3항제2호마목 중 "제7조 및 제9조"를 "제25조 및 제27조"로 한다.
  ② 법률 제9763호 산림보호법 일부를 다음과 같이 개정한다.
  제11조제1항제1호마목 중 "제9조"를 "제27조"로 한다.
  ③ 상속세 및 증여세법 일부를 다음과 같이 개정한다.
  제74조제1항제1호 중 "제47조제2항"을 "제53조제1항"으로, "제9조제1항"을 "제27조제1항"으로 한다.
  ④ 소나무재선충병 방제특별법 일부를 다음과 같이 개정한다.
  제16조제2항 중 "제7조"를 "제25조"로 한다.
  ⑤ 야생동·식물보호법 일부를 다음과 같이 개정한다.
  제7조제1항 단서 중 "제7조"를 "제25조"로 한다.
  제14조제3항제3호 중 "제34조"를 "제35조"로 하고, 같은 조 제5항 단서 중 "제38조"를 "제40조"로 한다.
  제19조제3항제3호 중 "제34조"를 "제35조"로 한다.
  제21조제2항제1호 중 "제35조"를 "제39조"로 한다.
  제54조제7호 및 제55조제5호 중 "제9조"를 각각 "제27조"로 한다.
  ⑥ 자연공원법 일부를 다음과 같이 개정한다.
  제26조제2호 중 "제9조"를 "제27조"로 한다.
  ⑦ 자연재해대책법 일부를 다음과 같이 개정한다.
  제49조제4항제11호 중 "제34조제1호·제3호"를 "제35조제1항제1호·제2호·제4호"로, "제70조 단서"를 "제66조 단서"로 한다.
  ⑧ 전기사업법 일부를 다음과 같이 개정한다.
  제66조의2제2항 중 "제34조제3호"를 "제35조제1항제1호·제2호"로, "제75조"를

"제74조"로 한다.

⑨ 지방소도읍육성지원법 일부를 다음과 같이 개정한다.

제9조제1항제22호 중 "제34조제1호·제3호"를 "제35조제1항제1호·제2호·제4호"로, "제70조 단서"를 "제66조 단서"로 한다.

⑩ 지역균형개발 및 지방중소기업 육성에 관한 법률 일부를 다음과 같이 개정한다.

제18조제1항제2호 중 "제34조제1호·제3호"를 "제35조제1항제1호·제2호·제4호"로, "같은 법 제70조 단서"를 "같은 법 제66조 단서"로 한다.

⑪ 토지이용규제 기본법 일부를 다음과 같이 개정한다.

별표 연번 99의 근거법률란 중 "제9조 및 제75조"를 "제27조 및 제74조"로 하고, 같은 표 연번 100의 근거법률란 중 "제14조 및 제75조"를 "제32조 및 제74조"로 하며, 같은 표 연번 101의 근거법률란 중 "제47조"를 "제53조"로 한다.

⑫ 학점인정 등에 관한 법률 일부를 다음과 같이 개정한다.

제7조제2항제6호 중 "제6조"를 "제24조"로 한다.

제7조 (다른 법령과의 관계) 이 법 시행 당시 다른 법령에서 종전의 「문화재보호법」의 규정을 인용한 경우에 이 법 가운데 그에 해당하는 규정이 있으면 종전의 규정을 갈음하여 이 법의 해당 규정을 인용한 것으로 본다.

저 자 소 개

김태환

공학박사, 용인대학교 경호학과(사회안전연구실)
학교주소 : 경기도 용인시 처인구 삼가동 470번지
Tel : 031-8020-2637 / 011-792-4214, Fax : 031-8020-2882
taehwan@yongin.ac.kr, twehwan@empal.com

- 주요학력(전공)
  - 학사 : 일본 Yokohama National University
    요코하마 국립대학교 (공학사, 건축전공)
  - 석사 : 일본 Yokohama National University
    요코하마 국립대학원 (공학석사, 방재학전공)
  - 박사 : 일본 Yokohama National University
    요코하마 국립대학원 (공학박사, 방재 및 안전학 전공)

- 주요경력
  - 국무총리실 안전관리대책 기획단 자문위원 (1999. 12~2000. 6)
  - 행정안전부 소방방재청 중앙소방기술위원회위원 (2002. 9~ 2007. 2)
  - 국토해양부 국가GIS 자문위원 (2001. 1~2007. 2)
  - 노동부 산업안전공단 기준제정위원회 위원 (2001. 3~2004. 3)
  - 국무총리실 비상기획위원회 위원(2002. 8~2004. 7)
  - 서울시 건설기술심위위원회 위원 (2006. 3~2008. 2)
  - 조달청 건설심위위원회 위원 (2006. 3~2008. 2)
  - 일본 고배대학교 도시안전연구센터 객원교수 (2007. 3~2007. 8)
  - 일본 교토대학교 방재연구소 객원교수 (2008. 7~2008. 3)
  - 행정안전부 정책자문위원회 위원 (2000. 6~현)
  - 소방방재청 정책자문위원회 위원 (2004. 3~현)
  - 한국방재학회 국제이사 (1996. 3~현)
  - 한국안전학회 이사 (2008. 3~현)
  - 한국화재소방학회 국제이사 (2005. 3~현)
  - 한국재난정보학회 총무이사 (2005. 3~현)
  - 경기도 안전대책위원회 위원 (2006. 3~현)
  - 국방부 건설설계심의위원회 위원 (2009. 5~현)
  - 문화재청 방재분과위원회 및 숭례문복원위원회 위원 (2008. 8. 15~현)
  - 토지주택공사 친환경건축물인증심의위원회 위원 (2010. 5~현)

- 포상
  - 대통령 표창 (1998)
  - 노동부장관 산업안전보건부문 동상 표창 (1999)
  - 국무총리 표창 (2003)
  - 소방방재청장 표창 (2006)
  - 건설교통부(현 국토해양부)장관 표창 (2006)

- 강의경력
  - 서울산업대학교 안전공학과
  - 경기대학교 산업대학원
  - 한국체육대학교 안전공학과
  - 한양대학교 산업대학원

- 저서
  - [도시안전], 도서출판 한올
  - [알기 쉬운 도시이야기], 도서출판 한올
  - [우리사회 이렇게 바꾸자], 비봉출판사
  - [프로탐정의 테크닉], 도서출판 백산
  - [탐정학(민간조사)학 개론], 도서출판 진영사

저자와의
합의하에
인지첩부
생략

재난관리론

2010년 8월 30일 초판 1쇄 발행
2017년 7월 25일 초판 3쇄 발행

지은이 김태환
펴낸이 진욱상
펴낸곳 백산출판사
교 정 편집부
본문디자인 편집부
표지디자인 오정은

등 록 1974년 1월 9일 제406-1974-000001호
주 소 경기도 파주시 회동길 370(백산빌딩 3층)
전 화 02-914-1621(代)
팩 스 031-955-9911
이메일 edit@ibaeksan.kr
홈페이지 www.ibaeksan.kr

ISBN 978-89-6183-352-3
값 23,000원